企业管理培训丛书

培训游戏全书

陈龙海　韩庭卫　臧道祥◎主编

修订本

地震出版社
Seismological Press

图书在版编目（CIP）数据

培训游戏全书 / 陈龙海，韩庭卫，臧道祥主编. --
修订本. —北京：地震出版社，2022.1
（企业管理培训丛书）
ISBN 978-7-5028-5284-9

Ⅰ.①培… Ⅱ.①陈… ②韩… ③臧… Ⅲ.①企业管理—职工培训 Ⅳ.①F272.92

中国版本图书馆CIP数据核字（2021）第085719号

地震版 XM4820/F（6067）

培训游戏全书（修订本）

企业管理培训丛书

陈龙海　韩庭卫　臧道祥　主编

责任编辑：李肖寅

责任校对：鄂真妮

出版发行：地震出版社

北京市海淀区民族大学南路9号　　邮编：100081

发行部：68423031　68467991　　传真：68467991

总编办：68462709　68423029

编辑四部：68467963

E-mail：seis@mailbox.rol.cn.net

http://seismologicalpress.com

经销：全国各地新华书店

印刷：三河市九洲财鑫印刷有限公司

版（印）次：2022年1月第一版　2022年1月第一次印刷

开本：710×1000　1/16

字数：675千字

印张：33.5

书号：ISBN 978-7-5028-5284-9

定价：118.00元

编　委　会

房　伟　职业培训师，中层管理专家，原巨思特教育集团执行总裁

金云哲　时代光华管理培训网特聘讲师，曾担任多家知名企业培训负责人

陈爱民　培训师，营销专家，上海海倍企业管理顾问有限公司董事长

罗时迁　培训文化产品开发专家，曾担任培训在线负责人，为多家大中型企业提供培训咨询服务

蔡余杰　商业模式落地操盘手，培训专家，深圳聚海千舸企业管理顾问有限公司董事长

李新章　培训师，咨询顾问，曾担任多家跨国公司经理人，北京思沃特管理咨询有限公司董事长

何　峰　职业培训师，曾担任多家知名公司培训负责人和培训经理

王　敏　销售培训专家，北京澳然行贸易有限公司总经理

王一恒　企业管理培训师，企业中层干部问题解决专家

姚启昆　体验式培训专家，峄坤精英教育系统课程创始人，心智导航体验式系统训练版权课程研发创始人

刘　军　庐陵书院副院长，曾任岁宝百货培训主管及某知名培训机构深圳负责人

前言

PREFACE

管理大师彼得·圣吉博士（Peter M.Senge）说过：未来最成功的公司，是那些学习型的组织。有效的学习和培训正在成为企业发展的新的动力源泉。“谁停止变得更优秀，谁就不再优秀。”成为许多企业的镇山格言。在这场学习型组织革命当中，新兴的培训师队伍正在逐渐成为时代的弄潮儿，在企业的日常管理当中扮演着越来越重要的角色。

然而，正如一棵树的快速成长，枝叶的日渐繁茂需要伴随着根部的深植与扩展一样，随着培训在企业预算分量中的日渐加重，面对实践中出现的各种各样的新问题，企业管理者与培训师同样需要广泛地吸收养料，寻求更完善的解决途径。正如我们所看到的，国内的管理者苦苦受困于一系列问题：如何以最小的成本组织最有成效的培训？如何培养自己的优秀培训师队伍？培训师在实施培训的时候，如何使话语活泼生动，从而使听众不至于坐立不安、昏昏欲睡？如何用最简短的话语和形式让受众最大限度地领悟所讲述的思想与理念？如何让讲授不流于理论空谈而具有更实用的价值？

……

针对这一系列的问题，在长期的课程研发中，我们深切感到有必要为管理人员和培训者提供更多的培训、管理工具与素材，因此我们集中编创了这一套培训系列图书：

《培训游戏全书》

《培训故事全书》

《培训幽默全书》
《培训案例全书》
《户外拓展训练全书》
《杰出员工训练全书》
《培训管理全书》
《培训师训练全书》
《PPT微课制作全书》

我们相信，如果管理者或培训师能够将这些游戏、故事、幽默和案例运用于管理培训与日常交际生活之中，一定可以谈笑自如，魅力焕发。我们更相信，会有更多的企业培训师和企业培训管理者从这套丛书中得到灵感的火花，在培训课程开发和组织方面不断创新，完成从优秀到卓越的飞跃。即使是普通读者，也能够从这套丛书中得到智慧的启迪和人生的乐趣。

本套丛书历经几年时间收集整理而成，在编辑过程中，参考了国内外的许多书籍资料，并且得到了从事管理和培训工作多年的众多朋友的支持与帮助，在此深表谢意。希望本套丛书能成为广大管理人员和培训师的最佳助手和工具，也希望读者朋友将它巧妙地运用于自身的工作和生活中，使工作与生活更加丰富和完美。

编　者

目录

CONTENT

第一部分 破冰游戏

第二部分 团队游戏

第三部分　沟通游戏

第四部分 协作游戏

第五部分　应变游戏

第六部分　激励游戏

第七部分 创新游戏

第八部分　管理游戏

第九部分　领导游戏

第十部分 学习游戏

第十二部分 角色游戏

第十三部分 心理游戏

第十四部分　户外游戏

第十五部分　晚会游戏

第一部分

THE FIRST PART

破冰游戏

快乐颂

形式：16~50人以内，人数不宜过少　　时间：10分钟

道具：2~5颗软性安全球（或毛线球，以1手可掌握为佳）

场地：室内或室外平坦的场地均可

目的

通过初步的肢体接触，打破人际关系的距离；

通过活动让学员可以在短时间内增进熟识度、融入课程。

程序

1.开始可由训练员或一位学员自愿担任魔法师，并发给一颗球施法。

2.魔法师施法时，所有伙伴开始行进躲避，活动中只要被魔法师拿着球碰触到就会变成石头。

3.避免被魔法攻击，必须找到另一位伙伴，手钩着手在原地合唱一首歌，就可以形成保护罩，但歌曲如果重复就无效，一样会变成石头。

4.行进期间除躲避攻击外，不可和其他人手勾手。

5.过程当中，不可以跑步，只可以快步走，避免学员产生碰撞、跌倒。

6.活动进行几分钟后，魔法师可改变方式，把被碰触的学员，一样变成魔法师，并给予一颗球执行任务。

分享

短暂的暖身活动，通常不做分享，时间也不宜过长，主要让学员情绪高起来，并投入活动中即可。

互相认识一下（一）

形式：随意组合、结伴，互相认识　　时间：10分钟

道具：空白的可粘贴式姓名标签　　场地：不限

目的

使与会人员互相认识，创造一种轻松友好的气氛。

程序

给每人发一个空白姓名标签，请他们把自己的名字或绰号写在上面，然后请他

们简短地列举出两个与自己情况有关的、可以当话题用的单词或短语，比如居住在哪个省市、爱好、子女情况等等。

例如：伊丽莎白（贝王江）

1.居住在北京。

2.喜欢慢跑。

给与会人员足够的时间（约1分钟）来填写各自的姓名标签，将其挂在胸前，然后请他们随意组合成两人或三人的小组。每过几分钟，就请他们“交换伙伴”，以此来鼓励每个人都去结识尽可能多的新伙伴。

互相认识一下（二）

形式：自我介绍，互相认识　　时间：3分钟

道具：空白的姓名标签　　场地：会场内

目的

通过精心设计的练习帮助与会人员互相认识一下。

程序

在整个团体第一次集会时，给每人发一个空白的姓名标签。请每个人都填写下面各项内容：

1.我的名字是×××。

2.我有一个关于××××的问题。

3.我可以回答一个关于××××的问题。

给与会人员几分钟时间来对这些陈述作出思考，然后鼓励整个团体的人员聚在一起，使每个人与尽可能多的人打交道。

生肖分组

形式：集体参与　　时间：10分钟

道具：无　　场地：会场内

目的

1.令学员熟悉使用肢体语言进行沟通。

2.活跃课堂气氛。

程序

1.培训师给学员指令：全体人员以自己所属的生肖来进行同类组合。

2.当学员以生肖同类组合后，培训师可以让学员根据所指示的相关动物进行小

组合并（例如“龙马精神”即龙组与马组进行小组合并）。

分享

1.以生肖分组的意义何在？

2.如何令自己的身体语言更好地传达给相应的人？

总结

1.此游戏可以很快地消除学员之间的陌生感。

2.肢体语言可以传达出非常丰富的意思，对方也似乎因此而更加善解人意了。

3.通过这个游戏，好好体会一下“心有灵犀一点通”的感觉吧。

注意

在整个过程中，学员不可以讲话，当发出声音时，不可以有任何带有人类智慧的语言表达形式。

创造性提问

形式：学员自由交流　　时间：20~30分钟

道具：纸和笔　　场地：室内

目的

使与会人员在轻松的气氛中彼此熟识起来。

程序

1.请每人都写下一个他打算问刚刚结识的人的问题。建议发挥一下创造力，不要问那些平淡无奇的问题（如姓名、所在的公司等等）。

2.1分钟后，请与会人员起身在房间里走动，交流问题与答案。鼓励他们在随后的3分钟内去跟尽可能多的人打交道。

3.宣布结束时间已到，请与会人员回到座位上去。

我们是一家

形式：全体参与　　时间：15分钟

道具：无　　场地：不限

程序

1.将全部人员分为几组，分别为A1、A2、B1、B2、C1、C2。每组3~4位成员。

2.先在组内进行学员间的自我介绍，要求包含姓名、工作单位、职位和爱好等，然后推举一位小组成员代表小组进行介绍。要求将组内每一位学员的情况介绍完整，还可加上自己的评价（大家可以提问）。

3.当A1小组介绍完，B1、C1小组代表要对A1小组的发言做一句话的评价（只可以是正面的：如A1小组成员都很年轻，非常有朝气；或者A1小组成员的经验很丰富；或者A1小组成员都是女孩子，都很漂亮。）当A2小组介绍完，B2、C2小组代表要对A2小组的发言做一句话的评价。以此类推，直到所有小组介绍完毕。

4.每组介绍自己的代表和发表评价的代表不能是同一个人。

5.每组时间不超过2分钟。

分享

1.你是否容易记住别人？用什么方法？

2.自我介绍和介绍别人，哪一种方法更容易令你印象深刻？

3.你是否善于赞扬别人？

4.你是否善于寻找其他成员的共同点？

姓名牌交谊会

形式：自我介绍	时间：视人数而定（1分钟1人）
道具：姓名牌	场地：会场内

目的

帮助与会人员彼此熟识起来。

程序

在每位与会人员进入会议室时，在名册上核对一下他的姓名，然后给他一个别人的姓名牌。要求他们把姓名牌上的人找出来，同时还要向其他人做自我介绍。

打破僵局的游戏

形式：2人一组讨论	时间：由培训师把握
道具：软球	场地：会场内

目的

帮助与会人员在会议初期彼此熟识起来，并且相处融洽。

程序

1.把与会人员分成多个两人小组。请每一组就以下一个或几个问题进行交谈，交谈问题的数量视时间而定：

（1）在你的生活中发生的异乎寻常的三件事。

（2）你拥有的特殊才能或爱好。

（3）你承担过的最重要的两项工作。

（4）在这个世界上，你最崇敬（或最鄙视）的人。

（5）能够最准确地描述你的个性与感受的一种色彩与一种动物。

2.请与会人员想象一下他们最好的朋友会采取什么方式来做自我介绍，然后用这种方式来介绍自己的好恶、喜爱的消遣方式、个人的抱负等等。

3.请与会人员按照下列要求进行自我介绍：告诉大家你的全名和任意一个绰号或简称，你的名字来历，你是否喜欢自己的姓名。还要告诉大家，如果有机会的话你会选择另外哪个名字，为什么会这样选择。

4.拿一个软球（网球或海绵球），请与会人员围成一圈，把球扔给一个人，请那人讲一些关于自己的不同寻常的事，然后再把球扔给另一个人，重复这一过程。提醒与会人员注意，只有在第二次接到球后，才能说出自己的名字。

分享

1.你的名字有什么特殊含义吗？你是否认真思考过它的含义？

2.对你来说，名字意味着什么？仅仅是一个代号吗？

总结

1.名字是最好的引发话题的因素，你最好能仔细想想自己名字的含义，哪怕是你编出来的也没什么关系。这样，和陌生人见面时，你就可以从它入手开始你们的谈话了。

2.在初次见面的沟通中，可以从各自最熟悉的人或物谈起，这样可以避免尴尬和拘谨，也有利于逐步找到共同点。

寻找共同点和不同点

形式：学员自由交流	时间：15~20分钟
道具：表格和象征性的奖品	场地：会场内

目的

让会议、演讲或培训课程中的小组成员（15~25人）彼此熟识起来。

程序

在会议或课程开始时，讲一下结识其他与会人员的重要性。

把按照下面的形式印制的表格（表1-1）发给大家，每人一份，要求每个人从其他至少两个成员身上找出至少一个与自己的共同之处（如“在广州长大”）和一个不同之处（如一个“是足球爱好者”，另一个“不爱运动”）。告诉与会人员他们有4分钟时间来完成这项任务。要求大家在房间内四处走动，与尽可能多的人打交道，找出他们与你的共同之处和不同之处。

表1-1　人物介绍表

序号	姓名	共同点	不同点
1			
2			
3			
4			
5			
6			
……			

进化论

形式：所有人参与（10人以上）　　时间：10~15分钟

场地：会场

目的

以热闹激烈的活动使学员彼此熟悉。

程序

1.询问以下问题：英国有个著名的生物学家是谁？他最著名的学说是什么？所有的物种都是从什么开始进化的？告诉学员在这个游戏中，每个人是从蛋开始进化的；蛋变成鸡，鸡进化成“原始人”，“原始人”进化成“超人”，“超人”进化成“圣人”（示范各种动作）。

2.相同物种才能竞争，不进则退。

3.每个人都从蛋开始，蛋跟蛋竞争，赢的进化成鸡，输的依然是蛋。鸡跟鸡竞争，赢的进化成“原始人”，输的变成蛋，不进则退。以此类推，最终变成“圣人”的为胜利者。

变化

1.可以增加变化的级数。

2.可采用不同的进化名称和动作。

串名字

形式：人数不限，围成一个圈　　时间：视人数而定

道具：无　　场地：空地

目的

活跃气氛，打破僵局，加速团队成员之间的了解。

程序

第一阶段：小组成员围成一个圈。

第二阶段：

1.任意提名一位队员进行自我介绍，包括单位、姓名。

2.第二名队员轮流介绍，但是要说：我是×××后面的×××。

3.第三名队员说：我是×××后面的×××的后面的×××，以此类推。

4.最后介绍的一名队员要将前面所有学员的名字、单位复述一遍。

关键之处：在前面的人复述的时候要注意聆听和记忆。

变化

可让队员先各自自我介绍单位、姓名，然后击鼓传花，花传到谁手上，谁就要将他与在他之前接到花的人之间的人的单位、姓名复述一遍。击鼓是由一声到多声，也就是从复述一个人的单位、姓名到最后要复述多个人的单位、姓名，每次鼓击的时间越久，花传过的人越多，最后接到花的人要复述的人的单位、姓名越多。

分享

1.通过这个游戏，想一想怎样才能在短时间内记住别人？

2.如果你是一个领导，在日常工作之中，你可以培育什么样的工作作风和方法，无形中达到团队成员相互熟悉的目的？

绕口令

形式：单人或者集体朗诵	时间：5分钟
道具：无	场地：空地

目的

绕口令是训练口才的一个有趣的工具，同时也可以用来在培训中达到热场的效果。

程序

依序朗读以下绕口令。

1.一面小花鼓，鼓上画老虎。宝宝敲破鼓，妈妈拿布补，不知是布补鼓，还是布补虎。

2.车上有个盆，盆里有个瓶，乓乓乓，乒乒乒，不知是瓶碰盆，还是盆碰瓶。

3.金瓜瓜，银瓜瓜，地里瓜棚结南瓜。瓜瓜落下来，打着小娃娃。娃娃叫妈妈，妈妈抱娃娃，娃娃怪瓜瓜，瓜瓜笑娃娃。

4.肩扛一匹布，手提一瓶醋，看见一只兔。放下布，摆好醋，去捉兔。跑了兔，丢了布，泼了醋。

5.高高山上一条藤，藤条头上挂铜铃。风吹藤动铜铃动，风停藤停铜铃停。

6.西关村种冬瓜，东关村种西瓜，西关村夸东关村的西瓜大，东关村夸西关村的大冬瓜，西关村教东关村的人种冬瓜，东关村教西关村的人种西瓜。冬瓜大，西瓜大，两个村的瓜果个个大。

7.毛毛和涛涛，跳高又赛跑。毛毛跳不过涛涛，涛涛跑不过毛毛。毛毛教涛涛练跑，涛涛教毛毛跳高。毛毛学会了跳高，涛涛学会了赛跑。

8.四是四，十是十，要想说对四，舌头碰牙齿；要想说对十，舌头别伸直。要想说对四和十，多多练习十和四。

9.灰化肥发灰，黑化肥发黑。

关键之处：口齿清晰。

变化

比赛的形式可单人或集体。

分享

1.当有人发音错误的时候，听者和当事人的感受和反应是什么样的？

2.我们如何才能做到发音准确、词句流利？

扑克分组

形式：最宜于在24~36人范围内的管理类培训课程开始时使用

时间：30~40分钟（视探讨的深度需要而定）

道具：对开白纸1张（事先就固定在白板或教室墙上）；双面胶1卷（事先就裁成40厘米左右，每组1条，由上而下间隔地粘贴在白纸上）；普通扑克1副（抽去大小王，一共为52张）；红色白板笔1支

场地：室内

目的

培养在乱局中出头的主动性与对矛盾本质的洞悉力，两利相权取其大，两弊相较取其轻；实现组织内部的信息共享，培养个人的团队精神及顾全大局的精神。

程序

1.在3分钟之内，每人将自己摸到的一张牌与另外的4张（或5张或6张）牌组合成一副牌（这就是你们未来的学习团队了），要力争最快组成优胜牌组。

（1）凡是按照同花顺、同花、杂花顺方式组合的，依次为第一、二、三优牌组。

（2）由若干对子组成的杂花牌组中，对子数少者（如一组5张的牌中3+2相比2+2+1；6张的牌中3+3相比2+2+2）为第四优牌组。

（3）如果出现含“炸弹”（四张数字一样的牌）的牌组，则“化腐朽为神奇”，一跃为所有牌组中最优的组。

（4）某一组合类型中如出现两个以上同类牌组，则先组合成功（先上交）者为本类组合之优。

（5）各牌组中如果出现了一副没有一条符合上述标准的最差的牌组，则表明了整个牌局的失败。

2.分发扑克牌（可请助手帮助）。每人自取一张，未得到“开始”指令时，不许看牌。

3.宣布“开始”。密切观察参与者表现，催促大家及时将组合好的牌组交来，分别放好。

4.公布成绩。收齐各副牌后，依照交来的时间先后，依次将各牌组中的每张牌有规律地粘贴在一条双面胶上，按照规则评出各牌组的位次，将其标注在各牌组旁。可以向最优牌组颁发小奖品。如果出现最差牌组，则宣布本次组合失败。

分享

1.单个的牌有没有最好和最差的？

2.怎样才能实现组合的最优化？

总结

1.在整个游戏的操作过程中，无论是最好的牌还是最差的牌，只有在组合后，才能实现其价值，才能发现是优胜牌组还是最差牌组。比如孤立的一张K，或者一张3，是无所谓谁大谁小的，只有在组合后其价值才能得到最大实现，组成优胜牌组，或者最差牌组。这个游戏能让人体会到，个人的价值是无法单个显现出来的，只有在群体中，个人的价值才可能得到证实或者显现。

2.在组合牌组的时候，也有可能出现这样的问题，比如有无可能适当调动若干张牌，以消灭最差的牌组，或提升优胜位次较低的牌组，从而使整个大牌局改观？

1/4感觉

形式：全体参加（人数最好是4的倍数）	时间：10分钟
道具：卡片	场地：室内

目的

使学员在刚刚开始的时候就能够主动同别人接触交流，达到相互熟悉，并增进了解。

程序

1.大家在进入会场时，领到1/4张卡片，进入会场后，需要去寻找其他3位学员手中的卡片，将其拼合成一幅完整的图片。

2.大家要积极地寻找陌生人，询问、展示、合作，最终才能结成“联盟”，只有找到其他的3位学员，才可以找一个位置坐下来。

3.把组合成的图片放置到桌面前方，并迅速熟悉本小组成员。

迎接挑战

形式：每组5~15人	时间：10~20分钟
场地：不限	道具：笔、纸

目的

考验团队，使整个团队迎接挑战。

程序

1.分组，不限几组，但每组必须5~15人。

2.发给每组一张纸和一支笔。5分钟内要每组写出几种不同的挑战项目。

3.这些项目必须是自己能完成的项目。可以是关于体能上的项目：1个人可以抬起另外5个人。也可以是其他项目：我们这组可以唱出任何电视剧歌曲等。

4.这些项目不能有一看就知道别组没法完成的项目，比如我们这组有人的头发长度是团队中最长的等。

5.等到大家都写完后，每一组轮流先做出他们自己的挑战项目，然后要其他的组试着在一定时间中做出。

人体相机

形式：2人一组，全体参加	时间：10~15分钟
道具：无	场地：不限

目的

回顾课程内容，归纳吸收相关内容。

程序

1.2人一组，由学员自行选定一位伙伴，并决定谁先扮演相机，另一位则扮演摄影师。

2.扮演相机者的眼睛代表镜头，耳朵代表快门按钮；摄影师请站在相机后方（面向扮演相机者的背部）。

3.角色选定后，由摄影师按着相机的肩膀引导到各处取景。在按快门拍照前，相机的眼睛都是闭着的状态；当摄影师按下快门后，相机的眼睛即快速打开记录约一秒然后闭上，再由摄影师引导至他处取景。

4.摄影师完成照片记录后，两人角色互换。

5.在取景的过程中，请注意安全。

分享

1.通常此活动会安排在课程的最后，通过活动让学员对当次的学习过程做及时地回顾与归纳，此时可设定学员拍摄张数，并给予拍摄主题。例如邀请学员每人拍摄2张照片：一张是这次学习过程中，对自己影响最深（或最有意义的）的事物；另一张是在这次的学习过程中，最想送给团队的一张照片。拍摄照片时，摄影师对扮演相机者描述照片的意义，再由扮演相机者口述此张照片。

2.另外一种方式是采取多张数的拍摄方式（训练员可设定张数要求），相机只需单纯且忠实地记录影像，眼睛看到什么就记什么（就像一张白纸，没有任何先入为主的观念）。以这种方式实际体会“不带有偏见地看待事物”，通过他人的观点，没有预设立场地“看见”，真正了解什么才是事物的真相。当人在面临一个新的问题时，能不带任何偏见（经验），才会真正看到问题的真相，使创意得以发挥，问题才能被解决。

团队节奏

形式：全体参加	时间：10分钟
道具：纸牌	场地：室内

目的

感受团队协作气氛。

程序

1.把大家随机分成若干组，比如1月、2月出生的人为A组，3月、4月出生的人为B组等。

2.让每个组用不同的方式发出声音，如A组鼓掌，B组跺脚，C组发出“哈哈”的声音等。

3.事先准备些牌子，上面写各组组名。正式表演开始，培训师举起哪个组的牌子，哪个组就发出相应的声音。团队的交响乐开始神奇地展现了。

注意

1.每组规定各自的节奏。

2.正式开始前一定要分组反复演练，否则全场噪声一片，培训师失去威信，学员也会失去兴趣。

3.同时可举好几块牌子，有变化（可找人来帮忙举）。

4.事先强调要聆听，不要只顾自己。这很重要。

5.中途找些学员来担任你的角色指挥。

6.有很多理念可分享，如团队精神、个人与团队、分工协作、领导力等。

找同伴

形式：全体参加	时间：10~15分钟
道具：拼图	场地：室内

目的

1.通过道具协助学员寻找自己的同伴。

2.增进学员彼此熟悉的程度，增加班级凝聚力。

3.通过道具的使用增强学员的观察、沟通能力。

程序

1.培训师首先根据人数给到场的学员每人发一小块拼图。培训师可以根据希望分成的组数、每组有多少人来设置可以拼在一起的块数。

2.培训师告诉学员每个人根据自己手上的小拼图去寻找其他同伴。例如：每个小图案是由4小块拼图组成的，大家如果找到自己的同伴就请围成一圈坐好，看哪组最快。

3.分好组后，可以让大家根据所拼的图案起队名、设计队徽等。

分享

1.在寻找同伴的过程中，如何能最快找齐自己的同伴?

2.你是主动寻找还是被动等待?

注意

此活动也可以作为分组的一种方式。

扯龙尾

形式：40人以下，分成若干组（如5组），每组若干人（如6人）

时间：15~20分钟

道具：色带（或绳、报纸条等类似的条状物体）

场地：空地

目的

增强队员之间团结协作能力，让他们感受、体验“和谐达到团队成功”的魅力。

程序

第一阶段：

1.培训师先将人分成若干组（如5组），每组若干人（如6人）。

2.每组皆排成一直行，手放在前面那人的肩上，在最尾的人背上挂上色带。

第二阶段：

1.游戏开始时，每组最前端的人要去捉住其他组组尾的色带，而组尾那位成员亦要闪避不让人捉到自己的尾巴。

2.若捉到别人的尾巴，两组便合成一组，变成一条较长的龙。

第三阶段：

1.持续进行，直至所有组成为一条龙为止。

2.整条长龙的最尾的一组，是赢家。

变化

可将全部人员分为相等人数的两组，某组的组尾被另一组最前的人捉到后就要到另外一组去当组尾。到最后，哪组的长龙最长，就是赢家。

分享

1.在游戏之中，团队同时处于攻势和守势之中，如何协调两者之间的关系？

2.随着队员的增加，长龙的灵活性将趋于下降，如何保持不败？

注意

团队中所有人必须配合默契、和谐行动。

人　浪

形式：全体学员一起参加	时间：10分钟
道具：大缆绳	场地：空地

目的

培养团队成员随外界变化而立即变化的能力，同时活跃气氛。

程序

1.全体学员手握缆绳围成一圈，面向圆心，同时向后靠，形成一个巨大的人圈。

2.培训师发出指令：

（1）某个方向的人向下蹲，另外3个方向的人感觉中间力量的变化。

（2）按顺时针方向逐一向下蹲，完成人浪的操作。

分享

1.在别人向下蹲时，你感觉有什么变化，会有什么直接反应？

2.我们这个团队是怎样达成相互配合效果的？

人　椅

形式：全体学员一起参加　　时间：5分钟

道具：无　　场地：空地

目的

活跃现场气氛，打破肢体接触障碍，培养团队的支持与信任。

程序

1.全体学员围成一圈儿。

2.每位学员将双手放在前面一位学员的双肩上。

3.每个人的脚尖顶在前面人的脚后跟上。

4.听从培训师的指令，缓缓地坐在身后学员的大腿上。

5.坐下后，培训师再给予指令，让学员喊出相应的口号：例如“齐心协力、勇往直前”。

6.最好以小组竞赛的形式进行，看看哪个小组可以坚持最长时间不松垮。

分享

1.在游戏过程中，自己的精神状态是否发生了变化？身体和声音是否也相继出现变化？

2.在发现自己出现以上变化时，是否及时加以调整？

3.是否有依赖思想，认为自己的松懈对团队影响不大？最后出现了什么情况？

4.要在竞争中取胜，有什么是相当重要的？

注意

此活动的关键是所有的人一定要靠紧。

雨点变奏曲

形式：全体参与　　时间：15分钟

道具：无　　场地：不限

程序

1.让所有学员利用身体的任何部分碰撞发出两种以上的声音（学员会发出各种各样的声音，场面一片混乱）。

2.让所有学员用最擅长的方式发出声音（这时，学员的声音会进行汇合，形成几个主流的声音）。

3.培训师引导大家渐渐形成4种声音发出的方式：

（1）手指互相敲击。

（2）两手轮拍大腿。

（3）大力鼓掌。

（4）跺脚。

4.问学员如何将我们发出的声音变成有节奏的声音。可以提醒学员利用一种自然界的现象来使我们发出的声音变得美妙动听，如用声音来描绘一曲《雨点变奏曲》。

5.想象一下，我们发出的声音和下雨是不是有许多相似的地方：

（1）小雨——手指互相敲击。

（2）中雨——两手轮拍大腿。

（3）大雨——大力鼓掌。

（4）暴雨——跺脚。

6.培训师说："现在开始下小雨，小雨变成中雨，中雨变成大雨，大雨变成暴风雨，暴风雨变成大雨，大雨变成中雨，又逐渐变成小雨……最后雨过天晴。"随着不断变化的手势，让学员发出的声音不断变化，场面会非常热烈。

7.最后培训师说："让我们以暴风骤雨的掌声迎接……"

注意

引导并控制场面，使其热烈而不混乱。

我是谁

形式：全体参与	时间：40分钟
道具：A4纸、笔	场地：室内

目的

1.协助学员认识自己眼中的我，及他人眼中的我。

2.增进学员彼此熟悉的程度，增加班级凝聚力。

程序

1.培训师发给每位学员一张A4纸。

2.学员两两分组，一人为甲，一人为乙（最好是找不熟悉的学员为伴）。

（1）甲先向乙介绍自己是一个什么样的人，乙则在A4纸上记下甲所说的特质，历时5分钟。

（2）培训师宣布活动的规则：自我介绍者，在说了一个缺点之后，就必须说一个优点。5分钟后，甲乙角色互换，由乙向甲自我介绍5分钟，而甲做记录。

（3）5分钟后，培训师请甲乙两人取回对方记录的纸张，在背面的右上角签上自己的名字；然后彼此分享做此活动的心得或感受，并讨论介绍自己的优点与介绍自己的缺点，何者较为困难？为何会如此？个人使用哪些策略度过这5分钟？两人之中必须有一人负责记录讨论结果。

3.3个小组或者4个小组并为一大组，每大组6~8人。

（1）两人小组中负责记录的人向其他人报告小组讨论的结果。

（2）分享后，培训师请每位学员将其签名的A4纸（空白面朝上）传给右手边的学员。而拿到签名纸张的学员则根据其对此位学员的观察与了解，于纸上写下“我欣赏你……，因为……”写完之后则依序向右传，直到签名纸张传回到本人手上为止。

（3）每个人对其他组员分享他看到别人回馈后的感想与收获。

4.全班学员回到原来的位子。

（1）培训师邀请一些学员分享此次活动的感想与收获。

（2）培训师说明了解真实的我与接纳真实的我的重要性。

佳人何处寻

形式：全体参与	时间：10分钟
道具：纸、笔、透明胶带	场地：室内

目的

活跃气氛，体验互帮互助。

程序

每位参与者在最短的时间内，说出对方背后贴着的名字，而联想自己背后的名字。因为不需要任何烦琐的准备工作，人人都可愉快胜任，轻松尽兴，所以这个游戏一直深受人们喜爱。

1.男女双方人数一样，合计10人最为恰当。

2.事前，先在纸上写着诸如“罗密欧”与“朱丽叶”，“梁山伯”与“祝英台”等对对佳偶的名字。

3.将这些已写好的男性名字贴在男性的背后，女性名字贴在女性背后。同时，不可让所有参赛者看到彼此背后所贴的名字。

4.一切就绪后，所有参赛者个个竭尽所能，说出他人背后的名字，然后推想自己的背后的名字。倘若读出了所有人员背后的名字，就不难推出自己背后的名字了。

5.联想出自己背后名字后，要赶快与自己搭档的对象凑成一组，互相挽胳膊。

6.到最后没有成对的人，就是负方。

变化

1.配对的对象改为动物与食物，如狗对骨头、鸡对虫子等。

2.可以改为3人组合，如刘备、关羽、张飞为一组。

分享

1.通过此游戏你悟出什么？如帮助别人等于帮助自己。

2.想一想，如果有一组组合错，是不是可能引发很多组一起出错？

3.如果你是领导，怎样使资源达到最优的配置？

注意

本游戏的重点在于寻觅的过程，所以人人都应和谐相处，相互配合，以期找出彼此的最佳拍档。

好邻居

形式：全体参与	时间：15~20分钟
道具：无	场地：不限

目的

活跃现场气氛，考验大家反应能力。

程序

所有人围成一个圆圈，一人站在圆心。由站在圆心的人随机向圆圈里的人发问。比如说A问："你喜欢我吗？"

1.如果A回答"喜欢"，则与A相邻的两个人就要互换位置，在互换位置的时候，站在圆心的人就要迅速地插到与A相邻的两个位置中去，这样正在换位置的两个人中有一个就没有位置，那么就由他表演一个节目或作自我介绍，然后就由他站在圆心，游戏开始下一轮。

2.如果A回答"不喜欢"，则站在圆心的人要继续问A："那你喜欢什么？"如果A回答"我喜欢戴眼镜的人"，则场上所有戴眼镜的人都必须离开自己的座位寻找空位，而站在圆心的人需要迅速找一个位置，这样没有找到位置的人就需要表演一个节目或作自我介绍，然后就由他站在圆心，游戏开始下一轮。

3.A如果回答"不喜欢"之后，还可以回答例如"我喜欢男人"，那么全场的男人必须全部换位，如果A是男的，他自己也要换位。为了增加难度和趣味性，还可以回答"我喜欢穿白袜子的人"等不被人马上发现的细节。

扫把游戏

形式：几人围成圆圈，一人在圆内　　时间：5分钟

道具：长柄扫把一根　　场地：室内

目的

训练个人的集中注意能力和反应能力。

程序

第一阶段：几个人排成圆圈定号码，一个人站在圆圈中间，将扫把倒立放置，用手扶着。

第二阶段：

1.中间的人说出一个号码，同时把手中倒立的扫把放开。

2.被叫到号码的人立刻跑去在扫把倒地前抓住扫把。

第三阶段：没抓住的人受罚。

变化

可以不编号，中间的人说一个人的名字，但需要去扶扫把的不是他，而是他左边的人。

分享

1.叫到你名字时，你的第一反应是什么？叫到别人名字，该你去扶扫把时你的第一反应又是什么？

2.如果你没有扶住扫把，大家哄堂大笑时，你的感受是怎样的？

注意

头脑和手脚同步迅速反应。

猜变化

形式：选出两人为观察员，其余人参与排列　　时间：15分钟

道具：无　　场地：不限

概要：猜出排列顺序有无变化的游戏

目的

考验观察记忆能力。

程序

1.10位或者15位队员全部排好坐在椅子上，而被选出的两个观察员，花1分钟记下排列顺序。

2.观察员走出室外，其中留在室内的队员趁机交换位置。

3.观察员进来后要说出哪些人曾经换过位置，先猜中的观察员获胜。

面对面的介绍

形式：所有人围成两个大圆圈，一个套在另一个里面　　时间：视人数而定

道具：无　　场地：不限

目的

让与会人员认识一成以上的其他与会人员。

程序

将所有人围成两个同心圆，随着歌声同心圆转动，歌声一停，面对面的两人要相互自我介绍。

分享

1.当歌声停止，你能很自如地与你正对着的人相互自我介绍吗？

2.介绍完之后，你是否有意识地想要努力记住别人的名字？

注意

1.排成相对的两个同心圆，边唱边转，内外圈的旋转方向相反。

2.歌声告一段落时停止转动，面对面的两个人彼此握手寒暄并相互自我介绍。歌声再起时，游戏继续进行。

3.本游戏应用于100人或少于100人的团队最为有效。

4.以同样的热情结识不同的人。

天龙八部

形式：全体分组参与，每组8~10人　　时间：10分钟

道具：无　　场地：不限

目的

以较热烈的活动使学员彼此热络起来。

程序

第一阶段：学员双手搭在左右伙伴的肩膀上，围成一个圈。

第二阶段：在培训师的口令下往前踏步，计算共能走动几步。

注意

1.注意肩部的压迫，压力过大时应出声停止再向前。

2.避免朝某一方向跌倒。

分享

1.以这种方式进行踏步的感觉如何？你觉得如何才能做得更好？

2.如果你们跌倒了，你的感觉又如何？

猜猜我是谁

形式：全体参与	时间：10~20分钟
道具：不透明的幕布1条	场地：不限

目的

使初步认识的学员再次彼此认识。

程序

1.参加的学员分成两边。

2.依序说出每人的姓名或希望别人如何称呼自己。

3.培训师与助理培训师手拿幕布隔开两边学员，分组蹲下。

4.第一阶段：两边学员各派一位代表至幕布前，隔着幕布面对面蹲下。培训师喊一、二、三，然后放下幕布，两位学员以先说出对面学员姓名或绰号者为胜，胜者可将对面学员俘虏至本组。

5.第二阶段：两边学员各派一位代表至幕布前背对背蹲下，培训师喊一、二、三，然后放下幕布，两位学员靠组内学员提示（不可说出姓名、绰号），以先说出对面学员的姓名或绰号者为胜，胜者可将对面学员俘虏至本组。

6.活动进行至其中一组人数少于3人时即可停止。

分享

1.各位如果继续玩下去谁会赢？谁会输？

2.我们所设计的这个游戏是没有输和赢的。

3.那这是什么意思，也就是双赢的概念。

注意

1.选择的幕布必须不透明，以免预先看出伙伴而失去公平性及趣味性。

2.学员蹲在幕布前，避免踩在幕布上，以免操作幕布时跌倒。

3.培训师应制止站立或至侧边偷窥的情况发生。

4.学员不可离培训师太近，以免操作幕布时产生撞击。

5.记录学员叫出名字的时间差距，培训师须注意它的公平性。

6.本活动不适用于不熟悉的团队。

变化

1.可增加幕布前的代表人数。

2.可让学员背部贴紧幕布，另一学员凭其轮廓猜出其姓名或绰号。

3.可在排球场进行，在海滩球互相投掷时，需要叫出对方队友姓名或绰号，全部叫完前不可重复。

幽默乐观的游戏

形式：全体参与　　时间：15分钟

道具：无　　场地：不限

目的

情绪有正面与负面之分。有些正面情绪，如积极、乐观、幽默可以激发人的创造力，而许多负面情绪，如痛苦、焦虑、恐惧则会阻碍人的创造力发挥。我们每个人都可能因成功或失败而导致情绪波动。

这个游戏可以让你体验情绪在问题解决中的强大作用，更可以训练你的幽默和乐观的情绪。

这个游戏要求你和一些朋友一起做，而且要求偏离你一贯的社会行为。

程序

1.学动物园里动物的叫声。

2.角色定位如表1–2：

表1–2　角色定位表

姓氏汉语拼音的第一个字母	动物
A~F	狮子
G~L	狗
M~R	大公鸡
S~Z	猪

3.做法：

先选择一个伙伴（最好在这些朋友中挑一位不太熟悉的人作为伙伴）。彼此盯着看，目光不能转移，同时用嘴大声学动物叫，至少持续10秒钟。

分享

1.在这个简单的游戏中，你的感觉如何？

2.你是否感到既幽默有趣又有些尴尬？

3.你是否注意到幽默的情绪会有助于你在这个游戏中进行创造性的发挥，可能会使你灵机一动，模仿出种种出人意料的叫声，获得满堂喝彩，或者逗得大家捧腹大笑？

总结

1.这个游戏尽管开始时会感到不舒服，很可能结束时已是笑声满堂。

2.在游戏中，感到尴尬的心理会使你羞于开口。假如你有幽默感，学动物叫就更容易开口。

3.正面乐观的情绪是创造力的催化剂。因此，在最困难的时候，不要忘记幽默可以使你保持乐观。

分组游戏

形式：全体分组	时间：10分钟
道具：不透明的幕布一条	场地：不限

目的

根据不同的需要，采取不同的形式对学员进行分组。

程序

1.寻找对象：

第一步：学员围成一个圆圈；培训师说“向上看、向下看、锁定。”学员看上、看下，然后用目光锁定对面的一位同学，当两人的目光相对时，则拍手、出场交谈；交谈3分钟；没对上的继续。

第二步：学员分列两行，结对的伙伴面对面站立；各自后退5米；蒙上眼罩；发出声音，寻找对象（不可用学员名字、公司名称）。

2.培训师问以下问题：①早上起床时，是从左边下床，还是右边下床？从左边下床的站左边，从右边下床的站右边，记不清的站中间；②早上穿鞋时，先穿左边的鞋，还是先穿右边的鞋？先穿左脚的站左边，先穿右脚的站右边，记不清的站中间。以此种办法将学员分成3大组。

3.谁是勇士？如果以上办法分成的3组人数悬殊，则继续分组，按以下办法：请大家自由组合，寻找另外两位与自己相像的伙伴，组成3人小组。

4.积极性：

谁愿意第一个站起来？

谁愿意第二个站起来？

由此，将学员分成3批。

竞赛报数游戏

形式：5~10人	时间：15分钟
道具：无	场地：不限

程序

1.所有人围成一个圈，需要共同完成一个任务——数数。数数的规则是每人按照顺序一个人数一个数，从1数到50，遇到7或7的倍数时，就以拍巴掌表示。然后由原来的逆时针顺序改为顺时针开始数。比如，开始按顺时针方向数到6以后，数7的人拍一下巴掌，然后按逆时针方向数8，当数到14的时候，拍一下巴掌，方向又变为顺时针，如此类推，直到数到50。

2.数错的人可以罚表演节目或者分小组进行竞赛。

注意

数到20，一般得练习几次以后；数到35就很费时间了；数到50，一般是很难做到的。

真情告白

形式：全体参与　　时间：30~45分钟

道具："优点与缺点"表格（如表1-3所示），每人一支钢笔　　场地：室内

目的

让参与者之间相互反馈自己在成员眼中的优点与缺点。

程序

此游戏用于要求每个参与者在无任何威胁的情况下，写出其他人的优点及缺点。特别适用于同一组或一同工作的，或者团队中互相了解的成员。

1.令每个参与者都知道他们将有机会对团队里的每一个人的优点与缺点进行反馈，也就是说，你喜欢或不喜欢某人的哪一方面。

2.告知每个人这是一项保密活动，没有人被告知是谁写的有关他的优点与缺点的内容。

3.给每个人一张"优点与缺点"表并告诉他们每人为其他人至少写出一条喜欢或不喜欢的内容。

4.收集每张答卷，混在一起并对每个人念出写给他们的意见，首先要从自己的名字念起。

分享

1.所有的意见都正确吗？

2.有没有互相矛盾的意见？

3.现在是否有人不愿意别人和自己同在一组？

附件

表1-3　优点与缺点表

姓名	
优点	
缺点	

棒打“薄情郎”

形式：全体参与　　时间：15分钟

道具：柔软棉棒一根　　场地：不限

目的

使初步认识的学员，再次彼此认识。

程序

1.参加学员围成一个圆圈，双手平举胸前（与站在圆心的培训师相隔1米）。

2.依照顺序说出每个人的姓名或希望别人如何称呼自己。

3.培训师手拿棉棒击向一个学员的手掌，该学员在手掌被击之前，应说出另一个学员的姓名，否则就与培训师换位置，击打不同的学员前说出的姓名不可重复。

注意

1.选择棉棒必须柔软有弹性，以免击伤学员。

2.触击部位在手掌处，严禁击向头部。

3.本活动不适用于相互非常熟悉的团队。

变化

1.可以改成坐姿，将腿伸出，击打脚掌。

2.可让站在圆心的人手指其中一名，令其说出左右学员的姓名或绰号。

3.可让站在圆心的人蒙眼睛，走到一位学员面前问路，听其回答的声音，说出其姓名或绰号。

姓名接力赛

形式：全体参与　　时间：10分钟

道具：无　　场地：不限

目的

使初步认识的学员，再次彼此认识。

程序

1.参加人员围成一个圆圈。

2.依照次序说出每个人姓名或希望别人如何称呼自己，培训师计算所有学员说完之后的时间。

3.学员讨论如何缩短时间，并设定目标。

4.实验三次。

变化

可改成培训师手拿扫帚，叫一个学员姓名，然后将扫帚放手，该学员必须于扫帚倒地前，跑到圆心接住，依次进行，也可以同时叫两个人以上。

介绍彼此

形式：全体参与　　时间：20分钟

道具：无　　场地：不限

目的

使所有人相互了解，相互熟悉。

程序

1.参加人员自选为2人一组。

2.每组10分钟时间，让两人彼此聊天并记录重点。

3.请向大家介绍同组的学员。

变化

1.可设计重点表格方便记录与介绍。

2.可增加图书或音乐以介绍彼此。

注意

在此活动前可利用类型活动转换时间，进行相见欢活动，即将学员分为内外两圈，彼此交换意见，相互加油打气。每人次3分钟，直到转完一圈为止。

第二部分

THE SECOND PART

团队游戏

默契报数

形式：全体参与　　时间：30分钟

道具：无　　场地：不限

目的

体验团队的默契。

程序

1.所有学员围成一个大圆圈，听清规则：

（1）从谁都可以开始；

（2）同一个人不可连续重复报数；

（3）学员间不可以沟通、提醒、暗示或使眼色；

（4）若有两人同时或多人共同报数，则重来。

2.所有人同时面向圆心，分别往圆内走5步，碰到人则让开继续走，可根据情况走（比如两步）。

3.走完5步则立定，然后开始报数，从1开始（以上为混乱顺序的方式，也可以请所有人以逛街的方式，随处走动）。

4.不限制报数的前后顺序，一切由彼此默契决定。

5.直到所有数目都被报过且没有重复，则任务完成。

讨论

1.你刚刚有什么感觉吗？

（1）适时勇敢报数；

（2）找到自己的位置，就像1~7的数字到后来都有固定的人报。

2.过程中，你感受到什么？

（1）聪明！因为从1~7固定之后的数字，大家都不敢乱喊；

（2）有一种灵气在我们之间流动；

（3）我觉得我在这样的团队，有一种自豪的感觉。

3.这个游戏，能让大家明白什么是默契了吗？

（1）默契需要一定的忍耐；

（2）默契需要一点儿勇气。

4.你们觉得在组织内要如何培养默契呢？

经常沟通与协调是非常重要的。

分享

1.请学员思考，在组织中有没有灰色地带（比如：少做少错、多做多错、不做不错的心理，对于责任划分不明确的工作，多数人不愿意主动去负责和承担）。

2.组织内如何创造出一种环境，让大家打破“多做多错、少做少错”的不负责任心理？上司要以身作则，不批评、不责备、不抱怨。

固若金汤

形式：全体参与　　时间：20分钟

道具：无　　场地：室内

目的

通过游戏使学员了解团队成员相互支持的重要性。

程序

1.概念与活动说明：

通过游戏的过程使学员理解传统文化向团队文化转变的方向，等级文化向平等文化迈进；分裂状态转变为结合状态，独立状态转变为互为依靠状态等。

2.带领学员到预定场地。

3.视学员人数、场地情况将学员分为10~20人一组。

4.以小组为单位，小组学员手拉手形成一个转动的圆圈，同时所有学员身体后仰，并静止1~3分钟。

5.小组学员报数，各自记住自己的号码，奇数学员身体后仰，偶数学员身体前倾，并静止几分钟。

6.小组学员前后站立形成一个圆圈，后面的学员将手搭在前面学员的肩上，连成一个整体，学员在培训师发出指令后齐步走，使小组学员越走越紧密，接近一个圆为止。

7.培训师发出新的指令，奇数学员将右腿以稍迈向前方的形式下蹲，偶数成员坐在奇数学员的大腿上，并保持数分钟。坚持到最后者为胜方。

分享

1.团队的先进文化有哪些？

2.作为团队成员要有哪些团队协作的精神？

3.谈谈对活动过程的感触。

注意

注意学员的安全。

扫雷行动

形式：全体参与　　时间：30分钟

道具：鸡蛋、报纸等　　场地：室内

目的

增强团队的合作观念。

程序

1.学员分成4个小组，选出组长，组员听从组长的指挥。组长向培训师申领角色说明书。

2.每组组员在规定的横线内，推选一名组员将距离横线1.5米处的“布雷区”（报纸围成的区域）中的地雷（鸡蛋）取回。在“布雷区”与横线之间的空地可安排两名组员协助扫雷。

规则

1.时间限定在15分钟。扫雷的目的是解除所有的“雷患”。

2.组员不可越线扫雷，身体的任何部位不许触及范围以外的地面。地雷只可拾起不可拨动。被拨动的将被没收，并罚一名组员下场。

3.每次扫雷成功，组员应继续努力争取扫雷机会，扫多者为胜。培训师仔细记录每组的扫雷成绩。

分享

1.使我们扫雷成功的原因是什么？团队协作应该是如何进行的？

2.雁行启示：

（1）每当头雁鼓动双翼时，对尾随的同伴都具有鼓舞的作用，雁群排开呈V字形时，比孤雁单飞增加了71%的飞行距离。与拥有相同目标的人同行，人们能更快速、更轻易地到达目的地，因为彼此之间能互相推动。

（2）不论何时，当一只雁脱离队伍时，它马上会感受到一股阻力，阻止它离开，如果借着前一只伙伴的“支撑力”，它很快便能回到队伍。如果我们向大雁学习，就会留在与自己目标一致的队伍里，而且愿意接受他人的协助，也愿意协助他人。

（3）当带头的雁疲倦了，它会退回队伍中，由另一只取代它的位置。在从事困难的任务时，轮流担任与共享领导权是有必要的，也是明智的，因为我们都是互相依赖的。

（4）队伍中后面的雁会以叫声鼓励前面的伙伴继续前进。我们必须确定从我们背后传来的是鼓励的叫声，而不是其他的声音。

（5）当有雁生病或受伤时，其他两只雁就会由队伍中飞下来协助及保护它，这两只雁会一直伴随在旁边，直到它康复或死亡为止，然后它们自己组成队伍再开始飞行，或者去追赶原来的雁群。

“绳智”清醒

形式：全体参与　　时间：30~50分钟

道具：每组1根长绳，每名成员一块布　　场地：室内

目的

认识团队中解决问题的方法。

程序

1.培训师告知全体参与人员他们将参加一个不寻常的问题解决游戏，在他们用布蒙眼前，解释一下整个游戏。告诉他们，他们面前有一个布袋，里面有一根绳子。他们的任务是把绳子拿出来，围成一个圆圈，每个人站在绳的外围，保持距离均等。

2.让他们用布蒙眼。

分享

1.在游戏中，不同的成员对于游戏本身有不同的推动意义。

2.怎样能够更轻松一些，让游戏结束得更快？

3.难吗？为什么？很容易吗？为什么？

注意

1.对于合作度高的小组，可以让他们无声地进行游戏。

2.从小组中选定一个观察者，让他站在一边观察，对本游戏会有更深入的体会。

3.有时间的话，可以再做一遍，看时间是否会缩短。

4.可以让参与者组成任意的形状，例如：三角形、正方形，甚至一条直线等。

赢得客户

形式：人数不限　　时间：培训师可自行确定

道具：小毛绒玩具、乒乓球、小塑料方块各1个，将以上材料装在一只不透明包里

场地：室内外均可

目的

1.让学员体会团队共同合作完成任务时的合作精神。

2.让学员体会团队是如何选择计划方案以及如何发挥所有人的长处的。

3.让学员感受团队的创造力。

程序

1.将学员分成小组，每组不少于8人，以10~12人为最佳。

2.培训师让学员站成1个大圆圈，选其中的1个学员作为起点。

3.培训师说明：我们每个小组是一个公司，现在我们公司来了一位“客户”（即毛绒玩具、乒乓球等）。它要在我们公司的各个部门都看一看，我们大家一定要接待好这个“客户”，不能让“客户”掉到地上，一旦掉到地上，“客户”就会很生气，同时游戏结束。

4.“客户”巡回规则如下：

（1）“客户”必须经过每个团队成员的手，游戏才算完成；

（2）每个团队成员不能将“客户”传到相邻的学员手中；

（3）培训师将“客户”交给第一位学员，同时开始计时；

（4）最后拿到“客户”的学员将“客户”拿给培训师，游戏计时结束；

（5）3个或3个以上学员不能同时接触“客户”；

（6）学员的目标是求速度最快化。

5.培训师用一个“客户”让学员做一次练习，熟悉游戏规则。真正开始后，培训师会依次将3个“客户”从包中拿出来递给第一位学员，所有“客户”都被传回培训师手中时游戏结束。

6.此游戏可根据需要进行3~4次，每一次开始前让小组自行决定用多少时间。培训师只需问“是否可以更快”即可。

变化

1.培训师可以采用任何其他三样东西代替以上道具。

2.要想增加难度，培训师可以增加“客户”的数量。

分享

1.在刚才的活动中，你们对自己的哪些方面感到满意？

可能的答案：试用了多种方法；大家能同心协力。

每个人都积极发表意见。

2.刚才的活动中，哪些方面需要改进？

可能的答案：一开始思想没有放开，有些局限；没有充分了解游戏规则；太过急于求成。

3.这个活动让你们有什么体会？

可能的答案：成功需要团队所有成员的参与和配合。

总结

1.要想赢得客户，企业的每个部门都要相互支持和合作。

2.销售的成功并不只是销售部门的事情，要取决于全公司的支持。

3.要想在激烈的竞争中赢得客户，发挥团队的创造力是非常重要的。

4.创造力的发挥需要尝试和每个人的支持。

5.团队的创造力决定团队的质量和前景。

传　球

人数：20人	时间：20分钟
道具：皮球1个	场地：室内外均可

目的

体会双赢。

程序

1.分成4~5个小组，所有小组围成一个大圆圈，一个组的队员必须在一起，不能错开。

2.将一个小球交给第一组第一名队员，要求小球必须传过每一个人，不能落地，并规定在30秒的时间内必须传完5圈。

3.当规定时间到了，若没有完成5圈，则小球在哪组队员手中，该组全体人员将受罚（做俯卧撑等）。

4.游戏进行第二轮。

注意

1.学员们在完成第一轮后，就会发现要在这么短的时间内传5圈是不可能的。

2.在第二轮中，有的队可能故意放慢节奏“陷害”其他队。这时候培训师要引导，反复几轮，最后让他们发现“陷害”其他队并不可取，这是随机的；唯一能做的，就是共同努力创造纪录，比如大家把手伸出形成平面，让球在上面滚过去。

3.队员可能因受罚而产生负面情绪，认为不公平，所以每轮要从不同的起点开始，并在开始前“打好预防针”。

加油站竞争

形式：参加人数40~60人	时间：30~50分钟
道具：无	场地：大培训室

目的

使所有参加的学员体会在企业运作中双赢思维的应用和沟通的重要性。

程序

1.全体参加者按自愿或培训师指派，组成4~6人的若干小组。小组的总数必须为偶数。

2.每两组配对，彼此作为竞争对手。假设每一小组都经营着一家汽车加油站。

3.请各组分别给自己的加油站命名，告知培训师。

4.假设配对的加油站都处在同一城市，而且坐落在同一条公路交叉的两侧，彼此相对而居，争取着同样的顾客——过往的车辆。

5.竞争对手在教室中各自集中的地点应尽量相隔远一点，以免讨论经营策略时被对方有意无意地“窃听”而失密，泄了底。

6.各加油站定期决定下一周的油价。

7.经验证明：适当提价，可增加销售量；提得过猛，顾客就不敢问津了。但真正的赢利却与对手的定价策略密切相关。

8.如果双方维持原价，这一周期内双方的销售额都只有20000元；若双方同时适当提价，则这一周期内双方的销售额都增至30000元，即共同受益。问题难在仅一方提价，另一方维持原价时，顾客都涌到价低的一方去，使那边门庭若市，销售额猛增至4万元，而提价的一方门可罗雀，销售额跌至10000元。

请看表2–1：

表2–1　定价销售表

定价决策		本周期销售额（元）	
甲站	乙站	甲站	乙站
提价	提价	30000	30000
原价	原价	20000	20000
提价	原价	10000	40000
原价	提价	40000	10000

程序

第一阶段竞争：

此阶段的特点是两对手之间互不往来，彼此不通气，各自关门决策。这一阶段可包括若干调价周期（多可8轮）。每一周期给各加油站3分钟时间讨论并做出定价决策。决策结果写在纸上呈交裁判（培训师），集中公布。待此阶段各轮竞赛结束，裁判总计销售额，裁定下列名次或优胜方：

1.各对竞争者的优胜方。

2.全班各竞争对（两加油站）合计销售额最高的一对。

3.全班按全阶段销售额的第一、二、三名。

第二阶段竞争：

方式与第一阶段一样，唯一不同的是在每一决策前，各站派出一代表，与对手方面的代表做短期私下接触沟通，谈判协调行动，达到定价默契的可能性。名次裁决同前。

分享

两阶段竞争结束后，各小组分别就下列问题总结讨论：

1.第一、第二阶段竞争有何不同?

2.在这两阶段，各有何经验教训?

3.最理想的竞争策略是什么?

每组推1~2名发言人，在随后的班级讨论中向全班报告讨论过程和结果，展开辩论，争取达成共识。

注意

分享与交流过程由培训师操控，游戏所传达的除参与者“亲验式体会”，培训师的点拨起着点睛作用，必不可少，要精心准备。

坐地起身

形式：全体参加	时间：15分钟
道具：无	场地：铺有地毯的室内

目的

这是一个让大家明白合作重要性的游戏。

程序

1.首先以4人小组为单位，围成一个圈，背对背地坐在地上（坐的意思是臀部贴地，正常来说一个坐在地上的人，是无法手不着物就能站起来的）。

2.4人胳膊挎胳膊，一同站起来。很容易吧？那么再试试多一些人，如6~7个人，应该还不是太难。最后再试试十四五个人一同站起来，难度就会较高了。

分享

十多人一齐起身，证明是可以成功的。这个游戏其实可以带出很多理论，如大组和小组用力方向的不同、如何合作才可成功等讨论。

风中劲草

形式：8人一组为最佳	时间：15~20分钟
道具：无	场地：铺有地毯的室内

目的

帮助学员建立对团队的信任。信任的建立取决于学员对团队成员的信心，相互之间的沟通是树立这种信心的基础。一旦信任完全建立，你就会感觉到团队的工作气氛空前轻松愉快。

程序

1.培训师让每组成员围成一个圆，面向站在圆心的培训师。

2.培训师双手交叉在胸前，与学员进行如下对话。

培训师："我叫×××（自己的名字），我准备好了，团队准备好了没有？"

全体学员回答："准备好了！"

培训师："我倒了！"

全体学员回答："倒吧！"

3.培训师整个身体完全倒下，这时团队成员要共同伸出手接住培训师，并把培训师顺时针推动两圈。

4.在培训师做完示范之后，小组的每位成员都要照做。

分享

1.该游戏最难的地方是哪里？下次你会怎样改进？

2.在活动过程中，你感觉团队的合作精神如何？是否有信任感？

注意

培训师一定要提醒大家注意安全，不要让你的伙伴摔倒。

信任空中飞人

形式：20人一组为最佳	时间：15分钟
道具：1.5米的高台	场地：户外拓展专业场地

目的

这是一个震动力很大的游戏，目的为挑战自我的安全区，建立对团队队员的信任，感受这种信任给你带来的个人突破。

程序

这是一项带有危险性的活动，一定要有专业的拓展教练在场指挥才能进行。

1.首先让全组人员站成面对面的两排。

2.让准备做空中飞人的队员站在台上，背向队友，双手交叉在胸前，闭上眼睛。

3.当专业教练确认团队队员都站好位置，并做好接人准备时才让站在台上的队员从空中落下。

分享

1.当你站在台上的时候，感觉如何？

2.当你跨越心理障碍，完成了挑战之后，感觉如何？

3.在这项活动中，你认为最关键的地方在哪里？怎样才能帮助队员跨越心理障碍，做到他认为自己不可能完成的事情？

注意

这项活动对某些人来说难度很大，尽量用说服及鼓励的方法鼓励他，使他对伙伴产生信任，从而跨越心理障碍，完成空中飞人的任务，但千万不要勉强。

小草游戏

形式：12人一组，全体参与	时间：根据人数而定
道具：歌曲《小草》、眼罩	场地：铺有地毯的室内

目的

使团队成员在大家面前放松自己，并且培养相互之间的信任感。

程序

1.每个小组围成一个圈坐在地上，然后让一个组员站在圆心处。

2.助理培训师负责把站着的组员的眼睛用不透光的眼罩蒙上。

3.让站着的组员两手拈花指，举向空中。

4.告诉站着的组员：当听到《小草》这首歌的音乐响起时，请随着音乐声慢慢地舞动。在音乐刚响起的时候，大家都很拘束，但在1分钟以后，会感受到跳舞的这个人越来越轻松，越来越陶醉，基本上80%的人在一首《小草》之后，都会完全放开。

5.当组员在舞完一首歌后，紧接着做另一个“风中劲草”游戏（见前文）。

要求

1.必须跳柔舞，动作不能太多。

2.千万不能笑出声，全场保持安静。

讲解

1.现在请场内所有的小组围成一个圈，坐在地上（培训师要注意分配各个小组的空间）。

2.请每个小组出来一个人，站在圆心处（由于有的人不愿意出来，所以培训师要强调，每个人都要进行此游戏）。

3.中间站着的学员请闭上眼睛（眼镜要摘下来，助理培训师负责用不透光的眼罩把他的眼睛蒙上）。

4.请你想象一下，你是广袤大地上的一棵小草，你没有花香，没有树高，你默默无闻，无人知晓，你就这样自由自在、无拘无束地生活在阳光下，摇摆在春风中。

5.当你听到《小草》这首歌响起的时候，请随着音乐慢慢地舞动起来（当其他组员在舞完一首歌过后）。

6.请中间的学员站好，仔细地听我所讲的话，当我说“请准备”的时候，请你准备好，当我说“开始”的时候，你要大声地对你周围的人说：“我准备好了，团队准备好了吗？”

周围的人一定要集中注意力，眼睛看着中间的这个人，大声地告诉他：“我们准备好了！”

中间的人则大声告诉周围的人：“我倒了！”

周围的人要大声地告诉他：“倒吧！”

分享

1.假设没有给你蒙上眼罩，当你能看到四周的人时，你能这么轻松吗？

（请大家讨论一下，是睁着眼睛轻松呢，还是蒙上眼睛轻松呢？）

2.是什么原因让你越来越放松？

3.想一想，当下这一刻是否与我们生活中一样，看得越多，障碍也就越多？把这个游戏延伸到生活中，你会怎么样？

注意

1.中间的人倒的时候：

（1）身子一定要直直地倒向旁边。

（2）脚一定要并齐，不能挪动。

2.周围的人需要注意：

（1）一定要把注意力集中在中间的这个人身上，你要对你的伙伴负责任；

（2）扶住他的时候，你可以把他轻轻地送到旁边人的手上，用力一定要轻，不可用力猛推；

（3）当我说停的时候，请周围的人把他扶好站稳，然后才能放手。

“盲人”和我们

形式：全体参与	时间：10~15分钟
道具：无	场地：室内

目的

让团队伙伴明白，有时候影响我们行为的是我们自己的思想。

程序

培训师让一个学员站起来，依序问他以下问题。

1.假如在50厘米宽、20米长的地板上让你用最快的速度跑过去，你能不能跑过去？（答案毫无疑问是肯定的）

2.假设在两座几十米高的大楼间，同样有50厘米宽、20米长的路，是由钢板架在两座楼之间的，你还敢跑过去吗？

3.假设你是盲人，跑在平路及几十米高的地方，感觉是否一样呢？

分享

1.想一想我们大学毕业的时候或刚进入社会时的心境，再想想现在，发生了怎样的变化，出现了怎样的差别？

2.为什么我们懂得越多，学得越多，理解得越多，成熟得越多，而障碍也越多呢？

3.如果我们在生活中与工作中遇到困难时，以蒙住眼的心态，会给我们带来怎样不同的成果？

红与黑

形式：全体参与，分成两大组	时间：30分钟
道具：无	场地：大教室

目的

两队分别为A队、B队，各自争取取得高分。

程序

1.每轮每队有两种选择——红或黑，由工作人员了解每队每轮的选择并告知得分，每队可根据上轮得分确定下轮选择。

2.沟通：两队在第四轮选择后，征得对方同意，可进行第一次沟通，双方各派一名代表外出面谈，面谈时间为1分钟；两队在第八轮选择后，双方必须进行沟通，面谈时间为1分钟。两队除按上述规则可召集的面谈外，禁止其他沟通。

3.得分计算：

（1）A队、B队均选红，各得1分；A队、B队均选黑，各减1分。

（2）一队选红、一队选黑，选红者减3分，选黑者加3分。

（3）第9轮与第10轮选择，得分乘3后计入总分。

总结

1.要取得长期利益，必须采取合作的态度。

2.团体合作的基础是相互信任。

3.信任来自顺畅的沟通。

4.信任一旦失去，难以补救。

蜘蛛网

形式：全体学员，13人一组为最佳	时间：15~20分钟
道具：用绳子编成的蜘蛛网1张及说明书1份	场地：空地

目的

让学员们体会计划的重要性及团队合作的精神。

程序

1.培训师先找一位领导及一位观察员，单独向领导交代任务并给他一份说明书。全体人员必须从网的一边通过网孔过到网的另一边，在整个过程中，身体的任何部位都不得触网。每个洞只能被过一次，即不能两人过同一洞，目的是要获取最好的成绩。

2.由领导回到小组中传达培训师的指令。

3.培训师及观察员开始观察小组在听领导分配任务时的反应，以及他们的计划能力。

4.观察员记录小组在执行任务的过程中都出现了哪些问题，包括计划方面、沟通方面。

分享

1.你对计划的重要性有什么认识？你认为这次活动的计划做得怎样？

2.该游戏最难的地方是哪里？怎样改进？

3.在活动过程中，你感觉团队的合作精神怎样？是否有信任感？

抛球游戏

形式：10人以上	时间：20分钟
道具：6个小皮球	场地：户外空地

目的

让团队成员思考提高团队效率的方法，正确对待工作中出错的伙伴。

程序

1.所有人围成一个大圈，人与人之间要有一定的间隔。

2.培训师讲解游戏规则：拿出一个皮球进行传递。传递通过抛球来进行，不可以传得太近，最好传给对面的人。要求是皮球只能传给没有接过球的人。球落地或有人接到两次，则游戏失败，重新开始。

3.等大家熟悉规则之后，加大游戏难度，告诉大家只能抛给上一回合抛过的人，同时用3个球连续在圆圈中传递，记下时间。

4.继续加大难度，可以再加1个球，一共4个球，同时，在这4个球中，可以将一个球按照与其他3个球相反的顺序逆抛，记下时间。

5.最多可以增加到6个球。

分享

1.如何提高团队的效率？

2.一旦有人出错，会不会有人去责备他们？面对这种情况，最好的处理方式是什么？

责　任

形式：全体参加，4人一队	时间：10分钟
道具：无	场地：室内

程序

1.每队4个人，两人相向站着，另外两人相向蹲着，一个站着和蹲着的人是一组。

2.站着的两个人猜拳，与猜拳胜者同组的蹲着的人去刮输的一方蹲着的人的鼻子。

3.输方轮换位置，即站着的人蹲下，蹲着的人站起来，开始下一局。

分享

1.如何看待责任？

2.当别人失败的时候，你有没有抱怨？

3.两个人有没有同心协力对抗外面的压力？

众志成城

形式：全体参与，8~12人一组	时间：20分钟
道具：报纸数张	场地：铺地毯的室内

目的

让学员体会合作的重要性，借团体合作与思考达到解决问题的目的，并体会个人对团体的重要性。

程序

1.培训师先将全班分成几组，每组约10人。

2.培训师分别在不同的角落（依组数而定）铺一张全开的报纸，请各组学员均踩在报纸上，无论用任何方式都可以，就是不可以脚踏报纸之外。

3.各组完成后，培训师请各组将报纸对折后，再请各组学员踩在报纸上。若有学员被挤出报纸外，则该组被“淘汰”，不得参加下一回合。

4.上述进行至淘汰到最后一组时结束（不要过长）。

分享

请各位学员围坐成一圈，讨论活动的过程并分享心得：

1.要想求得团体或班级的成功、胜利，唯有通过合作才能众志成城。合作是在团体中贡献一己之力并取长补短，同心协力共同创造团体成功的机会。

2.解决问题时，可借团体合作与思考达到目的，每个人在团体中都有一定的重要性。

注意

1.注意学员安全。

2.必要时可男女分组进行。

木头的体积

形式：12人一组　　时间：30~40分钟

道具：成套的卡片（套数根据组数而定）　　场地：室内

目的

1.训练学员进行有效的群体决策。

2.让学员体验到个体思维方式的差异如何影响团队的有效决策。

3.让学员体会群体决策中的有效冲突和无效冲突。

程序

1.分小组，每组12人。每组获得12张卡片，一人拿到一张卡片。

2.卡片上会有一些信息，小组的任务就是在30分钟内利用卡片上提供的信息，共同完成一项任务——计算木头的体积（木头的形状附后）。

附件

卡片1：

1.你知道以下信息：木头的密度ρ=0.8克/厘米、浮在水面的高度是1厘米。

2.看完这些信息之后，要记住你所掌握的信息，并将卡片撕掉。

3.和你们小组的人去讨论吧！

卡片2：

1.你知道以下信息：计算体积的公式是$v=m/\rho$，木头的形状是不规则的。

2.看完这些信息之后，要记住你所掌握的信息，并将卡片撕掉。

3.和你们小组的人去讨论吧！

卡片3：

1.你知道以下信息：木头的质量是无法知道的，共有9个面。

2.看完这些信息之后，要记住你所掌握的信息，并将卡片撕掉。

3.和你们小组的人去讨论吧！

卡片4：

1.你知道以下信息：木头有3个面是正方形，共有10个面。

2.看完这些信息之后，要记住你所掌握的信息，并将卡片撕掉。

3.和你们小组的人去讨论吧！

卡片5：

1.你知道以下信息：木头的所有边的长度只有两个尺寸，共有10个面。

2.看完这些信息之后，要记住你所掌握的信息，并将卡片撕掉。

3.和你们小组的人去讨论吧！

卡片6：

1.你知道以下信息：木头的边长一个是10厘米，一个是5厘米，在水下的高度是9厘米。

2.看完这些信息之后，要记住你所掌握的信息，并将卡片撕掉。

3.和你们小组的人去讨论吧！

卡片7：

1.你知道以下信息：木头有3个面是这样的（图2–1）。

2.看完这些信息之后，要记住你所掌握的信息，并将卡片撕掉。

3.和你们小组的人去讨论吧！

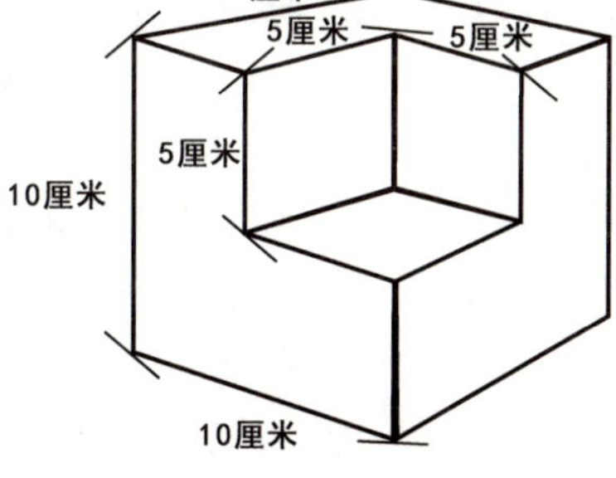

图2–1　需计算体积的木头

卡片8：

1.你知道以下信息：你们小组成员提供的信息不一定是有用的！木头不是圆的。

2.看完这些信息之后，要记住你所掌握的信息，并将卡片撕掉。

3.和你们小组的人去讨论吧！

卡片9：

1.你知道以下信息：你不知道任何信息！你是一个观察员，你的身份要保密，别人不可以知道你的身份。你要仔细观察你的团队最大的障碍在哪里。

2.看完这些信息之后，要记住你所掌握的信息，并将卡片撕掉。

3.和你们小组的人去讨论吧！

卡片10：

1.你知道以下信息：你是最重要的人！虽然你不知道答案！但你知道凭你的经验，你知道卡片4所有信息都是绝对正确的！

2.看完这些信息之后，要记住你所掌握的信息，并将卡片撕掉。

3.和你们小组的人去讨论吧！

卡片11：

1.你知道以下信息：计算木头的体积，也许一个小学生都会。

2.看完这些信息之后，要记住你所掌握的信息，并将卡片撕掉。

3.和你们小组的人去讨论吧！

卡片12：

1.你知道以下信息：计算木头的体积，起码要一个中学生才可以算出来。

2.看完这些信息之后，要记住你所掌握的信息，并将卡片撕掉。

3.和你们小组的人去讨论吧！

注意

1.游戏的答案有两个。

2.游戏中设计了陷阱，看学员是如何处理的。

答案

看到这张图，你可能会觉得很奇怪：明明只有一个答案呀！一个边长10厘米的正方体的一角被挖去了一个边长为5厘米的正方体，答案就是875立方厘米，而且只有9个面！

其实，这幅图是一个视觉谬误图，还有一种情况也隐藏在这幅图中。你再仔细看看——假想一个边长为5厘米的正方体斜插在一个边长为10厘米的正方体的一个角上，形成的物体也是这样一个形状，这样的话就有10个面了，体积是大于1000立方厘米的！学员的冲突、意见不统一等矛盾都体现在这里……

分享

1.小组发生分歧怎么办？是如何解决问题的？
2.在遇到困难的时候有没有放弃寻找第二个答案的打算？
3.持有不同卡片信息的人，在我们的团队当中会是什么样的一群人？
4.群体决策有分工吗？
5.观察员在当中有没有认真观察？

星际之门

形式：全体参与　　时间：15分钟
道具：呼啦圈2个　　场地：不限

目的

人与人之间通过沟通互相了解，达成共识。此游戏旨在检视一个团队中人员彼此沟通的状况，同时帮助其打通沟通渠道，以推动今后的相互协作。

程序

所有学员手拉手围成一圈，让呼啦圈穿过所有人的身体后回到原位。在活动过程中，只能以语言为工具，相互拉着的手不能放开，也不能用手指去勾呼啦圈。计时，可多玩几次，看最快需要用几秒完成。

变化

思考以不同方式传递呼啦圈。

分享

1.刚才是如何完成目标的？
2.刚才最关键的改善动作是什么？
3.平时工作中是否也能这样互动，相互模仿学习，达成共识？
4.你认为刚才的活动过程中对团队最有帮助的一点是什么？

地雷阵

形式：全体参与，两人一组　　时间：15分钟
道具：界限绳一条、障碍物若干、眼罩（参加人数的一半）　　场地：铺地毯的室内

目的

使学员在活动中建立及加强对伙伴的信任感。

程序

用绳子圈出一块空地，撒满各式玩具（如娃娃、球等）做地雷。学员2人一组，

一人指挥，另一人蒙住眼睛，听着同伴的指挥通过地雷阵，过程中只要踩到任何东西就要重新开始。指挥者只能在线外，不能进入地雷阵中，也不能用手扶伙伴。

注意

1.不可用尖锐或坚硬物做地雷。

2.不可在湿滑地面进行。

3.防止两位蒙眼者对撞。

分享

1.通过地雷阵的时候有什么感觉？

2.平时你在跟其他人互动时欠缺的是哪些方面？

3.若再有一次机会，我们还可以加强些什么？

趣味跳绳

形式：全体参与	时间：30分钟
道具：粗绳一条	场地：户外草地

目的

使学员互助合作、形成共识，完成低难度活动。

程序

请两个人各握住绳子的一端，其他人要一起跳过绳子，所有人都跳过算一下，数一数整个团队总共能跳多少下。

变化

1.可考虑不同的跳绳方式，如：每个学员依序进入。

2.可用两条绳子，或变换用绳方向。

分享

1.当有人被绊倒时，你当时发出的第一个声音是什么？

2.发出声音的人是在刻意指责别人吗？

3.想一想自己是否不经意就给别人造成压力？

4.接下来我们应该怎么做，才不会产生刚才的感觉？

注意

1.提醒膝盖或脚部有伤者，视情况决定是否参与。

2.场地宜选择户外草地进行，以免受伤。

3.应注意伙伴位置及距离，以免踏伤伙伴或互相碰撞。

圆球游戏

形式：全体参与　　时间：30分钟

道具：每组有3个标着1、2、3的球　　场地：室内

程序

1.所有人分成3组，每组约20人，分别配有1、2、3号球。

2.游戏要求将球按1、2、3号的顺序从发起者手里发出，最后按此顺序回到发起者手里。在传递过程中，每个人都必须碰到球，所需时间最少的获胜。

3.球掉在地上一次额外加10秒。

4.游戏开始时，三组人一般会不约而同地围成三个圈，一个接一个地传递，记下三组的成绩，例如分别为17秒、18秒和50秒。

5.“有没有更好的办法让时间变得更短些？这个游戏的最好成绩为8秒。”培训师可以向所有小组提出挑战（参考思路：用手围成一个圆筒状，让3个球分别从上面滑下，所用时间仅为4秒！这是一个绝妙的想法！当然可能还有更快的方法，培训师需要不断启发学员去思考新的方法）。

分享

有的队员看到成绩连自己都不敢相信——“开始觉得30秒已是不可思议的！”“能不能再快些？”一个又一个想法从队员们的脑中蹦出来，游戏过程中不断传来喜讯：“9秒”“5秒”“4秒”，最快的居然只用了0.58秒！

通过这个游戏让学员感受到：每一件看似不可能的事情摆到面前时，这种“不可能”的心理定式，使每个人都会想到放弃。做了才能成功，但最终的成功不是因为你做了，而是取决于你怎样去做。发挥团队智慧，集合团队的创意，一件不可能完成的事情奇迹般成功了，这就是团队的力量！思维可以指导人们的行动，同时也约束人们的行动。要想成功，唯有敢于超越自己的思维。

对一家企业而言，也许你的条条框框为你的发展立下了汗马功劳，但一味地遵循就容易落后。为员工建立一种启发创造性和“冲破框架”的环境，鼓励创新，开发突破性的解决方案与策略，从而为企业创造更高效率。

翻叶子

形式：全体参与　　时间：30分钟

道具：依人数多少准备大、中、小规格的塑胶帆布　　场地：铺有地毯的室内

目的

体现团队精神，开发团队智慧。

程序

1.参加游戏的人都必须站在塑胶帆布上，然后需要将塑胶帆布（即“叶子”）翻过来。

2.只要成员身体的任何部分碰触到地面，就要重来。

分享

1.我们怎么办到的？在过程中听到了什么？有何感受？

2.你觉得叶子像什么？而整个过程又是什么？

3.在生活中有无类似感受？

4.从游戏过程中你学到什么？

航空公司的经营

形式：全体参与	时间：40分钟
道具：无	场地：配有小房间的培训室

目的

体会双赢思维在企业经营中的价值。

程序

1.将学员分成5~6人一组，每个组分别经营一家航空公司。

2.市场经营的规则是：所有航空公司的利润率都维持在9%；如果有3家以下的公司采取降价策略，降价的公司由于薄利多销，利润率可达12%，而没有采取降价策略的公司利润率则为6%；如果有3家或3家以上的公司同时降价，则所有公司的利润都只有6%。

3.每个小组派代表进入小房间里，培训师向代表交代上述游戏规则。并让小组代表进行初步协商。初步协商之后，小组代表回到小组，并将情况向小组汇报。

4.小组讨论5分钟之后，需要做出最终的决策：降价还是不降价？将决定写在纸条上，交给培训师。

5.培训师公布结果。

分享

1.本游戏看似简单，但结果往往出人意料，又在情理之中：大部分公司都会选择降价，但是降价会导致两败俱伤。

2.这个游戏告诉我们两个道理：

（1）不要假定竞争对手比你傻；

（2）不要打价格战，因为价格战没有赢家。

核弹头

形式：12人一组为最佳

时间：50分钟

道具：25米长的绳子1条，20米长的绳子2条，水桶一只，短竹2条，砖头1块

场地：户外空地

目的

让学员体验其团队解决问题的能力、计划能力及团队合作精神。

程序

1.培训师让学员把25米长的绳围成一个圈，并把水桶装九成满的水放在圆圈中间，用砖头把水桶垫起来。

2.培训师给学员布置任务："在某国的一个山村中有一枚没有引爆的核弹头，给该地区造成了威胁。你们作为特工人员将去该地区取出核弹头，并进行引爆。圆圈内为辐射区，所有人员都不得进入圈中，2条20米长的绳子和2条竹子为防辐射物品，所以可以进入辐射区，但不能碰到地面。"

3.全体成员必须在30分钟内把水桶提出，水不能洒出来。

分享

1.团队中共出现了多少个主意？为什么采纳了现在所使用的主意来执行任务？

2.在全过程中你认为最佳表现是什么？团队的合作精神体现在哪里？

3.团队在解决问题时，采取的是什么步骤？这些步骤有什么地方可以改进？

平结绳圈

形式：全体参与　　时间：30分钟

道具：准备长短不一的绳子若干条（依人数而定）　　场地：铺有地毯的室内

目的

通过活动，让学员明白行动比语言更重要。

程序

1.培训师将平结（一种绳子的活结打法，节点可以任意伸缩）的打法教给学员。

2.学员将平结打好后成一绳圈，放在地上，然后将脚放在绳圈之内。

3.培训师提醒学员："你们的脚在绳圈之内了吗？确认安全了吗？"

4.学员确认之后，培训师说"开始换位"，学员全部离开自己的绳圈，换到其他的绳圈之内；三次之后，开始逐渐减少绳圈的数量，每次减少一个，并经常提醒学员："你们的脚在绳圈之内了吗？确认安全了吗？"要求所有学员不得在绳圈之

外（可能是几个人同时挤在同一个绳圈里）。

5.到最后只剩下一个绳圈的时候，所有人都站在一个绳圈里，不断缩小绳圈，直到所有人都紧紧挤在一起。游戏第一阶段结束。

6.游戏第二阶段：培训师不断缩小绳圈，并不断询问所有人有没有信心挑战极限。学员会不断地进行挑战，当绳圈缩小到极限的时候，往往会出现一些意想不到的结果：比如，有人会提示我们有没有办法寻找新的思路来挑战极限。记住，培训师要注意把握学员的场上气氛，及时加以引导。当学员没有办法解决问题的时候，培训师要视情况将解决方法公布：所有学员可以坐在地上，将脚放在绳圈内，就符合游戏的要求——脚在绳圈之内。

分享

该游戏分为两个阶段：第一阶段从团队的角度挖掘游戏的内涵，第二阶段从创新的角度挖掘游戏的内涵。培训师应注意把握分寸，否则游戏就达不到效果。

迷失丛林

形式：先以个人形式，之后再以5人小组形式完成	时间：30分钟
道具：迷失丛林工作表及专家选择表	场地：教室及会议室

目的

通过具体活动来说明，团队的智慧高于个人智慧的平均组合，只要学会运用团队工作方法，便可以达到更好的效果。

程序

1.培训师把“迷失丛林”工作表发给每一位学员，而后进行讲解：

假设你是一名飞行员，你驾驶的飞机在飞越非洲丛林上空时突然失事，你必须跳伞。有14样物品与你一起落在非洲丛林中，你必须为生存做出一些决定。

2.在14样物品中，先以个人形式把14样物品以重要顺序排列出来，把答案写在物品选择次序表（如表2-3所示）的第一栏。

3.当大家都完成之后，培训师把全班学员分为若干5人小组，让他们进行讨论，以小组形式把14样物品重新按重要程度排列，把答案写在次序表的第二栏，讨论时间为20分钟。

4.当小组完成之后，培训师把专家选择表（如表2-4所示）发给每个小组，小组成员把专家意见填入次序表的第三栏。

5.用第三栏减第一栏，取绝对值得出第四栏，用第三栏减第二栏得出第五栏，把第四栏累加起来得出个人得分，第五栏累计起来得出小组得分。

6.培训师把每个小组的分数情况记录在评分统计表（如表2-2所示）上，用于分析。

表2-2　评分统计表

小组	全组个人得分	团队得分	平均分
1			
2			
3			
4			

7.培训师在分析时主要掌握两个关键的地方：

（1）找出团队得分低于平均分的小组进行分析，说明团队工作的效果（1+1大于2）；

（2）找出个人得分最接近团队得分的小组及个人，说明该个人的意见对小组的影响力。

8.分析步骤：

第1步：个人。

第2步：小组。

第3步：专家。

第4步：个人和专家的差值绝对值。

第5步：小组与专家的差值绝对值。

第6步：计算个人得分（第4步总和）。

第7步：计算团队得分（第5步总和）。

第8步：统计小组中最低个人得分。

第9步：计算个人得分低于团队得分的总和。

第10步：计算个人得分的平均数。

分享

1.你对团队工作方法是否有更进一步的认识？

2.你的小组是否出现过意见垄断的现象，为什么？

3.你所在的小组是以什么方法达成共识的？

附件

表2-3　物品选择次序表

物品清单	1 个人 顺序	2 小组 顺序	3 专家 排序	4 个人和专家 比较（3–1）	5 小组与专家 比较（3–2）
1. 药箱					
2. 手提收音机					
3. 打火机					

续表

物品清单	1 个人 顺序	2 小组 顺序	3 专家 排序	4 个人和专家 比较（3–1）	5 小组与专家 比较（3–2）
4. 3支高尔夫球杆					
5. 7个大的绿垃圾袋					
6. 指南针					
7. 蜡烛					
8. 手枪					
9. 一瓶驱虫剂					
10. 大砍刀					
11. 蛇咬药箱					
12. 一盒轻便食物					
13. 一张防水毛毯					
14. 一个热水瓶					

表2–4 专家选择表

物品清单	专家排序
药箱	6
手提收音机	13
打火机	2
3支高尔夫球杆	11
7个大的绿色垃圾袋	7
指南针	14
蜡烛	3
手枪	12
一瓶驱虫剂	5
大砍刀	1
蛇咬药箱	10
一盒轻便食物	8
一张防水毛毯	4
一个热水瓶	9

纸牌游戏

形式：全体参与　　　　时间：30~50分钟

道具：标有X、Y的纸牌　　　　场地：室内

目的

体会沟通在竞争中的作用。

程序

1.每4个人一组，每人手里拿着标有X、Y的纸牌各一张；四人单独相处，独立选择，不可沟通。

2.游戏共进行10局，每一局每个人的任务是选择X或者Y，该局结束根据如下计分规则进行统计，如图2-2所示：

4X 每人输1元	
3X 每人输1元	1Y 每人输3元
2X 每人输2元	2Y 每人输2元
1X 每人赢1元	3Y 每人输1元
4Y 每人赢1元	

图2-2　记分规则

3.分别于游戏的第3局和第6局开始前有30秒时间进行沟通，其余的过程当中不允许说话。

分享

培训师在游戏结束之后分析学员的游戏过程，讲解类似《囚犯的困境》的知识。

将图2-2、表2-5打印给学员。

表2-5　纸牌游戏记分规则表

回合	学员的选择	支　付	备　注
1			
2			
3			
4			
5			奖金支付×3倍
6			
7			

续表

回合	学员的选择	支　付	备　注
8			奖金支付×5倍
9			
10			奖金支付×5倍

风火轮

形式：10~12人组　　时间：30分钟

道具：每组40~50张废报纸、一卷大透明胶带、两把剪刀　　场地：宽敞的空地

目的

1.让学员体会团队解决问题的能力，计划与协调的能力。

2.培养学员的团队合作精神。

程序

1.培训师将上述材料分给每组的小组长。

2.每个小组利用上述所给材料做一条运输带，将全组成员从起点运输到终点。

分享

1.每个小组成功与失败的感受是怎样的？

2.成功的运作取决于什么因素？

3.你是否为整个运作起到了积极的作用？

4.团队的协调是否重要？

5.一台机器的正常运转是靠多个齿轮之间的紧密配合，而团队在完成一项任务时，也是要靠团队成员之间的协调与合作。

6.如何确保这条运输带拥有可靠的质量，能够保证顺利运输？团队的行动是否有统一的步调？队员之间是否相互配合？

7.为了更好地配合，每个队员既是领导者又是被领导者。

七巧板

形式：4~5人一组　　时间：10分钟

道具：每组一套七巧板（如图2-3所示）　　场地：不限

目的

1.让学员体会沟通和团队精神的重要性。

2.让学员体会全面看问题的重要性。

程序

1.培训师发给每组一套七巧板。

2.学员需在5分钟内砌成一个正方形。

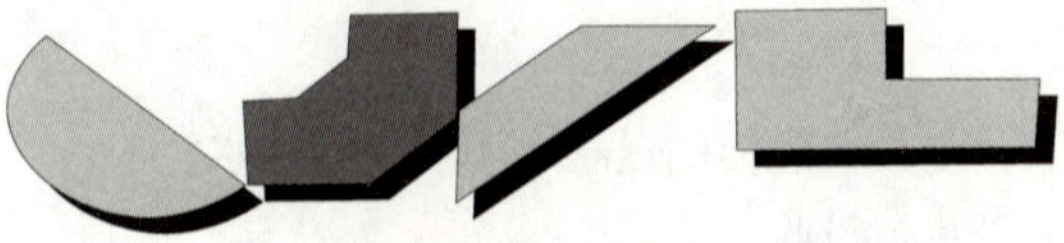

图2-3　七巧板

分享

1.你所在的小组是如何利用所给资源的？

2.是否想过与别的小组合作，共用所给资源？

总结

1.每个人手中的资源是有限的，团队之间只有进行合作，才能达到双赢。

2.在合作中，沟通是相当重要的，能提出互补性的合作方案是成功的关键。

建桥过河

形式：10~12人一组（适用于15~25人的团队，分两组同时进行）

时间：2小时

道具：每组长竹（3米）2根，短竹（2米）5根，长绳（20米）2条，短绳（2米）10条

场地：草地

目的

1.让学员体会团队合作的重要性。

2.让学员体会时间管理和计划的重要性。

程序

场景设计：

1.有一条宽6米的小河。

2.河岸一边的人（A组）要全部渡到河的另一边；河岸另一边的人（B组）也要全部渡到河岸的这一边。

3.河中有一船夫（由培训师扮演），可帮助搬运3件物品（包括人），每次一件。

分享

1.在游戏过程中，两组的组员是如何进行沟通的？

2.资源如何进行分配？如何达到资源的有效利用？

3.两个小组如何进行协调合作?

要求

1.利用一切可能的办法进行沟通，达成一致意见，形成建桥计划。

2.需要选出一位“能人”，他既能起到沟通两岸队员意见的作用，又能作为建桥工程师，指挥整个建桥过程。

注意

1.河岸两边的人及道具在过河的过程中不能碰到河水。

2.碰到河水的工具将被没收。

一台戏

形式：5~7人一组　　时间：40分钟

道具：人物角色描述卡（见附件）、钢笔、白纸　　场地：室内

目的

说明在团队建设中不同角色的重要性。

程序

1.将学员分成5~7人一组。

2.告知他们如下剧情：

（1）时间是1980年，你们是一个由一家有影响的、在行业中占据领先地位的公司的高级执行人员组成的团队。公司是21世纪打字机无限公司。

（2）你们每个人都是为了一个紧急会议而搭乘这班飞机。

（3）你们的任务是写一份呈交给首席执行官的报告，解释公司打字机的销售为什么处于下滑的趋势。

（4）在接下来的15分钟里，你们必须起草这份报告，描述一下销售额大幅度下降的原因，并概括地阐述一下使销售回升的市场计划。

（5）在15分钟之后，培训师取回报告。

3.给每人发一张人物角色描述卡片，以及每个角色的说明标签。

4.要求每人介绍一下各自的角色，然后按照各自的角色参加讨论。

5.15分钟后，培训师收回报告，感谢大家的合作，并结束游戏。

分享

1.这个游戏中提及的个性组合在真实生活的团队中存在吗?这个个性组合和真实的情况有没有相似之处?

2.你的小组是如何处理这个挑战的?你观察到了什么?

3.当人物个性有冲突时，在大多数团队中，会发生什么?最初的团队目标和良

好愿望是如何改变的？

4.每个任务对小组都有一些消极作用，也有一些积极作用。为了更好地发挥积极作用，你所扮演的角色需要怎么做？是什么因素暴露了你所扮演的角色个性中的缺陷？

总结

1.每个人的个性都不是完美的，是有缺陷的。所以个人要融入集体中，互相弥补，发挥团队智慧的优势。

2.真正杰出的团队是能够接纳并欢迎不同的声音的。团队把成员的不同风格看作是整个团队的财富，而不是团队的缺陷。

3.团队领导者要做好协调者的角色，让不同的角色者相互配合，化解冲突。

附件：发放材料

人物角色描述卡片

社交名流

你乘坐飞机参加这次会议，你希望会议能很快结束，因为你想去购物。即使如此，你还是把这次讨论看成一次很好的联谊机会。你并不认为现在的市场计划有什么问题，你一贯认为，销售下降的主要原因只是因为打字机的键盘不适合留长指甲的妇女（毕竟是由妇女做大多数打字工作的）。来吧，大家喝杯咖啡，现在可以休会了吧？

大善人

你认为，如果大家在这个问题上能够团结合作，互相尊重他人的看法，会获得很大成功。如果你感到气氛不太正常，你总是会站出来，使大家不伤和气。你认为，打字机销量下降的原因是人们觉得打字机太复杂，不人性化。你认为，新的市场计划应侧重于使打字机更容易使用。

无所不知的人

你知道你是这群人的领导者——这只取决于自己很敏锐的第六感。你对打字机各个方面的问题都具有渊博的知识以及睿智的见解。你非常确切地知道，打字机销量下降的原因是那令人心烦的噪音。事实上，你长期以来都主张公司研制低噪音的打字机，当他们愚蠢地不接纳你的意见时，你经过慎重的考虑后，创立了自己的低噪音打字机公司。自然，你手头会有大量统计数字支持你的观点。

亮出真实自我的人

以你自己真实的个性加入讨论。你可以自由地支持或反对队友提出的任何想法。

被迫参加，敢作敢为的人

你由于不得不参加这个没意义的讨论，而感到有些沮丧。大家决定的任何事情都和你不再有关系了，因为你刚刚接受了另外一份工作，加入一家由几个年轻人在车库中创立的计算机公司。既然如此，这些年在21世纪打字机公司受到糟糕对待之后，你为什么还要关心它呢？天知道，你为这家令人遗憾的公司作出了许多重大贡献，但从没有得到过任何奖励。

现在想一想，最后为公司提出几个明智的问题可能会很有趣。借此向他们表明，当你离开公司以后，他们应该怀念什么。

思想家

你认为，现在召开这个会议还相当不成熟。为了进行富有成果的讨论，大家还需要更多的时间及更详尽的数据。事实上，你觉得你应该被任命为一个研究会的主席，对销售额为什么会下降进行研究。你态度冷漠地坚持，只有在占有大量数据的基础上，经过长期研究之后，这个讨论才会有进展。你会经常打断别人，表明你的这个观点。

最腼腆的人

完全是出于个人兴趣，你经常阅读相关行业刊物，但是你相当害羞，不敢与大家讨论你的观点（通常，在没有得到鼓励的情况下，你不会发言）。在你看来，好像是因为越来越多的人正在购买个人计算机，打字机正在逐步被淘汰。你认为，在这个紧要关头，公司应该明智地转向生产键盘，而不是继续生产打字机。如果有人问你的话，你会说出这个观点，但假如有人提出疑问，你会立即放弃你的看法。

手 结

形式：10人一组为最佳	时间：20分钟
道具：无	场地：室内

目的

让学员体会在解决团队问题方面有哪些步骤，知晓聆听在沟通中的重要性，培养团队的合作精神。

程序

1.培训师让每组站成一个圆圈。

2.培训师说：“先举起你的右手，握住对面那个人的手；再举起你的左手，握住另外一个人的手；现在你们面对一个错综复杂的问题，在不松开手的情况下，想办法把这张乱网解开。”

3.告诉大家一定可以解开，但答案会有两种。一种是一个大圈，另外一种是两个套着的环。

4.如果过程中实在解不开，培训师可允许学员决定相邻两只手短暂松开，但再次进行时必须马上握上。

分享

1.你在游戏刚开始的时候，感觉怎样？是否思路很混乱？

2.当解开了一点以后，你的想法是否发生了变化？

3.最后问题得到了解决，你是不是很开心？

4.在这个过程中，你学到了什么？

橡皮筋

形式：全体参加　　时间：20分钟

道具：橡皮筋、牙签、凳子　　场地：室内

目的

了解团队合作方法和团队抗干扰能力。

程序

将学员分成两组，一组学员排成一排，站在凳子上。给每位凳子上的学员发一支牙签衔在嘴里，给第一位学员的牙签上套一个橡皮筋，要求第二名学员用牙签接住后向下传。第三名接住后再往下传……直到最后。而站在地上的一组学员除了不能推凳子上的人外，可以用任何办法进行干扰，如果橡皮筋掉了，就要重新开始。一组传完后，两组队员交换角色。

分享

从这个游戏中你学到了什么？

“盲人”走路

形式：全体参加，2人一组　　时间：30分钟

道具：无　　场地：户外

目的

感受领导沟通的重要性。

程序

2人一组（如A与B），A先闭上眼睛，将手交给B，B可以虚构任何地形或路线，

口述注意事项指引A行进。如："向前走……迈台阶……跨过一道小沟……向左拐……"然后交换角色，B闭眼，A指引B走路。

分享

通过亲身体验，让学员体会信任与被信任的感觉，作为被牵引的一方，应全身心信赖对方，大胆遵照对方的指引行事。而作为牵引者，应对伙伴的安全负起全部的责任，对一举一动的指令均应保证准确、清楚。注意，万一指令有错，信任受到怀疑后很难重建。

你说我做

形式：20~30人，分成4~6人的小组　　时间：60分钟

道具：七彩积木　　场地：室内

目的

充分体会沟通方法和沟通技巧在工作中的意义。

程序

1.每组讨论3分钟，根据自己平时的特点分成两队，分别为"指导者"和"操作者"。

2.请每组的"操作者"到教室外面等候。

3.培训师拿出自己事先做好的模型，让每组的"指导者"观看（不许拆开），并记录下模型的样式。

4.15分钟后，将模型收起，请"操作者"进入教室，"指导者"将刚刚看到的模型描述给"操作者"，由"操作者"搭建一个与模型一模一样的造型。

5.培训师展示标准模型，用时少且出错率低者为胜。

6.让"指导者"和"操作者"分别将自己的感受用彩笔写在白纸上。

分享

1.身为指导者的你，体会到了什么？

2.身为操作者的你，体会到了什么？

3.当操作者没有完全按照你的指导去做的时候，身为指导者的你有什么感觉？

4.当感觉到你没能完全领会指导者意图的时候，身为操作者的你有什么感觉？

5.当竞争对手已经做完，欢呼雀跃的时候，你们有什么感受？

6.当看到最后的作品与标准模型不一样的时候，你们有什么感受？

7.是效率给予的压力大，还是安全性给予的压力大？

8.指导者和操作者感受到的压力有什么不一样？

如何建立信任

形式：戴眼罩行走，2人一组　　时间：30分钟

道具：眼罩（数量为人数的一半）　　场地：户外

目的

充分体会信任在团队工作中的意义以及如何利用信任更有效地工作。

过程

第一阶段：一人戴眼罩行走，另一人和他手牵手，可以提示。

第二阶段：一人戴眼罩行走，另一人在其左右，但不能身体接触，也不能使用语言提示。

第三阶段：一人戴眼罩行走，另一人与他保持一定距离，不能使用语言提示。

分享

1.领导行为，观点的连续性、一致性，保持沟通，是信任建立的根本保障。

2.手把手教，建立信任后，授权，同时不断给予指导，从而培养一个人独立工作的有效方式。

穿越封锁线

形式：全体分组参与　　时间：40分钟

道具：“电网”设有16个网孔，网孔大小不等，可以调节，以适合单个人穿过为准。网上两侧可系上铜铃，触网将铃响

场地：铺有地毯的室内

目的

体验团队成员如何通过协作克服困难。

程序

1.概念与活动说明：

（1）小组成员依规则最先全部过“电网”即获胜；

（2）同一小组的成员可以互相协作过网；

（3）过程中过网者及协作者皆不得触网；

（4）过网者如果触网而过则要重新返回过网；

（5）如果未过网而触网，将罚停两分钟（期间不准过网及协助其他成员）；

（6）规定时间为25分钟，过网人数多者为胜方。

2.将学员分组。

3.游戏开始前，小组成员全部站在“电网”一侧，哪一方最先全部按照规则通

过“电网”为胜方。

分享

团队协作的关键点是什么？怎样增进团队协作？

注意

场地考察可根据场地情况及学员情况确定网的悬挂高度及网孔大小。“电网”大致形状如图2–4所示：

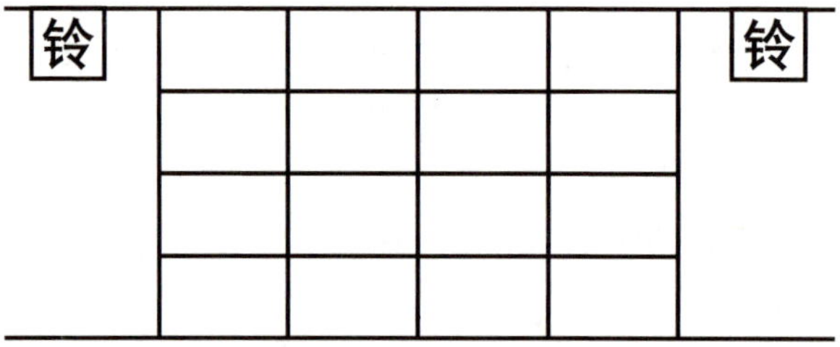

图2–4　电网示意图

目标活动

形式：全体参与　　时间：60分钟

道具：口哨、球（每组100个）、桶、划圆线、划平线、礼品10份、奖品4份、喇叭、计时器

场地：户外

目的

体会团队伙伴互相帮助的重要性。

要求

1.每小组10人，组数不限。

2.参与的小组，第一次6人出场（其中组长带5人），剩余4人在指定的地方观看。

程序

1.步骤（第一轮）：

（1）站在指定的位置每人分配10个球（每人一个颜色）。

（2）当老师命令的哨声开始时，6人同时向桶里扔球。

（3）10球扔完后快速找回自己没有扔进的球，在培训师检查后继续扔。

（4）统一扔完后再继续捡球回到开始的地方接着扔，全部扔进为止。

（5）6人回位，其他4人上，每人分配同一颜色的10个球。

（6）当培训师命令的哨声开始时，4人同时向桶里扔球。

（7）10球扔完后快速找回自己没有进的球，在培训师检查后继续扔。

（8）统一扔完后再继续捡球回到开始的地方接着扔，全部扔进为止。

3.步骤（第二轮，两人配合扔进为止）：

规则：两人合作扔进20个球。10人一起参与，两人一组，在圆圈外面对面站位，每人10个球，颜色相同。当开始哨响起时，10人同时向桶里扔球，10人全部扔完后立即开始捡球，只能捡与自己刚才扔的颜色相同的球，捡回并被确认后继续扔球，全部扔进为止。

4.步骤（第三轮，计时、比赛、有奖品）：

所有人围成一个大圈。

（1）10人围成圈，每人颜色相同的各10个球。

（2）开始哨声响起后，同时往桶里扔球，全部扔完后，集体统一捡球，颜色不限。

（3）球捡完后，由“家长”喊开始扔球，扔完后，统一捡球。

（4）当球不到10个的时候，没有球的人退出圈外为“家人”加油，加油的位置在“家长”的后面。当最后只剩下3个人时，3个人站成一横排，两人站在桶旁边，剩下5人站在3人边为其加油，桶边的人负责捡球扔给这3人，他们将继续扔；当只有两个球的时候，扔进球的人为两人加油，捡球的也退出一个人；当最后只剩下一个人时，所有人站成一长排，在其背后为其加油。全部扔进后，大家相互拥抱。

报　数

形式：至少25人	时间：30~60分钟，由团队人数的多少决定
道具：秒表	场地：铺有地毯的室内

目的

1.使团队通过竞争提高效率。

2.使队员看到团队的责任心。

程序

1.要求所有参加的人在2分钟之内自由组成人数相同或相近的两组。

2.挑选男女队长各1名，组织团队进行比赛（队长不参加比赛）。

3.培训师要求队长宣誓，问3个问题：“有没有信心战胜对手？”“如果失败，敢不敢于面对队员的指责？”“如果失败，愿不愿意承担由此所带来的一切责任？”。

4.培训师宣布比赛规则：

（1）学员依次报数，速度最快的一队胜出。

（2）分别进行8轮比赛，每轮比赛间休息3分钟、2分钟（2次）、1分半钟（2次）、1分钟（2次）。

（3）每轮比赛的输者，由队长率领队员向对方表示诚服，并对对方队员说："愿赌服输，恭喜你们！"并由男女队长做俯卧撑10个。如果以后再输，俯卧撑的个数将会成倍递增。赢者，全队要哈哈大笑，以示胜利。

（4）将每轮比赛的结果记录在白板上。

5.游戏结束后，要熄灯并播放抒情音乐，诵读一篇散文，让学员深深感受到责任的重要性。

分享

诵读结束，培训师引导大家讨论。

狮蚁乔的故事

形式：所有人参与	时间：30分钟
道具：特定故事	场地：室内

目的

鼓励团队成员在遇到问题时善于进行推理；鼓励团队成员学会解决问题。

程序

1.培训师告诉学员们狮蚁乔是一只虚构的、有点奇怪的虫子。在它的世界里，它有如下的能力和局限：

（1）它的世界是扁平的。

（2）它只能跳（不能爬、飞、走、滚或其他任何能够在它的世界中移动的方式）。

（3）它不能够向后转。

（4）它可以跳得很远也可以跳得很近，但每一跳的距离不会少于2.5厘米，也不会多于150米。

（5）它只能够正对着四个方向跳——东、西、南、北。而不能够斜着跳（比如东南、西北）。

（6）在天气不错的时候，它每一跳的平均距离是4米。

（7）没有其他的狮蚁或别的生物能够帮助它。

（8）一旦它开始朝一个方向跳，它必须在相同的方向上连跳4次才能够跳到另一个方向上。

（9）乔完全依赖于它的主人给它提供的食物。

狮蚁乔在做完必需的锻炼的时候已经跳遍了所有的地方。事实上，它已经非常饿了，它感到非常高兴的是，它的主人在它西面1米远的地方放了一大堆食物。乔想得到食物，而且想快点得到。当它看到了这些诱人的食物后，它停住了（它正面向北方）。在锻炼之后，它非常饿，同时也很虚弱。因此它想尽快得到食物，而且要用最少的跳跃次数（起跳的时候，它腿部的弹跳力花去了它的大部分力气）。在简短地了解了情况之后，它意识到它不能够一下子正好跳到西边。突然，它大叫一声："有了！我只要跳4次就能得到食物了！"

学员的任务：

接受狮蚁乔是一只聪明虫子这个事实，并相信它的结论是完全正确的。为什么狮蚁乔跳4次后，正好使它花费最小的力气得到食物？描述一下乔得出这个结果的具体情况。

2.让学员独自或是一起解决问题。然后引导团队对这个游戏进行讨论。

暗示：

（1）乔面对的方向不一定是它跳跃的方向。

（2）乔可能处于一系列跳跃中的任一步骤——它可能刚跳了一次、两次或三次。

提示

如果团队在进行游戏时，几分钟之内都没有头绪，那么让他们弄清：

1.乔正在朝哪个方向跳跃。

2.在一个连续的跳跃系列中，乔已经完成了几次跳跃。

答案

在一个连续四次的跳跃中，乔似乎刚刚跳完一次。它正面向北方，然而它是侧着身子跳向东边。因此，它必须继续向东跳三次，然后向西跳一大步以取得食物。

分享

1.当我们独自或一起解决问题的时候，什么会阻碍我们找到答案？

2.当我们独自或一起解决问题的时候，什么会帮助我们找到答案？

3.通过这个游戏，你了解到给一个问题划定框架（将问题放在一个大的背景中，探究我们的假设和它们的潜在意义）的好处有哪些？

4.我们如何学会分辨冗余的信息并将它们排除在外？

5.我们作为个人或团队中的一员时，这个游戏在未来对我们有何帮助？

心心相印

形式：所有成员分组参与　　时间：30分钟

道具：全开海报纸一张，彩色笔每人一支　　场地：铺有地毯的室内

目的

引导队员思考个人目标并了解团队目标。

程序

每组有一张海报纸，请一个人趴在纸上，绘出人形图案，把这个人形当作我们新加入的伙伴。大家讨论并形成一致意见后，在人形内写上一个团队需要的想法或做法；在人形外写上一个团队不需要的想法或做法，每组写完后贴起来。

注意

可以将海报贴在墙上，让学员随时观察补充。

变化

1.海报上可描绘出各种人形轮廓，可在局部有不同变化。

2.可使学员两人一组，彼此介绍个人目标。

过“电网”

形式：最好在40~90人　　时间：根据现场的情况而定

道具：用绳子做的“电网”，“电网”口的规格是：40×65厘米，高1.4米左右

场地：铺有地毯的室内

目的

1.让学员感受到没有不可能做到的事，只要努力，不可能的事也会成功。

2.让学员学会做一件事应从哪里下手，做事过程中遇见问题应怎样解决。

3.让学员体会到面对失败和挫折时，心态应怎样调整。

4.让学员真正体验到，付出就会有收获。

程序

将团队人员分为两队，以报数的方式，单数为一队，双数为一队，告诉两个团队要一起过“电网”，不要刻意告诉学员这是一场比赛。过程如下：

1.给团队最多30分钟时间让他们商量。可故意分别问两个团队，他们需要多少时间商量，也许有一些人会说只要几分钟。此一环节可以在最后分享的时候，让他们看到，在平时的工作或生活中，当接到任务或上司的一个指令时，是否也是这样浮躁。

2.“电网”一共设有2个洞，学员分成2个组，要求两个团队将队员一个个送到另一个方向，看哪个组最快完成。

3.规则如下（表情严肃地大声读给学员听，制造严谨的感觉）：

（1）游戏一开始，两个组的学员不得说话，不得发出笑声，不得发出任何较大的声音，否则，全部回去重做。

（2）游戏中禁止使用任何物品。

（3）学员在过电网过程中，如有身体或衣服有一点点碰到网线，全部重做。

（4）学员过了电网后，不能再回头去帮助别人。否则，全部重做。

（5）学员在活动中如果手脚有越位（即超过网线的地方），全部重做。

注意：两位助教坐或站在网的两边监督。

（6）如在过电网的过程中，有人打瞌睡等，全部重做。

（7）一个小组过去后可以去帮助另一小组的成员，但在帮助的过程中有任何人违规，两小组的人全部回去重做。

4.过程分析：

（1）最难的是第一人与最后一人怎么过，特别是当学员听说要这样过“电网”时，80%的人都说不可能，只要告诉他们，我们曾经做过无数次，绝对是可以的，但是很难，问他们有没有信心进行挑战。

（2）最初可能有许多学员会来问助教或者培训师，能不能让助教帮忙，这一点在跟助教定向时就要说清楚，只能装哑，不能说能，也不能说不能，表情要严肃。这时你要把话题扯开。

（3）开始前一个小时必须要严，有一点点越位或绳子动都要让他们回去。

（4）一般情况来说，过第一个人都要在1小时后，当第一个人过了后，悄悄跟助教提示，偶尔可以放松，有时绳子动可说“警告一次”或装看不见，看到团队大概过了一半时，一犯规就让他们回去重做。这时候学员们会怨声载道，培训师在此时要表情非常严肃地告诉他们，这就是生活，这也就是我们在生活中遇见的挫折与坎坷，现在的心情与我们生活中面临失败时是一样的，这时你要选择做懦夫还是做英雄。

（5）如果在活动进行2个小时后，你观察到学员的精神有些萎靡，可以播放一首《运动员进行曲》，故意让助教降低要求，让他们快速通过，但过的人不能太多，控制在一半。

（6）如果在3小时后成果不大（此时应该过了多半的人了），这时你再放一次《运动员进行曲》，把学员控制在最后15个左右，然后告诉他们，已经给了你们机会，如果这次失败，全部人都回去。可以对他们说：“欲速则不达，有团队用8小时做完这个游戏。”

（7）看到还剩下6个人左右，你要准备好《真心英雄》这首歌，当最后一个人过去的那一瞬间，大声地放出来。

（8）还剩下6个人左右的时候，要走到他们旁边去看着，最好不断地告诉他们，欲速则不达，要善用身边的人力资源……当剩下2人时，学员们已经没有办法了，因为2个人要安全地过“电网”，基本上是不可能的了，这时已过去的学员都会聚集在一边非常紧张，大部分学员都已猜测到需要助教与培训师协助了，但苦于不能说话，所以会非常着急，会有一些动作让没过的2个学员来寻求支持。但剩下的学员也许会来找助教或培训师，这时候可以提示，寻求支持的时候会怎样，最后的结果就是让剩下的学员完全放开自己，用真诚的心来拥抱助教和培训师，最后在培训师及助教的支持下，获得成功。

（9）当最后一个人过去，《真心英雄》的音乐响起时，学员们都会情不自禁地欢呼，你可以让学员把最后过去的学员抬起来嘉许，然后把助教抬起来嘉许……

（10）当音乐停止后大声地告诉学员："不经历风雨，怎能见彩虹？没有人能随随便便成功。这个"电网"代表的是我们的人生，通过它，就代表成功……"

分享

1.我们从游戏中体验到了什么？

2.其中哪一部分我们还可以做得更好、更完善？

3.在平时的生活与工作中，我们是自己埋头苦干还是善用身边的人力资源一起完成？

总结

不同的人玩这个游戏会有不同的表现，每一个人在游戏过程中的表现都不一样，有的人一直很积极，有的人只是在看，有的人光说不做，有的人过了"电网"后就坐着休息了。培训师要根据现场的情况进行挖掘，最重要的是要将游戏过程中发生的一些事引导到学员的生活中，让学员认识到，生活和工作中的自己与游戏中的自己基本是一样的！

注意

1.游戏必须要控制在4小时左右，因为太早完成，学员对那种受到挫折与打击的体验不够深，难度越大，对学员们的触动就越大，收获就更多。

2.要想第一个人过只有一个办法——把他扔过去，扔过去时为了安全，只能让学员保持一个姿势，就是面朝天，脚朝前过网。

3.培训师与助理培训师有时要做红白脸，培训师有时要严，而助理培训师在过程中要适当宽松。

4.游戏过程中，培训师要不断强调"欲速则不达""善用身边的人力资源"这两句话。

5."电网"口上面的绳子最好用胶布包裹一下，以防人在过去的时候下巴受伤。

6.可能会有学员受到一点小的擦伤，需要事先准备好药品。

生日线

形式：集体参与	时间：15~20分钟
道具：无	场地：不限

目的

1.让培训师尽快了解本次学员在非语言方面的沟通能力以及他们之间的相互了解情况。

2.帮助学员理解沟通的方法有很多，语言仅仅是其中的一种方法。

3.增进学员之间的了解以及培训师对学员期望的了解。

程序

1.让学员在空地上围成一个圈。

2.培训师给出规则：

（1）每位学员都要按照自己真实生日的月份和日期按顺序排列成一个U形，1月1日出生的在A点，12月31日出生的在B点。

（2）整个过程中所有学员都不能说话。

（3）宣布任务完成后培训师会进行检查，如果有人站错位置，受罚的将是他后面的一位学员。

（4）当每位学员都清楚游戏规则后，活动开始。在1~2分钟基本排好。

（5）然后培训师从A点开始让每位学员报出自己的生日（月、日）以及对本次课程的期望。

（6）最后让受罚的学员做一个小表演作为惩罚，以完成该游戏。

分享

1.你认为在本游戏中能反映出什么问题？

2.你觉得有什么改进的方法？

3.如果上课之前没有做过相互介绍或“我的期望”的活动，那么也可以介绍一下自己及谈谈对本课程的期望。

总结

1.除了语言表达之外，沟通的方式还有很多，启发学员从不同角度去思考。

2.培训师及时了解学员对所学课程的期望，以便更好地对学员进行培训和指导。

踩轮胎

形式：10人一组	时间：5分钟
道具：一只汽车备用轮胎	场地：空地

目的

1.调节上课气氛，改变学员们的疲劳状态。

2.加强团队成员间的合作意识，例如喊口号。

程序

1.培训师把一只备用轮胎放在空地上。

2.让团队的全体成员都站上去，至少停留5秒。

3.在学员做的过程中，培训师要留意他们的安全。

分享

1.好的主意是怎样产生的？你认为大家是否容易达成共识？

2.有没有冲突及争议出现？对于这些争议，团队是怎样处理的？

总结

1.首先要确定一个好的方案，并选出一个指挥。

2.具体的做法是先选出一个人作为重心，其余的人踩上去的时候要注意如何才能保持轮胎的平衡。

奖金竞争

形式：将全体学员分成2个大组	时间：15~20分钟
道具：列表及白板	场地：室内

目的

1.运用竞争和奖金机制来激励学员在学习过程中积极参与。

2.这是一种有趣的、能对整个小组进行测验的方法。

程序

1.选择1组学员已经学习过的项目（如新产品的特性，或机器的组成部分等等）进行测试。

2.将这些项目掺杂一些错误内容并列写在两块白板上。

3.两个小组各选出一名组员，他们的任务是分别在两块白板上寻找正确的内容并在其后打“√”（白板背对学员）。

4.其他组员则在纸上做同样的工作。

5.一段时间后停止。

6.将白板同时转向所有组员，要求组员指出白板上的错误答案。

7.每正确指出一个错误答案，组员可得到1元钱奖励。

8.白板上错误最少的小组为获胜小组，每位组员可得到10元钱奖励。

9.同样的测试可以穿插于整个教学过程中，多次进行。

10.为了增进学员间的友情，我们可以让“获胜者”用奖金请“失败者”喝冷饮。

分享

1.你对自己辨认正误的测试结果是否满意？

2.你认为本组胜利或失败的原因在哪里？

3.如果你代表本组在白板上做题，你认为你所在的小组是否能胜出？为什么？你的感受如何？

注意

1.在白板上做选择的队员负有决定小组胜败的责任，所以在该队员的选择上要慎重。

2.需要各成员积极发言以指正白板上的错误。

全体离地

形式：12人一组　　时间：30分钟

道具：9根粗竹子，9条白色短绳　　场地：户外

目的

让学员体会团队在接到任务后，如何进行计划、分派工作、沟通、合作，并以最快的方法来完成。

程序

1.培训师发给每组9根粗竹子和9条白色短绳。

2.该小组必须在20分钟内建起一个架构，该架构可以使全体组员同时离地3分钟。

分享

1.你们的小组是怎样开始行动的，有没有进行“头脑风暴”来收集最好的建议？

2.是否每位组员都参与了整个过程？是否清楚需要执行的任务？

3.在配合过程中都出现了什么现象？你认为是否有需要改进的地方？

总结

1.你们小组用的是“头脑风暴”法，还是少数服从多数，还是由某一个人说了算？最好的建议来自每个组员，大家都积极动脑，而不是观望。

2.每位组员都要积极参与进来，注意在开始的时候是否分工明确，进行过程当中的条理性和有序性也是需要控制的。

理想的工作环境

形式：4~6人一组　　时间：20~30分钟

道具：板纸和彩色标记　　场地：室内

目的

这个游戏能够帮助学员提高协作的技巧。

程序

1.把学员分成4~6人一组。给每个小组一张题板纸和一些标记。为了开展这个活动，建议大家坐在地板上或者围坐在桌子旁边。

2.给大家10分钟时间，描绘他们理想的工作环境。

分享

1.这些理想的工作环境中最普遍的主题是什么？这些主题如何反映你的价值？

2.如果你们能交谈，你们最终的作品会有什么不同？如果你们能交谈，你们参与的水平和质量会有所不同吗？

3.是什么使非语言暗示变得重要？

4.在你的小组中，有领导者风范的那个人是怎么做的？

5.在你的小组中，有人起协调的作用——鼓励大家积极参与或者缓和矛盾吗？那个人是怎么做的？

6.在现实生活中，什么行为能帮助一个团队达到它的目标？这个游戏暗示我们，如果想成为一名优秀的团队活动参与者，需要提升哪些潜在的能力？

7.为提高你与他人合作的能力，你采取的不同做法是什么？你将如何使非语言交流更有效？

总结

1.在此游戏中，团队中的队员角色能较明显地体现出来。

2.要想成为一名优秀的队员，除了积极参与团队活动外，还要有较强的协作能力和沟通能力，这样才能发挥出优势。

组合滑雪队

形式：4~6人一组　　　　时间：10~15分钟

道具：脚蹬、木板，绳子或布条

场地：较大的空地（最好是草地或雪地）

目的

1.建立相互配合、相互支持的团队精神和整体意识。

2.促进组织内部的沟通与交流。

程序

1.准备木板，木板上放置一系列放脚的脚蹬。

2.每组人各自站在两条长木板上。

3.要求每个人一只脚在一条木板上，而另一只脚在另一条木板上。

4.所有队员的脚都绑在木板上。

5.要求各小组在规定时间内到达某个目的地。

6.小组成员不能离开木板。

7.在规定时间内，最快到达目的地的小组为胜利者。

8.可以用小礼物奖励获胜小组。

9.如果受场地限制，可以用一块滑板作为简单的行走板去接近“轨道”以外的东西。

10.如果其中有人身体朝向与其他人相反，可使活动更具趣味性。

分享

1.迅速前进需要具备什么条件?

2.由个人单独进行是否速度更快？为何团队参加会产生困难？原因是什么?

总结

1.各成员必须就如何调动滑板进行协调，而这就需要高水平的交流和合作（滑板上的人越多，难度越大）。

2.只有众人步调一致才可能快速前进，这说明团队合作非常重要。

3.如果小组有一位成员带领喊口号，则有助于协调行动。这说明有效的领导有助于团队成功。

穿越“雷区”

形式：2人一组	时间：10~15分钟
道具：粉笔或长绳	场地：会议室或空地

目的

了解团队协作与分工的重要性。

程序

1.在平地上画两条相隔4米的平行线。

2.规定学员必须通过两线之间的距离。

3.指示学员要通过间隔，每组只碰地面3次（不是每人3次，而是整个团队）。

4.提醒学员间隔是电子“雷区”，如果触地多于3次，就会触发警报。

5.能顺利到达对面平行线的为获胜者。

6.团队怎样通过或身体的哪个部位着地均无限制，只要求他们在两线之间，总共着地3次。

7.唯一能成功通过的方式如下：

（1）甲将右脚放在“雷区”，然后左脚迈出另1米。

（2）乙则踩到甲的脚上，将他作为“垫脚石”。

（3）乙踩在甲的左脚上迈出，结果一只脚在“雷区”而另一只脚踏上了安全的另一侧。

（4）这样，团队就可以只触地3次，在间隔上搭成了桥。

（5）其他的人踩在甲、乙的脚上通过。

（6）最后，甲踩在乙的脚上，走出危险区（图2-5）。

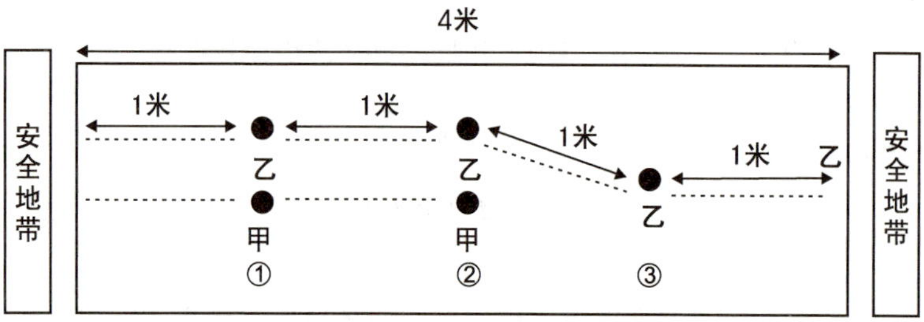

图2-5　通过雷区的轻松3步图

8.可以将活动录像留存好，以便在以后播放，增加趣味性。

分享

1.怎样才能按规定要求顺利通过“雷区”？

2.当遇到困难时，我们应该以怎样的心态面对？

总结

1.能够成功通过“雷区”，需要成员沉着冷静，有分析和解决问题的能力。

2.小组成员互相信任，充分协调合作，才能完成任务。

注意

在前进过程中学员有可能因为站立不稳而跌倒，培训师需提醒学员注意安全。

信任行走

形式：2人一组	时间：20~30分钟，根据人数而定
道具：不限	场地：会议室或空地

目的

1.挑战自我的安全区，建立对团队队员的信任，感受这种信任给你带来的个人突破。

2.训练倾听和辅导的技巧。

程序

1.将团体分为每两人一组。

2.每组有一个人蒙上眼睛。

3.没蒙眼的学员领着蒙眼者通过一段设有障碍的路。

4.要求引路的同伴只用声音或身体接触作为引导。

5.障碍物可以根据情况而定，如椅子、书、绳子等，如在室外可以选择花盆树木等。

6.设定的障碍物，最好能使学员采取走、爬、跑、摇摆等方式才能通过，以增加难度。

7.经过几分钟顺畅的引导后，看得见的同伴告诉被蒙眼者可以跑五步。

8.观察蒙眼者的反应。

9.在前进中，要求引导者采用不同方式来引导对方。

分享

1.当蒙上眼睛后，是否没有安全感？

2.对于带领自己的人，内心的想法如何？是否会完全信任对方？

3.当被蒙眼者被要求跑五步时，他有什么想法？

4.带领者在行动过程中的心情如何？

5.采用不同的引导方式，如声音或行动，被蒙眼的学员是否有不同的感受？

总结

1.当被蒙眼者被告知跑五步时，这需要极度的信任，通过他跑动的幅度，可以看出他对同伴信任程度的大小。

2.以声音或身体接触相结合，有助于双方建立信任，增加安全感。

3.当人们需要跑动时（一只手搭在同伴的胳膊上），这已有足够的风险去挑战对同伴的信任，而无须更多的不必要的危险。

4.在信任行走这个活动中，看得见的人握着被蒙眼者的手或胳膊，或完全不接触（除非是防止跌倒），但允许谈话。

5.可以发现一个有趣的现象：有些被蒙眼者要将手伸向前方，那些不这样做的人可能对同伴的引导能力有更大的信任。

6.信任是沟通和合作的基础。

7.双方进行有效的沟通与合作，有助于顺利完成任务。

跨“电网”

形式：13人一组	时间：15~20分钟
道具：1条长绳，1根粗竹子	场地：空地上有两棵树或杆子

目的

1.体会计划的重要性。

2.理解执行计划时团队的合作精神。

程序

1.培训师先拉起一条绳子代表监狱的电网（绳子高度控制在0.8~1.3米之间，视人员情况有所不同）。

2.学员进行“胜利大逃亡”，也就是说全体小组成员都要从“电网”的一边越到“电网”的另一边，并且在此过程中不得触及“电网”。

3.最后1名队员要把竹子带走。

分享

1.在你们接到任务之后，做的第一件事是什么？

2.整个游戏中最困难的部分是什么？

3.整个小组团队合作精神发挥最好的地方在哪里？

总结

1.在接到任务之后第一步应有所计划，分析可能出现的问题，并拟出解决方案。

2.整个游戏中最困难的部分就是由最后一名学员把竹子带走，这个问题不能留到最后由此学员自己解决，而是应该事先就有所计划。

3.讲计划、有效配合是良好的团体合作精神的体现。

小泰山

形式：12人一组　　时间：15~20分钟

道具：一条麻绳，2条短的、白色的绳子，一个水桶

场地：长有一棵大树的空地或有悬空横梁的室内

目的

体会小组成员之间的教导能力、计划能力以及团队合作精神。

程序

1.将麻绳一端系到树枝或横梁上，另一端落到地面，在地面上画两条线，中间部分作为悬崖（两条线的宽度视绳的高度及具体情况确定，可事先进行试验加以确认）。

2.培训师告诉小组的全体组员，他们要从悬崖的一边带上一桶水，借助这条麻绳跳到另外一边（在全过程中，水不能洒出来，同时人也不可掉下悬崖）。

分享

1.回忆这项任务是怎么开始的？谁出了主意？大家为什么接纳他的主意？

2.谁来做最艰巨的任务（带水桶）？安排在什么时候？为什么安排在这个时候？

3.怎样使小组中的每位组员都学会荡“泰山绳”的技巧？

4.在游戏中你的感觉是什么？

总结

1.这个任务往往是由大家七嘴八舌地出主意开始的，在此过程中，大家会进行比较，从而筛选出最好的做法。

2.由于这是团体任务，一个人荡得好是不够的，需要大家发挥协作精神，才能很好地完成任务。

拼　图

形式：1~16人一组　　时间：8分钟

道具：拼图游戏盒5个　　场地：不限

目的

1.让与会者对“合作精神”有一个实实在在的体验。

2.使人们对个人能力充满自信的同时增进对团队精神的理解。

程序

1.将与会者分成5个小组，第一组1人，第二组2人，第三组4人，依此类推，后一组是前一组人数的两倍。

2.如果与会人数太多，可随机请出部分人员参与。

3.发给每个小组一个拼图游戏盒。

4.每一个游戏盒上是一个图案，盒里有100~500片不等的不规则形状、小指甲大小的硬纸块。

5.请每个小组务必用这些纸块拼成印在盒上的图案。

6.给出5分钟的时间，请各小组用最快的速度拼图，如图2–6所示。

7.完成的拼图小纸块数最多的小组为赢家。

8.对各小组的人数、完成数量和人均数量做出统计，制成表格。

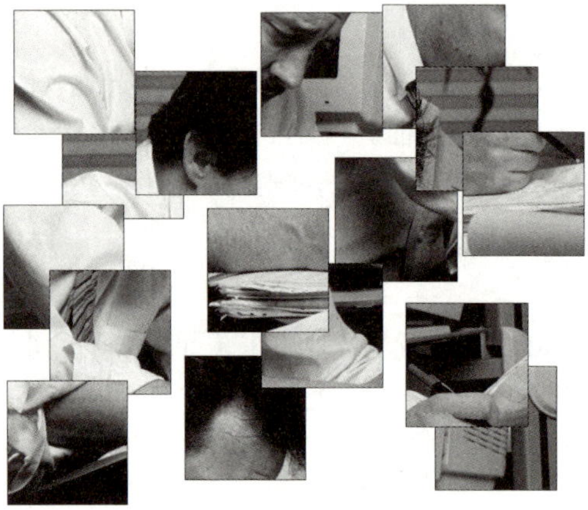

图2-6　拼图

分享

1.统计数字有什么规律？这说明了什么？

2.“人多力量大”的团队形式是否存在弊端？你能否运用统计表中的数字来说明这一点？

总结

1.从中可以看出：人多力量大，人数多的小组完成的任务多，加在一起接近完美的答案。

2.在以团队成功为衡量标准的游戏规则面前，完成任务最多的团队，肯定是赢家。

3.个人只有将自己的能力融于集体之中，才能为集体目标的实现贡献力量。

4.由于承担的责任不明显，或责任重叠，人数多的小组，人均效率会下降。这是团队协作中应注意避免的一点。

双　赢

形式：4~8人一组　　时间：10~15分钟

道具：计分标准的挂图或幻灯片，计分表每组一份　　场地：不限

目的

1.使学员深刻领会双赢的真谛和双赢的重要作用。

2.使学员在合作中能本着双赢的理念，达到双赢的理想结局。

程序

1.把学员分成两组或4组，如分A、B和C、D。每组4~8人，每两组进行游戏。

2.出示计分标准。

3.请每组成员在充分考虑计分标准后，经过讨论决定本组选择红或蓝，并写在计分表上（表2–6），把计分表交给培训师。

表2–6　计分表

选择		计分	
A组	B组	A组	B组
红	红	+3	+3
红	蓝	–6	+6
蓝	红	+6	–6
蓝	蓝	–3	–3

4.由培训师宣布双方的选择结果，并根据计分标准为每一组计分，计分标准如上表。如A组选择红，B组选择蓝，则A组得–6分，B组得+6分；如A组选择红，B组也选择红，各得+3分。

5.游戏分10轮，在第4轮和第8轮结束时，双方可做短暂沟通，但只有双方都提出这种要求才行，其他时间双方不能做任何接触，需保持一段空间距离。

6.第9、10轮计分加倍。

7.总分为正值的小组为赢家，负分为输家，两者均是正值为双赢。两组均为负分，没有赢家。

分享

1.计分标准有什么特点？在确定选择之前，你们是否充分考虑过这种特点可能带来的结局？

2.如果每个小组都想赢，这种结局可能实现吗？

3.当计分表上的计分不太理想时，你们是否考虑过其中的原因？是否想到要与另一组进行沟通？

总结

1.计分标准的规律已经限定了两组之间的竞争结局，即只有共赢、共输或一赢一输三种情况，所以最理想的结局是大家双赢。

2.如果相互间一定要争个输赢，或者讲定合作又违背诺言，那么结果要么是一正一负，要么是双负——都会存在结局为“负”的风险。

3.在经过两轮游戏后，相对的两组已经意识到如果放弃独赢的概念，大家合作，商定相互间的选择，那么大家都可以得到正值，所以有些小组会在4轮结束时马上和对方沟通。

4.尽管人们习惯于独赢的成就感，但是这个世界上比你聪明的人有的是，与其冒着失败的风险去追求独赢，不如与他人一起分享胜利。

“盲人”取水

形式：全体参与　　时间：30~50分钟

道具：能够承受人重量的长形木板、蒙布、一次性水杯　　场地：不限

目的

领会如何帮助团队成员及如何做辅导。

程序

1.10人一组。

2.小组中选一人上场躺在一块木板上面（采用卧姿或仰姿）并被蒙上眼睛。

3.地上放若干杯水。开始计时后，两名成员分别在两头抬起木板。被蒙眼者要在其他成员的帮助、指导下端起地上放着的水杯。

4.整个过程中，板上成员的身体不能碰到地面，水不能洒出杯外，一旦端起所有杯子，计时结束，看哪个小组用时最短为胜。

分享

为什么有的小组慢，而有的小组快？小组成员怎样协作会更有效？你觉得正确的辅导应该是怎样的？

导航塔

形式：全体分组参与　　时间：30分钟

道具：纸杯、报纸、透明胶带、吸管、橡皮筋和1把手工剪刀　　场地：不限

目的

在轻松的游戏氛围中把松散的工作小组转变为团结高效的工作团队。

程序

1.8~10人分为一组。

2.培训师宣布每个小组的任务是要为本组建一座“导航塔”，越高越好。

3.分发材料；宣布在规定时间内发动成员的创新意识建塔。

4.所建的塔要接受其他组选出的检验员的检验，以吹不倒而且最高的塔的建造者为胜者。

分享

1.你的小组是如何工作的？

2.你的塔为什么最矮？

3.针对高塔本身而言，我们获得了关于团队管理的哪些启示？

扩大市场份额

形式：10~12人一组，共3组　　时间：30分钟

道具：乒乓球300个、水桶3个、3条长粗竹（3米）、每组3条短绳子（2米），1条长绳子（20米）

场地：将20米的绳子悬挂到3~4米高的地方

目的

令销售人员通过对市场信息的掌握，更好地优化和利用资源。

程序

1.培训师将300个乒乓球分别编为1~3号，分别放在编号为1、2、3的3个桶内。

2.将3个水桶分别悬挂在20米的长绳子上，并且高度相同。

3.培训师发给每组一根3米长的粗竹，3条2米长的绳子。

4.各组队员要将球传到离桶中心3米远的一个容器内，在规定的时间内，哪一组所传的球最多，就是获胜的小组。

分享

1.在游戏过程中，你们小组是先做调查再行动，还是马上投入行动？

2.是否有人想过去抢别人的球？

3.你们是否预想到可能出现别人来抢球的情况？如何去维护自己的成果？

4.在传递过程中，球有意外丢失过吗？是什么原因？

5.各部分的人员是如何分配的？时间又是如何分配的？

6.你们小组是否违反了游戏规则？违反了什么规则？受到了怎样的制裁？

总结

1.培训师要讲解市场信息收集的重要性，以及如何对市场做出相应的反应。

2.商场如战场，变化莫测。正确、及时地反馈市场信息、分析信息非常重要。抓住了关键信息，才能科学合理地配置资源。

3.团队角色要清晰，这样才能将合适的人放在合适的岗位上，以达到优化资源的目的。

注意

1.由于此游戏具有一定的危险性，需要有专业教练从旁指导。

2.学员之间互相传送乒乓球时，不能抛或掷。

3.若球落地，将被培训师没收。

鼓声飞扬

形式：10~12人一组	时间：30分钟
道具：每个学员一只鼓，2支鼓槌	场地：空地或宽敞的教室

目的

体会个人职责与团队表现之间的关系。

程序

1.培训师发给每个学员一只鼓，两支鼓槌，并给学员15分钟的排练时间。

2.每位学员创作出自己的鼓点，然后组成小组进行合奏。

3.再让每组进行表演，最后全体一起合奏。

分享

1.在周围有噪音的情况下，自己的创作是否受到了影响？

2.是否能在保持本小组的特殊风格的情况下，顺利与其他小组进行配合？

3.个人的节拍是否与小组其他成员不一致？是否及时加以调整？

4.在本游戏中，你的角色是什么？

5.你在扮演自己的角色时，是如何与团队进行配合的？

6.在全体学员一起演奏时，是否产生了出人意料的效果？为什么会产生这种效果？

总结

1.一个团队没有领导，就像一个乐队没有指挥一样，集体行动起来一定是混乱嘈杂的。

2.尽快选择出一个乐队指挥，定出主调，协调其他音调，这样的演奏才会和谐。

与虫子斗一番

形式：12人一组	时间：5~10分钟
道具：无	场地：空地

目的

1.活跃课堂气氛。

2.发挥团队的创意和协调合作的能力。

程序

1.培训师给学员指令：小组成员要创造出一条“小虫”，这条“小虫”要有4只手，11只脚在地上，而且全体组员必须连接在一起，成为一个整体。

2.培训师给学员5分钟时间商量，然后开始比赛。比赛时，“小虫”必须从起始点爬到距终点5米的地方，以虫头到达目的地为胜利。

3.培训师可以用任何形式表示鼓励（小礼品、握手、拍肩）。

分享

1.优胜组获胜的原因是什么？

2.其他小组创作、思考的过程以及表现过程是怎样的？

3.你们觉得还有更好的方案吗？还可以做得更好吗？如何做到？

4.每个成员在行进中有什么感受？

总结

1.尽快确定一个队长，指挥行动，才能统一行动。

2.为了鼓舞士气，每队最好编出口号。

3.切记，所有队员要相互配合，才能做到行动一致。

猎手的挑战

形式：小组参与　　时间：30~60分钟

道具：一份已准备好的物品清单　　场地：教室或会议室

目的

1.使全体学员迅速进入到一项任务中，从而使他们开始建立团队认同感及原始凝聚力。

2.这项活动最好应用于以下情况：

（1）在接下来的时间里，小组必须完成指派的其他任务；

（2）参与者能明显地在分组结构中得到利益。

程序

1.将全体学员分成4~6组（如果接下来他们将在同一个小组工作，培训师就应事先计划分组：如果只需做大体上的分工合作，培训师可随意分组）。

2.给每组一个特定的时间限制来完成任务，并规定一些规则（如：他们必须待在一定的界线内，不得妨碍其他小组等）。

3.向他们提供配好的物品清单（如：一枚硬币，一枝花，一只活蚂蚁，一卷卫生纸等等），所列物品最好都是容易获得的，但必须通过小组成员的灵活机智和努力协作去完成任务。

4.根据各组获得的指定物品数量进行打分，并公布获胜小组（如果可能，给予一定的奖品）。

5.其他可选择的操作程序：

（1）在指定时间内，指派各小组完成一项非结构性的任务。

（2）定义并收集所有他们认为会对本次培训有用的物品、数据或想法。

（3）最后请各组出示自己的结果和发现，并加以客观的分析。

分享

1.你的小组是如何组织并执行本次任务的？

2.你的小组是怎样选择最佳方案的？

3.你们完成任务的成绩如何？

4.作为一个团队，如果你们现在要完成一项重要的学习任务（如一个案例分析），你们的做法是否会与刚才有所不同？

总结

1.在小组中，是否从一开始就有计划地进行考虑？是指派专人负责某些物品或结对合作，还是每个人都在做每件事？显然，专人负责或结对合作是可取的。

2.经过考虑之后才决定做会比没有任何计划就直接做的效果好。

3.你要把从这个游戏中学到的东西运用到你以后的工作中去：采取不同的方法会取得不同的结果。

建　桥

形式：12人或14人一组	时间：30分钟
道具：每组废纸（A4）50张，胶带一卷，剪刀一把，彩色笔一盒	场地：室内

目的

让学员体会在团队执行任务过程中，每位队员所应该扮演的角色及团队创意的产生。

程序

1.培训师发给每个小组一套道具，并要求每组在25分钟之后把建好的跨世纪长江大桥的模型展示在全体学员面前。

2.每组要派出一位代表来解说该组的建桥过程。

3.最后由培训师带领评选出最佳大桥并给该桥的建设者发奖品。

分享

1.你们组的创意是怎么得来的？

2.在小组合作过程中，大家的协调程度如何？

3.在建桥过程中，每位组员的角色是怎样分配的？每个角色的扮演情况如何？

总结

1.在一个比较复杂的任务当中，每个人都要根据自己的特长，有明确的分工。

2.组员有了好的创意，也要通过良好的沟通使其他组员接受，并在可行性上加以推敲。

建　塔

形式：5人一组　　时间：30分钟

道具：每组吸管30支，胶带一卷，剪刀一把，订书机一个　　场地：室内

目的

1.团队成员在执行团队任务中发挥创意。

2.每个组员都能扮演好各自的角色，为完成团队任务做出贡献。

3.团队成员认识到参与的重要性。

程序

1.培训师给每个小组发材料，并说明每组要在25分钟之内用这些材料建一座你认为最漂亮的塔。

2.这座塔的高度至少50厘米，要求外形美观，结构合理，创意新颖。

3.做完之后，每组把塔摆在大家面前，由培训师进行评比。胜出的小组会得到一份小礼品。

分享

1.在你的小组工作过程中，是否每个人都有参与？当别人参与程度不够的时候，你有什么感觉？

2.你建塔的创意是怎样得来的？

3.你对小组的合作有什么看法？

总结

1.在做完这个游戏之后，你会发现在此过程中你忽略了很多细节，比如时间管理、审核标准、资源分析等。

2.建塔的过程需要每个人的积极参与，如果有人参与度不够，会引起其他人的反感，并降低效率；如果每个人的积极性都很高，会更好地激发创造力。

3.创意好不好关系到建塔的成败，如果开始思路就错了，或者根本就没有明确的思路，就会在下面的工作中引起越来越多的问题。

旗人旗事

形式：10~12人一组　　时间：30分钟

道具：每组1面彩旗、1根旗杆、1盒彩笔　　场地：教室或空地

目的

建立团队，增强学员的归属感及凝聚力。

程序

1.培训师发给学员上述材料。

2.用30分钟建立小组的队名、口号、队歌和标志。

分享

1.为什么以这种形式作为建立团队的第一步？如果不是这一步，还可以有什么更好的方式？

2.你们的创作是从哪里获得启发和借鉴的？

3.在创作过程中是否出现意见不一的情况？最后是如何取得一致意见的？

4.在创作中，每个人的贡献如何？谁的贡献最大？

5.活动对我们有什么启发？

总结

1.企业文化似乎是高深莫测的，然而，它无时无刻不从企业员工的外表形象和行为举止中流露出来。

2.这个游戏能反映出团队的智慧，更能折射出团队文化。

第三部分

THE THIRD PART

沟通游戏

倾听与回馈

形式：全体学员　　时间；25~30分钟

道具：无　　场地：室内

目的

1.学习人际沟通的基本态度（技巧）——倾听。

2.体会“倾听”与“回馈”在人际沟通时所产生的效果。

程序

1.3人一组，未满3人者，则分派到其他组，4人一组。

2.每组3人（或4人）轮流当说话者（一次1人）、倾听者（一次1人）与观察者（1~2人），每人皆须分别当过3种角色，体会每种角色的立场与感觉。

3.3种角色的任务如下：

说话者：在5分钟内主动引发各种话题。

倾听者：只扮演听与响应的角色，不主动引发任何话题。

观察者：不介入说话者与倾听者的对话，只负责观察两人的对话情形。

分享

说话者与倾听者分享对彼此的感觉，观察者则说出所观察到的情形。

注意

在人际沟通中，重要的并不只是把自己的意见、想法表达出来，更重要的是要用心听对方所传达的信息，如此才能真正达到双向沟通的目的。此种倾听的能力，是最基本的沟通态度，也是一种可习得的技巧。

我非常高兴

形式：集体参与　　时间：10分钟

道具：无　　场地：室内

目的

以积极、幽默的方式开始培训课程。

程序

1.在做过自我介绍后，立即告诉与会人员：“我很高兴来到这儿！”

2.快速绕教室走一圈，问：“如果你今天不在这儿，你或许正在做什么不情愿做的事呢？”

让这种问答轻松流畅地持续进行。

总结

请学员自由举手回答，也可以有意识地点名回答以调动气氛。

让嘉宾闪亮登场

形式：集体参与	时间：2~3分钟
道具：特邀讲演者或培训者的简历	场地：不限

目的

用一种新颖独特的方式介绍一位特邀讲演者（或贵宾等）。

程序

1.取一份特邀讲演者或培训者的简历或介绍，把这张纸裁成几片，事先分发给几个与会人员，请他们每人读或背诵一两个句子。

2.当你请出这位特邀讲演者时，当众声明："我们的特邀发言人大名鼎鼎，我敢打赌，你们会比我对他了解得更多。"

3.暗示那几位与会人员介绍一下发言人的情况。

注意

1.注意暗示的时机和方法，最好能做得自然和真实一些。

2.你的当众声明一定要风趣幽默，总之，要尽可能地调动所有人的注意力。

看不见与说不清

形式：集体参与	时间：2~3分钟
道具：不同角色的说明书以及任务说明书	场地：不限

目的

了解公司不同角色的情境，认识管理中的要素。

程序

三名学员扮演工人并一起被蒙住双眼，被带到一个陌生的地方。工人可以讲话，但什么也看不见。有两名学员扮演经理。经理可以看，可以行动，但不能讲话。一名学员扮演总裁。总裁能看，能讲话，也能指挥行动，但却被许多无关紧要的琐事缠住，无法脱身（他要在规定时间内做许多与目标不相关的事）。

所有的角色需要共同努力，才能完成游戏的最终目标——把工人转移到安全的地方。

注意

任务说明书可以由培训师根据情况设计，关键是游戏中总裁要有许多琐事缠身。

总结

企业上下级的沟通是非常重要的！游戏完全根据企业现实状况而设计，总裁并不能指挥一切，他只能通过经理来实现企业正常运转；经理的作用更重要，他要上传下达；而工人最需要的是理解和沟通。这个游戏让学员深刻地认识到，以后在工作中遇到问题，一定要以“角色转换”的心态来对待。

你是什么星座

形式：集体参与	时间：8分钟
材料：印有各种星相及相关内容的图表	场地：不限

目的

1.使新集体成员之间相互熟悉起来。

2.使人们在会议、培训等集体活动中相互熟悉起来。

3.培养打开话匣子的技巧，使人际沟通变得顺畅。

程序

1.把十二星相图贴在房间里，图与图之间要保持足够的距离。这样，在每张星相图前都可以聚集一组人进行讨论而又不至于干扰其他11个小组的谈话。

2.会议开始时，请与会人员站到自己的星相图前面。

3.小组形成以后，给他们5分钟时间做自我介绍，并讨论与各自的星相有关的特点（如果与会人员较多，可以把大组分成几个小组，要把每组的人数控制在5~6人）。

4.5分钟后，宣布结束时间已到，请大家回到座位上去。

5.如果时间允许，可以请几个小组报告一下他们的发现。

分享

1.你的星相特点对你适用吗？

2.有时我们是不是会让“星相”影响我们的行为方式？为什么？

3.你是否见过一个人的星相会有助于或有碍于其建立良好的人际关系？

4.你的自我认识符合你的星相特点吗？

总结

1.一般情况下，每个人总能找出或多或少的符合自己星相的特点。

2.有时候，为了符合星相，我们会有意识地调整和控制自己的行为，甚至把它当作一个行为准则。

3.星相有时可以为陌生人找到一些共同点或是共同话题，但要注意避免对星相的归属心态所带来的人际交往中的阻碍作用。

超感知觉

形式：集体参与　　时间：5分钟

材料：黑板或活动挂图、粉笔或粗头墨水笔、展示牌　　场地：不限

目的

1.把所有与会人员的注意力都吸引到你身上。

2.使他们专心聆听你随后的发言。

程序

1.请一位志愿者来协助你，说明你打算用超感知觉来预先说出算术题的答案。

2.你站在一个看不到黑板的地方，请他在黑板或挂图上写下任意一个3位数（注意：该数字的个位数不得与百位数相同，如323）。

3.将数字倒过来，用颠倒之前的数字减去颠倒之后的数字。

4.将上一步所得出的数字颠倒过来，再与得数本身相加。

5.在这位志愿者计算完毕后，举起你事先准备好的展示牌，你早已在上面写上了1089这个数字。算式如图3–1所示。

$$
\begin{array}{r}
821 \\
-\ 128 \\
\hline
693 \\
+\ 396 \\
\hline
1089
\end{array}
$$

图3–1　算式图

6.请大家核对黑板上的计算答案与你事先预测出来的答案是否一致。

总结

1.这道题的答案总会是1089。

2.在个别情况下，减法得出的答案可能是两位数，如图3–2所示。

$$
\begin{array}{r}
786 \\
-\ 687 \\
\hline
99
\end{array}
$$

图3–2　得出两位数的减法算式图

在这种情况下，只需要请志愿者在得数前加一个零（把99变为099）。再按照上述方法计算即可，如图3-3所示。

$$\begin{array}{r} 099 \\ +\ 990 \\ \hline 1089 \end{array}$$

图3-3 两位数“补零”之后的加法算式图

“盲人”拾物

形式：全体参与，2人一组　　时间：30分钟

道具：眼罩、扔到地上会发出较大声响的物品　　场地：铺有地毯的室内

目的

培养人与人之间的信任。

程序

首先以2人为一组，其中一人（A）蒙上眼睛，而另外一人（B）则要背向培训师，而培训师要取出一件物品（如一串锁匙）扔到地上。A的任务是要拾回该物，B的任务则是对A做出提示，而这些提示只能够是“前行三步”和“右转”等。但因为B其实也看不见那串锁匙，而只能凭自己的听觉（该物落地时所发出的声音）做出猜测和提示。每当B发出指示后，A都需要依照他的指示做，而培训师则会告诉他们到底“到了没有”。

分享

1.通过这个环节，我们可以把蒙眼的人称为执行者，映射我们工作中的基层员工，而给出提示的人称为管理者。在活动中两个人的角色是怎样的？他们共同的任务是什么？他们的工作内容又有什么不同？

2.管理者判断准确、指令清晰是下属做好工作的前提。

3.如果发现管理者指令不对，盲目听从只能距离目标原来越远。

4.工作中发挥每个人的积极能动性，上下互动，双向沟通，才是解决问题的有效之路。

巧解绳结

形式：2人以上　　时间：15分钟

道具：两端有绳套、长为1.3米的绳子若干条　　场地：不限

目的

培养大家的沟通能力、协作能力。

程序

1.培训师发给每位学员一条上述形态的绳子。

2.每位学员分别将两端的绳套套在自己的两只手腕上，同时将绳子与另一位组员手上的绳子交叉连接。

3.告诉学员解绳方法，然后让所有学员组成一个大的绳结，两两相交叉。让学员尽量用最快速的方法解开绳结。

分享

1.当你接到这个问题时，第一个反应是什么？而后你做出了什么行动？

2.在尝试了一段时间之后，你有什么感觉？你是否相信有可能解开？你是否开始与别人进行沟通？

3.当你听说有的学员已经解开了的时候，你在想什么？

注意

1.在解绳结的过程中，每个学员手上的绳套都不能脱离手腕。

2.不能将自己两只手上的绳套交换。

沟　通

形式：两人一组，组数不限　　时间：30分钟

道具：一些简单的图及白纸、笔　　场地：室内

程序

两人一组，一人口述，一人负责绘图。

表达方：负责向另一方描述所见的图片（可以用任何图片，图3-4是个简单的例子），对绘图者所画的图形只可以点头或摇头示意，不可以给对方其他暗示。

图3-4　禁行图

绘图者：负责将对方所口述的图案画于纸张上。

绘图者不可向对方问问题，不可回答对方的询问，不可以让对方知道自己绘画了什么，而对方只可以问绘画是否完成。

分享

通常绘图者绘图后的结果与原稿相差很大，如大小不一、弄错意思等等。这个游戏可以让学员思考如何能将本身的想法使对方完全明白，才可达到理想的沟通目的。还可以让学员思考如何用有效的语言或语调来表达，并能引起有效的吸引力来感染对方。

蒙眼作画

形式：全体参与	时间：10~15分钟
道具：眼罩、纸、笔	场地：室内

目的

1.使学员明白单向交流方式与双向交流方式可以取得不同效果。

2.说明当我们集中所有的注意力去解决一个问题时，可以取得更好的结果。

程序

人人都认为睁着眼画画比闭着眼要画得好，因为看得见，是这样吗？在日常工作中，我们自然是睁着眼的，但为什么总有些东西我们看不到？当发生这些问题时，我们有没有想到可以借助他人的眼睛？试着闭上眼睛，也许当闭上眼睛时，我们的心就敞开了。

所有学员用眼罩将眼睛蒙上，然后分发纸和笔，每人一份。要求蒙着眼睛将他们的家或者其他指定东西画在纸上。完成后，让学员摘下眼罩欣赏自己的作品。

变化

1.让每个人在戴上眼罩前将他们的名字写在纸的另一面。在他们完成图画后，将所有的图片挂到墙上，让学员从中挑选出他们自己画的那幅。

2.培训师用语言描述某一样东西，让学员蒙着眼睛画下他们所听到的，然后比较他们所画的图并思考：为何每个人听到的是同样的描述，而画出的东西却是不同的？在工作时遇到过类似情形吗？

分享

1.为什么蒙上眼睛后所完成的画并不是自己所期望的样子？

2.怎样使这一工作更容易些？

3.在工作场所中，如何解决这一问题？

神奇的标签

形式：集体参与	时间：5~10分钟
道具：空白的姓名标签	场地：不限

目的

帮助与会人员互相认识。

程序

1.在整个团体第一次集会时，给每人发一个空白的姓名标签。

2.请每个人都填写下面各项内容：

（1）我的名字是某甲；

（2）我有一个关于某乙的问题；

（3）我可以回答一个关于某丙的问题。

3.给与会人员几分钟时间对这些陈述做出思考。

4.鼓励整个团体的人员聚在一起，使每个人尽可能多地与人打交道。

分享

1.是否可以提问比较私人化的问题？

2.如果有人向你提比较私人化的问题，你该如何回答？

注意

1.要加快节奏，可以在与会人员签到时就发给他们姓名标签，请他们当场在姓名标签上按要求填写上述内容。

2.也可以事先印好列有上述3项内容的姓名标签，在与会人员等待会议开始时请他们填写。

3.比较私人化的问题，可以提问和回答，但前提是必须确定一个基本的准则，即在坦诚的基础上，无损个人精神和物质利益。

4.有些过火的问题，可以采用较为委婉或幽默的方式化解。

宾戈游戏

形式：集体参与	时间：5~10分钟
材料：宾戈牌，每人一张（附后）	场地：不限

目的

在一种宽松的氛围中巧妙地迫使新来的人去认识新朋友。

程序

1.要求人们拿着事先准备好的宾戈牌或纸片在房间里走动，直到他们找到一个符合宾戈牌或纸片上的描述的人，然后请那人在纸上的适当位置签上自己的名字（有人可能符合多项描述，但只许签一处）。

2.告诉与会人员他们有5分钟时间来收集签名。

分享

1.如何才能更快地找到符合描述的人？

2.你通常会采用什么方式来获得对方的认同及签名？

总结

1.有些描述是可以从外表判断的，所以我们可以把这几项先挑出来并用巡视的办法加以确定。

2.很多人也许一直都是采用同一种问话方式开始同对方的沟通，你是否想过尝试不同的方式呢？它也许会大大加快你的速度，而整个沟通过程也将有趣得多。

附件

打网球	穿红衣服	踢足球	社团管理人员	有孙子（女）或外孙子（女）
开跑车	讨厌橄榄球	喜爱橄榄球	蹦过极	会说外语
弹钢琴	养热带鱼	（免费）	会滑雪	会议主席
长头发	讨厌菠菜	有两个孩子	喜爱露营	参加过全国性大会
首次参加会议	开轻型货车	双眼皮	喜读财经类媒体	出过国

苹果与凤梨

形式：全体参与，坐成“U”形　　时间：30分钟

道具：无　　场地：室内

程序

1.全体学员围成一个圈。

2.培训师先和相邻的人进行演示。

培训师：“这是苹果。”

相邻的人回答：“什么？”

培训师：“苹果。”

相邻的人回答：“谢谢！”

3.回答完这一对话程序，由相邻的人（甲）开始问他的下一个同伴（乙）相同的问题。

甲对乙说：“这是苹果。”

乙回答：“什么？”

甲问培训师：“什么？”

培训师回答：“苹果。”

甲对乙说：“苹果。”

乙：“谢谢！”

4.将此对话一直持续下去，最终传到培训师；同时培训师向另一个方向相邻的人传递“凤梨”，这样两句话就朝相反的方向进行传递。

分享

1.当我们发现问题只有一个时，是不是觉得很简单？

2.当事情变得复杂时，你有什么感觉？

3.面对复杂的问题，你认为应该如何才能顺利完成？

注意

1.培训师要密切注意对话的流向，特别是“苹果”和“凤梨”的走向。

2.这是一个非常有趣和复杂的游戏，培训师应该提醒学员注意对话过程中的规律，要求学员要有特别高的注意力和反应能力。

3.同时可作为晚会游戏或者暖场游戏。对于回答错误的学员，可以适当惩罚。

学员照片

形式：集体参与

时间：15分钟或视人数多少而有所不同

道具：油性笔、拍立得相机及足够的相纸

场地：拍摄可在任何地方进行，将漫画张贴在教室或会议室的显著位置

目的

帮助培训师和学员熟悉所有参加者的姓名。

程序

1.在第一次签到时收集每位学员的相片，以供培训教程之用。

2.可在培训正式开始前召开一个学员介绍会，这个活动对连续三天或五天的培训课程非常有用。

3.用拍立得相机为每位学员拍照。

4.在相片的空白处或背面用油性笔写上学员的名字。

5.在培训的第一堂课开始前，回顾全套相片。这有助于培训师快速记忆每个学员的相貌及名字，对于那些不能设置桌牌的课堂尤为有效。

6.将全套学员相片粘贴在一个大的张贴板上，在每张相片旁边写上该学员的姓名及相关信息（如：单位、职位、头衔等）。

7.将张贴板放在入口处或咖啡桌旁，以方便学员观看。

8.在第一堂课之前，雇一位漫画家，请他为每一位学员及培训师画一张幽默的速写。

9.将这些画在显著位置张贴起来。这些画往往抓住人物的面部特征或性格特点，能帮助大家区分并记忆每位成员的相貌和名字。

10.课程结束后，可以将漫画作为特殊的毕业礼品赠送给学员。

变化

可以让某位学员站起来，请其他学员说出其名字，以考察学员是否记住大部分

学员的名字和特征。

分享

1.你观看相片及漫画后的感受是什么？

2.你是否能记住大部分成员的相貌和名字？

总结

1.轻松和随意的气氛有助于人们沟通和相互了解。

2.对于新认识的人，这个活动可以帮助我们记住他的相貌特征。

3.记住别人的名字和特征，能使你更有效地进行沟通。

预想中的顾虑

形式：4~6人为一组　　时间：10~20分钟

道具：墙表或记事纸　　场地：教室

目的

允许学员表达，相互了解，并减少他们对本次培训的误解。

程序

在一些研讨会或项目组中，由于成员来自五湖四海，他们可能对预期的计划知之甚少，可能相互之间并不了解。他们也可能不清楚自己所扮演的角色是怎样的。建立一个平台以鼓励他们交换对本次活动的期望，是非常必要的。

1.将成员分成若干小组，每组4~6人。

2.每组选择一个记录本（培训师要提供墙表或记事纸）。

3.请他们迅速回答："今天（今晚）你来到这里之前，有哪些顾虑、担忧或期望？"

4.在一个较短的信息收集阶段之后，请各组的报告人员将清单展示给全体成员。

分享

每组各表达了哪些担忧、顾虑、意见？可事先给出例子：

1.我是不是所有人中最年轻的（最老的）？

2.在我出席的第一次专业研讨会上我能否表现出色？

3.我想他们每个人都比我有经验。

4.他们会不会穿得比我严肃（随意）？

5.会不会每个人都用专用的简称或术语说话？

6.我在这次活动中能得到些什么呢？

7.那个房间（活动、培训师），会是什么样的呢？

这些意见为培训师提供了最佳机会来了解学员的需求，从而使以后的课程更有针对性。

培训师应通过利用学员提供的信息，来向他们保证本次研讨会将涉及（或不涉及）他们的顾虑。

作为培训师，应当减少这些顾虑：解释穿着标准，定义所有用到的术语，多向学员提问，等等。

我是记者

形式：两人一组　　时间：15分钟

道具：纸和笔　　场地：教室

目的

1.让培训师进一步了解学员的背景，从而帮助掌握课程讲授的深浅程度。

2.帮助学员们相互了解，增强学习气氛。

程序

1.让学员们找到自己的拍档，最好不是太熟悉的人。其中一人作为记者对这位拍档进行采访，采访的形式及内容都由自己决定，时间为三分钟。

2.记者的目的是在三分钟内尽可能获取有深度的信息。在采访过程中要做笔记。采访完成后进行角色交换。完成采访后，每位学员要把采访的信息做一次一分钟的演讲，目的是把你所采访的人以最佳的表达方法介绍给大家。

3.时间由培训师掌握，如果培训班很大，演讲只能以抽查的形式进行。

分享

评价记者的信息收集能力、组织能力及表达能力。

总结

1.3分钟的时间有限，提问时注意有的放矢，不能闲聊。

2.每个人都有自己的特点，要能抓住重点，让自己的演讲出彩。

让我们谈谈

形式：全体参与，两人一组　　时间：10~15分钟

道具：无　　场地：教室或会议室

目的

1.当学员全都互不认识时，可用这个游戏来打破僵局。

2.用此游戏来阐述手势的作用，以及说明手势的运用在谈话中是十分自然的。

3.说明如果不使用任何肢体语言，口头交流将会或多或少显得有些拘谨和尴尬。

程序

1.告诉学员接下来的几分钟将用来进行一项简单的游戏。请他们两人一组，与邻座的人进行交流，时间为2~3分钟，交谈的内容不限。

2.2~3分钟后，请大家停下。

3.请学员说明在刚才的交谈中发现对方有哪些非语言的表现（如肢体语言或表情）。比如：有的人不停地摆弄手中的笔，有的人则一个劲地轻敲桌子。

4.当大家说完后，告诉学员我们常常是无意识地做这些动作的。

5.请大家继续交谈2~3分钟，但这次必须十分注意不要有任何肢体语言。

分享

1.在第一次谈话中，大多数人是否意识到自己的肢体动作?

2.你们有没有发现对方有什么令人不快或令人心烦意乱的动作或姿势?

3.当我们被迫在不使用任何肢体语言交谈时，有什么感觉?不做动作的交流是否和做动作的交流一样有效?

4.我们是否发现，有时候肢体语言比语言本身更富有内涵；我们通过语言领悟不到的真正意义，却可以通过对方的肢体语言观察到。

5.在日常社交中，我们应该时刻注意自己的肢体语言的表达，好的肢体语言会更有助于沟通；反之，会为我们的社交带来阻碍。

强调积极

形式：全体参与，2人一组　　时间：10分钟

道具：无　　场地：教室

目的

通过互相交流意见来打破对自我肯定的障碍，树立自我形象。

程序

1.将学员分为若干两人小组。

2.学员需向同组者提供以下一道、两道或三道问题，并记录答案。

（1）在外形上，你喜欢自己的两个方面。

（2）在个人品质上，你喜欢自己的两个方面。

（3）在才华或技能上，你喜欢自己的一个方面。

3.注意每一个评价都必须是正面的、积极的，不允许有负面、消极的评价。

分享

1.你们中有多少人在听到游戏规则后是笑着对对方说“你先请”？

2.你是否发现这个游戏开始是非常困难的?

3.现在你的感觉如何？

总结

1.你会发现“谦让”这种行为，让我们在游戏开始时出现困难，很多人都不愿意积极地赞扬自己。

2.自我肯定会令人们更加自信，既然如此，为什么不采取一种积极的态度来肯定自己呢？

狗仔队

形式：全体参与，2人一组　　　　时间：30分钟

道具：无　　　　场地：室内

目的

让学员快速地互相熟悉起来。

程序

1.将所有人进行分组，每组两人。

2.培训师提问：在小组里谁愿意扮演A这个角色？

3.毛遂自荐的学员为A，另一人为B。

4.培训师解说：A是八卦杂志的记者，俗称“狗仔队”；B是被采访的明星，A可以问B任何问题，B必须说真话，也可以不回答，时间3分钟，不可以用笔记。

5.3分钟后角色互换。

变化

此游戏还可以进行改编，即将原先的分组重新组合，每6人一个组，原来的搭档仍在同一组，可由A扮演B的角色，以B的身份说出刚刚掌握的B的情况，并告诉其他队员。做完之后互换角色，小组成员要能够迅速地认识同伴并建立关系。

分享

1.该游戏可用于沟通游戏当中，主要了解与陌生人进行交往的一些知识：例如，我们将谈话的内容分为几个层次，最外层的谈话是对客观环境的交谈，比如天气、股市，因此比较容易交谈；第二层就是围绕谈话者自身的一些话题，比如社会角色的话题，像你的家庭状况如何，你是哪里人等问题；第三层是更深一层的沟通，会涉及个人隐私等比较敏感的话题，比如对金钱的态度、个人能力的判断等；最后一层则是个人内心的真实世界，比如道德观、价值观等。不同层次的话题适合不同的场合和谈话对象，层次越高，双方的沟通和信任感就越能体现出来。

2.对于直接面向客户的销售人员，掌握一定的沟通能力对他们来说很重要，因为销售人员要懂得循序渐进地将顾客心理的保护屏障一层层剥掉，从而得到顾客的信任，促使销售成功。

期望目标讨论会

形式：集体参与　　时间：20~30分钟

道具：期望表格，关于会议目的和主要议题的说明材料

场地：规模不限，较为集中

目的

1.确保会议的既定目标得到与会人员的认可。

2.确保培训等其他集体活动的目标得到参与人员的认可和支持。

程序

1.活动开始时，把印有活动目的和主要内容的说明材料发给大家。

2.说明活动的目的和日程，指出活动的主要内容和次要内容。

3.请参与人员读一下材料，在他们自己参加活动的首要目的上打钩或者画圈，以确保他们个人的目的与活动的既定目标相协调。

4.如果参与人员有未被材料提及的目的，请他们把自己的目的在期望表格上写下来。

5.请他们分成3人或4人小组，对各个期望的目标进行比较与陈述。

6.在听取各小组汇报之后，对汇报的结果进行总结，并记在活页纸上。

7.在对个人或小组的汇报进行答复时，对每个目的都给予答复。

分享

如果某位或某些参与人员提出了不在活动既定目标和内容之内的要求，应该如何妥善处理？

总结

1.如果某位或某些参与人员提出了不在活动既定目标和内容之内的要求，大家可以这样处理：

（1）首先向他（们）表示感谢，然后委婉地说明这一要求不在活动议程之内。

（2）可以主动提出在休息时间与他（们）就此问题进行讨论。

（3）询问一下在场人员，看看是否有人可以提供这方面的信息，与大家分享。

2.如果人员少于15个，在他们确定了自己的首要目的之后，可以请每个人都陈述一下自己的目的。

3.如果人员多于15个，则把每个目的都读一下，请他们举手表决，看有多少人把

这个目的作为首要目的。

商店打烊时

形式：全体参与　　时间：20分钟

道具：习题，每人一份　　场地：室内

目的

培养学员抓住沟通关键，对有关信息进行分析的能力。

程序

这是一个简单的倾听测试：

1.先将习题发给学员，然后向学员讲述以下情节：

某商人刚关上店里的灯，一男子来到店堂并索要钱款，店主打开收银机，收银机内的东西被倒了出来，而那个男子逃走了，一位警察很快接到报案。

2.讲述完毕后让学员回答习题的十二道判断题。

3.做完习题之后，公布答案：（T：对，F：错）

①店主将店堂内的灯关掉后，一男子到达：F。商人不等于店主。

②抢劫者是一男子：F。不确定，索要钱款不一定是抢劫。

③来的那个男子没有索要钱款：F。

④打开收银机的那个男子是店主：F。店主不一定是男的。

⑤店主倒出收银机中的东西后逃离：F。

⑥故事中提到了收银机，但没说里面具体有多少钱：T。

⑦抢劫者向店主索要钱款：F。

⑧索要钱款的男子倒出收银机中的东西后，急忙离开：F。

⑨抢劫者打开了收银机：F。

⑩店堂灯关掉后，一个男子来了：T。

⑪抢劫者没有把钱随身带走：F。

⑫故事涉及三个人物：F。店主和一个索要钱款的。

空方阵

形式：5人一小组，10人一个大组，24人一班最佳　　时间：40分钟

道具：2套空方阵塑料板　　场地：教室及其他会议室或走廊

目的

增强小组之间人与人的配合，小组之间的沟通及配合，从而找出经常出现的问题以及探索出解决这些问题的方法，观察小组工作时是否有领导的出现及体会领导的作用。

程序

1.10人的大组中分为2个小组，一组命名为“计划团队”，另一组命名为“执行团队”，还有2位组员为“观察团队”。

2.培训师有3份不同的指令（详见下文）分别交给计划团队、执行团队、观察团队。

3.整个任务要在25分钟内完成。

分享

1.对比2个大组，选出最先完成任务的大组，听他们分享自己在工作过程中的感受，为什么能够完成得比另外一组快。

2.由观察员谈谈2个大组分别在排列任务过程中的表现。

3.总结在这个游戏中最大的启发是什么：领导力的讨论，沟通方面的问题，合作及配合是否融洽，通过什么方法来解决问题。

附件

计划团队任务指令及程序：

1.培训师现在发给计划团队的其中4位队员每人一个装有魔板的信封，并告诉计划团队这4个信封中的魔板拼在一块会是一个空方阵。

2.培训师告诉计划团队：从现在开始，你们要作出如何指挥执行团队拼出空方阵的计划，并且让执行团队执行该计划，整个计划及执行时间为25分钟。

3.计划团队在任何时候都可以给执行团队口头指导，但只要执行团队开始动手工作后，计划团队将不允许再做任何指导。

计划团队工作时的规则：

1.你信封中的魔板只可以摆在你自己的面前，也就是说不能动别人的魔板，也不能把所有的魔板都混合起来。

2.在计划和指导阶段，你都不能拿其他队员手中的魔板或相互交换魔板。

3.在任何时间都不能直接说出或展示图形答案。

4.在任何时间都不能把空方阵组合起来，这要留给执行团队去做。

5.不能在魔板或信封上做任何记号。

6.执行团队必须监督你们是否遵守上述规则。

7.当执行团队开始拼装魔板时，计划团队不能再进行任何指导，但要留下来观察执行团队如何装配。

执行团队任务指令及程序：

1.培训师告诉执行团队：你们的任务是按照计划团队下达的指令来执行任务。计划团队可以随时叫你们过去接受任务及计划指导，如果他们不叫你们过去，你们也可以主动去向他们汇报工作。你们的任务必须在25分钟内完成，现在已经开始计时了。但你们开始动手执行任务时，计划团队是不允许给予任何指导的。

2.你们要尽可能迅速地完成所分配的任务。

3.在你们等待计划团队下达指令时，可以先讨论以下问题：等待接受一项未知的任务时，你心中有什么感受和想法呢？你们会怎样组织自己以一个团队的形式去执行任务？你们对计划团队有哪些看法？

4.请把以上问题的讨论结果记录下来，以便完成任务之后参加小组讨论。

观察团队任务指令及程序：

培训师告诉观察团队的4位观察员，他们将分别对4个不同的小组进行观察并做出记录：

1.你将观察一项团队练习，在这项练习中有2个团队参加活动：一个计划团队和一个执行团队，他们将共同努力拼16块魔板，如果拼排正确，将会排出一个空方阵，如图3–5所示。

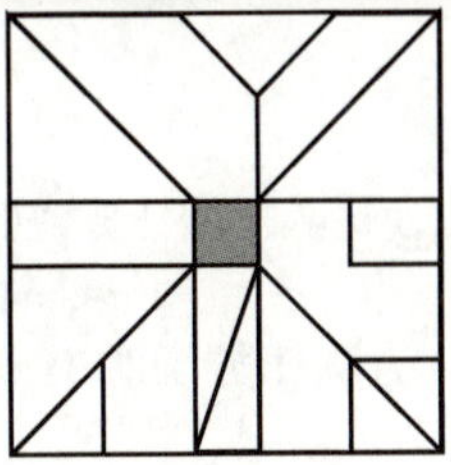

图3–5 魔板

2.计划团队必须决定如何将这些魔板拼在一起，然后指导执行团队按计划将魔板拼在一起。

3.计划团队只能提供一些建议和大致的拼排轮廓，但不能亲自动手做，只用言语指导，让执行团队来完成整项任务。当执行团队开始动手执行任务时，计划团队将不能再做任何指导。

4.作为观察员，你需要观察整个活动过程并撰写观察报告。以下列出了几个问题，你在观察中要留心考虑这些问题：

他们对自己的需求、执行团队的需求以及环境因素了解的准确程度如何？

他们是否能大概把握问题的关键?

计划团队是怎样定义这个问题的?

你是如何为该问题定性的? 即: “这个练习中的基本问题是……”

计划者有没有努力尝试转化这个问题?

是否制订了可操作的目标?

他们的计划及组织效果如何?

他们是否评估了现有的资源?

他们是否受到“假设限制”的制约?

他们是否预料到一些可能会出现的问题?

他们用什么方法来衡量整个任务的执行过程?

他们的工作效果如何?

在这次练习中，他们是否很成功?

观察员观察执行团队在不同阶段时的情绪变化及行为表现，对其做出评价。

取水游戏

形式：全体参与　　时间：180分钟

道具：路线图　　场地：培训室

目的

良好的合作是成功的关键。

程序

本活动将学员分成A、B两队，每队根据任务说明书，开展模拟活动。

A队任务说明书

任务：

A队的任务是用一只特别的能装100只容积为1升的瓶子的容器在地图所示区域内收集空瓶，收集的瓶子越多越好。每个瓶子都装满1升水，由于重量限制，学员收集的只能是空瓶。如果瓶里装满水的话，必须把水倒掉。但倒水及装瓶的时间不计算入内。

A队必须集中行动，穿梭于旅店之间。

学员可以以5千米的时速行进，但下午3点前必须返回营地，路上不能停留或等待。在规定时间内每收回一只空瓶得10分。

路线设计：

A队的任务是从如图3-6所示的旅店内收集空瓶，一只瓶子得10分。

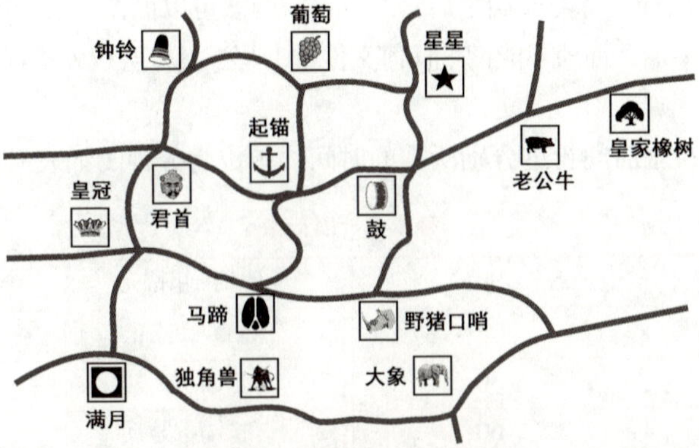

图3-6　A队和B队的地图

A队总分加上B队的得分即是两队的累计分。累计分至少必须达到1500分，多多益善。

假定A队得700分，B队得1000分，累计分则为1700分，各队得分越高越好。

选中一条能得高分的路线，把所做选择告知情报中转站，培训师会将两队的累加分告诉A队。允许他们任意多次尝试不同的路线，看选哪条得分更高。

如果能在60分钟里完成这个练习，A队将得50分的额外奖。

瓶子的位置：

有两支队伍参加，培训师为一队制订计划。两队将在同一地图所示的同样区域内执行相似的任务。

A队的营地设于起锚旅店。A队于早上8点出发，下午3点返回，任务是收集空瓶。

交流：

A队想与B队交流，可将其信息写在白纸上交到情报中转站，情报中转站可以为A队传递信息。同样A队也能够获得信息表（如表3-1所示），通过此表，可以知道在哪里能找到水瓶。信息到时我们会通知你。使用中转站没有限制。

表3-1　空瓶信息表

君首旅店	10瓶
鼓栈	10瓶
野猪旅社	20瓶
皇冠宾馆	20瓶
马蹄旅店	20瓶
独角兽旅社	20瓶
大象旅社	10瓶

两队也可以面谈。练习开始之后每20分钟，两队可以面谈一次，时间1分钟。每队只能有一名队员参加，面谈不能携带任何文件或书写工具，会议安排通过中转站进行。

行进时间：

以下是A队在旅店间行进分别所需的时间，单位为分钟（如表3-2所示）：

表3-2　时间表

老公牛-大象	90	葡萄-起锚	30
大象-独角兽	150	君首-起锚	60
独角兽	30	起锚-鼓	30
马蹄-皇冠	60	起锚-鼓	30
皇冠-满月	60	葡萄-星星	30
满月-老公牛	90	鼓-星星	30
皇冠-君首	90	鼓-星星	30
君首-钟铃	30	鼓-野猪	90
钟铃-葡萄	60	野猪-皇家橡树	30

B队任务说明书

任务：

B队的任务是用一只特制的能盛100升水的容器去地图所示区域（图3-7）内提水，提回的水越多越好。由于重量限制，B队只能打水而不能收瓶子，但把水从瓶中倒入容器的时间不做考虑。

B队必须集体行动、穿梭于旅店之间。

B队可以以10千米的时速行进，但下午5点前必须返回营地。

路上不能停留或等待，在规定时间内每提回1升水得10分。

路线设计：

B队的任务是从如图所示的旅店内提水，1升水得10分。

B队总分加上A队的得分即是两队的累计分。累计分必须至少达到1500分，多多益善。假定B队得700分，A队得1000分，累计分则为1700分。选中一条能得高分的路线，把所做选择告知情报中转站，我们会将你们两队的累加分告诉B队。允许任意多次尝试不同的路线，看选哪条得分更高。如果能在60分钟里完成这个练习，B队将得50分的额外奖。

水的位置：

有两支队伍参加。你为B队做计划。两队将在同一地图所示的同样区域内执行相似的任务。

B队驻营在老公牛旅店，早上10点起程，下午5点返回，任务是提水。B队同样能够获得信息表（如表3–3所示），知道能在哪里找到水瓶（每瓶容量1升）。

表3–3　水瓶信息表

钟铃宾馆	10瓶
葡萄旅社	10瓶
星星旅店	10瓶
皇冠宾馆	20瓶
马蹄旅店	20瓶
独角兽旅社	20瓶
皇家橡树	20瓶

交流：

B队想与另一个队交流，可将信息写在白纸上交到情报中转站，情报中转站可以为你传递信息。同样你也能够获得信息。信息到时我们会通知你。一条信息可容纳30个字。使用中转站没有限制。

两队也可以面谈。练习开始后20分钟内两队不能会面，之后每20分钟可以面谈一次。

在历时1分钟的会上，每队只能有一名队员参加，开会不能携带任何文件或书写工具，会议安排通过中转站进行。B队在旅店间行进所需的时间如表3–2所示，单位为分钟。

分享

1.通过做这一游戏反映了我们工作环境中的以下问题：

（1）游戏进程中的小组行为；

（2）游戏规则中对于工作环境的隐喻。

2.若要提高游戏得分——盟友组总得分，我们应该怎样做？联系到工作中，如果要提高工作绩效，我们能做些什么？

总结

1.同理心与自我参照准则。

我们每个人在思考问题、做出判断、采取对策时，都容易采用自我参照准则，根据自己的目标、利益、思维方法、做事准则来推测他人的思维与行为，即“以己推人”。因此，有的小组就会认为盟友组的目标也是取水或取瓶，并且认为这是理所当然的。这就容易出现利益的冲突（赢与输）模式的思维方法。因此，就会出现盟友组避开采集点，取用资源的情况。事实上，每个人的目标与利益有所不同，可以通过合作各取所需，共同获得更大利益（如同游戏中一个取瓶，一个取水）。因此在合作时，可以考虑了解对方所需以及其目标后，再决定是协作，还是分割工作区域，以免干扰。

2.信息共享与沟通工作环境中，部门间的关系如同盟友组一样，需要合作，需要沟通，才能有效完成工作。而部门间的信息沟通是一个瓶颈环节。游戏中转站的设置就是一个沟通障碍，信息只有通过中转站才能交流传达，这大大降低了沟通速度与效率。企业在组织设置时也存在此类问题。而20分钟一次的面谈隐喻了部门间的信息交流往往是由领导个人采取的行为。这种交流显然也是效率低下的。因此，部门间应打破藩篱，充分共享信息。了解彼此的目标与需要，提供对对方可能有用的信息（类似于游戏中互相交换采水点资源信息），在达到己方目标的同时，协助对方达到目标。

3.整体与局部（部门）利益的提升，不应以毁坏总体利益及资源为代价。有时部门利益的提高无意中会给其他部门带来麻烦或不可挽回的损失（如游戏中，先取瓶的组可能将水倒掉，毁坏资源）。因此，协作与配合应该有3个层次：

（1）不考虑其他部门的利益，达到自己目标的最优化就可以了。“其他人的目标不关我的事”。

（2）考虑其他部门的利益，避免利益冲突，权责区分明确。“我们各管一块，互不冲突”。

（3）进行协作。我们怎样做才能提升我们二者的利益？为了这一目标需要我做什么？我是否能做到？我需要对方哪些协助？我们如何协调工作步调（如游戏中，共走路线，先取走水，后取走瓶）？

4.组织规定的协调与优化。企业各部门间的利益冲突是由于不合理的组织规定形成的（例如游戏中，共享路线应该取水队先走，取瓶队后走，但游戏规则规定取瓶队8点出发，而取水队10点出发，若双方同时向共享路线的起点皇冠走，则取瓶队先到45分钟，可能造成资源浪费）。如果能根据各部门实际情况，改进规定，就会减少部门间的利益冲突，提高功效。

5.沟通：

（1）信息控制与保密应适当。部门内信息的共享可以加速信息的理解与统一认识的过程，也有利于开发每个人的智慧，使大家积极思考，协助决策。每小组1份资料阻碍了信息共享。某些企业出于保密的考虑，为了防止资料外泄，会控制文字材料或其他信息。保密有时可能要以沟通效率下降为代价。

（2）圆桌会议，头脑风暴这种方法对于组内发散性思维是有利的。

（3）会说：能够清楚地告诉别人你的目标与需要（自己成功的必要条件），取得对方的理解与支持。

（4）会听：能够正确理解别人告诉你的信息。如果不确定，会利用结构式提问求证。

6.会议的组织要有灵活性，也需要一定的程序。会议需要：

（1）主持者，控制秩序，把握方向。

（2）记录员，记录议题、点子与思维火花。

（3）发散思维时的技巧（“Yes and”，not“Yes but”）。

（4）讨论方案时用到的工作方法。是个人思考答案路线，还是信息共享，目标明确后，个人思考方案，有基本方案后，再共同讨论。

7.工作中应有所取舍，因为在实际工作中很难达到利用所有资源，获取所有利益。

8.时间压力与目标选择有时限于时间压力，很难保证在规定时间内，圆满完成任务。此时可以考虑降低目标，将完成工作任务放在第一位。如：有的组认为在规定时间内不能完成最优化路线，他们就选择满意目标（合起来达到必须分值）。

9.互相信任与换位思考在游戏中，取水队与取瓶队的速度不一样，取水队的速度为取瓶队的2倍，因此在沟通路线时会出现取瓶队认为取水队无法走完那么多取水点的情况。同理，在现实工作中，互相不理解不信任的情况，也是会产生的。这与我们习惯使用自我参照准则思维有关。在工作中，应当尽量相信其他部门行为与要求的合理性，因为这对于他们往往是合理的选择。

答案：

两队加总分达到1750分才算合格。否则取瓶队走田字格右上角和右边分支路线，取水队走除星、葡萄外其他取水点，即可得1600分。

取水游戏最高分可达到1900分，加上加分100，合计2000分。路线为：

水：公牛—满月—皇冠—马蹄—独角兽—鼓—野猪—野猪—鼓—独角兽 —大象—公牛

比规定时间提前5分钟到达。得分：1000分。路线为：

瓶：锚—葡萄—锚—君首—皇冠—马蹄—独角兽—鼓—锚—君首—铃—君首—皇冠—马蹄—独角兽—鼓—锚

规定时间正好用完。得分：900分。

要点：取水队于11：15分到达皇冠，取瓶队于11：30分到达皇冠，只要取水队比取瓶队先到重合路线，则共享资源不会浪费。因此，取瓶队可以去葡萄或铃一次，等取水队到皇冠后再到皇冠。

部属角色与领导角色

形式：全体参与，5人一组	时间：40分钟
道具：用信封装的角色袋	场地：室内

目的

模拟部属与领导之间的沟通能力。

程序

1.5人为一组，一人扮演上级主管的角色，一人扮演直接主管的角色，3人扮演部属角色；各自任务分别写在以下的角色单中，并用信封将角色单装好分给每个角色；

2.上级主管与部属分开做，由直接主管担任联系；

3.每组需要共同完成任务，如找出所有角色单中相同的形象。如果完成任务举手示意。

部属一：

1.你只能与直接主管及其他两位同事互相写MEMO书面沟通，不可以越级报告。

2.你和其他人一样，手中都有5种图片，如图3-7所示。

3.你的直接主管及上级主管将领导你们完成任务。

4.手中的图片不可露白，也不可传递。

图3-7　部属角色单（一）

部属二：

1.你只可以与直接主管及其他两位同事互相写MEMO书面沟通，不可以越级报告。

2.你和其他人一样，手中都有5种图片，如图3-8所示。

3.你的直接主管及上级主管将领导你们完成任务。

4.手中的图片不可露白，也不可传递。

图3-8　部属角色单（二）

部属三：

1.你只可以与直接主管及其他3位同事互相写MEMO书面沟通，不可以越级报告。

2.你和其他人一样，手中都有5种图片，如图3-9所示。

3.你的直接主管及上级主管将领导你们完成任务。

4.手中的图片不可露白，也不可传递。

图3-9　部属角色单（三）

直接主管：

1.你可以与上级主管及部属在纸上沟通。

2.你和其他人员一样，手中各有5种图片，如图3-10所示。

3.你的主管将领导你们完成任务。

4.手中的图片不可露白，也不可传递。

图3-10　直接主管角色单

上级主管：

1.你只能与直接主管沟通，不能越级指挥。

2.包括你在内，每人手中都有5种图片，如图3-11所示。

3.你的任务就是“找出每个人相同的一种图形，并使每一成员均了解完成任务的答案”。

4.完成任务时，请举手。

5.有任何问题，可举手请教培训师。

6.手中的图片不可露白，也不可传递。

图3-11　上级主管角色单

答案：5人相同的图形是如图3-12所示：

图3-12　游戏图

分享

1.你们是否完成了任务？

2.在完成任务的过程中遇到了哪些问题？

3.你认为在现实工作当中是否也有类似的问题出现？应该如何解决？

画图游戏

形式：集体参与　时间：30分钟

道具：两幅图　场地：室内

目的

双向沟通比单向沟通更有效，双向沟通可以了解到更多信息。

程序

1.图形贴于写字板后。

2.人只能站在板后，不可走出来，有30秒思考时间。

3.描述第一幅图时，台下学员只允许听，不许提问。单向沟通。

4.描述第二幅图时，学员可以发问。双向沟通。

5.每次描述完，统计自认为对的人数和实际对的人数。

对听者而言

1.自认为自己来做会做得更好，单向沟通时，听者比说者着急。

2.自以为是——认为自己做对的人，比实际做对的人多。

3.想当然——没有提问，就认为是（可根据学员出现的问题举例）。

4.仅对对方提要求，不要求自己——同样情况下，为什么有人做对了，有人做错了？我们为什么不能成为做对的人？

5.不善于从别人的提问中接收信息。

对说者而言

1.要注意听众的兴趣所在。

2.要对所表达的内容有充分的理解与了解。

3.存在信息遗漏现象，要有很强的沟通表达技巧。

4.要先描述整体概念，然后逻辑清晰地讲解图形。

“盲人”摸号

形式：14~16个人为一组　时间：40分钟

道具：摄像机、眼罩及小贴纸　场地：户外草地

目的

让学员体会沟通的方法有很多。让学员了解当环境及条件受到限制时，该怎样去改变自己，要用什么方法来解决问题。

程序

1.让每位学员戴上眼罩。

2.给他们每人一个号码，但这个号码只有本人知道。

3.让小组根据每人的号数，按从小到大的顺序排列出一条直线。

4.全过程不能说话，只要有人说话或摘下眼罩，游戏结束。

5.全过程录像，并在点评之前放给学员看。

分享

1.你是用什么方法来通知小组你的位置和号数？

2.沟通中都遇到了什么问题？你是怎么解决这些问题的？

3.你觉得还有什么更好的方法？

撕　纸

形式：20人左右最为合适	时间：15分钟
道具：总人数两倍的A4纸（废纸亦可）	场地：室内

目的

我们在平时的沟通过程中，经常使用单向沟通方式，结果听者总是见仁见智，按照自己的理解来执行，通常都会出现很大的差异。但使用了双向沟通之后，效果如何呢？差异依然存在，虽然有改善，但增加了沟通过程的复杂性。这个游戏能够说明，使用哪种沟通方式，要依据实际情况而定，作为沟通的最佳方式要根据不同的场合及环境而定。

程序

1.给每位学员发一张纸。

2.培训师发出指令：大家闭上眼睛——全过程不许问问题——把纸对折——再对折——再对折——把右上角撕下来，转180度，把左上角也撕下来——睁开眼睛，把纸打开。培训师会发现各种答案。

3.这时培训师可以请一位学员上来，重复上述指令，唯一不同的是，这次学员们可以问问题。

分享

1.第一步之后可以问大家，为什么会有这么多不同的结果（也许大家的反映是单向沟通不许问问题，所以才会有误差）。

2.完成第二步之后又问大家，为什么还会有误差（希望说明的是，任何沟通的形式及方法都不是绝对的，它依赖于沟通者双方对彼此的了解、沟通环境的限制等，沟通是意义转换的过程）。

聪明的小明

形式：集体参与	时间：10分钟
道具：无	场地：教室

目的

使学员明白倾听的重要性。

程序

1.培训师念出下面一段话：

“上中学的小明特别聪明，心算能力很强。有一天，老师又出了一道心算题目，来考考他：

（1）有一辆公共汽车，车上有28个人。到了一站上了18人，下了3人。

（2）到了另外一站上了5人，下了20人。

（3）然后又上了16人，下了2人。

（4）到了另一站又上了4人，下了18人。

（5）之后上了7人，下了4人。

（6）到了下一站上了2人，下了5人。

（7）最后上了6人，下了10人。

2.这时培训师停下来，不说话，望着学员，看看学员有什么反应。这时，一定有学员大声地说出答案：28人。

3.培训师大声宣布：不错，现在车上还有28人。但是我的问题是这辆车停了多少站？有人知道吗？

分享

1.为什么我们认真听了、努力算了，答案却是错的？我们为什么断定，别人一定会问这个问题呢？

2.我们为什么没有耐心听完培训师的问题再说出答案呢？

总结

1.显然，“倾听”在我们的工作中占了重要地位，听得准确与否直接关系到我们的行动正确与否。

2.我们在工作中是否也容易犯同样的毛病？我们每一次都真正听清楚顾客的要

求了吗？

3.细心地聆听既是对自己负责，也是对他人的尊重。

4.生活、工作中是不可以想当然的。

数字传递

形式：全体参与，分组比赛　　时间：30分钟

道具：无　　场地：不限

目的

通过活动让大家了解肢体语言在沟通中的作用。

程序

1.将学员分成若干组，每组学员5~8名，并从每组中选出一名组员来担任监督员。

2.所有参赛的组员按纵列排好，队列的最后一人去找培训师，培训师会向全体参赛学员和监督员宣布游戏规则。

3.游戏规则

（1）各队代表来到主席台，培训师说："我将给你们看一个数字，你们必须把这个数字通过肢体语言让你的全部队员都知道，并且让小组的第一个队员将这个数字写在讲台前的白纸上（还要上组名），看哪个队伍速度最快，最准确。"

（2）全过程不允许说话，后面一个队员只能够通过肢体语言向前一个队员进行表达，通过这样的传递方式层层传递，直到第一个队员将这个数字写在白纸上。

（3）比赛分为三局（数字分别是0、900、0.01），每局完成后休息1分15秒。

第一局胜利积5分。

第二局胜利积8分。

第三局胜利积10分。

分享

1.P（计划）D（实施）C（检查）A（改善行动）循环中，在这个游戏中如何得到体现？

2.在这个循环中，哪个步骤更为重要？

囊中失物

形式：11~16个人为一组　　时间：30分钟

道具：有规律的一套玩具、眼罩　　场地：不限

目的

让学员们体验解决问题的方法，学员之间面对同一个问题所表现出来的态度，如何达成共识，并进行配合，共同解决问题。

程序

1.培训师用袋子装着有规律的一套玩具、眼罩。

2.培训师说："我有一套物品，我抽出了一个，而后给了你们一人一个，现在你们通过沟通猜出我拿走的物品的颜色和形状。全过程每人只能问一个问题。你问：'这是什么颜色？'我就会回答你，你手里拿着的物品是什么颜色，但如果同时很多人问，我就不会回答。全过程自己只能摸自己的物品，而不能摸其他人的物品。"

3.现在培训师让每位学员都戴上眼罩。

分享

1.你的感觉如何？

2.开始时你是不是认为这完全没有可能，后来又怎样呢？

3.你认为在解决这一问题的过程中，最大的障碍是什么？

4.你对在执行过程中，大家在沟通方面的表现如何评价？

5.你认为还有什么改善的方法？

信息收发

形式：8~15人	时间：15~20分钟
道具：无	场地：不限

目的

旨在说明沟通中聆听和反馈信息的重要性。

程序

1.游戏开始时，培训师指向任意一个人并说"你！"让那个人把一只手放到头上，表明收到。

2.然后由他指向另一个人并说"你！"那个人把一只手放到头上，再指向另一个人并说"你！"继续进行，直到最后一个人用手指着第一个学员，他也把一只手放到头上。

3.现在，每个人都指着另一个人。你们每个人都在心里记下你的发送者和接收者是谁。然后把双手放下来。

4.重新开始：每个人还是依次说"你！"但这次只用眼睛与接收者进行目光接触。这样做三四次，或更多次之后，速度要越来越快，直到大家能够非常熟练地掌握这种方式（"他传给我，我传给她"）。

5.现在，以一个全新的方式开始。告诉大家，这次你打算用蔬菜来做游戏，然后指向一个新的接收者（除了你第一次指的人外的任何人）并说“菜花！”那个人把一只手放到头上，再指向一个新的接收者并说“菠菜！”继续这个过程，直到最后一个人把蔬菜传送给你。

6.按照这种“传送蔬菜”的方式进行这个游戏三四次，直到这种方式也被大家熟练地掌握了。

7.回到“你”的方式。大家还记得第一次的接收者吗？

8.按这种方式再进行这个游戏一两次。然后换到“传递蔬菜”的方式进行这个游戏。来回切换几次，直到大家能够毫无困难地在两种方式间进行转换。

9.现在到了游戏最有趣的部分了：看着你的第一个接收者并说“你！”然后立即转向你的第二个接收者，说“菜花！”两种方式同时进行。当作为接收者的你，既收到一个“你”，也收到一种蔬菜，大家就知道游戏成功了。

10.如果确实成功了，带头欢呼。

分享

1.以两种信息收发方式同时进行游戏为什么变得困难了？

2.在这种游戏中，要成为一名好的接收者，我们应该怎么做？我们怎样才能成为一名好的发送者？

3.既要密切注意你的发送者，又要密切注意你的接收者，容易吗？

4.要使这种平衡的艺术变得容易一点，需要具备什么素质？

5.很明显，在这个游戏中，你们不得不以超常的能力进行交流。如何对这些技巧加以变通，以便在平时的发展中得到运用？

总结

1.一个优秀的团队能很好地进行沟通。好的沟通包括清晰地发送信息和准确地接收信息两个方面。

2.如果我们能把注意力放在对方身上，正确地获得信息，那么我们就是很好的接收者；如果我们能养成检查的习惯，确保我们的信息清晰，那么我们就是很好的信息发送者。

3.如果学员的人数太多，就将他们分成小组，向全班演示一遍游戏。

4.然后根据需要组成几个圈，每个圈指定一名组织者，让他们自己发展游戏，而你要四处转转，监督每个圈的进展情况。

5.大多数小组至少能同时处理三种方式，有的小组还能处理四种或五种。

6.然而，要记住，不同的小组学习这些方式的速度不同。为这个游戏确定合适的速度是非常重要的，确保小组面临的挑战与他们的能力相匹配：既不要让速度快的小组觉得很无聊，也不要让速度慢的小组觉得很泄气。

7.对于速度非常快的小组，你可以给这个游戏加入一些额外的（并且是非常有趣的）元素：在“你”的方式中，要求每个发送者走过去，站到接收者的位置上。而该接收者必须站到与他对应的接收者的位置上去，依此类推。

注意

为了确保游戏顺利进行，给大家做一下详细的介绍：

1.如果大家在游戏过程中把两种方式弄混了，建议他们说的时候声音更大一些，更清晰一些，接触时目光更锐利一些。

2.更重要的是，在发送完单词后，要让注意接收者确保他收到了信息，并把它传递下去了！

巡回沟通

形式：全体参与	时间：50分钟
道具：无	场地：安静舒适的室内

目的

活跃气氛；学习人际沟通交流术；练习倾听。

程序

1.向学员进行概念说明：这是一种面对面的强迫谈话活动，借着特殊的座位安排，以及事先安排的有趣话题，使每位成员都有表示意见的机会。

2.培训师按照如下指导语进行：本活动的特色是新奇、有趣而富有变化，现在我们要进行一种很有趣的活动。

首先，请各位接连报数1、2，1、2，现在我们要围成两个圆圈，报1的在内圈，报2的在外圈，内圈的面朝外，外圈的面朝内，两人面对面地站着。

请将我告诉你的题目在两人之间进行讨论，内圈的先讲，外圈的听；2分钟后，换外圈的讲，内圈的听；再2分钟后，我们更换题目，内圈的顺时针转动一个位置，然后以上面同样的方式进行“讲与听”。我们现在开始。

3.排列座位（约5分钟）。报数：全班成员接连报1、2，1、2；报数1的在内圈，报数2的在外圈（都坐在椅子上）。

4.对谈（约5分钟）。培训师念出第一个题目（题目事先设计好），然后开始对谈（内圈的先讲），2分钟后，外圈的再表示意见；再2分钟后，换题目，内圈的同时顺时针移动一个位子；培训师念出第二个题目，接着按上面的方式进行；活动继续进行，直至全部题目讨论完毕。

分享

用时约20分钟。全体成员围成一个圈，然后将刚才讨论时，认为对方最突出的或很受感触的意见提出来，与其他成员共享。

注意

题目设计宜新奇有趣，其内容及数量需要由时间长短而定。

举例：

A.假如医生告诉你，只剩下半年的生命，你将如何安排这半年的生活？

B.假如你有100万元，将如何使用？

C.假如你是教育部长，第一件事做什么？

D.假如你有机会环游世界一周，会如何计划你的旅程？

这样沟通最有效

形式：2人一组，全体参与	时间：20分钟
道具：无	场地：室内

目的

了解我们在沟通中的一些技巧。

程序

1.将所有人进行分组，每组2人。

2.2人中1人为主动沟通者，1人是被动沟通者。

3.主动沟通者通过BIG（背景、兴趣、目标）技巧达到与被动沟通者建立感情。

4.主动沟通者通过FABE（特征、优点、利益、证据）技巧赞美被动沟通者。

5.互换角色进行。

分享

BIG与FABE技巧对我们交流的意义何在？它可以运用到我们工作中的哪些地方。

总结

BIG与FABE技巧是我们沟通中十分有效的技巧，可以广泛地运用于我们的人际交流中。

我们与陌生人交往，可将谈话的内容分为几个层次，最外层的谈话是对最近一段时间客观环境（B）的交谈，比如路泥。

第二层就是一些对被沟通者感兴趣（I）的一些话题，比如交谈社会角色的话题，例如家庭状况。

第三层就更深一层，会涉及个人隐私等比较敏感的话题（G），比如金钱观。在上面BIG技巧的基础上，我们可以到达被动沟通者的个人内心的真实世界，了解其道德观、价值观等。有BIG技巧作为基础，双方的沟通和相互信任就容易体现出来。

FABE 是指：

F：Feature（特征）——你的特征是什么？

特征：你固有的、显而易见的、别人没有的。

A：Advance（优点）——你的优点是什么？

优点：列举你有哪些优点，与同事相比，你有哪些更突出的优点，并列举出来。

B：Benefit（利益）——列举你能给对方带来哪些利益？

利益：列举你能给对方或者公司带来哪些好处和利益。

E：Example（证据）——你的证据是什么？

证据：列举你能给对方和公司带来好处和利益的证据有哪些。

总之，BIG、FABE是对我们提高沟通效率行之有效的工具。

谁想听你讲

形式：2人一组	时间：15~20分钟
道具：无	场地：室内

目的

揭示培训中沟通技巧的重要性。

程序

1.让参加游戏的学员准备并熟记几篇3分钟左右的演讲。

2.让学员分别举起1根、2根或3根手指，然后让他们围着屋子转圈，寻找另一个与自己所举的手指数一样的人。一旦组成对，个头较矮的人就为A。

3.让搭档们互相握手并说：“我想你对下面的事不会介意，我真的认为你会感兴趣的。”

4.A将对B开始他3分钟的演讲。但是他们开始谈的时候，B必须转身走开，并说：“谁想听你胡说八道？”

5.在第一轮的整个过程中，B必须在附近走来走去，重复说：“那又怎样？谁想听你胡说八道？”A必须紧跟B，继续演讲。

6.A此时应该注意的是，首先不要改变演讲的内容；其次要运用“那又怎样”的技能，考虑一下为什么这个演讲的内容是十分重要的，而且B也应该认真倾听；然后适当地通过语调、面部表情、身体语言等非语言手段把这层意思表达出来。

7.给这些小组3分钟时间表演，到时间后叫停。

8.现在告诉这些搭档调换角色：B必须开始演讲，而A在附近走动。同样也是3分钟时间。

9.让这些搭档们再一次相互道歉，并握手。然后，请他们返回各自的座位。

分享

1.一再要求别人听自己发言有什么感受？有些时候发言者一定要这样做吗？什么时候？为什么？

2.当你被忽视时，你有什么想法或感受？你有办法调整你的发言方式吗？如果有，是怎样的？

3.演讲者什么时候会遇到听众认为他们的信息不切题的情况？你认为为什么会发生这种情况？

4.如果演讲者对演讲的内容注入了情感，是否会带来不同的效果？

总结

1.真正受大家欢迎的培训师在演讲他们要发送的信息时具有天才的敏感性。无论他们是第几次发送信息，总会让人听起来很新鲜，甚至耳熟能详的演讲似乎也不那么乏味。

2.这些演讲者是如何达到这种登峰造极的地步的？其实很简单，通过使用一种最为新闻记者所熟悉的一般技巧：当他们发送信息时，不停地问自己："那又怎样？"然后给自己找出足够多的理由。

巧移"圣水"

形式：6人参与　　时间：30分钟

道具：眼罩、一次性杯子、绳子、橡皮筋　　场地：不限

目的

通过游戏加强合作精神和创新精神。

程序

1.本游戏每次参与者6名，分成3组，每组2人，其中一人用布将眼睛蒙上。

2.参与者必须站在尼龙绳圈以外，不可越过界线。

3.没有蒙上眼睛的参与者不可以动手参与游戏，只可为蒙上眼睛的同伴做提示。

4.蒙眼者可拿工具取水杯。

5.将水杯完整移出尼龙绳圈以外才可记分，如水溢出水杯则不计分。

分享

1.作为蒙眼者，你对做提示的同伴有怎样的期待和想法？

2.作为提示者，你怎样才能做出最好的提示？

3.你们能够配合默契吗？有什么方法可以加强呢？

自己的柠檬

形式：最多不要超过25人　　时间：20~30分钟

道具：与学员人数相等的柠檬（或其他水果）　　场地：室内

目的

1.生动地说明个体差异的重要性。

2.培养学员观察能力和对个性特征的敏锐觉察。

程序

1.给全体学员一人一个柠檬。

2.告诉大家他们的任务就是认真仔细地观察自己的柠檬，可以揉它、挤它、抚摸它、检查它，但是不能在柠檬上做任何标记，重点是要认出自己的柠檬（通常这时课堂上会一片笑声）。鼓励学员将自己的柠檬的特点记在脑中。

3.将柠檬全收上来并当着全体学员的面将这些柠檬打乱混在一起。

4.将柠檬重新放在一张桌上，请全体学员上来认领自己的柠檬。

5.培训师可指导学员如何识别自己的柠檬。如果大多数人都认不出来，培训师可以简单地总结，说这是一次失败的活动，并以此为基础进行接下来的讨论。

分享

1.有多少人在认领自己的柠檬时是非常有把握的？为什么你们能这么有把握呢？

2.在众多的柠檬中认出自己的柠檬和别人的柠檬有哪些相似之处？又有什么不同之处？

3.为什么我们认人没有认柠檬那么快？

4.这个游戏告诉我们哪些交际沟通中的准则？

总结

1.少于25人的小组中，绝大多数人都能成功认领自己的柠檬。

2.那些在认领自己的柠檬时非常有把握的人，是因为他们已经认清了自己的柠檬区别于其他柠檬的特征。

3.当我们有意识地去区别柠檬时，我们总能找到它的特点，但是当我们在面对人的时候，又常常因为“没有注意到”，而把特殊的特征混同于其他一般特征了。

4.沟通的准则之一就是，要仔细观察你面对的人区别于其他人的特征，这样才能进行有效的沟通。

磨破了的衬衣

形式：全体人员　　时间：10分钟

道具：一件剪破的衬衣，但用外套或运动衫罩住时看上去还不错　　场地：室内

目的

向学员强调他们必须学会提出问题（并且是好问题）。

程序

1.向学员讲述以下故事：

（1）我老是找不到符合我尺寸的衬衣。所以，外出旅行时，我总是到时装店里看看有没有新的合适我的衬衣，但常常一无所获。

（2）最近，我在广州时，随便逛到一家店里。那个店员很不错，他说："我能帮忙吗？"（这时我已经开始喜欢他了）他继续向我提出一系列精心组织的问题，比如："您所需的衬衣有什么样的特点？"

（3）我说有四个要求：合适的尺码，衬衣放进旅行箱时领子不会皱，纽扣在洗涤时不会损坏，袖口不会磨损。于是他问我：如果我给您看一件这样的衬衣，你会买吗？"我急切地说当然了。

（4）他取出一盒子的衬衣，刚好全是我的尺寸，我马上感兴趣了。然后他打开一件衬衣的包装，进行了三项演示。首先，他握紧拳头揉搓衬衣的领子，再打开时，一点皱褶也没有。然后他提起一把榔头，重重地砸在衬衣的纽扣上，纽扣也没有碎。接着他用砂纸使劲磨衬衣的袖口，袖口没有磨损。

（5）这下我完全信服了。于是我立即买下了一打，尽管这件衬衣要180元一件，为此我一共花了2160元。事实上，我今天就穿了其中的一件（靠近学员，向他们展示一下领口、袖口、纽扣，它们看起来都还不错）。那天，我上了生动的一课——一个懂得合适的时候问合适的问题的人不仅能掌握谈话的主动权，而且总能从中得到些什么。

2.讲完故事后，你可以随意地走到前面，将外套脱下，露出那件衬衣（如果方便的话），大家都会惊奇地发现这件衬衣其实早已破破烂烂，只剩下领口、袖口和纽扣完好无损。

总结

1.利用这个"真实的故事"和出其不意的结尾，你可以成功地放松听众的戒备心理。

2.当听众发现你也曾经上过一次当，就会把你当作他们中的一员去对待。

3.告诉听众，在合适的时机，用几个精彩的提问就能把问题圆满解决。

4.看起来没有问题，也许才是最大的问题。

5.我们要时刻准备发现问题，否则就可能"千里之堤，溃于蚁穴"。

攻破界限

形式：2人一组　　时间：20~25分钟

道具：四级自信模式（见发放材料），写在题板纸或幻灯片上　　场地：不限

目的

1.使学员认识到，自信的人在交流时有自己的原则，并且会坚持自己的原则。别人也会尊重他的原则，因此自信的人会按照自己的原则生活。

2.这些原则就像一些“界限”，而本游戏就是要教给大家一种四级界限的设置模式，使学员能自信地向他人表明自己的原则立场，同时也能在沟通中维护他人的原则。

程序

第一轮

1.把学员分成两人一组，并请他们面对面站着，间隔5米。

2.请每个小组的两个人互相靠近，一次一小步，直到有一个开始觉得他们靠得够近了。在下面的步骤中，这个人为A。现在A说：“我只想靠这么近。”并停下来不动。B也必须同样停下来。

3.当每个小组都停下来了，请B继续向前走，一次一小步，直到达到他们自己的舒适限度（注意：这会引起不舒适的笑声，那没什么。告诉学员，有时探索本身就是不舒适的，并请他们相信你，再忍受一小会儿）。

4.当每个小组的B都不再向前走了，说：“我们现在有一屋子的组合，每组的两个人中至少有一个觉得不舒适。对不对？”（这会带来笑声）

5.继续说道：“事实上，现在，每组的两个人可能都有点儿不舒服，因为B确切地知道，他们已经擅自闯入A的舒适区了。没有人会愿意这样。我马上就要解除你们所有的痛苦……但你们还会恢复原样的（通常，这又会带来笑声）。请B向搭档友好地道歉：“对不起，请所有人都回到座位上去。”

关于四级自信模式，做一个10分钟的介绍（见后面所附材料）。

第二轮

1.把各小组重新召集起来，请他们按刚刚的形式站好（也就是说，两人的距离对一个人很合适，但对另一个人来说又太近）。

2.告诉A（首先划定界限的人）进入自信模式的第一级。他们都应该很有礼貌地要求搭档退后一点儿，无论怎么说都可以，例如：“对不起，如果我们站的距离再远一些，你不会介意吧？我不习惯和人靠得很近。这使我分心。”

3.询问：“A，你们是以尽可能礼貌和自信的方式，要求你们所需的吗？”等待他们对这个问题确认后，然后说：“好！B，对你的搭档笑笑，站在原地不动！”

（这会带来笑声，当B那么做时，他们都会有不同程度的不舒适感）

4.询问：“A，现在，你们有多少人对你们的搭档有点儿恼火？”请他们举手示意，随意地笑笑，然后继续告诉他们：“如果你们确实是，那你们需要进入第二级——坚持你们的界限。有礼貌地重复你们刚刚的请求，请你们的搭档退后一点儿，并保持尊敬和坚定的态度（如“很抱歉，我真的需要远一点儿的距离”）。”

5.让A这么做。然后让B礼貌地回答或微笑，但仍待在原处。

6.告诉每个小组：“现在你们可以根据自己的情绪及控制能力，自由选择四级自信模式的步骤继续这个过程。但我要提醒你们的是，请一定要尽量控制自己的不快甚至是不满，尽量做到互相谅解。如果你们已经完成整个过程，请握握手，请求互相谅解，并坐下。谢谢。”

分享

1.对A来说，设定他们的界限是难还是容易？

2.不答应A的请求，B有什么感受？

3.当他人不接受我们的请求时，我们会有什么想法和感受？这些想法和感受对我们寻求一种必胜的解决办法有什么影响？

4.A中是否有人发现，在站多远的距离这个问题上，他们愿意让步？你们看到了不喜欢和不能忍受之间的不同了吗？

5.当你们设定界限时，有多少人使用了自信模式的全部四个等级？有人只采用了一级，然后就让步了吗？有人甚至忽视了一到三级，直接跳到了第四级，这样做合适吗？为了实现你们的目的，就个人而言你们需要注意什么步骤？

总结

1.当你把个性、文化和伦理道德不同的参与者安排在一组时，这个游戏会有很强烈的影响。要想做到这一点的一个好办法是，首先安排一次“打破僵局”，让学员的一些潜在的好恶显现出来。

2.注意，这个游戏中的许多笑声是神经质般的笑声。这并不是坏事，因为有一点儿消极情绪，事实上能提高学习效果。

3.在第二轮开始提问问题，当他们经历因坚持原则而产生焦虑的阶段时，你要帮助学员努力克制他们的情绪。记住，这个过程打垮过许多人！为了把握它，有一点儿不舒服是值得的。

附件：发放材料

四级自信模式

第一级：通过有礼貌地提出请求，设定你个人的界限。

注意：这不是宣称你的道德高尚！只是对你的需要简单、诚实地表达。为了使它能得到尊重，使用下面的表述："你介意吗？（停顿一下）我觉得……"

第二级：有礼貌地重申一次你的界限或边界。

你可以不得罪任何人，而坚持你的需要！事实上，你不必出言不逊就可以做到。你可以考虑这么说："很抱歉，我真的需要……"（提示：你第一次请求之后没有退让的事实，将会做出第二次请求，尽管它还是以和善的方式，但增加了许多力量！）

第三级：描述不尊重你的界限的后果。

"这是对我很重要的事。如果你不能……我就不得不……"注意，你的反应也许只是简单地走开，否则将会更难堪。但要注意，大多数人在这个时候通常会放弃，即使这个需要对他们的健康和心态至关重要。我们大多数人害怕采取坚持的态度，然而，有时我们必须采取行动保护我们的界限，这是事实。

第四级：实施结果。

"我明白，你选择不接受我。正如刚刚所说的，这意味着我将……"

算术测试

形式：集体参与	时间：20分钟
道具：如下页所示的测试卷	场地：室内

目的

用以说明人们常常在并不完全了解对方的指示或需求时，就匆匆地开始实施或给予建议了。

程序

1.告诉学员接下来要进行一个非常简单的加减乘除的算术测试。

2.将如下页所示的算术测试卷发下去。请学员先将纸的正面朝下放在桌上，事先不要看。

3.培训师宣布："我一说开始，你们马上把纸翻过来尽快地做，一做完就把纸再翻过去，举起你的右手示意。准备好——开始！"注意，你的指示一定要下达得十分急迫，不给学员任何提问的余地。让学员觉得时间十分紧迫，产生必须赶快完成任务的感觉。

4.只给学员30秒，然后打断学员。"好，我看大多数同学都已经做完了。让我们来检查一下答案。"

5.停顿一下，说："第一题的答案当然是？"（注意，经验显示半数以上的学员会回答是10。）

6.即使有一两个人正确回答说是16，培训师也不予支持。

7.继续问："好的，那第二题呢？"

8.这样问了两三道题之后，大家会察觉到存在着不同的答案。

9.培训师问大家："你们拿到的是一样的卷子吗？"

10.让大家读一读试卷开头给出的指示，如此便可发现问题所在。

分享

1.西方有句老话说"要是样样行不通，再读一遍说明书"。为什么我们常常并不这么做呢？

2.你们有没有看到过类似的情况，即一个匆忙下达或模糊不清的提示，往往比没给揭示还糟。

3.在游戏中，你有没有感到来自其他人的压力？这对你的行为有什么影响？

总结

1.我们常常不会反复认真地研究问题，这或是因为时间紧迫，或是因为已经处理过很多类似问题了。

2.其实，因为目标模糊而匆忙去做的事情，比不做的结果还要糟糕。

3.你会从别人那里感到压力，比如，看到大家都开始做题了，而你还在阅读提示，你也会改变计划，加入盲从的队伍中去。

附件：发放材料

算术测试：

在下面的算术测试中，只包括加减乘除四种运算，非常简单。

加号的意思是乘，除号的意思是加，减号的意思是除，乘号的意思是减。

请按此规则，演算下列各题。

8+2=	14−7=	9+11=	6×5=	4×3=	8+3=	6÷2=	7×2=
9−3=	9+2=	7×4=	8−4=	4+4=	9+6=	8−4=	1÷1=
12×2=	8×7=	20−10=	13−1=	9−1=	16−4=	5+6=	8×2=
2×1=	9÷9=	10−5=	6×2=	12+2=	8+4=	6÷6=	10−2=
8+5=	4−1=	6+6=	8−3=	17×2=	8+2=	14÷7=	15×3=

聆听训练

形式：集体参与	时间：5~10分钟
道具：任何一则包含一些数字或确切事件的新闻	场地：室内

目的

演示说明大多数成人的聆听效率只有50%。

程序

1.事先从报纸或杂志上摘录一则2~3段长的故事，不要进行任何介绍，在课堂上很不经意地向学员提起："我这里有一则报道，也许你们中很多人几天前已经看到了。"

2.大声朗读这篇文章。

3.结束后，你会看到学员们毫无兴趣，露出十分厌倦的面孔。

4.这时，你拿出一个精致的礼品。说："好，针对刚才大家都听到的报道，我要提出几个问题。谁能全部答对，就能赢得这个礼品。"

5.问8~10个问题，比如故事中涉及的名字、日期、地点，等等。

6.几乎不会有一个人能全部答对。

分享

1.既然大家都听到了这个故事，为什么很少有人能记得非常清楚?

2.为什么我们会不听呢？这是不是一个典型的例子？我们如何能提高自己的聆听技巧?

3.如果我一开始就告诉大家如果仔细聆听就有机会赢得礼品，你们会不会听得更认真些？为什么？没有奖品刺激时，我们应当如何保证更好地聆听?

总结

1.人们听了却记不住的原因有：不感兴趣、没有目的、没有事前激励。

2.下面是做一个好的聆听者的提示：

如何做一个好的聆听者

找到兴趣所在

对内容进行判断，而不是简单的记忆

先不要匆忙进行评价

边听边想

灵活机动

主动倾听

放弃抵抗与减少分心

训练思维

开放思路

加快思考速度

6盒冰红茶

形式：全体参与　　时间：30分钟

道具：每人一盒冰红茶　　场地：室内

目的

增进团队沟通、协作。

程序

1.将学员分组，每两个组编成一个竞赛小队。每个竞赛小队中的其中一组，背着另一组先将自己桌上的6盒冰红茶摆成任意形状，然后，通过语言描述给同队中的另一组，另一组听到描述后即开始摆放。

2.另一队同样，10分钟后，哪一队摆放的图形最相似，哪一队就为胜者。

分享

上级给下属布置任务，要简单明了，内部流程不要故意弄得很复杂，不要人为地设置障碍。指令一定要明确，描述一定要到位。

印象卡

形式：6人一组　　时间：15分钟

道具：每人1张印象卡　　场地：室内

目的

1.通过本游戏，使学员更好地了解他人对自己的看法，从另一角度认识自己。

2.活跃现场气氛。

程序

1.每个小组围成一圈。

2.培训师发给每个人一张印象卡。

3.每个学员将自己的姓名写在印象卡上，并画出自我印象的代表图画。

4.将印象卡交给坐在自己右边的学员，这样，每人拿着的就是另一个学员的卡。

5.拿到别人的印象卡后，请在4个方格内任选一格，填上自己对留名人的第一印象。

6.将填完的卡交给另一人，如此类推。

7.将填满的卡片交回给培训师。

8.培训师收集齐所有卡片后，再发回留名人本人，给大家2分钟时间看卡，然后展开讨论。

分享

1.请每位学员说出别人对你的印象及自己对自己的印象，看看之间有什么差别。

2.当看到别人对自己的印象时，你是否感到诧异？为什么？

总结

1.人们常说第一印象很重要，其实这只是直觉带来的模糊解释。也许是因为在短时间内汇集了太多的信息，还没来得及理出一个清晰的说明。

2.学员在填卡时，不要与其他学员讨论，以免你对他人的第一印象失真。

3.通过此游戏，学员会惊讶于从另一个角度认识的自己，从而达到了活跃现场气氛的目标。

机器人

形式：10~12人一组（宜多组以比赛形式进行） 时间：15分钟

道具：眼罩 场地：空地

目的

1.培养及训练学员的非语言的沟通，对不同解决问题方法的运用以及对信息的反馈能力。

2.活跃现场气氛。

程序

1.每个小组选出一个人为“机器人”。

2.培训师给“机器人”蒙上眼睛。

3.“机器人”坐在游戏区内的凳子上。

4.“机器人”在小组其他学员的信号指引下，将培训师指定的物体取回出发处，速度快的小组胜出。

5.胜出的小组换组内另一学员为“机器人”，再次进行游戏，以决出胜负。

分享

1.是否有人考虑到组与组之间的合作？

2.是否有人考虑到“机器人”的感受？

3.请“机器人”讲述自己在游戏中的感受。

4.如何使信息有效地传递？

总结

1.为得到同一个东西，大家就成了竞争对手。竞争也许是残酷的，但在某一规则内是可以做到公平的。在这个游戏里，为了避免发生和竞争对手可能产生的碰撞，是不是可以事先商量一下，每一个人从不同的方向来取物品？这样大家的力量就集中在物品上，而不是耗费在阻碍对方的行为上，从而避免形成恶性竞争。

2.在游戏前，可以让“机器人”记住一些特殊的暗号，例如拍掌一声表示向前，拍掌两声表示向左等，以恰到好处地利用非语言沟通。

招聘游戏

形式：4人组

时间：30~40分钟

道具：题纸板，记分器，写有任务、关系、情商、价值和态度的题板

场地：室内

目的

让学员体会一下招聘中用到的沟通的技巧。

程序

1.游戏开始时，你可以对全方位的面试和基于行为的面试进行解释或描述。

2.把学员分成4个小组。每组分配一个主题。每一组应根据分配的主题想出3~5个面试问题。

（1）任务（例如：当需要做出决定，又没有上级的指导时，最好怎么做呢？）

（2）关系（例如：你与哪种人不能很好地相处？）

（3）情商（例如：当你的同事不同意你的想法时，你做何反应？）

（4）价值和态度（例如：你处世的最佳原则是诚实吗？如果不是，那又是什么呢？）

3.给每个小组5分钟时间，大家群策群力地设想面试过程中可能遇到的问题，并把它们记在题板上。

4.请每个小组选出并圈出他们最喜欢的两个问题。他们可以使用任何标准来选择这两个问题（最难回答的、最有可能揭露出缺点的或最不寻常的问题）。

5.请每个小组亮出他们的题板，并把他们的问题大声念给大家听。

6.挑选出4个志愿者。

7.3个志愿者扮演求职者，第4个志愿者扮演主持面试的人。发给每个求职者一张角色描述卡片（附后），并请他们坐到凳子上，默读。

8.请面试主持人坐到他的凳子上去，并解释说，他已经筛掉了许多求职者，现在只剩下3个最好的。

9.主持面试者现在有7分钟时间，面试这3个一流的候选者。请主持面试的人快速浏览一下各小组刚刚即兴想出的面试问题，他可以使用这里列出的任何特别的问题，也可以自己当场提出其他的问题。

10.主持面试者现在开始向求职者提问，一次一个问题，可以是刚刚看过的任何问题（或者其他更深入的问题），在满7分钟之后叫停，并要求管理者选出他打算招聘的人。

11.现在，请全班所有的人投票表决招聘哪个人，简单的举手表决就够了。数数每个求职者的支持人数，并记下哪个求职者的票数最多，哪个求职者的票数其次，哪个求职者的票数最少。

12.发给得票最多的求职者印有“1”的卡片，发给得票次多的求职者印有“2”的卡片，发给得票最少的求职者印有“3”的卡片。请他们举起卡片，以便全班都能看到。

分享

1.在揭示求职者的能力方面，哪些问题最有效？

2.在揭露求职者的弱点方面，哪些问题最有效？

3.你们小组最喜欢的问题在这个过程中起的作用如何？在现实生活中，是什么使面试问题有效？又是什么导致它们无效？

4.你们希望被问到哪些问题？

5.在这个活动中，求职者是如何隐藏或是重新诠释他们的弱点的？在现实生活中，求职者又是如何做到这一点的？你们会问哪些问题，以揭示更真实的一面？

总结

1.优秀的管理人员通过使用灵活的面试技巧，能找到有能力的、具有合作精神的员工。

2.在倾听应聘者的回答时，他们会留意应聘者言语中流露出的言外之意。他们会尤其注意非语言的信息（特别是不协调的信息），他们能从中听出同样内容丰富的弦外之音。

附件

角色描述卡片

1号求职者——陈尔

你具备这个工作需要的所有技能，以及其他一些能力。这是因为你是一个完美主义者——无论你做什么，你总是能够做得相当好。

由于你在上一家公司的杰出表现（你打破了该公司的产量和质量记录），被评选为年度杰出员工。事实上，你辞去这份工作的唯一原因就是你需要更好的发展机会：你的老板深受大家喜爱，而且非常健康，因此，你几乎没有可能在不久的将来接任他的职位。并且，你与地位同等的同事的关系处得也不是很好，他们好像都觉得你是一个无法沟通的冷漠的人。

这就是你要扮演的角色，在面试中要表现出他的特点——也就是说，尽量真实地展示你过人的一面。例如，你可能并不想提及，你想取代你以前的老板这件事，因为这可能会使新老板感到紧张。而且，你也可能对同事关系的问题保持低调或者干脆不提。你知道你在以前的工作中表现出了突出的能力，而你的同事的感受对你来说是次要的，也确实应该是这样。毕竟，我们工作不是为了获得大家的认可。所以，对任何关于“交际技巧”问题的回答保持简洁明确，可能是明智之举。

2号求职者——胡娜

你是一所著名大学的毕业生，具有你现在应聘的这份工作所需的最新技巧。你虽然没有这行的工作经验，但你有许多实习经历，也是大学社团、政治活动、慈善机构等志愿者。你有一摞这些组织的管理者的评语鉴定。除此之外，你对这份工作怀有真挚的热情，愿意接受锻炼。另外，你能与各种类型的人和睦相处，无论你在哪儿工作，总能让大家喜欢你。

这就是你要扮演的角色，在面试中要表现出她的特点。只是在恰当的时候加入上面的事实。明智的提示：注意强调——你非常想加入这个特定组织。

3号求职者——夏辉

你具有这个行业一流公司的扎实工作经验，并且学习能力强，因此，你可以很快地掌握现在没有的技能。例如，一家公司快速扩展时，你被安排负责一个新部门，在4个月的时间里，你使投资回报高了20%。你拥有令人钦佩的评语，你的同事总是非常喜欢你，觉得与你相处很愉快。

只有一个小问题：你会伤害他人。但是你只伤害陌生人——永远也不会是客户或同事。好吧，几乎永远也不会。

这就是你要扮演的角色，在面试中要表现出他的特点。完全自然地、尽力表现出你过人的一面。但我们必须正视这一点，某人如果具有你这种倾向，那他一定是很好的“撒谎者”。展现出你迷人的魅力，装扮成如梦中所遇的一般的好员工！如果你在这个游戏中获得雇佣，会获得一些奖励分数。

跨越雷区

形式：10人以下为一组

时间：30分钟

道具：大号塑料杯3个，A4白纸数张，桌子，每组纸板一块（30厘米X30厘米），每人一个眼罩

场地：空地

目的

1.让学员了解在非语言沟通方面需要用到哪些沟通方式与技巧。

2.活跃现场气氛。

程序

1.培训师在游戏赛区内用白纸设置障碍。

2.在游戏区中间放置一张桌子，桌子中央放3个杯子，形成一个杯塔（底部的杯子正放，第二个杯子倒放，第三个杯子盛水放在第二个杯子上）。

3.每组有一位已跨越雷区的“幸运组员”，他在雷区的另一边指导他的其他组员跨越雷区。

4.每个小组除“幸运组员”外的组员必须蒙上眼睛，每次只能由一位组员通过雷区。

5.每个小组的全部组员通过雷区时，要将小组的纸板放在杯塔上，如果杯塔不倒则视为完成任务。

6.踏中雷区（杯塔倒掉）的组员视为“死亡”，退出游戏，并只能在旁边观看。

7.通过雷区的组员可以摘下眼罩，参与指导。

分享

1.在游戏过程中，“幸运组员”是如何与蒙眼组员进行信息交流的？

2.蒙眼组员在游戏中的感受如何？

3.用什么办法来改进沟通？

总结

1.从心理学来讲，人一旦失去视觉线索，即使有他人言语上的指导，你的动作可能也难以做到与指导协调一致，这是视觉线索对人的知觉的一个重要的意义。

2.先驱者往往会付出更多的代价，但也可能会得到最宝贵的经验。

3.及时收集经验，由一个“指挥官”冷静指导组员通过雷区。许多人七嘴八舌地指挥，不仅效率低下而且容易造成现场的混乱。

情感传递

形式：4人一组	时间：10分钟
道具：无	场地：室内

目的

1.在沟通中，情感是影响人与人之间交流的重要因素。

2.实际上，正如任何一个和他人有亲密接触、交流的人所确信的那样，强烈的感情，尤其是具有负面影响的感情，会像病毒一样感染并传播开来。这个短小的游戏能够快捷而有效地说明这个现象。

程序

第一轮

1.游戏开始前，让学员站成一圈，并闭上眼睛。

2.在这个由学员组成的圈外走几圈。然后轻轻敲一下某个学员的后背，这个学员就是“情绪源”，这个人的任务就是通过眨眼睛的动作将不安的情绪传递给屋内的其他3个人。

3.让学员们睁开眼睛，在屋内自由散开，就像鸡尾酒会那样。学员之间可以相互自我介绍、握手、自由地交谈。他们可以尽可能和更多的人交流。

4.任何一个获得眨眼睛信息的人要把自己当作已经受到不安情绪感染的人。一旦被情绪感染了，他的任务就是要对其他3个人眨眼睛，将情绪感染给他们。

5.当一个受到情绪感染的人已经向其他3个人眨了眼睛后，他继续在屋内转悠，但不能再眨眼睛了。

6.5分钟后，让学员坐下来。

7.让第一个受情绪感染的人，即“情绪源”站起来，并一直站着。

8.让“情绪源”旁边的3个受到情绪感染的人也站起来。

9.再让这3个人旁边的受到情绪感染的人也站起来。

10.如此反复，直到所有人都站起来。

11.让“情绪源”情绪低落下来。过一段时间，建议那些真正不耐烦的人现在可以坐下来。然后宣布，每个人，即使他们现在还感到低落，也坐下来。

第二轮（可选）

1.告诉学员，你已经找到了缓解不安情绪的“灵丹妙药”，而且这种“灵丹妙药”是通过真挚柔和的微笑传播的。大家现在被不安的情绪控制，急需这种“灵丹妙药”。

2.让大家再站起来，闭着眼围成一个圈。告知大家，你会选一个学员作为“微笑情绪源”，他会通过向3个人微笑，向他们提供治疗不安情绪的“灵丹妙药”。任何一个得到微笑的人应该对另外3个人微笑，作为回报。

3.在圈外走几圈，但不要碰任何人的后背。在恰当的时候，假装你已经指定了“微笑情绪源”，微笑着说“开始”。

4.让学员自由活动3分钟。3分钟后，叫停，并请他们坐下。

5.请收到“灵丹妙药”的学员举手。

6.请大家指出他们认为作为“微笑情绪源”的那个人。你会发现，大家会指向许多不同的人。

7.告诉大家，实际上，游戏中并没有指定“微笑情绪源”。

分享

1.有人笑了吗？有人情不自禁地笑了吗？

2.回想第一轮。被不安情绪感染时，你有什么感受？

3.在被感染后，是否有人真的开始觉得不安了？你是否注意到你的一些非语言或语言行为有所变化并反映了这种不安？

4.是否有人尽力避免被感染？他是怎么避免的？

5.当微笑被传播时，你的反应有不同吗？

6.在这个游戏的过程中，实际上是想让别人对你微笑的期望，促使你接受和给予微笑的。在现实生活中，你的期望是如何影响你的态度和行为的？你是如何养成自我完善的行为的？

7.在现实生活中，在你的团队中，感情是如何传递的？当办公室里有人心情很糟糕时，一般会带来什么结果？人们的情绪是如何影响他人的？

8.你的心情是如何影响你的同事的？

9.什么情绪对大家的工作成绩影响最大？对你个人呢？

10.一个团队的负面情绪对团队成员的日常工作有什么影响？

11.在现实生活中，你是如何避免被负面情绪感染的？为了建立针对负面情绪的免疫系统和抵抗力，你应该做什么？

总结

此游戏很好地说明了在沟通中保持积极情绪的重要性。

在公司的转型期

形式：全体参与	时间：45~50分钟
道具：见发放材料（附后）	场地：室内

目的

1.情商较高的人能够准确地观察和理解他人的语言和非语言行为。这种能力有助于他们适应他人的需要和风格。

2.这个游戏将帮助学员练习一些关于非语言沟通的技巧。

程序

1.选出3个人作为裁判，把剩下的学员分成两组。

2.发给每个小组一张写有人物背景表（附后）的题板。

3.这张表提供了各个小组创造虚构人物的背景。这个人不应该以公司的任何一位真实人物为模型，但可以是多个员工的特征组合在一起的“组合人”。

4.鼓励各个小组创造能够体现员工典型特征的人物，但要有适度的夸张。每个小组应从你指定的名单中为这个人物取一个中性的名字。

5.给每个小组10分钟时间，完成人物背景表中的各项内容。

6.10分钟后，让每个小组选一名学员，以肥皂剧的形式扮演该人物。肥皂剧名为“在公司的转型期”，剧情发生在电梯中偶遇的两个公司员工之间。

7.描述一下该肥皂剧如何展开：两个小组的扮演者同台表演，他们将有5~10分钟的时间扮演他们的角色。

8.在角色扮演的过程中，他们有两个目的：一是通过角色扮演展现小组设计的人物的性格特征；二是展现另外一个人物的特征，与此形成对比，以便其他小组成员能更准确地确定他们设计人物的特性。

9.在角色扮演前，给每个小组5~10分钟时间，为学员提供一些关于在角色扮演中如何描绘人物特点的建议。例如，为了暗示该人物是一名没有耐心的女执行官，扮演者可以跺脚、看手表，抱怨从公司停车场过来的路上，她的一只价格不菲的意大利皮鞋的后跟儿坏了。

10.在角色扮演过程中，学员需要认真仔细地观察另一个小组的代表，并把观察的结果和猜测写到观察表中。各个小组记住，在观看表演的过程中，他们的目的就是要观察和揣测另外一个小组设计的人物的个性。

11.开始表演。“现在是上午8:55。当我们的肥皂剧开始时，我们公司的两名员工正在上楼的电梯中。突然，电梯震动了一下，发出嘎嘎的噪音，电梯晃动一下停住了。让我们看看接下来发生了什么……”

12.如果扮演者在演出过程中不知所措，他们可以要求他们的队友提供建议：下一步怎么做，问什么。你可以扮演电梯维修人员，或是一名正在生气的老板，在游戏难以进行下去的任何时候，你都可以出手相助。

13.当学员观看角色扮演时，他们应该把各自的观察和猜测记录在观察表上。一定要记住，他们观察的是另一个小组的人物。

14.在角色扮演结束后，同一小组的学员集合在一起。他们现在的任务是，对另一小组的扮演者展示的特征达成共识，并把成员的答案记在观察表的栏目中。

15.请每个小组公布他们关于对方小组人物的猜测（如“我们认为，你们的人物的特征是心情不好，沮丧”）。在公布每个猜测之后，请另一个小组说出该人物最初的设计。

16.由3名裁判来判定小组是否能够获得奖励分数。根据下面各项对每个小组进行评分：

（1）对另一个小组的人物做出一个正确的评估，得2分。

（2）对额外的问题做出正确回答，得3分。

分享

1.你想与游戏中描述的这些人物一起工作吗？他们说的或做的什么影响了你的观点？

2.这些角色是如何展示他们的价值标准或信念的？在现实生活中，人们又是如何展示价值标准或信念的？

3.你觉得在通常情况下，什么事情妨碍了你正确地观察他人？

4.你做了什么假设？为什么？在现实生活中，归纳概括是怎样有助于或限制我们了解他人的能力的？

5.与小组其他成员进行比较，你自己对人物特征的猜测有多准确？你说出你的答案了吗？对小组其他成员做一些让步，你的想法和目的是什么？（注意：合作能力是情商的一个重要标志，但是坚持自己的洞察和观点的能力也是情商的一个重要标志。）

6.想想你工作中最亲密的同事。如果你需要填写这个人的人物背景表，你可以回答几个问题？你知道他的抱负和野心吗？

7.对于工作中你不怎么喜欢的人，对上面的问题你的回答怎样？如果你对他有更多的了解，你和这个人的关系会有所改变吗？为什么我们不愿意去了解一些人（通常是我们不喜欢的人）呢？这种抵制可能带来的后果是什么？

8.如果你在角色扮演中扮演一个人物，在角色扮演的过程中，什么问题最能揭示你的搭档的个性？在表演过程中你是如何运用日常生活中了解别人个性的技巧的？

总结

1.你也可以让3名裁判观察整个过程，观察小组成员之间是如何进行交流的。

2.在提问过程中，裁判可以与大家分享他们观察到的事。裁判们应特别对小组成员之间如何有效地交流想法以及倾听他人的建议做一些记录。

3.注意两个扮演者是通过互相问问题来展示个性的。

4.可以看出，在现实生活中，你可以问什么问题来增进你对他人的了解。在和团队一起工作、议定一项合同、询问你工作表现的反馈等方面，这一点非常重要。

注意

1.在角色扮演过程中不允许用独白，例如，“我34岁，在销售部工作。”

2.人物个性的揭示是通过和另一个人之间的自然对话进行的。对话可以包括类似这样的问题：“你去哪儿？”或者“我很喜欢你的穿着，是什么牌子的？”

附件

为每个小组准备一份表3–4和3–5。

表3-4　人物背景表

描述你们小组的人物特征
性别
职位
工作地位
工作状态
抱负
工作中最喜欢的任务
额外的问题
隐藏的恐惧
秘密的野心

表3-5　观察表

指导：观看角色扮演，仔细观察另一个小组的扮演者。
根据他的语言或非语言的行为，猜猜这个人物的基本情况。

	你的猜测	小组的决定
基本情况		
性别		
职位		
工作地位		
工作状态		
抱负		
工作中最喜欢的任务		
额外的问题		
隐藏的恐惧		
秘密野心		

较　量

形式：集体参与　　　　时间：40分钟

道具：不透明胶带、便笺纸、题板、卡纸、钢笔、等级图　　　　场地：室内

目的

1.使学员学会在沟通中把握阻力和驱动力的平衡。

2.活跃现场气氛。

程序

1.请3名志愿者当裁判。将剩下的学员分成两组：

（1）A组是阻力。他们的任务是妨碍这个问题的提出和改善。这些阻力可以包括情感方面、个人问题，以及系统和组织的作用力。

（2）B组是驱动力。他们的任务就是鼓励和支持改变。

2.选择一个对所有学员来说都很普通的情况。如“提高员工20%的权益”，或者

“鼓励积极有效地参加员工会议”，或者“减去10公斤体重”。把这个问题写在便笺纸的中心位置上。

3.给大家20分钟时间，开动脑筋，在题板纸或白纸上列出他们想到的理由。20分钟后，请他们停下来。让他们把想到的理由分给大家，至少每个学员都有一个。

4.给每个小组1分钟时间，让他们为自己的小组取个特别的名字。

5.3名裁判需要做出两项重要的决定。第一个是根据1~10这10个等级确定作用力的大小。对努力改变有相当大影响的作用力定为10级，影响不大的作用力定为1级。裁判有30秒时间，对作用力的大小达成统一的认识。

6.裁判需要做的第二个决定是，小组成员提出的理由的创造性和戏剧性如何。像运动会一样，裁判可以打1~5分。你可以事先为裁判准备好打分牌，裁判也可以通过伸手指来打分。你需要跟踪记录每一组的累计总分数。

7.请每组介绍一下自己并解释他们的组名。

8.转向驱动力组，请持有列表中最大作用力卡片的小组成员介绍一下自己，并用3句话生动地描述一下这个理由。

9.让裁判对这个驱动力的大小达成一致的决定，并让小组成员在等级卡上把贴在中间的便笺纸沿着水平胶带移到该等级的数字处。

10.让裁判对这个作用力的戏剧性和幽默性程度进行打分。计算该小组作用力阐述的累计总分。

11.统计每组作用力的累计分数，并为获胜队鼓掌。

分享

1.当你看到便笺纸被移动时，有什么想法?

2.便笺纸最终停留在你事先估计的位置了吗？它最终停在这个位置，你怎么看？是高兴，还是失望?

3.这个游戏怎样影响或改变你对这个情况的看法？在你看来，哪种作用力对这种情况的影响较大?

4.为了改变这个情况，你认为需要着重解决哪些阻力？需要加强哪些驱动力?

5.在弄清你们的阻力和驱动力之后，你或你的组织下一步打算怎么做?

总结

1.一个组织要知道如何准确地表达赞成和反对意见。它必须分析一个复杂的、有时令人困惑的系统，这个系统有两种相反的力起作用，一部分赞成变化，另一部分反对变化。

2.在游戏中，学员一起制订策略，削弱阻力，并加强驱动力。这个游戏本身并不作为解决问题的活动，而是作为分析和估计影响这个决定因素的工具。这个游戏可以作为制订策略的引子。

3.如果两个小组对两个作用力裁定的大小争执不下，那这个游戏就会陷入困境，停滞不前。提醒大家，即使便笺纸最终停在他们一边，也并不表明他们赢了。只有当大家都对作用力的大小进行诚实的估计时，这个游戏才会发挥作用。

“66”技巧

形式：6人一组　　时间：15~25分钟

道具：墙表、可移动的桌椅　　场地：室内

目的

使团队共同积极参与讨论。

程序

1.“66”技巧适用于人数较少的小组，可以就任何话题进行讨论。它是小组讨论形式的一种变异。

2.先将全体成员分成若干小组，每6人一组，请每个小组指定一名记录员。

3.注意，每个小组可以讨论不同的话题，也可以是相同的话题。

4.在给每组指定一个问题之后，每组可以有6分钟的时间进行讨论。

5.在只剩2分钟时提醒各组。

6.在只剩1分钟时再次提醒各组，建议他们用最后1分钟时间将所有讨论内容进行概括。

7.根据剩余可利用的时间，请尽可能多的小组代表进行汇报。

8.把主要内容写在纸上，并贴在墙上。

分享

1.你们小组的讨论结果如何？

2.不同小组之间的报告是否有相互抵触之处，相比之下如何？

3.时间限制对你们小组做精彩的概括是否有影响？

总结

1.时间限制可能使小组只能匆匆地得出一个总结。有效的时间管理能使学习和工作事半功倍。

2.没有规定讨论内容，因此结果会各有不同，可以引导学员互相借鉴和学习。

一次非语言的自我介绍

形式：2人一组　　时间：10分钟

道具：无　　场地：室内

目的

1.本游戏可用以说明交流有时完全可以通过肢体动作完成，而且同样行之有效。

2.说明通过手势和其他非语言的方法完全可能实现人与人之间的交流。

程序

1.将学员分成2人一组。

2.培训师先申明本次游戏的目的旨在向对方介绍自己。

3.说明整个介绍期间不可以说话，必须全部用动作完成。

4.大家可以通过图片、标识、手势、目光、表情等非口头的手段交流。

5.如果需要，培训师可给予适当的暗示，比如说，指指婚戒表示自己已经结婚了。

6.一方先通过非语言的方式介绍自己，2分钟后双方互换。

7.请大家口头交流一下刚才通过肢体语言交流时对对方的了解。

8.与对方希望表达的内容进行对照。

分享

1.你用肢体语言介绍自己时，表达是否准确?

2.你读懂了多少对方用肢体语言表达的内容?

3.你的同伴给了你哪些很好的线索使你了解他?

4.我们在运用交流方法时，存在哪些障碍?

5.我们怎么才能消除或减轻这些障碍?

总结

1.当我们运用肢体语言进行交流的时候，会存在诸如缺乏经验、缺乏支持和辅助手段、背景差异等障碍。

2.为了消除和减轻这些障碍，我们要更多地考虑对方的背景和理解程度。

是下巴还是面颊

形式：集体参与	时间：5分钟
道具：无	场地：教室，最好有较大的空地

目的

用以阐明动作、行动的确可以胜过千言万语。

程序

1.培训师一边示范，一边请学员站起来。

2.要求学员伸出右臂，与地面保持水平。

3.培训师说：“现在，请用你们的大拇指和食指围成一个圈。”（边说边示范该动作。）

4.然后说：“请将上臂举起，形成直角。”（继续示范该动作）看看学员是否都做正确，接着继续说：“好，请用掌心托住你的下巴。”

5.注意，当你说“托住下巴”时，你自己用掌心贴住面颊。

6.四处看看，但什么也不要说。

7.5~10秒后，学员中有些人会意识到错误并转而用掌心托住下巴。

8.再过几秒，学员会大笑起来。

9.这时你可以强调指出：“一位培训师的行为往往比他的言语更为有效。”

分享

1.你们刚才有没有听到我说“请不要跟着我做，请根据我说的做”之类的话？为什么会跟着我做呢？

2.我们都知道行动胜于雄辩，我们在工作中如何应用这一原则，来取得更好的相互理解？

3.很多时候，行为上发生的问题会导致沟通的失误。通过这个游戏，启发了我们认识到阻碍有效沟通的困难有哪些？

4.我们应当如何克服这些困难？

总结

1.我们要始终牢记一点，事实胜于雄辩，你的行为才是别人衡量你的标尺。

2.这一游戏指出：在沟通中总会出现言行不一的表现。

固有的思维模式

形式：集体参与　　　　时间：5~10分钟

道具：准备一张如下所示的图（图3-13）　　　　场地：教室，最好有较大的空地

目的

用以说明固有的思维模式是如何阻碍简单的沟通的。

程序

1.培训师在展示下面的图示前，先简单地向学员介绍：“请大家保持纸上的箭头向下。如果你们读出来上面写了什么，请举手，但不要告诉任何其他人，也不要写下来。”

2.将图示传下去让大家轮流看。

3.学员边看，培训师一边说：“你们不必像我这样把它转过来。就让箭头向下。你们读出来上面写什么了吗？”

4.一般来说，10%~15%的学员以前看到过类似的图示，能很快看出写的是FLY。

图3-13　思维模式图

5.培训师在给予看出的学员以鼓励之后，问大家：“其他学员看不出写了FLY吗？”

6.请再试试看。留心中间空白处，而不是黑色部分。

分享

1.大多数人都会有这样或那样的固定思维模式。你们是否记得曾因为固定思维模式而造成困扰呢?

2.除了固定思维模式，人际交流中还会存在哪些障碍?

3.孩子通常能很快地看出FLY，那么为什么成人反而不能很快看出?

总结

1.除了固定思维模式，人际交流中还会存在比如对噪音、令人厌恶的人、错误的方法等根深蒂固的偏见。

2.因为我们已经学会了“白纸黑字”的阅读习惯，所以不能很快地看出来。

3.固定的思维模式有时会给我们的工作造成阻碍，绕过阻碍的方法之一就是要从多角度去思考。

单向交流和双向交流

形式：集体参与　　时间：10~20分钟

材料：如下页所示的图示（图3-14），将图示制成的胶片，投影仪　　场地：室内

目的

用以演示单向交流往往会造成很多误解。

程序

1.培训师在课前准备如图3-15所示的图示。请一位学员上台来协助进行游戏。

2.告诉大家，这位学员向他们描述这张纸上所画的内容。

3.请大家按他所描述的将该图示画出来。

4.给上台的学员演示。

5.请他背向大家站立以避免任何目光的接触。

6.他只能做口头表述，不可以用任何姿势或其他手势。其他学员也不可以提问。简言之，只能进行单向交流。

7.游戏结束后，将正确的图示用投影仪打出来给大家看。

8.对比每位学员所画的图，比较其是否相似。

9.如果时间允许，可以马上请另一位志愿者做相似的游戏，但允许进行双向交流。

分享

1.我们在只能靠听来进行交流时，是否会感到困惑？为什么?

2.为什么单向交流很难进行？

3.即使双向交流有时也不能保证彻底的理解，这种情况下我们可以采用哪些方法使交流更为有效？

总结

1.单向交流常常使人感到困惑，讲述不明确，有问题不能问，常常会让人无所适从，以至于答案千奇百怪。

2.单向交流只是按照你自己的意思表达意见，你完全不知道对方遇到的是什么样的实际问题，也无法提供具体的指导。

3.有时候连双向交流也不能保证彻底的理解，这时我们就要手把手地进行指导了。

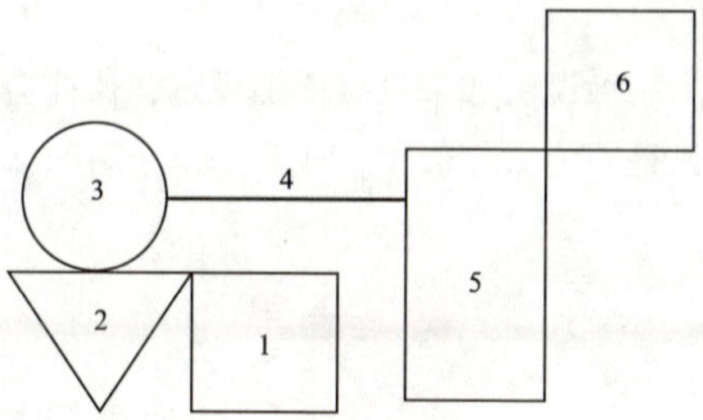

图3-14　游戏图

阅读练习

形式：集体参与	时间：10分钟
道具：卡片或纸	场地：教室

目的

1.用以演示人们总是看到他们想要看到的东西。

2.说明即使是书面文字有时也可能引起误解。

程序

1.将卡片或纸发给学员。

2.请大家把纸正面朝下放在面前的桌上。

3.培训师告诉大家："在你们的卡片（纸）上有3个三角形，每个三角形中各有一句短语（"巴黎的春天""手中的小鸟""一生中一次"）。当我说开始时，请大家迅速将纸翻过来，并记住三角形中的陈述。然后在纸的反面将三句话以相反顺序写下来。好，开始！"

4.停顿一会儿，扫视一下学员的完成情况。

5.继续说："好，让我们来检查一下。你们的第一句话是什么？"

6.注意，大多数人会回答"天春的黎巴"。这时即使有学员正确回答说："天春的黎巴"你也不要理会。

7.你继续问："那么下一句呢？"

8.直到三句都问完，学员会发现错误所在。

分享

1.你是怎么理解我的指示的？（请注意，会有几种不同的理解方式）

（1）次一中生一，鸟小的中手，天春的黎巴。

（2）天春的黎巴，鸟小的中手，次一中生一。

2.现在大家明白为什么培训师的指示往往也会被学员误解了吗？

总结

1.我们可能会忽略，一种说法如果没有详细规定，往往会有几种理解。

2.有些人会读错，只是因为太相似了，或者是由于时间太紧迫。

传递信息

形式：4~5人一组　　时间：10~12分钟

道具：一则摘自报刊或杂志的简短文章

场地：教室及可利用的教室外的场地（比如走廊）

目的

演示说明信息在通过各种"渠道"加以传递时往往会失真。

程序

1.事先从近期报刊或杂志中摘录一则2~3段长的文章，但不能是最热门的新闻。

2.将学员分成4~5人一组。

3.将各组成员从1~5号分好次序。

4.请1号学员留在教室内，其他人先出去。

5.你把文章念给各组的1号学员听，但不允许他们提问或做记录。

6.2号学员从教室外进来，每组的1号学员负责将故事复述给2号学员听。

7.3号学员进来，2号学员将故事再复述给3号学员听。

8.4号学员进来，3号学员将故事再复述给4号学员听。

9.每组的5号学员都听到了故事。

10.培训师抽查几组5号学员，请他们复述一下听到的故事。

分享

1.每个传递者是否遗忘了一些内容？是哪些？

2.故事在传递中，出现了哪些错误或篡改？

3.我们如何才能注重加强记忆和理解？在现实生活中，我们可以采取哪些方法？

总结

1.我们会发现，在这样的信息传递过程中，每个传递者都不可能把全部内容详细地传递给其他人。

2.造成这种情况的原因是语言表达、理解能力、对相关内容的熟悉程度等方面的不同。

3.为了加强和注重记忆和理解，我们可以注意聆听其关键词，边听边想，避免断章取义。

解谜题

形式：集体参与	时间：10分钟
道具：如下页所示的谜题，白纸若干	场地：教室

目的

1.导入关于聆听或沟通的课程，说明很少有人是真正的聆听者。

2.通过运用像这些谜题一样幽默轻松的游戏，快速提高学员们的聆听技巧。

程序

1.请大家在一张白纸上由上至下标出1~8八个数字。

2.培训师宣布接下来将提出一系列问题，每个问题都有一个很简短的答案。

3.学员需要做的就是将答案记在纸上。注意：每道题只念一遍。

4.培训师将下面的8个谜题一一念给全体学员听。

（1）我国法律是否规定成年男子不得娶其遗孀的姐妹为妻？

（2）如果你晚上8：00上床睡觉，设定闹钟9：00将你吵醒，你能睡几个小时？

（3）在我国，每年都庆祝10月1日国庆节，在英国，是否也有10月1日？

（4）如果你只有一根火柴，当你走进一间冰冷的房间时，发现里面有一盏灯，一个燃油取暖器，一个火炉，你会先点燃哪一个来获得最多的热量？

（5）平均一个男子一生可以有几次生日？平均一个女子一生可以有几次生日？

（6）根据国际法规定，如果一架飞机在两个国家的边境坠落失事，那些不明身份的幸存者应当被安葬在他们准备坐飞机去的国家呢，还是出发的国家？

（7）一位考古学者声称发现了一枚标有公元前48年的钱币，这可能吗？

（8）有人造了一幢普通的有四堵墙的房子，只是每面墙上都开着一个面向南的窗口。这时有只熊来敲门，猜猜这只熊的颜色是什么？

5.检查学员的答案（请参见下列解题关键）。

6.培训师问："第一题，谁认为是对的？谁认为是错的？"

7.课堂内轻轻的笑声会提示有些人搞错了。

8.然后培训师重新读一遍问题，并说出（或请回答正确的学员提供）提示。

9.以此类推，逐一解释各题。

分享

1.你答对了多少？答错了多少？

2.为什么你的成绩不太理想呢？

3.为什么我们说聆听也应当是积极主动的呢（必须边听边想，不能只是被动地接受）？

总结

1.从来没有任何一部法规会有如此的规定。因为这个男人若想娶他遗孀的姐妹为妻，首先得让自己的妻子变成遗孀，而他的妻子要变成遗孀，他就得先去世不可。

2.你只能睡一个小时，因为闹钟可不会认得白天晚上，除非你按24小时设定。

3.是的，在英国也有10月1日，还有2日，3日，直到31日。

4.首先，你得先点燃火柴。

5.平均一个男人一生只有一次生日，平均一个女人一生也只有一次生日。其他的都是生日纪念日。

6.无论哪条法律都绝不允许埋葬不明身份的幸存者。尤其当他们还有一口气表示反对时。

7.那个考古学家在骗人。因为公元前的人不可能知道自己是身处"公元前"，因此不可能在钱币上刻上相关字样。

8.是只白熊。因为只有在北极才可能建一幢那样的房子。在北极，每个方向是南方。

图　形

形式：7~8人一组	时间：10~15分钟
道具：白板或记事板	场地：室内

目的

1.肢体语言沟通的技巧。

2.形象思维能力的锻炼。

3.提高学员的团队合作和参与意识。

程序

1.将人们分成小组并给每个人一个与项目的主要学习单元有关的单词或短语。

2.每队指定一个人画图。他站在挂板或白色记事板前，试着画（不是写）出团队的单词或短语。

3.人们不能用任何计算机键盘上存在的符号，也不许说话或做手势。

4.两队进行比赛，先完成的队得分。

5.让他们制定出用图形向队友发出“信号”的策略。在猜字游戏中，这是用手势进行的，例如拽拽耳朵指“竖起耳朵听”。

6.在这个游戏中，人们可以画一只耳朵代表“竖起耳朵听”。对于交流和解决问题可以进行有趣的观察。

分享

1.取胜的小组的获胜之道是什么？

2.图形表达能力和团队协作能力，哪一个在游戏中显得更重要？

总结

1.该游戏考验了队友之间非语言形式的信息传达能力和沟通能力。

2.该游戏测试了每个队员的图形联想力和逻辑思维能力。

粉笔线

形式：2人一组　　时间：30~40分钟

道具：粉笔　　场地：室内

目的

1.让学员之间充分沟通。

2.让有经验的人辅导缺乏经验的人。

程序

1.用粉笔在地板上画一条线。

2.告诉人们这条线是一条对课程材料的经验分布线，以富有经验和无知为两端。

3.请人们按自己的经验水平站在线上的相应位置。

4.让分别位于两端的人结成一对，再将剩下的两端结成一对，依此类推。

5.提出与项目有关的问题，让人们成对地讨论。

6.其结果是，较有经验的人将成为缺乏经验的辅导员，形成团队教学。

分享

1.对于有经验的人，你们感觉对方能理解你的讲解吗？

2.对于经验缺乏者，你们觉得对方的讲解能使你茅塞顿开吗？

3.这种学习方式的效率是否更高？

总结

这个游戏说明：在团队式教学中，学习资源很丰富，学习方式更多。因此，每次的学习培训是多方面的，收获也是多层面的。

书画传令游戏

形式：一组至少10名员工，而且至少需有3个小组。之所以10人的人数限制，是因为传令游戏只有到第七或第八个人时才会和第一人的内容有显著的差异，从而使员工能够明确理解过程的变化。规定至少有3个小组，是因为通过3个小组的对比分析，才能使结果更明确化

时间：约需35分钟：说明游戏，约5分钟；进行游戏，约10分钟；讨论、交流，约20分钟

道具：要传达的图画一张（如图3-15所示）及各组人数所需的序列画纸（B5、B6大小）和笔

场地：因为书画传达者与等待传达的员工需保持一定距离，因此会场的空间要适合，且备有必要的桌椅

目的

1.向员工揭示单向沟通存在的问题。

2.了解沟通不良所导致的消极作用：追加作用、脱落作用、歪曲作用。

3.让员工体会沟通的过程。

4.使员工更轻松地分析沟通问题。

程序

1.前期铺垫。

你了解谣言是如何产生并蔓延的吗？你有过有口难辩、被严重误会的时候吗？如果有，沟通技能的发展对你就非常必要。

在职场的沟通活动中，若只是一方一味地传达命令和指示，而不与接收者充分交流、讨论，会发生什么状况呢？传达的内容会逐渐发生变化，最后的内容甚至有可能与最初的大相径庭，甚至相互矛盾。

2.游戏开始。

游戏开始后，每一小组排第一位的员工到主持人的桌子前，仔细看桌子上的图画，看的时间持续在10秒钟；然后主持人收起图画，发给每人一张空白纸，每人经过回忆之后，按自己所记的印象画下来。第一位完成后，第二位轮流上来，先看一下第一位画的图画，然后收起第一位的图画，第二位也凭自己的印象画下。如此这般，直到最后一位。每人画图画时，只能一气呵成，不能修改，而且也只能看一遍前一位的图画。当前一位回到座位上后，绝不能向后边的人泄露任何信息。

游戏中所使用的图画的线条应尽可能简单。需要注意的是，主持人应尽量保持各组的进度一致，这样才不会造成混乱的局面。

3.展示游戏对比结果。

将各组从第一位到第十位所画的图画并排挂起来，让所有的员工观察、回味。应让员工明白，每一组的变化过程大致相同；越到最后，图画越简单，而且与原图相差越大。

分享

就书画传令游戏的结果展开充分的讨论和交流，每个员工都要谈一谈自己的感想和体会，要结合工作中的事例，找出导致沟通出问题的环节。还可以让员工就如何改善工作中由于沟通不畅造成的管理问题提出一些切实的建议。

分析三种消极作用

脱落作用：即遗漏，传达信息逐渐被简略，最后详细部分被省略。

追加作用：在传达中加入了多余的信息，导致传达内容被夸大。

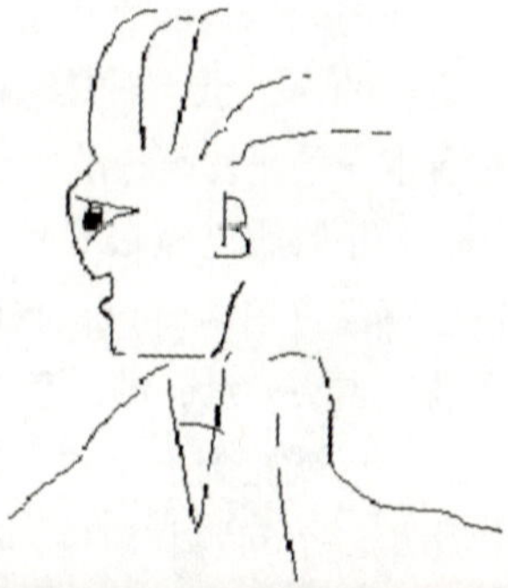

图3–15　书画传令游戏例图

歪曲作用：传达者为了使传达正确、迅速、简洁，在游戏进行中加入自己的解释，导致内容被改变、歪曲。

绘画沟通游戏

形式：一组以10人为宜，可以设置数组，以共计约50人的团体活动最为恰当。

时间：约需50分钟——说明，约10分钟；模拟游戏，约3分钟；书本游戏，约15分钟；结果的发表与回馈，约10分钟；全体回顾，约10分钟

道具：准备如例题问题的传言纸张，让受信者可以自由描绘的纸张（以B5大小为佳），其张数是人数的4倍；还有圆珠笔和签字笔（容易一笔作画）；至于绘画桌，编制几组，就备几张；还要准备垫在下面的报纸

场地：不限

目的

1.为了解通过沟通，熟悉团队变化过程。

2.为依靠传达者、受信息者双方体验，创造更具效率的集体沟通。

3.为加深印象，了解团队功能。

程序

1.培训师进行如下讲解。

这是一种绘画沟通游戏。现在各组派一名代表出来，看我所发出的讯息。这些传言全都是名词，就如山或海一般，属于单纯性词汇。由代表默读一遍（绝不能发声，为的是避免将绘画所要传达的内容泄露出去）。再回到自己的组里，在事先准备的纸上，使用图画把讯息表达出来。

各位需注意的是在活动进行中，绝不可发出任何声响；送信者始终要默默地描绘，而图画也只能靠传达。画的时候，也不能用数字或文字，而被传达者，即是猜测资讯的人，也绝对禁止出声。所以，只能向着传达者做是或否的表示，也由于传达者本身禁止发声，故以点头为是、摇头为否来做答复。

若是答案已经极为接近时，亦不能诱导作答。但因被传达者都是属于同一组学员，可经过悄声研讨，将所要传达之图画加以判断后，把答案告诉传达者，而传达者若以点头表示，即是猜对之意。

然后就轮到下一位，把答案送给我，并悄声转告他，而获得正确答案时，才可提出第二个问题。他也一样地回到组里，以绘画方式将讯息传予其他人；而传达者必须轮流更换，至于顺序，请先决定好。若其答案是正确而一致的，便可再拿新的问题，回到组里进行传达。

以这个程序，每人平均有3次轮流担任传递者角色的机会。这就是为了让各个学员能深深体验团队活动，才花这么长时间进行。当每个人都已轮完3次传递者角色之后，就表示游戏宣告结束。当然，若各组之间有竞争，结束得愈快愈好。

但是，要让学员们在进行中学习、体验的话，那可不仅仅是追求速度。而是希望各组学员能在互助合作的情况下，和谐地完成游戏为主要初衷。

2.模拟游戏，说明完规则，也作质疑答复后，就要实际地练习，但对规则不了解者，可能很多；为了让全部人都对规则有一个全面的认识，就得做公开练习。譬如以“卡拉OK”为题。代表者回至组里后，便描绘出麦克风，或类似酒吧形状之模样，作为传递之讯息；领队也可于适当时机暂停，再一次说明游戏的规则和目的，然后再由轮流者依次轮番上阵进行。

3.传送讯息之内容，既然绘图沟通是设定“名词”，靠想象描绘出属于所要传送的讯息内容为其形式，若能赋予更为优美的名词，或幽默性文字，会更增加其趣味性。因此，可先采用简单而具体的词汇，而后渐渐使用较为抽象的字眼即可。但是若让学员误认为游戏进行至后半，就都千篇一律改为采用抽象名词；容易造成回答者单调乏味的感觉，故需要做适度的调配，可将容易想象的词汇夹杂其中。下列名词，可作为参考。

苹果　　猫　　巴黎　　台风　　初恋

通货膨胀	香港脚	拿破仑	天气预报	外遇
四季	奖金	宿醉	家庭法院	升迁
金婚式	满足	迟到	精神分裂症	宪法

领队也要配合学员水准，具有使问题求变，而让游戏进行得更生动有趣的能力。

4.游戏中应注意事项：在游戏中，各组完成速度有快慢的区别，不管如何，都应该以学员自由发展为限。但也会碰到其他组几乎都已进行完毕，而有几组还在持续进行的情形，这时便应中途喊停。而且，领队还有义务监视各组是否有犯规情形的发生。在各组代表争先恐后地报告答案时，也许会有混乱、拥挤的局面，于是领队便让学员按顺序报上答案，然后才能提出新问题。领队切忌因为各组都急于完成游戏，连带受其影响。

5.游戏结束与结果的发表。各组进入状况不同，完成时间也各异，领队要兼顾观察全体之动向，不可让提前结束的各组等候太久。游戏结束时，领队可征询学员意见，在整个程序中，对传达何种讯息较为吃力或困难，而被传达者又因何种图案不易掌握，而觉得力不从心？同时，可从进行中看出各组是否拥有别出心裁的方法，独创出极具效果的猜测，作为各组的讨论与回馈。

就以奖金为例，当画出整叠钞票后，若仍猜不中，便可建议以音读法促进规则的理解，让传达者和被传达者学习到新规范——以心传心的技巧。

6.全体回顾。在此游戏中能学到的：

第一，是获得传达之事与接受传达者双方的经验，并了解彼此的立场和任务；而传递时更重要的是懂得去体谅对方，否则即使以自己为本位，勾勒出再美好的图画也是枉然。同样地，身为被传达者，也应以观察推测的态度，设想传达者究竟想要表达的是什么，而试图去了解其表现，即他在游戏中所收到最丰硕的成果。因此，传达讯息需先替对方设身处地着想，才能顺利推进。

第二，是以组来接受传达资讯，学员们立刻产生种种联想，而这种连锁反应对于迅速了解讯息颇有裨益。这就叫作团队效果。

第三，就是传达的方法和理解之道，会感觉游戏的后半部分往往较前半部分要统一快速得多。这也是团体加以统一后，在过程中所呈现出来的团队力量，亦为被传达者彼此互相努力，所发挥出的效果。这种集体过程，尤其在初期、中期、末期（应仔细留意每人有担任3次传达者机会）各组的过程中，会见到的变化流向。

这样，在沟通中产生的所谓团队过程，可以作为应用于工作岗位上的参考和心得。

第四部分

THE FOURTH PART

协作游戏

人山人海

形式：全体学员一起参加　　时间：5~10分钟

道具：无　　场地：空地

目的

活跃课堂气氛，增强学员间的友谊和相互的协调性。

程序

1.两个学员背靠背，坐在地上。

2.两人双手相互交叉，合力使双方一同起立。

3.按此原理，可多人一起参加此游戏，最后全体学员一同进行游戏，达到全体一齐起立的效果。

分享

1.你能仅靠一个人的力量就完成起立的动作吗？

2.如果游戏学员双方能够保持动作的一致性，是不是完成起立动作要容易得多？为什么？

总结

1.依靠团队的力量，可以更好地完成任务。

2.如果团队的成员出现与团队目标不一致的行为，将对团队建设产生负面作用。

敢于说“我错了”

形式：全体学员一起参加　　时间：20分钟

道具：无　　场地：不限

目的

使学员认识到勇于认错对团队的协作是非常有意义的。

程序

1.学员在比较空的场地围成一个圈。

2.培训师喊“一”时，举左手；喊“二”时，举右手；喊“三”时，抬左脚；喊“四”时，抬右脚；喊“五”时，不动。

3.当有人出错时，出错的人要走出来站到大家面前，先鞠一躬，再举起右手高声说：“对不起，我错了！”

4.游戏重新开始，以此循环，适可而止。

分享

在团队协作的过程中，难免出错，如不能及时改正，将会贻误整个团队目标的实现。我们每个人都会犯错误，然而在面对错误时，大多数情况是没人愿意承认自己犯了错误；少数情况是有人认为自己错了，但没有勇气承认，因为很难克服心理障碍；极少数情况是有人站出来承认自己的错误。这个游戏从一种简单的认错行为中，让参加的学员感受到勇于承认错误的重要性。

齐眉棍

形式：全体学员一起参加	时间：8分钟
道具：专用齐眉棍或者用一细棍代替	场地：不限

程序

1.让小组成员站成相对的两列，并排一列亦可，让小组成员全部将双手举到自己的眉毛的位置；

2.将轻质塑料棍放在每个人的双手上。注意：必须保证每双手都接触到轻质塑料棍，并且手都在轻质塑料棍下面。

3.要求小组成员将轻质塑料棍保持水平，小组成员的任务是：在保证每个人的手都在轻质塑料棍下面的情况下将轻质塑料棍完全水平地往下移动。一旦有人的手离开轻质塑料棍或轻质塑料棍没有水平往下移动，任务就算失败。

分享

1.游戏看似很简单，但要成功完成非常不容易。

2.一个人去完成这个任务是相当简单的一件事情，但是一个人做的工作由几个人来做，比一个人干时还要不容易完成。几个人之间将形成许多的相互关系，产生出许多新工作，因此团队的力量不容忽视，可以引申到帕金森定律。

3.如果小组中有任何一个人不同于组织的共同节奏，轻质塑料棍将无法保持水平下降。

拼　图

形式：适合4~16人	时间：30~50分钟
道具：硬纸若干	场地：不限

目的

使学员认识到团队协作的重要性。

程序

1.按图4–1所示，制作15张硬纸，将其打乱分拆成5份装入信封。

2.小组内每人得到一个信封，小组的任务是将信封内的卡片拼装成相同形状的正方形。

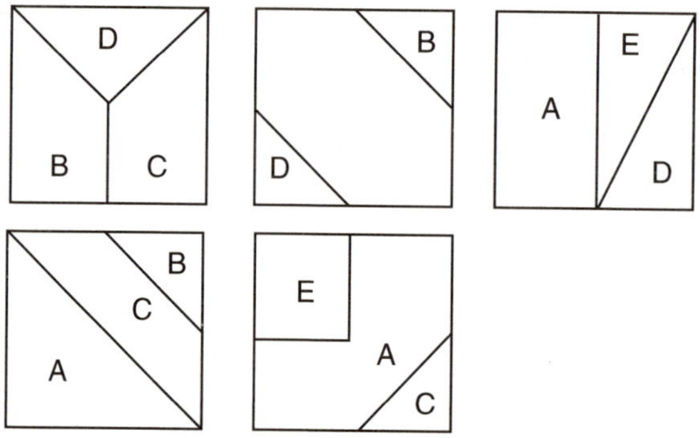

图4–1 拼图

规则

1.整个过程不许交流。

2.每人手里拿到的卡片只许给别人，不能从别人的手里拿卡片（不能帮助别人拼图）。

任务

小组内的每个人将散乱的图片拼成同样大小的正方形，最快的小组获得胜利。

陷阱：每个人自己完成以后认为任务结束，就不愿将自己的纸片交给别人了（不能自己完成就算了）。

分享

1.状况共有。

2.5个人拼成同样大小的拼图才算完成任务。交换纸片即是交换资源。在统一目标的指引下，资源信息要共享，彼此愿意分享、善于分享，将组织利益置于个人利益之上，才是真正的“状况共有”。

快乐起来

形式：小组形式，每组5~7人　　时间：10~15分钟

道具：可播放音乐的设备　　场地：室内

目的

1.训练团队协作以保持一致的作风。

2.团队成员组织与表现能力的培养。

3.放松心态并调节气氛。

程序

1.请人们分别组成5~7人的小组，各个小组面朝内站成圆圈。

2.选出一个组长带领大家在轻松快乐的音乐中开始伸展活动，组长的角色是演示简单的伸展练习和伸展时的呼吸方式。

3.60秒换一次组长。

4.提醒人们认识其他人的体能，鼓励但不强迫参与。

5.作为放松的手段，呼吸练习的价值不可低估，活动的重点在于放松。

分享

1.在跟随乐曲节奏做伸展练习时，你的脑海中想到了什么？

2.当你作为组长演示并带领大家练习时，你的感觉又是如何？

3.作为组员，你对组长的配合程度如何？

总结

1.午饭后或清晨时，这是一个良好的调节和放松的集体练习，适合各部门选用。

2.通过这个放松练习可以加强团队的凝聚力，培养领导组织能力及下属配合的能力。

电子篱笆

形式：集体参与，人数不限	时间：10分钟
道具：篱笆和海绵垫	场地：不限

目的

1.培养团结协作的习惯。

2.认识到集体的力量。

程序

1.竖起1.2米高的三角形篱笆，篱笆的大小以恰能圈住整个小组的人为限，里面仅留少量活动空间。

2.告知人们篱笆上“带有”1000伏电压，显然，不能碰触篱笆（这对站在篱笆内的人难度很大）。

3.这个练习的挑战是每个人都要越过篱笆（不是从下边钻）。

4.篱笆太高，在出篱笆时，难以一跃而过，因此人们必须给予身体上的支持。

5.如果有人在越过篱笆时碰了篱笆，必须回到篱笆里。

分享

1.游戏成功的原因有哪些?

2.游戏失败的原因有哪些?

3.它给我们带来了怎样的启示?

总结

1.要想在比较艰难的环境下完成任务，就需要调动所有的智慧和条件。

2.在这个游戏当中，只依靠个人的力量是无法完成任务的，因此发动大家的力量才是明智之举。

3.我们要乐于帮助别人，这样在我们需要帮助的时候，别人也会帮助我们。

4.我们应该懂得互助的道理。

5.集体的力量是巨大的。

注意

做好防范措施，以免弄伤身体。

集体智慧

形式：集体参与	时间：10~20分钟
道具：无	场地：不限

目的

在完成游戏的过程中，体会团队合作的重要性。在学员感受自己的应变能力的同时，达到活跃现场气氛的目的。

程序

1.请大家一起编一个故事，每人一次说一个词。

提示：每个人都必须尽可能地选择那些有趣的、新颖的词。

2.选一个志愿者给大家演示一下。你和志愿者一起虚构一个以“很久以前”开头的故事。

（1）你首先开始，你说“很久”，接着让志愿者说下一个词（“以前”）。你们这样每人轮流说一个词，直到得到一个正常的故事结尾。

（2）用“这个故事的寓意是……”作为故事的结尾，你和志愿者轮流说出一个词，提出一个有深刻意义的结尾。

3.现在开始讲下一个故事，并提一个新要求，这次说的词必须满足下面的特点：

（1）通俗易懂（要敢于说出单调、乏味的词）。

（2）尽可能给你前面的人说的词圆场。

分享

1.你们注意到第一个故事与第二个故事有什么不同了吗？如果你们认为第二个故事更好，请说出原因。

2.是否有人曾有过这样的经历：看到大家利用集体的智慧产生了一个全新的、完全没有预料到的创意，也能够很好地完成任务——甚至会更加出色？（请有此经历者举手示意）你的感觉如何？

3.从本游戏中所获得的这些认识对团队的运作有什么启示？当有人不同意或不理解你的想法时，你会怎么做？要对集体的智慧有信心——相信大家正朝着一个正确的方向前进，即使你们还没有看到它。在这些方面，你们学到了什么？

4.如果每个人都努力使他人感觉良好，为他人着想，你的团队会发生什么变化？

总结

1.一个优秀的团队不可缺少的部分就是合作精神，而合作精神最重要的就是要注意听取他人的意见——像对你自己的想法一样，给予他人的想法和念头足够多的关注。整个团队也许最终决定采用你提出的想法，但是在集体讨论会上这不是最重要的，最重要的是要注意听团队中其他成员的发言。

2.从另一个角度来看，如果你能够提出自己的见解，那你就是一名优秀的集体讨论参与者。切忌把这些想法放在心里，不说出来。

3.“集体智慧”游戏实际上并不限人数，可以在任意大小的房间内进行。玩游戏时，大家最好站成一个圈，如果在剧院或教室那样的环境，大家可以围坐在圆桌旁。在这些情况下，你要在学员之间走动，轮到谁说时，你可以提醒他一下。

4.要求学员说的时候尽量大声，尽量清晰。如果他们不是面对面，你就有必要把每个词重复一下，以便其他人能够听到。

5.游戏应该保持较快的节奏，这样参与者更容易跟上故事情节，并能集中注意力。

新式乒乓球

形式：10~12人一组　　时间：30分钟

道具：乒乓球1个，球台1张，乒乓球拍2副（或只需乒乓球1个，以传球方式进行）

场地：不限

目的

1.增强小组组员之间的默契和了解。

2.体会团队中协作的重要性。

程序

1.每组2人参加乒乓球比赛，以小组对垒的方式进行。

2.教练定出题目，给学员2分钟时间讨论，然后进行比赛。

3.双方须在开球时回答问题。

4.不能重复对方的答案。

5.若有一方没能答对题，或球不过网、出界就视为输。

分享

1.你们小组的参赛者是如何在最短时间内获得你们提供的信息的？

2.你们是如何确定参赛者是否能胜任的？

3.请参赛者讲述自己在比赛过程中的感受。

总结

1.俗话说“一心不能二用”，但这个游戏偏要你做到一心多用，所以学员一定要集中注意力，控制好思维和动作。

2.可以设定一个信息特派员，在参赛对手不能回答问题时，立即传递组内人员提供的正确答案。这可以让人体会到，团队协作是非常重要的。

天才猎头

形式：集体参与	时间：40分钟
道具：天才猎头工作表	场地：室内

目的

1.在这个游戏中，学员可以体会到在沟通中重新构建视角，寻找好的方面，给予真心赞扬的好处。

2.让作为管理者的学员体会到认可员工的贡献和努力是非常有必要的。

程序

1.把学员分成人数相等的两组，让他们分别坐成两个同心圆。

2.让外圈的学员与内圈的学员一一对应起来，以便每个人都能搭配起来。

3.发给外圈的学员每人一份“天才猎头工作表”（见附件），并让他们看看上面的说明。

4.内圈的学员是一家创新广告代理公司智囊团的成员。他们代理公司的总裁交给外圈学员一个产品，它能以某种方式使世界变得更好（产品可以任意大小，任意的价格或者是任意的用处）。内圈学员的工作是作为小组成员之一参与提出：

（1）产品；

（2）时髦的名字；

（3）广告词。

5.当智囊团确切地阐述了他们的广告创意之后，带头鼓掌。

6.让所有人重新组成一个大圈，让天才猎头（外圈学员）和创造者（内圈学员）肩并肩挨着坐。

7.给每个天才猎头3分钟时间，请他们夸奖一下他们的客户的天分。

分享

内圈的学员：

1.你参与的内圈活动是在你工作中的典型情况吗？如果是，为什么？如果不是，为什么？

2.听到你的代理人对你的评价，你有什么感觉？评价中是否有什么让你觉得惊奇的？

外圈的学员：

只注重某个人的能力，你会有什么感觉？你在使用褒义词重新表达一个人的行为特点时，遇到了什么困难吗？

所有学员：

1.如果你的管理者对待你的行为像本游戏中的天才猎头一样，特别注重你的能力，你会怎么工作？这会怎样影响你与管理者的关系，以及你对自己能力的信心？

2.你需要怎样做，才能辨别不同员工的不同能力？

3.如果你抛弃你的一贯做法，在正常的基础上，给予员工肯定的反馈，你觉得员工会有什么反应呢？

4.为了做到这一点，你有什么顾虑需要克服吗？

总结

1.有效的管理人员对于如何给予员工恰当的赞赏和肯定的反馈都非常关注。

2.许多管理者往往只注重员工做错了什么，这类管理者想当然地认为员工“知道当他们做得很好时，并不需要我拥抱他们”。作为管理者，我们必须认识到，认可员工的贡献和努力是非常必要的。

3.人们有追求完美的本能——掌握工作的一部分是不够的，而要掌握它们的全部——管理者在鼓励这种动机方面起到至关重要的作用。

4.这个游戏揭示了：一个对任何工作都没有表示过赞许的管理者，是最先需要改进的，而不是他的员工最先需要改进。

附件

天才猎头工作表

在本游戏中，你是一名天才猎头，你的搭档是你的客户。你的工作就是将你的客户的天分和才能进行概括分类，以便将你的客户推荐给物色、招聘高级人才的人或公司。在这个活动中，你应该仔细观察你的客户，注意他做的每件事。事实上就是试图极力赞扬你的客户所做的事情。

例如：如果你的客户什么也没说，你可以说他“善于思考”。相反，如果你的客户在小组讨论中主动、积极、活跃，那么你可以称他为“天生的领导者”。下面是你赞扬客户的能力时需要考虑的几个问题：

你的客户做了什么或说了什么？有助于小组做出决定吗？

你的客户是如何与小组其他成员进行交流和沟通的？有什么与众不同之处吗？你的客户最好的想法是什么？

描述一下你的客户给人留下深刻印象的聪明才智。

其他物色人才的猎头为什么会妒忌你有这个客户？

词语选择

形式：2人一组　　时间：5分钟

道具：计时器　　场地：室内

目的

揭示协作、沟通中的语言技巧和重要性。

程序

1.把大家分成两人一组，A、B为一组。每组有一分钟时间一起安排他们的假期。

2.第一轮：

（1）A提出一个建议（例如：“我们去什么地方好好玩一下吧”）。

（2）B采用“好吧，但是……”这样的句式回答（例如：“好吧，但是我想整天都躺在沙滩上”）。

（3）A也用“好吧，但是……”这样的句式表达自己的意见。

（4）对话就按这种方式进行，直到结束时间到了为止。

3.第二轮：

（1）用同样的假期建议开始这次对话。

（2）这一次，双方采用“好的，而且……”这样的句式对对方的建议作出反应（例如：“我们出去好好玩一下吧。”“好吧，而且我们要去一个从没有去过的地方”）。

（3）1分钟后叫停。

分享

1.让你们互相之间采用“好吧，但是……”这样的句式进行对话，在第一轮的过程中，你是否发现你的搭档有几次确实使你很生气？在第二轮中，又有什么不同吗？

2.在第二轮中，关于假期计划你们有多少人有进一步的进展？如果确实有进展，是为什么呢？

3.在现实生活中，当你并不同意他人的观点时，你如何使用“好吧，而且……”这个句式做出反应？

4.“好吧，而且……”句式如何影响对话中的矛盾冲突？当你们之间存在分歧时，通过运用这个句式，你放弃了什么，获得了什么？

总结

1.一个优秀团队的成员会互相给予信任，并互相接受。这个游戏向我们展示了，即使是一件小事，例如一个词的选择，也能更好地表达相互的信任和接受。

2.在沟通中获得好想法的方法是获得尽可能多的想法，然后删掉其中不好的想法。

3.问题是，当讨论他人的想法时，我们有时过于草率，不能很好地对待他人的想法。如果我们总是说别人的想法一文不值，我们最终会错过许多好想法，还会引起许多人对我们的敌视。

化解对抗

形式：5~7人一组　　　　时间：40~45分钟

道具：5步对抗模式（见附件），贴在白板上，或人手一份。5张题板纸和至少5面旗子

场地：不限

目的

1.使学员理解使用尊敬的和确定的语言的重要性。

2.使学员掌握这种五步模式的交流方法，自信地与他人交流重要信息，并采用不会使他人心存戒心的方式。

3.提供一种巧妙地表达敌意的技巧。

4.提高对讲授内容的长期记忆，因为它提供了让学员“反复消化”的方法。

程序

1.选择一个有趣的开场白。让人们对任何话题都感兴趣的一个好办法，就是把这个话题与他们有强烈感觉的事物联系起来。

（1）如许多人对下面这件事有很强烈的感觉——和并不喜欢自己的人一起工作。说明面对这种无法选择的情况，他们只能采取一些必要措施。

（2）而在大多数人心中，至少有两个对抗“专家”给我们建议。一边是“愚钝”博士向你建议一个详尽的复仇幻想，如果你采纳他的建议，真正对抗同事或老板，最可能发生的是什么？（答案：两败俱伤）

（3）还有另一位专家，他能向你建议一个方法，使你很可能获得成功。他就是“明智”博士，他会建议你使用面对对抗的五步模型。

2.解释这个五步模型。

（1）第一步：不要描述不快乐的现在，而要描述充满希望的未来，你希望消除对抗达到的结果。在这种情况下，你可以说，“我希望我们能够处好关系，使我们在一起工作时感觉很舒适。”

（2）第二步：详细地描述问题。比如，你觉得你的同事在其他人面前贬低你，你可以这么说：“在我们上一次小组会议中，有三次都是，我一讲话，你就滴溜溜地转眼珠，把我关于转型的想法描述得一文不值。”

（3）第三步：假设那个人并没有意识到，要向他表明这种行为是一个问题。你应该使你的表述更充实，说：“当你这么做时，我感受了侮辱和轻视。我们好像把太多精力放在互相找茬上了，而不是放在工作的项目上。”

（4）第四步：提供一种解决办法，如果你不同意我的看法时，我比较喜欢你友好地当面告诉我，以便我能公正地听取你的反对意见。我希望你能用更为尊重的肢体语言；在把我的想法评价为一文不值或是错误之前，仔细考虑一下我的想法。

（5）第五步：给将来一个积极的展望。如果你能这么做，我觉得我会更好地支持你的目标和想法。

3.邀请一些人描述他们需要直接对抗的经历（如：当他们采用含蓄的、自信的方式不能达到效果时）。

4.把大家分成小组，每组5~7个人，给每个小组一张题板和一面旗子。

5.分别分给每个小组上述五个模式中的任意一步。采用刚刚描述的方法，请各个小组提出尽可能多的与这一步相匹配的表达。

6.在他们开始以前说：

（1）你们还记得我展示的关于“愚钝”博士的第一个对抗吗？“愚钝”博士也很好地认识到了“明智”博士的五步模式，但他篡改了它的意思，使它适合他自己固执的想法。

（2）“愚钝”博士以这五步为框架，写了一本书，但意思却完全相反。

（3）例如：他把第一步翻译成描述充满希望的未来，意味着你说的是：“你从我的眼前消失得越快越好。”第二步，详细地描述问题，意味着“你是一个……那也说明了我为什么会有这个问题！”

（4）当你们开动脑筋的时候，我希望你们也包含一些来自“愚钝”博士书中的表达。还有什么问题吗？没有的话现在就开始。

7.给各个小组10分钟时间，提出他们的表述。

8.让他们在“愚钝”博士的表述前标一个字母B。

9.请各个小组选出他们最好的“愚钝”博士的表述和“明智”博士的表述。

10.请每个小组选出一个代表，让各个小组的代表按顺序站到前面。

11.请他们依次宣读他们的“明智”博士的表述。这些表述应该连贯在一起，形成一个展示这个模式的一致的信息。

12.请各个代表和大家分享他们的“愚钝”博士的表述，形成一个完整“愚钝”博士模式，与“明智”博士的五步模型形成对照。

13.如果还有时间，把写有全部表述的题板贴起来，让大家大声朗读各种表述。

分享

1.提出某一步的表述是困难还是容易？你们采用什么标准来判断你们最好的表述？

2.当面对难对付的人时，使用化解对抗的五步模式有什么好处？当你处于危险之中时，你怎么才能使自己有足够的时间来进行表述？

3.在现实生活中，你将怎样使用这个模式？

4.你在写“愚钝”博士的表述时，感觉如何？能这么痛快地发泄是否有一丝快感？

5.我们确实需要发泄。但是，当我们对着那些令我们感到气愤的人发泄的时候，通常的结果是什么呢？你觉得通过写下类似“愚钝”博士的表述方式，而不是真正使用它们，是不是也使你获得了一些发泄的快感呢？

6.回顾一下你从这个游戏中获得的认识，在你下次艰难的对话中，将怎样改变你的想法？

总结

1.记得提醒学员：现在是重复表达你的某个或某些想法的好机会。

2.最后，这些想法一定会再一次引起哄堂大笑，提出它们的学员也会因此而备受瞩目。

附件

五步对抗模式：

第一步：描述充满希望的未来。

第二步：详细地描述问题。

第三步：表明这为什么是一个问题。

第四步：提供一个积极的解决办法。

第五步：给将来一个积极的展望。

动物本性

形式：3人一组

时间：10~20分钟，根据参加人数而定

道具：写有动物的名字的若干张纸，写着“其他”的纸一张，贴在屋子四周（名字清单见附件）

场地：不限

目的

1.说明自信的人能意识到自己处理矛盾的风格。

2.帮助学员以一种诚实的方式评估自己的能力和弱点。

程序

1.让学员看看贴在屋子四周的各种各样的动物类型，并描述当这些动物发觉受到威胁时的典型行为。例如：鸵鸟会把头埋在沙子里，直到情况“安全”了；而大猩猩在面对敌人时会发出“吱吱”的叫声，并威胁似的拍打自己的胸脯，等等。

2.让学员想想自己对矛盾反应的类型。

（1）与他人争执时，他们的第一反应是什么？

（2）这种反应与贴在墙上的哪种动物的行为最像？（如果没有合适动物，鼓励学员考虑没贴在屋里的动物，也可以想象混合动物，如半狮半猴）

3.让大家站到最能代表他们行为的动物下面（如果他们认为的动物没有贴出，或他们觉得自己属于混合型，那他们就站在“其他”下面）。

4.请学员按顺序描述一下，他们与所选择的动物的相似之处（例如：“我像臭鼬，因为我不招惹麻烦，但当我和别人发生冲突时，我相信我会最终说一句话，让他难受好几天”）。

分享

1.对你或其他人选择的动物，有什么奇怪之处吗？

2.你选的动物具有什么积极的态度？你希望他人如何？对你选的动物，人们通常的误解是什么？

3.与不同类型动物相似的人在工作中发生矛盾时，会发生什么？例如，当“蛇”和“猴子”发生矛盾时，会发生什么？

4.与同一类动物相似的人产生矛盾时，会发生什么？例如：两个“豪猪”会怎样打架？

5.基于你对其他人所属的类型的认识，在以后的共事过程中你会注意什么？

总结

1.每个人都有自己特定的思维方式，并由此决定了他的行为方式。

2.不同行为方式类型的人在合作或沟通中，总是不可避免地会发生冲突。

3.合作与沟通中的冲突，需要双方都静下心来，认真思考一下自己和对方冲突的根源所在，从而根据各自的特点作出相应的调整。

4.尽管存在冲突，但不同类型的人在某种程度上也是可以实现互补的，这需要双方在坦诚的基础上进行进一步的深入沟通。

附件

动物清单

大猩猩	鸵鸟
蛇	臭鼬
豪猪	金鱼
鸽子	狮子
鬣狗	猴子

打开你的绿灯

形式：4~6人一组　　时间：10分钟

道具：在每张桌子上放一枚回形针　　场地：不限

目的

给与会人员一个机会来参与创造性地解决问题的讨论。

程序

1.把与会人员分成4~6人的小组。

2.告诉与会人员要养成为自己的创造力开绿灯的习惯，让他们使用下面这种自由讨论的方法。

3.自由讨论的基本规则是：

（1）不允许使用批评性评语。

（2）欢迎海阔天空式的自由讨论（思路越开阔越好）。

（3）要的是数量，而不是质量。

（4）寻求观点的结合与深化。

4.给出60秒的时间，请他们想出使用回形针的尽可能多的方法。

5.每组指定一人负责统计，只需统计想出的方法的数目，不一定要把方法本身也记录下来。

6.1分钟以后，请各组首先报告想出的方法的数目。

7.再请他们说出一些看起来极其“疯狂”、极其“不着边际”的想法。

8.向与会人员指出，有时候这些貌似愚蠢的想法其实是行之有效的。

分享

1.你对于自由讨论的方法有无保留意见？

2.自由讨论对哪类问题适用？

3.你认为自由讨论这一方法还有哪些有待开发的应用方式？

总结

1.研究表明，一些简单实用的练习可以激发创造力。

2.创造的火花经常被具有杀伤力的话熄灭，如“我们去年就这样试过了”“我们已经那样做过了”，以及其他一系列类似的评论。

提供赞美

形式：2人一组	时间：15分钟
道具：无	场地：教室

目的

鼓励学员向他人说出正面的感想。

程序

1.两人一组，将学员分为若干组。

2.要求每位组员写下4~5条有关你对另一位组员的特征评价。

3.这些特征评价必须是正面的、积极的（如穿着整洁、好听的声音，等等）。

4.几分钟后，受到评价的组员向大家说出他对这些评价的感受。

分享

1.你对这次游戏是否觉得不太自在？如果是的话，为什么？

2.怎样使我们更轻松地向他人提供正面的评价？

3.怎样使我们更轻松地接受他人的正面评价？

总结

1.你对这次游戏觉得不太自在的原因，可能是因为给予或接受他人的赞美对你来说是一个新的尝试。

2.我们可以先发展一个亲密的关系，选择适当的时机，提供有力的证据，使我们能够更轻松地向他们提供正面的评价。

3.学会感觉良好地接受赞美也非常重要，你可以练习面带微笑地接受。

分享时刻

形式：2人一组　　时间：15分钟

道具：无　　场地：教室

目的

让学员向他人讲出赞美之词，并让参加者用语言与他人分享良好品质。

程序

1.这个游戏可以单独运用或跟随“强调积极”的游戏后运用。

2.以两人一组将学员分为若干组，并介绍游戏。强调每一个人都渴望他人的认同和赞扬。

3.让每位参与者都给他的组员以下几方面的评价：

（1）长相方面特别漂亮的地方。

（2）一个或两个特别令人欣赏的性格特征。

（3）一个或两个特别的才能。

4.建议每位参与者仔细记录下他的组员的感受、想法、反应。

分享

1.为什么对我们大多数人来说，给予他人赞扬是困难的？

2.为什么人们总是会很快地给出负面的评价，而给出的正面赞扬却少之又少？

3.“人们倾向于做那些我们通常认为应该去做的事。”你同意这种说法吗？为什么？

总结

1.大多数人习惯于“严于律人，宽以待己”，往往最先发现的是他人的缺点，而忽略了他人的优点。这一点需要改变。

2.我们每个人都是乐于接受赞扬的，这从我们的组员的表现中可以很好地体现出来。

3.在某些方面，固守着“我们通常认为应该去做的事”这样的观点，会令我们失去许多机会。或许，我们应该重新考虑。

寻宝游戏

形式：5人一组　　时间：10分钟

道具：物品清单　　场地：教室

目的

在经过了一段时间的讲课后，培训师可以利用这类破冰游戏来改善课堂气氛，也可以借游戏让学员体会一下团队合作的效果。

程序

1.培训师将全体同学自由组织或组成几个5人小组。

2.每组选出一位组长。

3.培训师把物品清单分发给各组的组长。

4.让各组在5分钟之内找到表中的所有物品。

5.组长在全班学员面前展示物品。

6.培训师检查最快完成的小组是否收集到了所有的物品。

7.培训师给予完成时间最短的小组一些奖赏。

分享

1.回顾一下活动的过程，是否小组的全体成员都参与进去了?

2.做事之前是否有一个计划，哪怕是这样的简单活动?

3.大家是否能体会到以投资时间来争取时间的道理?

总结

1.在集体活动中，群策群力是十分重要的，组长的领导能力以及每位组员的参与积极性，都直接影响成果。

2.计划是必要的，既有共同任务又各司其职，可避免活动中出现混乱和资源安排不当的情况。

3.很多时候，时间是有价的，除了高效工作这一方法之外，我们还可以选择用投资来换取时间。

附件

物品清单

回形针	石头
一把泥土	衣架
肥皂	一包香烟
牙刷	红圆珠笔
小组成员名单	报纸

培训师考核

形式：集体参与　　时间：5分钟

道具：无　　场地：不限

目的

以培训师的身份，幽默地对自己的专家意见进行自我评估。

程序

1.轻描淡写地告诉大家，你将执行一项“公司内部培训师考核”计划。注意：可以根据具体的学员情况改动头衔及解决问题。

2.请学员将右手平放在桌上，摊开手指。

3.确定每个人的手指的每个关节都紧紧贴在桌上。

4.告诉大家，你要问四个简单的问题。

5.如果答案是“是的”，请大家抬起指定的手指。

（1）第一个问题：“从大拇指开始，你过去是否参加过培训？如果是的话，请高高抬起大拇指”

（2）第二个问题：“好的，请把大拇指放下。现在，是小拇指了。你的工作有趣吗？如果是的话，请高高抬起小拇指。”

6.说：“很好，现在轮到食指。你喜欢你的工作吗？如果是的话，请高高抬起食指。”

7.“谢谢。现在请把食指和其他手指放下去，最后一个问题了。用你的无名指，请非常诚实地告诉我们，你真的工作得很好吗？”

8.这时，课堂上响起笑声，说明大家意识到如果将其他手指放下，是绝不可能抬高无名指的。

分享

1.无名指不能抬起的原因？

2.无名指不能抬起，是否意味着它没有用呢？

3.众人从这个游戏中学到什么？

总结

1.每个人都有自己的优缺点，每个人都有不及他人以及过人之处，要客观地、正确地评价自己。

2.每个团队的成员性格各异，能力也各有差别，只有有效地利用及合作，才能成为出色的团队。

学穿夹克衫

形式：集体参与	时间：15~20分钟
道具：一件夹克衫或一包火柴	场地：教室

目的

1.演示作为培训师贸然假设学员的背景知识和词汇理解能力的危险性。

2.用以说明相对于只用一种方法交流，用模型、演示和示范互动等多种方法能使沟通更有效。

程序

1.先在桌上放一件夹克衫。

2.在学员中选两名志愿者，一名作为“培训师”，一名作为“学员”。

3.“培训师”的任务是在最短的时间内教会“学员”如何穿夹克衫。因为“学员”既不知道夹克衫是什么，也不懂得如何穿着。

4.“学员”则用来配合表现当学员的学习能力较弱时，往往会影响培训师的效率。比如，当“培训师”说抓住领口时，“学员”却抓住口袋；或者从反方向把手伸进袖管里等等。

5.为了得到更好的效果，可以夸大完成这个任务的困难性。可以让“培训师”背对“学员”进行讲解。这样他就不能获知“学员”的反应和领会情况。

6.这样进行一段时间之后，请全班学员一起协助“培训师”完成任务。最卓有成效的方法莫过于向“学员”示范怎么穿这件夹克衫了。

这就是工作指导的经典四步骤培训方法：

（1）解释该怎么做；

（2）演示该怎么做；

（3）向学员提问，请他们解释该怎么做；

（4）请学员自己做一遍。

其他可选操作方法：

同样的程序可适用于其他物品上。如出示一盒火柴，请“培训师”教“学员”如何点火。

分享

1.为什么培训师在授课的最初阶段总会有一个困难时期？

2.培训师进行示范或演示的好处有哪些？

3.获得学员反馈的好处有哪些？

总结

1.培训师在授课的最初阶段会有一个困难期，因为培训师对学员的背景知识、词汇理解能力不清楚或做出了错误的假设；或是因为培训师对反应较慢的学员不能很快完成简单任务缺乏耐心；或是因为只使用了一种沟通方法。

2.培训师进行示范或演示，可以增强视觉效果，补足语言的含义。

3.培训师应及时了解学员的反馈，这样能估计学员的理解能力，了解学员对课程的满意度，以及判断讲课速度是否合适。

第五部分

THE FIFTH PART

应变游戏

看谁反应最快

形式：全体参与　　时间：2~5分钟

道具：无　　场地：不限

目的

测试学员的反应能力，借此激发学员创新。

程序

1.请学员尽快回答下列问题：

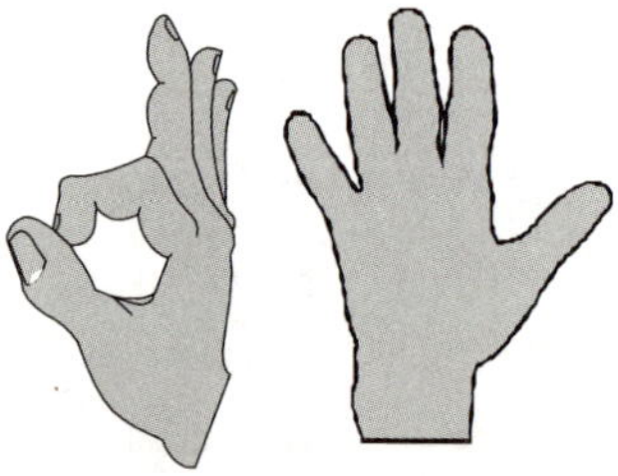

（1）什么人未做父亲先做公公？

（2）全世界最小的岛是哪个？

（3）在哪里可以找到“幸福”二字？

（4）一对健康夫妇为什么会生一个只有一只右眼的孩子？

（5）一个人走进自己的房子里，总是先把一样东西放进去，那是什么？

（6）一个字从小到大都读错，那是什么字？

（7）小明有兄弟2人，老大叫大傻，老二叫二傻，老三叫什么？

（8）鸟类的世纪绝症是什么？

（9）“风平浪静”——猜中国一地方名。

（10）“有根不落地，有叶不开花，都说它是菜，菜园不种它”——猜一植物。

（11）“生来公平，拿在手中，要问长短，它最分明”——猜一文具。

游戏参考答案：

（1）太监。（2）安全岛。（3）字典。（4）每个孩子都只有一只右眼。（5）脚。（6）错。（7）小明。（8）畏高。（9）宁波。（10）豆芽。（11）尺子。

2.请学员尽快回答下列问题：

（1）什么东西会愈洗愈脏？

（2）什么东西倒立后会增值一半？

（3）最不担心癌症生在什么地方？

（4）陈先生每天都很早回家，为什么他的妻子总说他晚？

（5）一张桌子四个角，砍去一个角后剩几个角？

（6）什么河可以吃？

（7）一个常有胃病又没有眼疾的人为何常到眼科诊所？

（8）什么灯在光天化日下也开着？

（9）什么电不能点灯？

（10）什么鱼是不能吃的？

（11）甲对乙说："我可以把一根长的尺子变为短尺，却不用折断它。"究竟甲用了什么方法？

（12）爸爸买了两个西瓜回家平均分给三个孩子，它要用什么方法分？

游戏答案：

（1）水。（2）6。（3）别人身上。（4）他凌晨才回家。（5）5个。（6）炒河粉。（7）他是眼科医生。（8）交通灯。（9）眼睛放出来的"电"。（10）敲的木鱼。（11）甲用另一把更长的尺子与原来的尺子比较，便可使得长尺子变成短尺了。（12）只要爸爸将西瓜榨成汁，就可平均分配给三个孩子了。

注意

培训师提问要快。

快　指

形式：全体参与　　　　时间：5分钟

道具：无　　　　场地：不限

目的

1、测试学员的应变能力。

2、活跃课堂气氛，提高学员的注意力和反应能力。

程序

1.全体学员围成一个圈。

2.每个学员伸出右手食指，向上顶着右边学员的左手掌心，而他左边的学员同样伸出右手食指，向上顶着他的左手掌心，依此类推。

3.培训师讲一些话，当提到指定词语时，学员的右手食指尽量要逃脱，不要被旁人的手掌抓住，而左手则尽量去抓住旁人的手指（例如指定词语为"人"字，培训师可以说："今天我们这里来了很多朋友，他们是一些非常优秀的人。"当提到"人"字时，学员就做所指示的动作）。

分享

1.你逃了多少次？你被抓住了多少次？你认为你的反应是否很快？

2.是否因反应错误而出现误逃和误抓的现象？

3.思考并分享聆听、注意力及反应三者之间的关系。

总结

1.俗话说"一心不能二用"。意思是说人在某一时间内不能同时做好多件事。

但在某一瞬间，只要合理地分配注意力，人脑就可以同时控制几个动作。

2.试着将你的注意力同时分配在聆听、动作和反应上。

3.此游戏可以起到有效调节课堂气氛的作用。

左右运动

形式：10~20人为宜　　时间：10~20分钟

道具：无　　场地：不限

目的

考验学员的学习能力、应变能力。

程序

1.参加者围成一个圆圈，主持人站在中间。

2.主持人说“右”，全部人就将头转向左边，说“左”，所有人就将头转向右边，说“前”则所有人的头向后，也就是要做和口令相反方向的动作。

3.裁判或主持人要仔细观察参加者，发现有人犯错，就要宣判出局。

4.最后剩下的人即为获胜。注意：不一定要转头，也可用手。

奇数偶数

形式：全体参与　　时间：15分钟

道具：无　　场地：不限

目的

活跃课堂气氛，培养学员应变能力及适应变化的能力。

程序

1.将全队人分成红、白两组。

2.所有人围成一个圆圈，面向内侧坐下。

3.然后依圆圈中央的主持人的口令逐次报数。但是和普通报数不同，以只报奇数或只报偶数的规则进行。

4.如果主持人说“报奇数”，就报1，3，5，7，主持人说“报偶数”，则接着刚才的数字报8，10，12，14……

5.如果说错了，就被判出局，必须离开圆圈。

6.玩到最后人越来越少，就可以结束游戏。

7.由主持人计算，人剩下较多的那一组获胜。

分享

1.“奇数”和“偶数”对换时，你反应过来没有？

2.如果你没有反应过来，答错了，大家哄堂大笑时，你的感受是怎样的？

言不由衷

形式：10~20人为宜，男女各半更佳	时间：5分钟
道具：无	场地：不限

目的

通过活动活跃现场气氛，同时考验大家的反应能力。

程序

1.此游戏是用“是”“不是”回答的游戏。但回答必须要言不由衷，颠倒事实来回答。

2.如对一位男生说：“你常擦口红？”男生必须回答：“是。”

3.指定一个人当出题者，由出题者依次发问，答错的人就换当出题者。

注意

如果对一个人问两个问题，则会相当有趣。

一唱一和

形式：6~10人	时间：10~15分钟
道具：10张A4纸，30张小卡片	场地：室内

目的

1.考验每个人的应变力。

2.培训师可以通过给学员受众人瞩目的机会，鼓励他们“上台”，使学员积极参与到培训中来。

3.放松自己对预先确定计划的过分坚持，以便更好地和学员交流思想和意见，以体现沟通的作用和重要性。

程序

1.让学员想出3件他们最喜欢做的事情，并把它们分别列在3张索引卡片上。要求他们一定要写得具体（例如，同样是“吃”，要写成吃什么，而不要写成“吃东西”，如要写“吃日本料理”）。

2.原因可能有：“因为它很清淡，而且非常好吃”；或者“因为它总是被那么优雅地端上来”；或者是“因为它和中国食品是那么不同，我喜欢多种多样”等等。

3.让学员列出所有他们能想到的、喜欢的原因，但不要让其他人看到。

4.现在，将学员分成两人一组。

5.A装扮成一名著名的巫师，凭他的惊人的直觉猜一猜B喜欢这项活动的原因。

6.问题是，A作为巫师似乎很糟糕：通常，A的估计与实际情况只有一点儿牵强附会的联系。

7.B绝对不可以不同意巫师说的话，无论巫师说什么，B都必须无条件地接受。

8.B首先看一下卡片，可能说道："我喜欢到舞厅跳舞。"

9.A立即说："你当然喜欢"，然后继续提供一个"不寻常"的解释，"那是因为在舞厅跳舞能吃到非常好吃的点心，而且你喜欢吃点心，特别是水果馅饼。"

10.无论巫师说的话多么奇特，B必须同意并确认，"是的。"B也许会说："那是一个促进食欲的好方法，而且还能碰到熟人。"

11.A顺着B的解释接着说下一句，如："你的朋友艾丽丝更喜欢吃硬饼干类的点心。"

12.然后确认这个反应，继续谈话。在谈话过程中，B可以选择另外一个活动的卡，请巫师猜一猜他喜欢这项活动的原因。

13.给每组大约3分钟进行对话，然后交换角色。A选择一张卡片，讲一件事，如"我喜欢放风筝"。B（巫师）说："你当然喜欢！那是因为海鸥喜欢追逐风筝！"

14.A回答："确实，当我带着风筝出去的时候，我看见许多海鸥。它们好像最喜欢蓝色。"

15.大约2分钟后叫停。

分享

1.放弃你自己事先想好的原因，快速地想出一个理由，然后接着巫师的话往下说是不是件很困难的事情?

2.在现实生活中，有的人不了解你的意思，你一般会有什么反应？会产生什么感觉?

3.这个活动是怎样锻炼你在沟通过程中倾听诉说的技巧的?

4.在学习环境中，一名学员突然说出一个意想不到的想法，你会有怎样的反应呢？如果你需要其他学员的帮助，你又会怎么说?

5.如果每个人总是乐意接受你的想法，又会怎么样呢？如果你总是接受他们的想法，你觉得人们会如何看你呢?

总结

1.沟通中要时刻关注对方的变化，并做出相应的调整。

2.这就是说，他们一定会认真地听取周围人的观点，调整他们事先形成的想法，以适应他们搭档的语言和想法。

3.当遇到一个较尴尬的问题时，你不妨这样回答：“有人能帮我翻译一下他的想法吗？”

4.当你不想接受他人的想法时，对这种情况最好的处理技巧是：使他人的想法看上去很好。

5.而在这种情况下，你并不需要抛弃你自己的想法，只是将你的想法暂时搁置，留待以后处理。

顾客至上

形式：6~10人	时间：5~10分钟
道具：无	场地：不限

目的

训练个人的注意力和反应能力，活跃气氛。

程序

1.先选一位学员当老板。

2.老板要先将自己生意的订单报告给店员知道，再让店员报告订单的内容——订货人的姓名和货物。例如：老板指着其中一人说：“鱼店”，被指到的人就要立刻说“张先生订红龙两条”，如果所订的东西有重复的话，那人就输了。

4.生意的内容可不断变化，使游戏持续下去。

分享

1.老板指到你时，你的第一反应是什么？他指到你之前你在想什么？或者说，你的注意力放在哪？

2.如果你输了，大家哄堂大笑时，你的感受是怎样的？

恐惧“阻力”

形式：2人一组	时间：15~25分钟
道具：蒙眼布、糖果、计时器、哨子	场地：室内

目的

1.演示了人们被恐惧所控制而产生的后果，并提供了应对恐惧的方法。

2.活跃气氛。

程序

1.首先选出4~12个学员，分成2人（A、B）一组。

2.先让所有的组员B到屋外等一会儿，接到通知后再进入室内。

3.在他们离开后，让余下的学员迅速行动起来。

4.一半人把糖果分别藏在屋内比较隐蔽的地方，另一半人很快地摆好椅子及其他作为障碍的东西。

5.让你的学员充分发挥想象力，但也要用敏锐的目光仔细审视他们的选择。

6.一旦房间布置好了，就走到门口，让A把B的眼睛蒙上，并把他们领进来。

7.让A抓着蒙着眼睛的搭档B的胳膊或者衬衫袖子。

8.告诉大家，屋内藏有许多小礼品，大家的工作就是尽可能多地找出小礼品，时间为3分钟。

9.规则：

（1）在游戏的整个过程中，每一组的两个人必须保持一直在一起。

（2）由蒙着眼的B带路。只有B才能拾起小礼品，然后递给他的搭档。

（3）给大家3分钟时间，寻找糖果。

10.吹响哨子，开始游戏。

11.3分钟之后，再吹一声哨子，让每个小组数数他们找到的糖果。

12.告诉大家，现在开始第二轮。这次，A可以给B任何提示。

13.吹一声哨子，进行游戏。3分钟后，吹哨叫停。B现在可以拿掉蒙眼布了，让大家坐回到座位上。

14.让他们再数数找到的糖果，看看哪一组的战利品最多，给予表扬。让大家把糖果与帮助过他们的学员一起分享。

分享

问A：

1.在第一轮，当你只能对搭档的问题进行“是”或“不是”的回答时，你有什么感受?

2.在达到寻找糖果的目标方面，你起了多大作用?

3.在哪一轮，你们找到的糖果比较多?

4.在游戏过程中，你有什么想法和感受?

5.在第一轮游戏中，A组学员处于很被动的地位，有人感到很不适应吗?

6.你想过“来吧，这非常容易”吗?

7.你回想起以前的恐惧感了吗?

8.你想过“我为什么要害怕吗？”

9.在这个游戏中，你曾对搭档讲过什么?

10.在现实生活中，如果你也对自己这么讲，将会对你有什么帮助?

问B：

1.在游戏过程中，你有什么想法和感受？被蒙着眼睛，有什么感觉？当你四处走动时，你有什么想法和感受？

2.你希望你的搭档对你说什么，以帮助你摸索你的路？这些话是怎样帮助你的？

3.当你处于一个新环境时，你有被蒙住眼睛的感觉吗？

4.在现实生活中，恐惧是如何妨碍我们发掘能力达到目标的？

5.在现实生活中，为什么恐惧总会伴随着我们？

6.恐惧曾发挥过什么作用？

总结

1.这个游戏象征性地向我们表明，恐惧是如何影响我们对理想的追求的。

（1）A是我们获取信息的部分；

（2）B是恐惧的肉体象征，与他的搭档本质地连在一起；

（3）小礼品代表我们在生活中要达到的日标。几乎任何努力都涉及恐惧——失败的恐惧、变化的恐惧，未知的恐惧。

2.恐惧总是使我们放慢脚步，使我们小心地前进。

3.因此，恐惧可以恰当地被称为运动“阻力”。

4.但是，有时我们抛弃恐惧大胆地前行，而有时我们又被它拉着走。

5.在第一轮，由恐惧控制。在第二轮，虽然我们仍旧与恐惧连在一起，但这次是由我们控制。

6.可以成功把握变化的人能够有效地应对恐惧。

7.恐惧常常是阻止我们开始一个新方向的主要障碍。

8.恐惧也有一定积极作用，比如恐惧使我们免于做有危险的决定，提高人们对危险预防的警觉性。

注意

1.一定要注意房间的布置是否合理，不要产生危险！糖果的隐藏之处和障碍应该带有挑战，而不应该具有危险。

2.在第一轮游戏中，A不能给予任何暗示，只能用“是”或“不是”来回答B提出的问题（“我该向左吗？”或者“如果我再走两步，会撞到东西吗？”）。

3.其他学员可以大声喊，提供一些有帮助性的建议，告诉他们到哪儿去找（告诉其他学员，参加游戏的学员会心存感激，会与他们分享战利品）。

时间管理

形式：个人完成	时间：10分钟
道具：2个储物箱、若干水果、小豆子适量	场地：教室

目的

1.说明对时间管理方式的不同可能导致不同的结果。

2.启发学员在工作中如何对有限的时间进行合理的分配，以取得最大的工作成绩。

程序

1.桌上有一个装了半桶小豆子的储物箱及若干只水果。这些水果分别代表着幸福、金钱、大客户、机遇、爱情、伴侣、旅游、朋友、升职机会、主要目标、名誉、良好的人际关系、成功感、生命、快乐、目标、地位、别人的认可，等等。

2.请一位学员上台，让他把水果尽可能多地放入箱内，并保证箱盖能盖好。

3.当桌上还有几个水果时，箱子已经装满，使这几个水果无法放进去。

4.这时，我们再选用另外一种方法：先将水果全部放入箱内，再将小豆子倒入。这时，全部的水果和小豆子就都被放进了箱内。

分享

1.为什么开始的时候我们无法把水果全部放入箱内？

2.当我们尝试另外一种做法时，为什么就可以把全部水果都放进去呢？这让我们想到了什么？

总结

1.让大家想到箱内的空间代表着我们的时间，小豆子代表着无关紧要的琐事。如果让一些小事情填满了自己的时间，那么我们就没有足够的时间去做大的事情了。

2.而如果我们合理地安排时间，先处理大的、重要的事情，再把小的、琐碎的事情穿插其中，那么就可以最大限度地合理利用时间了。

掌声响起来

形式：集体参与	时间：1~3分钟
道具：无	场地：不限

目的

在课程或会议开始前制造活跃的气氛。

程序

1.走入与会人员聚集的房间，请每个人都站起来并张开双臂（人与人之间空出大约一臂的距离）。

2.告诉他们，为了使他们头脑清醒并尽快消化理解课程中讲授的知识，你要带领他们做一个精心设计的练习。

3.这个练习可以促进他们的血液循环，刺激他们手上的神经末梢。

4.请他们向身体两侧伸展双臂（要保持水平）。等这一动作完成后，请他们迅速拍手，然后再张开双臂。

5.把这两个动作连续做10次，并且动作要快。

6.做出结论，告诉与会人员，你虽然不太确定他们现在感觉如何，但你自己确实感觉良好，因为这是你在多年的培训生涯中第一次以起立鼓掌的方式来开始培训课程的。

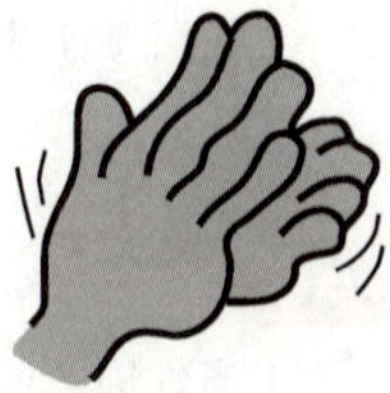

分享

游戏结束后是不是有种愉快和轻松的感觉？

总结

语调要保持兴奋和神秘，声音要能让在场的每个人都清楚地听到。

最好是和大家一起做这个游戏，这可以让你更好地把握现场的气氛和众人的情绪。

不要害怕变化

形式：集体参与　　时间：15~20分钟

道具：键盘的幻灯片或挂图　　场地：不限

目的

1.说明要想从培训中获得更大的收益，就必须首先克服对于变化的排斥、抗拒心理。

2.帮助学员正确克服不必要的排斥与抗拒心理。

程序

1.对与会人员说，假设你已经开发出一种新产品，并且有着巨大的潜力。

2.一个绝佳的例子就是用于打字机和文字处理器的简化键盘，据称该键盘可以使操作者的效率提高40%以上。

3.请与会人员列出人们应该停止使用老键盘、改用新键盘的原因。

4.请他们推测一下人们抵制新键盘的理由，把这些理由统计在白板上。

5.引导大家将这些理由分为两类。一类理由主要是理智上的（如太贵、太笨重、尺寸不合适），另一类主要是情感上的（如“要使用这种键盘，我就不得不学些新东西”）。

6.告诉他们，你打算在培训课程中向他们介绍一些可提高他们个人，以及他们公司效率的新观念。

7.请他们推断一下人们抵制新观念或新方法的原因，而在这些原因中哪些是理智上的？哪些是情感上的？

8.请他们列出接受你探讨出来的新观念或新方法的理由。

分享

1.是什么使我们倾向于认为是其他人（而不是我们）在抵制变化？

2.我们怎样做才能使别人更易于接受新鲜事物？

3.在本次培训课程中，我怎样做才能使别人更容易接受我提出的变化方式？

4.你认为怎样做才能使自己对听到的新鲜事物持一种更开放的态度？

总结

1.当你周围的人有抵制变化的倾向时，思维和行动的惯性都有可能使你选择和他们一道，情况就是这样的。

2.对待新观念或新方法正确的做法是用开放的心态客观地进行分析。

3.如果你想让别人接受一个新鲜事物，你最好是事先尽可能推测一切可能的抵制理由。

4.你还可以把它们进行分类，然后运用客观的分析逐个找出对策。

比比谁高

形式：4~5人一组　　时间：活动分3次进行，每次4分钟

道具：每组一套工具（扑克牌两副、吸管60支、万字夹一盒）

场地：室内

目的

1.让学员了解面对转变时的策略。

2.了解团队沟通的重要性。

程序

1.培训师先发给每个小组上述材料。

2.每个小组在规定时间内利用所给材料做一个物体，这个物体要做得尽可能高和稳。

3.培训师测量物体的高度。

4.在测量前，培训师先要用力拍一下桌子。哪一小组的物体做得最高又没倒下，则该小组获胜。

5.在第三次活动时，培训师趁学员不备，将另外准备的一套材料（吸管或扑克牌）拿来，让各小组重新做物体，再按原规则比高，做得最高的小组获胜。

分享

1.在游戏过程中，组员之间的沟通如何？

2.在面对突如其来的转变时，大家的心情如何？

3.还可以表现得更好吗？

总结

1.团队要有一个总工程师指挥，用来调配人力和物力，这样行动起来才有高效率。

2.“万丈高楼”虽是你们所追求的目标，但是，一定要做到稳固。

3.领导、沟通、应变三者有机结合，事情才会朝着有序、协调、顺利的方向发展。

健忘的故事大王

形式：每组2人	时间：15~20分钟
道具：无	场地：不限

目的

1.让学员学会配合；

2.体验积极与消极的故事对人有什么影响。

程序

1.让学员两人一组，在每组中，确定穿衣服颜色较鲜艳的或样式较前卫的人为A。

2.A让B说一个故事题目，这个题目是以前没有听过的，而且B必须说一些消极的题目（例如“孤独和寂寞”或者“我在狱中的一个夜晚”）。

3.A现在根据这个题目即兴讲一个故事。在讲故事的过程中，A会停下来，看着B说：“我忘了下面的部分了。”

4.B此时接着往下讲，只要它是不愉快的就可以了。例如：

A：孤独和寂寞，作者何杨。从前，有一个可怜的、非常老的妇人，她的名字是……啊哈，我忘了她的名字了。

B：祥林嫂。

A：对，祥林嫂。祥林嫂恨别人。她恨他们是因为……我忘了为什么了。

B：因为他们总是对她不好。

A：很对，没有人对她好。一天，她决定报复世界。她决定……嗯……

B：出去，把人们的花挖掉。

A：是的！她在一个漆黑的晚上，带着一把锹，走出了家门……

5.你们理解这个意思。一直进行下去，直到达到一个合乎逻辑的结论。

6.现在A让B说另一个题目，这一次是一个积极的题目。

7.B可能会说“快乐的小露营者”。

8.A重新开始，B这次加入一些积极的细节。

9.继续下去，直到故事结束。

分享

1.两个故事都可能使你发笑。两个故事使你发笑的特点有什么不同吗？

2.你注意到两个故事的进展过程有什么不同吗？（例如：B是在第一次，还是在第二次能够更快地接上更多的想法）

3.两个故事中，你的肢体语言有什么不同吗？如有，为什么？

4.哪个故事会讲得更长一些？

5.在现实生活中，你的态度通常是肯定的还是否定的？

6.在培训过程中，一个活动单元在你的指导下完成了，你是怎样进行提问的？

7.要积极地提问应该怎样做？积极的提问有什么好处？

总结

1.在这个游戏中，你的观察可能是相当细微的。

2.首先，在两个故事中，你们都在利用创造性思维，而创造性思维总是令人兴奋的。因此，两个故事都可能激发你的思维活力。

3.其次，你们极有可能在讲消极的故事时，笑得更厉害。同时，快乐的故事能够激发更强的思维活力。

4.这样，你们会讲得更长，可能也会更有意思，还会使你们俩觉得配合得更默契。

对答如流

形式：4人一组	时间：10分钟
道具：无	场地：不限

目的

1.让学员感受自己的应变能力。

2.学会如何解决原来思维模式中的“短路”问题，从而建立起新的思维方式“电路”。

3.活跃气氛。

程序

1.请学员在1、2、3这三个数中选择一个。让他们举起与那个数同样多的手指。现在，让他们找3个举同样多手指的人。

2.这样，4人一组，让他们选出个头最小的人。这个人就是第一个“目标人”。下一步，让小组确定谁是第二个、第三个和第四个。

3.让第一个“目标人”立即朝他们的团队喊单词“天空”“椅子”“雀斑”……什么单词都可以。

4.然后每一个团队必须快速地以另一个单词回答：“蓝色”“奶奶”“太阳”等。

5.“目标人”必须继续喊，直到他不能很快地再想出任何用作回答的单词。

6.一旦你发现你自己正在说“哦，嗯，哦……”你必须承认失败，然后站回小组中，重新开始游戏。

7.游戏继续进行，直到小组中的每个成员都至少扮演过一次“目标人”。游戏完毕后，让学员返回座位。

分享

学员们的思维是否比5分钟前活跃多了？

总结

1.这个游戏最重要的一点就是要快速进行。在游戏过程中，保持对小组的监督。

2.如果哪一个“目标人”速度变慢了（典型的，这会以“嗯……哦……”的形式出现），就说明那个人“大脑烤干了”，立刻请他下台。

3.根据时间，每个小组成员可以不止一次作为“目标人”。

4.具有创造力的人会提出具有突破性的想法，因为他们知道如何脱离习惯思维的窠臼。

5.建议在学员们解决问题、进行计划，或者进行头脑风暴之前，都可以用这个游戏来做大脑的热身运动，让大脑的神经元活动起来。

6.做一轮这个游戏对于任何会议、工作的开始，或者鼓励人们从新的角度观察和思考问题都是很有效果的。

随机的理由

形式：5~7人一组　　　　时间：15~45分钟

道具：一个投影仪或者题板，一本字典或者其他图书、杂志、报纸

场地：室内

目的

1.捕捉应变能力带来的解决问题的灵感。

2.采用一种随机的形式，别具一格地、创造性地解决问题。

3.活跃气氛。

程序

1.让小组确定一个目标，例如“如何增加新的客户”“如何提高生产率”。把这些目标写在题板上，或者做成幻灯片。

2.现在，打开书或者杂志，蒙上眼睛，指在任意页面上。无论你指的是什么单词，它就是大家在这个练习中会用到的单词。

3.把单词写在题板下面（提示：如果你指的是冠词或连词，选择紧挨着的下一个单词）。

4.引导大家，寻找你选的单词和小组目标之间任何可能的联系，找得越多越好。

5.刚开始时，培训师要做一下示范。

（1）让我们假设目标是“如何提高优秀员工的记忆力”，而你指的单词是“小兔子”。

（2）开始大声说出自由的联系：“哦，兔子，兔子，兔笼，胡萝卜——用胡萝卜而不是棍子，也就是更多的奖励，更少的威胁吧。”（把这句话写下来）

（3）还有别的什么吗？停下来看看大家，请他们插入他们的联想。

6.他们很快就会明白这个游戏的意思，开始有所反应。

7.重新选择一个单词，继续游戏。

8.直到大家至少提出几个很好的想法（能够进一步展开联想的想法），或者是一个完全可以用来实现目标的想法。

分享

1.我们在游戏中的想法与我们平时努力提出的新想法有什么不同？

2.脱离正常的思维轨道——将两个看似毫无关联的事物联系在一起，有怎样的感觉？是否觉得不容易适应？

3.随着游戏的展开，是否渐渐适应了这种思维方式？

总结

1.如果按照常规的思路，按部就班地处理问题或者建立常规性的联系，你怎么可能找到真正有创意的想法呢？

2.去尝试用其他方法解决问题。

3.创造能力强的人总是能够想出新的方法，他们善于在旧的事物当中发现新的东西。

4.秘密就在于“想一想”“试一试”。

5.具有创造力的人并不会给自己施加压力，刻意地建立新的联系。他们只是在面对周围的世界时，睁开双眼，敞开心扉，然后尝试着从这个世界中挖掘出新的东西。所以，这个世界总是会很慷慨地赐予他们很多新的思路！

戏剧的对白

形式：2人一组	时间：20分钟
道具：一部剧本和观众调查问卷（见附件）	场地：室内

目的

1.体会一下在应对变化情景时的反应。

2.活跃课堂气氛。

程序

1.选择两名志愿者，分别为A和B。

2.请A和B描述一个发生在两人之间的典型的商业情节（例：一名客户服务代表在为一名客户提供服务，同一项工程的两个同事）。

3.从所选的剧本中选出三四句，以此为例，A和B一起演示。

4.现在，让两个演员放松一下，开始他们的即席表演。

5.A不断将自己的话同B事先准备好的话联系起来，而不是根据常理往下说。

6.A要做的就是跟着B从剧本中选出的句子往下发挥想象。提醒他们，如果他们在进行的过程中遇到困难，可以向观众寻求帮助。

7.3~5分钟以后叫停，并且带头为他们鼓掌。请他们坐回座位。

8.首先对A：由于他公正大度的品质，毋庸置疑地应得到热烈的握手鼓励。

9.其次对B：应该说“多好的表演呀！来吧，大家再给些掌声！”这会导致哄堂大笑，而且极有可能会有无恶意的口哨声和欢呼声。

10.如果B向大家鞠躬，并且像一名凯旋的将士一样和大家挥手，大家更应配合。

分享

1.请大家回答观众调查问卷上的问题。

2.问A在不断调整思路，以适应B的无根据的推理时，感觉怎么样?

3.如果我们坚持可预见性，我们会得到许多新想法吗?

4.如果放弃可预见性，我们怎样才能做得更好呢?

5.问A：什么技巧能帮助你放弃你的预见，并任其顺畅地发展呢？你发现什么时候最不容易灵活处理？为什么会这样?

6.问B：当A把你的话组织成一个有意义的情节时，你有什么感觉?

7.要点：如果在工作中我们的同事在放弃我们提出的想法之前，能够像这个游戏中的A那样努力顺着我们的想法采取相应的措施，结果会怎么样?

总结

1.创造力较强的人的思维具有相当的灵活性。他们乐于考察和琢磨疯狂的想法，哪怕是稍纵即逝的念头。

2.但是，如果一个想法看起来没有意义，他们会立即放弃。同时，他们相信还会有更多的想法。

3.他们的秘密就是：乐于接受各种可能性，来适应周围不断变化的环境。

4.一个人在不断地调节自己以适应他人的无根据的推断时，其感受是不一样的。有些人说他们喜欢这样，而另外一些人会不喜欢。

附件：发放材料

观众调查问卷

1.B选择的哪句话最容易接着往下说？

2.哪一句最难？你们为什么这么觉得？

3.随着游戏的进行，A看起来是不是越来越适应这个任务了？

4.根据你的观点，A的哪一次回答最为成功（有趣味、有创新性、有幽默感等）？为什么？

物品拍卖

形式：集体参与　　时间：30~40分钟

道具：用纸裁成的小长方形若干（充作现金），自制的拍买单及拍卖物的所有权证明，小槌，铅笔或钢笔

场地：大型场地，室内

目的

1.体会应对变化时的恐惧心理。

2.活跃课堂气氛。

程序

1.发给每位学员一张物品拍卖单（见附件）和道具1000元“现金”。

2.请学员大致浏览一下列在拍卖单上的物品，并把他们最想拥有的物品圈上。

3.然后，让学员安排一下他们的预算，看看自己打算花多少“钱”“买到”这些物品。

4.提醒他们，他们只有1000元，物品拍卖时每次加价100元。

5.他们可以把他们的“钱”分到几件物品上，也可以全花在一件物品上——这由他们自己决定。

6.每件物品都列出了能给物品持有者带来的利益以及负面影响。

7.当学员选完他们想要的物品之后，培训师作为拍卖人，向大家介绍一下物品拍卖的规则：

（1）底价从100元起。

（2）学员每次只能加价100元。

（3）为了保证公平，学员必须举手出价。口头出价在任何情况下都不被承认。

（4）拍卖人指出出价最高的出价人并询问是否有人愿意出更高的价格前，应确认刚才出价人所出的价格。

8.敲响“拍卖槌”，开始这场拍卖会。

9.依次介绍每件拍卖品，而且要详细介绍它的优点及缺点。

10.从底价100元起开始拍卖，继续拍卖活动，直到得出最高的价位。

11.给那个出价最高的人找钱，并交给他物品所有权证书。

12.当所有物品都卖出去以后，结束拍卖。

分享

1.在拍卖过程中，你有什么感觉？从其他人身上，你观察到了什么？

2.哪件物品是你非常想得到而最终却没有得到的？为什么？

3.有什么物品是你不敢竞买的吗？为什么？

4.我们对不敢买但却十分想要的事物的恐惧是怎样影响我们应对变化和风险的？我们自己是怎样在成功之路上为自己设置障碍的？

5.看看你手中拥有的事物。想象一下在现实生活中，获得这些东西你会冒什么风险？如果它们确实值得，你会怎样去争取？

总结

1.能够快速应对变化的人甘愿冒风险，并快速做出决断。

2.这个游戏帮助学员练习这些技巧，并了解、认识恐惧——包括对成功的恐惧！

3.这个游戏还向我们展示，即使是做一些积极的或必要的变动时，大多数人也会感到恐慌。

4.它也向我们表明，我们的价值标准是如何影响我们的决定的，以及当我们陷入困境时，价值观念是如何影响我们承担风险的意愿的。

5.在这个游戏中，你只是冒一种风险，花费作为道具用的“钱”得到你想要的东西。而在现实生活中，当你面对变化，甚至是积极的变化时，你将可能不太适应。例如失去地位，恐惧感就会油然而生了。

6.这个游戏的另外一种形式就是在游戏的开展过程中改变规则。例如：你可以根据任意的理由，在游戏中，给一两个学员比其他人更多的“钱”。

7.这就正如在现实生活中，我们所有的人并不是在同一起跑线上竞争，有人富有人穷。但这也不是最重要的，最重要的是我们有一颗积极的心，有一个智慧的头脑，成功就不会离我们很远了。

8.你也可以突然宣布两三件物品将不再参加拍卖，因为它们被“生产商”宣布终止拍卖了。

9.那么有此计划的学员现在不得不很快进行调整，这就模拟了现实生活中不可预料的变化是如何影响个人目标的选择的。

附件：发放材料

拍卖单

1.靠近办公室的停车位。

再也不会迟到了，再也不会有那种使你头痛的不愉快的经历了，从你的停车位走到你办公室门口——几乎所有的人都知道你是谁了！你的一些同事有点儿妒忌了吧？如果他们也想有这样的停车位，那他们就应该再加把劲儿工作。

2.可以选择到自己喜欢的城市工作。

纽约、巴黎、上海——现在由你选择你曾梦想的城市！做好离家，离开朋友的准备（在那些年里，你还是会经常见到他们的）。从现在开始，准备经历许多人只能想想的事吧。勇敢地开拓新世界，探索别人没涉足过的区域！力量永远伴随着你……

3.拥有一间带按摩浴缸的浴室。

太好了，但大多数经理却很少有时间使用这些设施——你知道自己也一样（然而，即使很少用，你至少可以炫耀，你有一间这样的浴室，那会使你得到大家更多的喜爱）。

4.一份美味的午餐，每天按照你点的饭菜，送到你面前。

非常好的自助伙食！我们有些人只讲究吃。毋庸置疑，这顿午餐将大大提高你的生活质量（你只需要采取一些适当的方法，减掉伴随它增加的体重）。

5.拥有一间自己的办公室，四面墙，有窗户和一扇带锁的门。

啊，保留隐私！不在一般的工作区工作，远离那里的唠叨和流言蜚语，真是太棒了。即使他们有时会谈起你，谈到你换了位置，但谁还关心这个呢？你照样可以通过单位的领导知道，任何恶意的背后中伤都是靠不住的。

6.通信方便。

在家里工作完全是一种享受。你想几点起床，就可以几点起床，伸伸懒腰；随时可以走到你储存丰富的冰箱前，找些吃的、喝的；你可以从自己私人珍藏的CD中选择喜欢的音乐来播放。当然肯定不会有注意力不集中的危险——当手头的工作需要你集中精神时，你可以关掉音乐。

7.公司部门的重要人物。

你非常善于给客户留下深刻印象，并习惯于每天工作16个小时后才睡觉，有时只在中午打个盹儿。事实上，你一点儿也没有得到经营管理的任何好处（毋庸置疑，你的婚姻一定要稳固，这样你的配偶才可能不对公司提供给你的其他机会质疑）。

8.慷慨的着装补贴。

没有什么比你看起来像拥有上千万美元更好的感觉了——除非大家知道，你是用别人的钱买的衣服！当你的老板和同事比以前更带批判性地审视你的外表时——

你知道自己很有鉴赏力，代表着新的时尚潮流。

9.公司的专车，配有司机，负责接送你上下班。

把交通的烦恼留给他人！而把宝贵的精力，以及往返时间花在公司的业务上（这当然也是你的老板给你配专车时所希望的）。

10.灵活的上班时间。

谢天谢地！再也不用在每天的高峰期上下班了，这常常使人发火。你可以自己决定上下班的时间。

11.一个非常乐于教你的更好的老板，这一点有不好的方面吗？我不知道，反正，我一个也想不出来……

12.客户和同事都非常高兴能与你住在同一个街区，这一点可能有不好的方面吗？我不知道，反正，我一个也想不出来……

13.拥有你们公司里速度最快、界面最友好的计算机，你终于可以做一些事情了，这会极大地提高你的工作效率。因此，当你的同事请你在你离开的时候，允许他用一下你的电脑时，你能够慷慨地答应他。

14.每年两个月的带薪假期。

一般的假期是很短的。通常只有两周的假期，常常会用在陪亲友上。使人有点儿心烦的例行公务的游览，现在再也不存在了。这是脱离平时工作的激烈竞争的真正意义上的休假。充分享受这个假期吧，不要担心一些小事，如：当你休完假，返回办公室，你的桌上会有像珠穆朗玛峰一样高的没有处理的文件等着你；或者更糟的是，你发现，你不在时，大家过得更好。

15.公司的日托托儿所。

你可以在休息时间去看看孩子：如果孩子患病、碰破了皮或者出了其他什么事，你会立即接到通知。这解决了你心头多大的一个负担啊！你的孩子将开始从托儿所的老师那里学到热爱和关爱，而不仅仅是从你这里。

16.需要的技能培训。

你现在的职务需要不断更新技能。另外，你并不确定自己什么时候会考虑换工作。事实上，不断参加培训看上去好像是获得更好就业机会的最好途径。而另一方面，到现在为止，那些令人心烦的学习班确实很难令人忍受。你确定这确实值得吗？

17.一流的健康福利。

永远不用再填一份表格！在你去看医生、按摩师或者推拿治疗专家时，只需要带着你的健康卡，而且只需要支付20%的费用（还有，你将永远享受这项服务——除非你愚蠢到自己主动放弃全部这些福利）。

婚宴上的宾客

形式：集体参与　　　　时间：20分钟

道具：题板或幻灯片、宴会请柬（见附件）、空白卡、铅笔或钢笔

场地：大型室内场地

目的

1.体会在应对变化时，为不同的情感阶段所做的准备工作。

2.活跃气氛。

程序

1.把宴会请柬发给大家，确保每个角色至少有一个人扮演。

2.给大家一点儿时间看他们自己的角色描述卡，体会一下即将扮演的角色的心理。

3.强烈推荐以下做法：

（1）发给每个学员一张索引卡片。

（2）请他们写下自己的名字。

（3）还要写上可能送给新娘和新郎的最古怪的或是最俗气的礼物。

（4）告诉他们，如果他们的礼物确实曾送给一对真实的夫妇，那他们将得到一些奖励分数！

（5）他们可以选择在婚宴的任何时候把礼物交给培训师，由他来扮演新娘或新郎。

4.告诉大家，婚礼的仪式刚刚结束，宴会即将开始。

5.所有人都可以随便走动，喝点儿香槟，吃点儿点心，还可以互相聊天。

6.当他们一起聊天时，他们必须按请柬的要求表达情感（告诉大家，夸张一些，如果表达得很好，会得到奖励分数）。

7.他们必须不断交谈，直到双方都明白了对方的感情。

8.一旦他们都认为了解了对方的感情，可以说诸如“你一定在生气（不承认这件事、感到沮丧）”之类的话，然后走到其他人那儿去。

9.7~10分钟后，终止宴会。感谢所有参加的客人，并请他们坐到座位上去。

10.请代表每个阶段的扮演者站到前面。

11.通过大家的帮助和指导，按照他们认为正确的先后顺序排好。

12.当学员排好后，请他们描述一下各自的阶段（如果有必要的话，他们可以使用他们的请柬）。

13.感谢他们，请他们坐回到座位上去。

分享

1.在现实生活中，人们是如何表达这些感情阶段的？

2.他们有什么行为暗示？

3.人们为什么是按照这个顺序度过这些阶段的？例如，为什么首先是“否认”阶段？为什么“沮丧”阶段在“讨价还价”阶段的后面？

4.你能给处在“生气”或“沮丧”阶段的人提什么建议？

5.人们相互之间应该怎么做才能达到最后一个阶段——“希望”？

总结

1.在一份关于悲伤和死亡的很有影响的研究中，提出了按时间先后顺序出现的六个可识别的感情阶段，它们是：否认、生气、讨价还价、沮丧、接受和希望。

2.这些阶段似乎更清楚地表明：

（1）何时变化有时是外部施予的。

（2）作为变化的结果，一些有价值的东西就会失去，或被放弃。

3.善于应对变化的人或组织会为不同的阶段做好准备。

4.“沮丧”阶段在“讨价还价”阶段的后面是因为人们意识到他们对情况缺乏控制，所以感到很沮丧。

附件：发放材料

婚礼请柬

敬请参加张倩和刘德的婚礼：

（给新娘或新郎最要好的朋友的）

你是新娘或新郎最要好的朋友，而你非常不喜欢你的朋友的新配偶。你的角色：否认。在这个阶段，典型行为是，好像没什么不对，情况和变化并没有影响我们。本质上来说，我们正在逃避应付变化的情况。典型的语言有“他现在结婚了又怎么样？我们还不是像以前一样，每周末去酒吧喝酒？”“我的朋友结婚只是为了得到更好的健康保险，并没有真正爱上对方。“我还能再吃四块蛋糕——在婚礼上多吃点儿东西，东西所含的热量多一点儿，算不了什么。”“并不能因为我在啜泣，就说我心烦意乱，我没事儿。真的，我为他们感到高兴。胡扯。”

敬请参加张倩和刘德的婚礼：

（给新人过去的恋人的）

你是新娘或新郎过去的恋人。你的角色：生气。在这个阶段，我们最终承认情况已经改变，但我们感到无助和懊恼。我们相信正在失去对我们来说很重要的东西，并认识到我们无力改变它。典型的语言有“我真不敢相信这两个家伙居然结婚了。”“去参加葬礼也比来参加这个婚礼要好得多。”“这段婚姻一定不会有什么好结果。”“那两个人没有一点儿共同语言。我敢打赌，这段婚姻只能维持一个月。”

敬请参加张倩和刘德的婚礼：

（给长辈的）

你是新娘处事谨慎的长辈。你知道她本可以做得比这次失败的婚姻更好。你的角色：讨价还价。在这个阶段，感到内疚和困惑。我们想要重新获得控制的感觉，因此我们讨价还价，或者做“交易”来阻止情形失控。这些交易可以是和我们自己或者他人进行的。典型的语言有“那好，我会让他们维持这段婚姻直到蜜月之后，然后我们看吧。”“我在等待时机，等到她能自己醒悟过来，而同时我还看到，她的好友马文对她仍旧很迷恋。如果上帝允许我脱离这个困境，我将永远再也不要求什么了。”

敬请参加张倩和刘德的婚礼：

（给新郎的某女性朋友的）

你是新郎仍旧独身的女性朋友，你本来希望你们能够结合。你的角色：沮丧。在这个阶段，我们已经逐步认识到，改变的情形再也不可能逆转了，我们感到很伤心。我们可能意识到了，也可能没有意识到，这就是我们的感觉。我们的沮丧通过我们的行为清楚地表现出来。如：睡得太多或太少，消沉，过量的饮食（角色扮演的暗示：过量饮酒）。典型的语言有：“不，我太累了，不想诅咒什么。我还是坐在这儿，写一曲死亡的挽歌吧。”“我好像弄坏了这双昂贵的新鞋的后跟儿，哼，谁在乎呢？”“这儿有什么地方可以让我躺一会儿吗？”“没有希望了，我打算永远也不结婚了。”

敬请参加张倩和刘德的婚礼：

（给新人的同学的）

你是新娘或新郎的同学，目前单身。你的角色：接受。在这个阶段，我们逐渐被正在变化的情形所吸引。我们正在努力重新获得力量，并寻求新的方法来满足我们的需要。典型的语言有：“好哇，很明显，我是这里唯一的单身人士。哦，也许我可以和乐队的那个人聊聊？”“我应该面对现实，他现在结婚了。”“也许这儿的什么人能给我提供一份好工作。我的名片放哪儿了？”

敬请参加张倩和刘德的婚礼：

（给新郎年幼的弟弟或妹妹的）

你是新郎年幼的小弟弟或妹妹。你的角色：希望。在这个阶段，我们已经无可奈何地接受了新情况，并感到乐观。我们开始观察，这种新状况该如何为将来创造机会。其他人把我们看作是非正式的领导者，可以帮助他们把问题处理好。典型的语言有："我很高兴能又有一个姐姐！我们会成为好朋友的。""只要一想到我现在可以拥有哥哥的房间了，我就兴奋不已！""哇，如果有人愿意嫁给我哥哥这种人，那我是不会有什么问题了。"

玩具公司

形式：5~8人一组　　时间：50分钟

道具：橡胶带、折纸、银币、纽扣、纸牌、骰子、剪刀、磁带、描述卡、信息卡、计时器

场地：室内

目的

1.体会在应对变化时的应变能力以及适应能力。

2.使管理者在经历方向性改变时具有很强的适应力。

程序

第一轮

1.选5~8人组成一个玩具开发组，把所有材料交给开发组，并告诉他们，可以开始开发他们的玩具了。

2.把首脑们（为这个玩具提供一些策略性的方向指导）带到屋内较远的一角，并将第一张信息卡片大声地念给他们听。

3.念完之后，他们有两分钟时间做出决定。

4.然后，他们要与监察员们（给开发组提供指导和帮助）交流他们的决定。

5.启动计时器，把信息卡留给他们，走开。

6.当计时器的时间一到，立刻要求首脑们把监察员们叫到桌子旁，告诉监察员们做出的决定。

7.监察员现在有两项任务：关于这个玩具定位于哪类用户做出他们自己的决定，并把这些最新的决定提供给开发组。

8.他们一共有两分钟时间完成这两项任务。

9.启动计时器，走开。

第二轮

1.你回到首脑们那里，交给他们第二张信息卡片。

2.启动计时器，当到两分钟时，他们必须与监察员们交流他们的新决定。

3.监察员们现在有两分钟时间做出一个决定，然后把最新决定告诉开发组。

第三轮

1.回到首脑们那里，交给他们第三张信息卡片。

2.启动计时器，当到了两分钟时，他们必须与监察员们交流他们的新决定。

3.20分钟后，叫停。

4.请开发组为首脑和监察员描述或演示一下游戏，如果他们创作了广告词，也请他们读一下。

5.带头鼓掌，并感谢所有人。

分享

1.在活动开始时，你有什么想法或感受？

2.在快要结束时，为什么你的想法和感受改变了？

3.不断的变化对你们正在开发的游戏有什么影响？

4.你们最终得到一个成功的游戏了吗？为什么？或者为什么没有？

5.什么信息确实给开发组带来了帮助？对监察员们呢？对首脑们呢？

6.时间限制是如何影响人们的适应能力、社交技巧以及思考能力的？

7.对于不同的人，这种影响是不同的吗？

8.你对自己有什么体会和理解？

9.你是如何应对这个活动中不断的变化和挑战的？

10.这与你在现实生活中处理变化的方式有什么相同或不同之处吗？

总结

1.为了保证游戏快速进行，当首脑们一结束与监察员们的谈话，立即交给他们一张新的信息卡片。

2.你的任务是把信息卡片读给他们听，启动计时器，走开。

3.变化的过程常常会使人觉得“悬在空中”或不确定。

4.你的策略还没有经过检验，它们的结果还不清楚，你正处于不知所措的境况中。在这个过程中，人们通常会感到紧张和不安。

附件：发放材料

角色描述卡片（发给大部分学员）

开发组成员

你是玩具公司开发组的一名敬业的、具有创造性的成员。你和你的小组合作得很愉快，过去曾一起为玩具公司开发出一些销量很好的玩具。而且，你对接手今天的项目非常有信心。

监察员

（这种卡片应发给2~4名学员。）

你是玩具公司一名敬业的监察员。你喜欢并信任由你监督的开发组成员。你的工作就是将首脑们作出的决定通知开发组。

首脑

你是玩具公司一名敬业的总裁。你的工作就是对不断变化的市场做出反应，以保持玩具公司的灵活性和竞争力。这意味着，你和其他首脑不得不快速作出艰难的决定，经常对最新出现的情况做出反应。

信息卡片（发给首脑们）

第一张信息卡片：

市场部刚刚决定，为了使这个玩具销售得更好，它必须特别定位于男孩或女孩的某一群体。你们有两分钟时间，决定最终定位于哪个性别。两分钟一过，就要与监察员们会面，告诉他们你们的决定。告诉监察员们，他们现在的工作是：

（1）对于玩具将要针对哪类人，作出他们自己的决定。

（2）把这些决定通知开发组。他们总共有两分钟时间作出决定，并将新决定通知开发组。

第二张信息卡片：

进行全面分析之后，会计部决定你们需要削减50%的成本。你们有两分钟时间确定如何降低成本：解雇员工或者减少玩具材料（你们不需要确定具体解雇哪些员工或减少哪些材料）。告诉监察员们你们的决定，并告诉他们，他们的任务是确定如何具体执行你们的决定。

第三张信息卡片：

你们听到了一个非常令人震惊的消息，奇异玩具公司正在向市场推广一款玩具，而这个玩具使用的是和你们新玩具非常类似的材料！市场部认为，你们的玩具必须取一个时髦的名字，使它成为更好的玩具，以示区别。你们有两分钟时间，为这个新玩具取一个名字。通知监察员你们的决定，并告诉他们，他们的任务是提出一种能帮助开发部使玩具适应新名称的方法。

短语接龙

形式：集体参与	时间：15~20分钟
道具：质地柔软的球	场地：不限

目的

1.让学员感受一下自己的应变能力。

2.活跃现场气氛。

程序

1.让你的学员们站成一个圆圈。

2.围成圈的学员要把球投给另外一个人，与此同时说一句简单的、带有描述性的短语：

"平静的湖水"

"小女孩"

"美丽的城市轮廓"

"令人害怕的灰熊"

"柔软的球"

……

3.让他们一直保持这种一边传球一边说话的方式，直到确信每个人都有快速说出短语的能力（通常需要5分钟）。

4.当你感觉已经进入了这种状态的时候，等球下一次传到你手上的时候，停止这个游戏。

5.对他们非凡的口头表达能力大加赞赏，并让他们知道他们正在以惊人的速度朝着更高的水平前进。

6.告诉他们现在可以再次做这个游戏。

7.这一次有一个规则：他们的短语一定要与前一个短语有联系。就是说，一个人一边抛出球一边说出一个短语，接到球的那个人抓住它，并且接着这个短语说下去，但接住球的人把球抛出时所说的短语，不必和自己接球时所说的相关。

8.试着说一些类似的短语。抛出球并说："一头懒散的食人兽"接到球的人必须说一些类似于"拔掉它的牙"的话。

培训师要为他鼓掌，以鼓励其他人，然后这个人再把球抛给其他人，说："可能是柔软的夏季的云彩"无论谁接到球都应说："从天空中飘过"，这个人转而把球抛给其他人说："愤怒的两岁的小狗"接到球的人说："大声地号叫着"等等。

9.按这种方式一直做下去，每个人在大部分情况下都对这种即席发言的方式习惯了。对他们表达出你的羡慕之情，然后让学员就座。

分享

1.当球抛向你时，你有什么想法？

2.在游戏进行的过程中是否有变化？

3.在说那些短语的时候你感觉自然吗？

4.对于你接着前一位的短语往下说这件事，你感觉如何？

5.哪一轮游戏对你来说比较简单，第一轮还是第二轮？

6.作为一个发言人，如果你只是注重对你的伙伴们的回应而不注重表达，你的参与水平能否得到提高？

总结

1.如果有些学员始终对这个游戏感到困难，通常这是因为他们为了让自己表现得更聪明。

2.追求说出有诗意、幽默的短语或为了寻找不同寻常的短语而给自己施加了太大的压力，也会导致学员的思维迟钝。

3.提醒他们这个游戏的关键点是自发性（比如，对将要发生的事情的好奇心）。

4.告诉他们不用担心自己的创造性，这种创造性会以自己的方式表现出来。

5.真正受大家欢迎的演讲者是那些有煽动力的人，在每次聚会中，他们似乎总能即席引发参与者的兴趣。事实上，这是他们努力的结果！

6.他们乐于面对问题，对于听众们的问题、意见，他们总是给予积极的反应。

7.他们还会在毫无准备的情况下自然地抛出一些实践题目或游戏。许多人是没有任何准备的，这样就把他们与那些平庸的演讲者区别开来了。

8.他们真正地吸引并控制住了听众的注意力，并且使整个房间生机盎然。结果，他们发出的信息通常情况下都能被很好地接收并牢记。

看谁做得最快

形式：全体参与	时间：5分钟
道具：附件中材料的复印件	场地：不限

目的

让学员了解到理性思维不是急于求成。

程序

1.给学员发如下复印件。

2.宣布看谁能做得最快。

附件：发放材料

这是一个简单的测验，请不要为了速度而不阅读完毕就开始做！

请按照下列指示进行：

1.请大声对您左边的人说“谢谢！”

2.请在这张纸的左上角写下今天的日期。

3.在这张纸的右上角写上贵公司名称。

4.将您在左上角写的日期圈起来。
5.在这张纸的右下角画5个正方形。
6.在刚才所画的正方形中央各画一个十字。
7.在刚才所画的正方形的四边周围各边画3个三角形。
8.在这张纸的左下角签上您的尊姓大名。
9.在签名下写3个“好”字。
10.请大声喊一声“我最快”。
11.在这张纸的背面写出50乘80的答案。
12.将第9句中的“好”字画一个圆圈。
13.再在这张纸的背面写下43乘34的答案。
14.从上题的答案减去43再减34等于多少。
15.请在以上单数题号上画上一个圆圈。
16.请在以上偶数题号上画上一个三角形。
17.请沿着本行裁剪，将17题以上的部分交给培训师。
18.现在你已经仔细读完了，请只做第1题或第2题。
19.在右上角的人名下，画一道直线。

注意

所有学员做题不允许交流，做完后耐心等待其他学员完成。

手牵手

形式：全体参与	时间：10分钟
道具：无	场地：不限

目的

训练个人的注意力和反应能力，活跃气氛。

程序

1.分两组，各组人数不限，排成两排。两组人面对面坐下，手牵着手。

2.其中一组组长叫出一种植物或动物的名称（组员把手放开），叫到植物时，全部的人要将双手上举，叫动物时则放下，如果连叫两次植物或动物就保持上举或放下的动作。例如：芹菜（上举），兔子（放下），狐狸（放下），菊花（上举）……

3.两组组长轮流叫植物或动物的名称，动作错误的人就要被淘汰，经过几次后剩下人数较多的那组获胜。

分享

1.你觉得你反应够灵敏吗？

2.如果你动作错误，大家哄堂大笑时，你的感受是怎样的？

有模有样

形式：4人以上，每2人一组进行淘汰赛　　时间：10分钟

道具：无　　场地：不限

目的

1.使学员感受动作的回答方式；

2.培养注意力。

程序

1.先共同订出一些标准动作。如一方说出“在棒球场”，另一方即以“挥棒”的动作代替口语回答。

2.两人面对面坐着，猜拳赢的一方先问，另一方则要针对对方的问题用动作来回答，动作做错的人就算输了。

3.例如，问：“在棒球场？”答：（做挥棒姿势）。问：“在照相馆？”答：（做出照相的姿势）……

4.如此反复，再加快速度，回答的人稍不留神，就会输了。

5.输的一方淘汰，赢的人再继续两人一组，一直到比出最后剩下的那一个就是最后的胜利者。

交换名字

形式：全体参与　　时间：10~20分钟

道具：无　　场地：不限

目的

训练学员的注意力和反应力

程序

1.10人作为一组。

2.每组围成一个圆圈坐着。

3.围圆圈的时候，学员随即更换成右邻者的名字。

4.以猜拳的方式来决定顺序，然后按顺序提出问题。

5.当主持人问及“张三先生，你今天早上几点起床？”时，真正的张三不可以回答，而必须由更换成张三的名字的人来回答：“哦，今天早上我7点起床。”

6.该回答时却不回答的学员，及不该自己回答时却回答的学员会被淘汰。

7.每组最后剩下的一个人就是胜利者。

分享

1.人的潜意识是什么？

2.惯性如何改变以适应新的需求？

代号接龙

形式：全体参与　　时间：10~20分钟

道具：无　　场地：不限

目的

训练个人的反应力和记忆力，以最快的速度判断出自己的所在位置。

程序

1.以10人作为一组。

2.每组围成一个圆圈坐着，先选出1人做庄家。

3.参加者，以庄家的位置为基准，从庄家开始算数字，就是自己的代号，每个当鬼的人都是“1号”，庄家的右边第一位是“2号”，依次为“3号”“4号”……

4.游戏从庄家这里开始进行。如果庄家开始说“1、2”，其意思就是由第1个人传给第2个人的意思。

5.“2号”在接到口令后，就要马上传给任何一个参加者，例如“2、5”，“2”就是自己的代号，“5”则是自己向参加者传递的代号，此数字可以自由选择。

6.如此一直进行比赛。

7.如果自己的代号被叫到却没有做出回答的人，就要做庄家。

8.庄家的代号是从1开始，所以当庄家换人的时候，则所有人的代号重新更改。

分享

这个游戏有趣与否，取决于参与者的反应速度的快慢，所以应当培养良好的灵敏反应。

大树与松鼠

形式：10人以上　　时间：5~10分钟

道具：无　　场地：不限

目的

1.活跃气氛。

2.提高学员的反应能力。

程序

1.事先分组，3人一组。2人扮大树，面对对方，伸出双手搭成一个圆圈；一人扮松鼠，并站在圆圈中间；培训师或其他没成对的学员担任临时人员。

2.培训师喊“松鼠”，“大树”不动，扮演松鼠的人就必须离开原来的“大树”，重新选择其他的“大树”；培训师或临时人员就临时扮演松鼠并插到“大树”当中，落单的人应表演节目。

3.培训师喊“大树”，“松鼠”不动，扮演大树的人就必须离开原先的同伴重新组合成一对“大树”，并圈住“松鼠”，培训师或临时人员就应临时扮演大树，落单的人应表演节目。

4.培训师喊“地震”，扮演大树和松鼠的人全部打散并重新组合，扮演大树的人也可扮演松鼠，“松鼠”也可扮演大树，培训师或其他没成对的人也插入队伍当中，落单的人表演节目。

分享

1.一个人让别人了解自己的途径大概有多少种？除了自己主动，或别人主动，还有什么？

2.在工作之中角色的转变也是经常的，如何才能做到收放自如？

红黄牌

形式：全体参与	时间：5分钟
道具：红牌、黄牌、举牌表	场地：不限

目的

迅速领会意思并执行动作。

程序

1.两人并排站立。

2.听意思举牌。

附件：发放材料

表5-1　举牌表

培训师说	动作
举起红牌	举起红牌
放下黄牌	放下黄牌
不要放下黄牌	举起红牌
放下红牌	放下红牌
不要不放下红牌	放下红牌
举起黄牌	举起黄牌
千万不要不举起黄牌	举起黄牌
不要放下红牌	举起红牌
不要不放下黄牌	放下黄牌
千万不要不举起红牌	举起红牌
举起双手、原地跳一下、放下黄牌	放下黄牌，举起红牌
我喊一声就放下红牌	举起红牌
不要不放下黄牌	放下黄牌
千万不要不举起黄牌	举起黄牌
不要不举起黄牌	举起黄牌

当心“炸弹”

形式：全体参与　　时间：15分钟

道具：红牌、黄牌、气球　　场地：不限

目的

体验团队成员为了大团队的利益而积极主动的心态。

程序

1.小组成员编号（号牌挂好）。

2.只能有一人托着“炸弹”（气球）。

3.随机喊其他成员的号码，在成员听到并且答应后，方可将气球放手后走开，让新成员接住气球，气球若掉在地上就算“炸弹”爆炸，没有接住气球的成员将被淘汰，坚持时间最长者为胜者。

4.在一个循环内不可叫重复的号码。

第六部分

THE SIXTH PART

激励游戏

举胖子

形式：集体参与　　时间：10分钟

道具：椅子一张　　场地：不限

目的

认识合力产生的不可估计的强大力量。

程序

1.在学员当中挑选个头最大、体重最重的学员，请他坐在讲台上的一张座椅上，另外在学员中挑选4名最瘦小的学员，请他们上台。

2.4名瘦小的学员要合力将坐在椅子上的胖学员举起来，起码坚持3分钟，但是，每人只能动用自己的1到2根手指。

分享

不要认为不听取培训师的引导就能利用正确的方法实现通力合作。

4个人各伸出食指，两个人的食指顶住胖学员的腋窝，两个人的食指顶住胖学员的膝窝，准备就绪后，喊一声“一、二、三”，然后4个人共同向上用力，就能把试验者托举起来。

动机练习

形式：集体参与　　时间：10分钟

道具：用于贴在椅子下面的几张1元钞票　　场地：教室

目的

1.动机是内在的。

2.外在的奖励能激励人们的行为。

程序

1.动机定义是“发自内在的，而非来源于外在的做某事的想法”。

2.对学员说：“请举起你们的右手”。过一会儿，感谢大家，问他们：“你们为什么举手？”回答会是：“因为你要我们这么做”或是“因为你说请”。

3.得到3~4个答案后，说“请大家站起来，并把

椅子举起来。”

4.绝大多数情况下，没有人会采取行动。培训师继续说：“如果我告诉你们，在椅子下有钞票，你们会不会站起来并举起椅子看看？”

5.绝大多数人仍然不会行动，于是培训师说：“好吧，我告诉你们，有几张椅子底下真的有钱。”（通常2~3个学员会站起来，然后很快，所有人都会站起来）于是有人找到了纸币，叫道：“这里有一张！”

分享

1.为什么第二次请你做事时，要花费更多的努力？

2.钱是否能激励你？（强调金钱并非总是人们的动机所在）

3.激励人们的唯一正确方法是什么？

总结

1.培训师第二次请学员们做事时，学员们认为要花费力气，而且无目的性，因而培训师就要花费更多的努力去让他们做事。

2.钱是激励的一个外在因素。

3.激励人们唯一的正确方法是，让他们自己想去做。除此以外，别无他法。

甩掉烦恼

形式：集体参与	时间：5~10分钟
道具：纸、铅笔、空盒子或其他容器	场地：不限

目的

帮助与会人员找到几种对付各自问题和烦恼的办法。

程序

1.向与会人员宣布他们现在有一个“抛开”他们烦恼的机会。

2.请与会人员想出一个与正在探讨的议题有关的问题或烦恼（如果想不出也可以随意说一个问题）。

3.请他们写下各自的问题，无须署名，然后把纸揉成一团，丢进一个放在房间角落的容器里。如果与会人员较多，则在房间里多放几个容器。

4.所有纸团都丢进容器后，请一位与会者捡起一个纸团，扔给房间内的任意一个人。

5.接到纸团的人把纸团展开，大声读出上面写的问题。

分享

1.为什么无法解除烦恼？

2.解除烦恼的方法有哪些？

总结

1.记住：不要用普通的废纸篓，除非里面是空的。

2.在培训过程中可以随时进行这个游戏。如果课程的时间超过半天，本练习可以断断续续地进行。

3.不要完全把自己封闭起来，有的时候你也需要别人的帮助；同时自己也要准备去帮助别人。

神秘人物的神秘礼品

形式：5~10人一组	时间：3~5分钟
道具：用作奖品的现金	场地：不限

目的

鼓励新来的人结识“老会员”，并尽快融入集体之中。

程序

1.事先秘密指定某人充当神秘人物。

2.在会议开始之前或进行期间突然宣布：“与神秘人物握手。他会给你1元（或者“逢10的握手者，即第10个或第20个、第30个与神秘人物握手的人，可得5元”，等等）。”

分享

1.为什么我们不愿结识新人？

2.物质刺激对你的行为方式的影响是什么？

3.可以有效地帮助我们打破缄默，开始谈话的话题有哪些？

总结

1.每次结识新人都是对我们“推销”自己、了解别人的挑战，因此很多人不太愿意接受这个挑战。

2.结识新朋友常常可以给你带来意想不到的好处和方便。

3.在物质或其他某些因素的刺激下，人们往往可以结识更多的人，跟他们随便聊聊。

4.人们往往需要外部刺激和自我鞭策这两种方式来迫使自己接受新的挑战。

5.懂得掌握这项技能对自己的益处。

你是哪一类员工

形式：集体参与	时间：5分钟

道具：3个玻璃杯、两片阿司匹林、两片溴化片、两片碱片和一条擦拭用的毛巾

场地：不限

目的

鼓励新员工事先想好要在公司内扮演什么样的角色。

程序

1.在3个玻璃杯里分别倒进3/4杯左右的水，把杯子放在所有人都能看见的桌子上。在第一个杯子里放两片阿司匹林。向与会人员说明，这里没有可见的反应，就像“无所作为”的员工。

2.把两片溴化片放进第二个杯子。向与会人员说明，这类员工起初满怀工作热情，但很快就失去了这股劲头。

3.把两片碱片放进第三个杯子。向与会人员说明，这类员工虽非出类拔萃，工作业绩却相对平稳，因而也最受欢迎。

分享

1.在你的公司，根据你的初步观察，最受欢迎的员工一般是哪种类型的员工？他们有怎样的共同特征？

2.为什么第三类员工是最受欢迎的？

总结

1.公司的发展在于点滴的持之以恒的优势积累，只有脚踏实地的员工才能真正和公司一同成长。

2.第三类员工并非不需要热情，它强调的是能迅速把热情转化为耐心细致的行动的素质。

99.9%怎么样

形式：集体参与　　时间：5分钟

道具：事先准备好的复印资料（见附件）　　场地：培训室

目的

有人认为，“99.9%的合格率对我来说已经够好了”或者“顾客对99.9%的合格率已经很满足了”。引导与会人员思考这种心态对其产生的不良影响。

程序

1.问与会人员，如果他们奉命去主管一条生产线的话，他们可以接受什么样的

质量标准。填写下表，如表6–1所示：

表6–1 接受人数质量标准表

标准（%）	接受的人数
90	
95	
96	
97	
98	
99	

注：质量标准用合格产品占全部产品的百分比来表示。

2.用举手的方式来统计一下他们可以接受的质量标准。

3.告诉他们，现在有些公司正在努力把不合格率降到仅为1%的1/10，即99.9%的质量合格率！问他们是否认为99.9%的合格率已经足够了。

4.逐步举出一组令人震惊的统计数字（复印资料上的数字），说明即使是99.9%的合格率也会造成一些严重的不良后果。

5.告诉他们，某手机巨头的承诺是达到“六星级”的质量标准——在每100万件产品中，不合格品应少于3件！

6.把复印资料分发给每个成员（附后）。

分享

1.你是否仍然对99.9%的合格率感到满意？

2.我们的顾客是否会对此标准感到满意？

总结

1.没有最好，只有更好。

2.努力追求100%。

附件：发放材料

如果99.9%已经够好的话，那么……

每天会有12个新生儿被错交到其他婴儿父母手中。

每年会有11.45万双不成对的鞋被装船运走。

每小时会有18322份邮件投递错误。

今年会有200万份文件被有关方面弄丢。

250万本书将被装错封面。

每天会有2架飞机降落在机场时，安全得不到保障。

今年会有2万个误开的处方。

将有88万张流通中的信用卡在磁条上保存的持卡人信息不正确。

一年中将有103260份所得税报表处理有误。

将有550万盒软饮料质量不合格。

291例安装心脏起搏器的手术将出现失误。

有趣的活动告示牌

形式：集体参与　　时间：5~10分钟

道具：每人发一张纸和一支粗头墨水笔，透明胶带　　场地：不限

目的

用一种新方法来促使与会人员团结在一起，把重要信息与他人一起分享。

程序

1.问两三个关于与会人员个人的问题。把问题用幻灯片或挂图展示给大家看。问题举例如下：

（1）你最爱吃什么？

（2）你的宠物做出什么事情最惹人生气？

（3）你近期读过的最好的书是什么？

（4）你一直喜爱的影片是什么（或者你一直喜爱的男演员或女演员是谁）？

2.给每位与会人员发一张纸和一支粗头墨水笔，请他们把自己的姓名写在纸的顶端，然后写出其中两三道问题的答案，如表6-2所示。

表6-2　答题表

我的姓名：×××
苹果
弄脏我的床
《古怪的人》
《流浪地球》

3.现在请与会人员用透明胶带彼此帮助把答案纸贴在肩头（这样他们看上去就像活动告示牌。这可能会引起一阵笑声）。

4.请与会人员全体起立，在房间内自由走动，弄清楚谁是谁。鼓励他们进一步探讨别人写下的答案。

分享

1.你对这个游戏有何感想？

2.现在我们已经把这个游戏做过一次了，如果我们晚些时候再做一次这个游戏的话，你想知道（并分享）哪方面的信息？

总结

1.恐怕你得掌握好时间，及时停止这个游戏。

2.通过找到自己与他人的共同之处，从而进行顺利的交往。

3.通过交往，获得你想得到的信息，并有可能得到更多的信息。

少一把椅子

形式：集体参与	时间：3~10分钟
道具：问题卡片、音乐、象征性的奖品	场地：不限

目的

帮助与会人员在午饭后振作精神。

程序

1.准备一些关于本团体或会议议题的问题（一张卡片上写一个短问题）。

2.把所有多余的椅子都搬出去，另外再多搬出去一把椅子。

3.把会议室按照你最喜欢的方式布置好，在每把椅子旁都留出足够的空间。

4.给与会人员讲一下游戏规则：在你播放节奏明快的音乐时，让他们绕着房间走动。20~30秒后，音乐停止。这时与会人员应该去争抢椅子，给那个因为没抢到椅子而站在一旁的“幸运儿”一张卡片，请他回答上面的问题。

5.拿走一把椅子，游戏继续。进行五六个回合。

分享

用于活跃气氛，可不做讨论。

总结

1.本游戏可以随时停止，既然主要目的是让与会人员活跃起来，就不必在这上面花太多时间。

2.游戏结束后，向答题者发奖（糖果、手册等），然后告诉他们，从长远角度看，貌似输家的人其实是赢家。

起立与轻拍

形式：集体参与	时间：1~5分钟
道具：无	场地：不限

目的

在长时间的会议中给予与会人员一些自然的休息机会。

程序

1.在会议刚开始时，从自愿承担这项工作的人中选出一两个“休息经理”。告诉与会人员休息经理将有权决定与会人员在何时休息。

2.只要休息经理认为与会人员已有点儿疲惫，或者你的发言已变得有点儿冗长时，他们就可以站起来。这意味着其他人也可以随之起立（如果他们愿意的话），用30秒时间舒展一下身体。

3.在休息经理和其他人起立时，你要暂时停止发言。这通常能在与会人员中制造出一种幽默、善意的气氛，有时还能给他们一个机会（用善意的方式），告诉你已经讲跑题了。

4.在长时间的发言中，在第二次或第三次站起来休息时，鼓励与会人员“轻拍”，也就是按摩自己的后颈、双腿、双臂等部位，舒展、放松身体。这会帮助他们更加清醒，更加富有活力。

5.如果发言时间非常长，在第三次或第四次站起来休息时，鼓励与会人员“轻拍”或按摩另一个人的肩或背。尽管有些性情拘谨的人不喜欢参加到这种按摩活动中来，但对于大多数与会人员来说，这却是一项有趣并且能够振作精神的活动。

总结

这种做法会受到大家的欢迎。培训师可以通过这样的调节使会议得以顺利地进行下去。

乐队总指挥

形式：集体参与	时间：6分钟
道具：播放音乐的设备	场地：不限

目的

在与会人员结束了紧张的活动或讨论，或者被动地聆听了讲座或观看了视频之后，给他们一个放松的机会。

程序

1.在大家看起来特别无精打采的时候，给他们一种独特的休息方式（不用咖啡，也不用休息室）。请所有与会人员起立，在身边留出足够的空间，以免在自由挥动手臂时彼此碰撞。

2.对他们说，他们已经赢得了乐队指挥的权力，将在随后的5分钟里指挥举世闻名的费城交响乐团。你还可以告诉他们，据说模拟指挥是放松情绪和锻炼身体（尤其是对心血管系统）的绝佳方式。

3.播放一段音乐，请他们伴随音乐进行指挥。

分享

1.指挥一个乐团感觉如何?

2.有多少人想在回家之后从自己的音乐播放列表中选几首来模拟指挥?

3.指挥乐团使人得以挥舞双臂，摆动身体，从而重新变得生机勃勃，但在其他情况下我们是做不出这一举动的。这说明了什么?

总结

1.本练习在你精心挑选了曲目的情况下最为有效。我们推荐那些所有人都耳熟能详的曲目，这样他们会知道下面的音乐是什么。

2.选取的音乐应该是节奏明快的，以激发人们在指挥时的活力，苏泽的进行曲或者施特劳斯的圆舞曲效果很好，而且在速度和音量上有变化的曲子通常会有助于人们变换指挥方式。

3.幻想自己在指挥一个庞大的乐团会带给人振奋的力量，同样让人们幻想自己是一个名人，并朝他的方式走去，这还有助于人们走向成功。

共享好主意

形式：集体参与　　时间：3分钟

道具：3套教学用的抽认卡（规格为5x9寸的卡片），每套都写上从1~10的编号

场地：不限

目的

1.激发与会人员想出一系列主意。

2.鼓励所有人都参加到活动中来。

程序

1.预先通知与会人员，在参加下次会议时，每人都必须想出至少一个主意、练习或者活动等。这些主意、练习和活动等都应该围绕着一个中心主题（如怎样改进质量、降低成本、奖励出色的业绩等等）。

2.预先挑选出3个与会人员组成一个“专家小组”。

3.在每个人讲述自己的主意时，“专家小组”当场举起事先准备好的抽认卡打分（最低为1分，最高为10分）。

4.主持人统计出每个人的总分，并宣布最终的获胜者是谁。

分享

1.今天有多少人获得了至少一个有用的新主意?

2.这个游戏是否在你的头脑中激发出了火花或者帮你想出了一个新主意?

3.你能否想出可以应用这个方法的其他领域？

4.这一方法有没有什么变通方式？有没有更好的办法？

总结

通过竞争来激发员工的思维，从而产生新的设想。

争夺5元

形式：3~5人一组　　　　时间：5分钟

道具：事先列好选项，准备好展示牌、挂钩与挂环、磁铁、粉笔，还有若干硬币和面值为5元的纸币

场地：不限

目的

运用竞争方式和经济手段鼓励大家投入到学习中去。

程序

1.选择一些与会人员已经学过的知识（比如：一个新产品的性能，或者一台机器的构造）。

2.把有关知识正确选项与错误选项混在一起，写在两块公告牌、屏幕或纸板上，不要让与会人员看到题目。

3.请两组人分别答题，要求他们在正确选项旁画"√"。

4.3分钟后，停止答题。

5.把公告牌转过来，朝向与会人员，请他们指出答案中的错误。

6.每挑出一个真正的错误，可获得一个硬币。获胜的一组（错误较少的一组）可获得5元的奖励。

总结

1.这一练习既增强了与会人员的竞争意识，又向他们提供了获得奖励的机会。这实际上是一种测验全体与会人员水平的有趣方式。胜利者通常会为失败者买些零食，这反映了同伴之间的情谊。

2.如果你的时间更为充裕，可以运用多种产品（列好选项），使本练习重复数次。

奖励的好处

形式：10人以下为一组　　　　时间：3分钟

道具：事先准备好的强化刺激用的奖品（如罐头、棒球帽、T恤衫、贴纸、纸币等）

场地：不限

目的

说明对与会人员的行为予以正强化会增加同一行为再现的可能性。

程序

1.找出大家都想得到的奖品（比如鸡尾酒会的免费饮料券等）。

2.告诉大家他们是可以获得这些奖励的，说明奖励机制，也可以在第一个值得奖励的行为出现以后说明。

3.在奖品上贴上速贴标签，上面写着："成功来自'能够'，而不是'不能'。"当与会人员听到这一振奋人心的口号，看到自己由于行为得体而获得奖励时，他们会喜欢上这个游戏，并做出相应的反应。

4.任何时候，只要有人提出了一个深刻的见解或者用一句幽默的话语打破了房间里的沉闷气氛，就奖励此人一件奖品，这会促使其他人也加倍努力去赢得他们自己想要的奖品。

分享

1.为什么人们会积极参与？

2.如果培训师或会议主持人有一次扣发奖品，会出现怎样的后果？

3.如果培训师或会议主持人选择了错误的奖品，会出现怎样的后果？

4.大家认为正强化还有什么其他用途？

总结

1.正强化是指对人或动物的某种行为给予肯定或奖励，使这种行为得以巩固和持续。

2.强化理论认为，如果某一行为能够获得正面激励，这一行为以后再现的概率会增加。

3.主管人员应该做到对下属的行为作出相关的，而且必须是正面的反应。

4.发放奖品要慷慨，但必须是有条件的。

愉快地走开

形式：集体参与	时间：5分钟
道具：每人发一个大信封和一套卡片	场地：不限

目的

以正面评价结束一次发言或培训。

程序

1.给每位与会人员发一份花名册和一些规格为3×5寸的卡片。

2.在课程开始前，请他们仔细观察同伴的行为。

3.请学员在卡片上写出对每个人的正面评价，并把被评价者的名字写在上面（培训师也可以参加这一活动，既对别人做出评论，也让别人对自己做出评论）。

4.在培训接近尾声时，把卡片收上来，放入合适的信封，发给每个人。

5.给大家留足够的时间来快速浏览一下关于自己的卡片。

分享

1.如果时间允许，请每位与会人员读一下令他感觉最好的评价。

2.请每位与会人员读一下最令他感到吃惊（或最令他迷惑不解）的评价。

总结

1.在人数为25人或少于25人时，本活动最为合适。

2.尽管课程本身紧张繁重，但这仍足以保证所有人都带着对自己的正面评价满意地回去。

3.也可以请与会人员彼此提供一个“成功小窍门”，或请他们完成下面这个句子：“我希望你……”，给每个人都写这么一句话。

4.同时这也是与会人员了解自己的外在形象的一次好机会，几乎每一个人都在乎自己在别人心中的形象。

共度好时光

形式：集体参与　　时间：5分钟

道具：规格为3 x 5寸的卡片　　场地：不限

目的

1.让每个人都对别人做出正面评价。

2.巧妙地引导与会人员认识他人的优点。

程序

1.把与会人员分成若干个两人小组。

2.在课程开始时对与会人员说，每个人都需要别人的认可与正面评价，请他们在整个学习过程中关注他们搭档的任何优点或长处。

3.课程结束时，请每个人在下面三个选项中至少选择一项，告诉他的搭档：

（1）一个特别漂亮的身体部位。

（2）一两个非常迷人的个性特征。

（3）一两项出众的才能或本领。

4.要求每个人都记下他的搭档的感情、思想和反应，等到对方“情绪低落时”，就可以再来重温这段时光。

分享

1.为什么我们中的许多人在想对别人说些赞美的话时感到难以启齿？

2.为什么有些人经常轻易地对别人做出负面评价，却几乎从来不说别人的好话？

3.“人们总是按照他们认为的那样来行事。”你是否同意这句话？为什么？

总结

1.如果你的时间更为充裕，请每位与会人员从上述三项中选择两项或三项，向自己的搭档说几句赞美的话。

2.当与会人员以前有过交流机会时，本活动的收效最为明显。

3.每个人都至少有一个优点，如果你能善于发现他人的优点并真诚地给予赞美，你将会赢得一个又一个真诚的朋友。

4.优秀的上司尤其要注意这一点：随时看到下属的优点并恰到好处地肯定他们。

吹气玩具

形式：10~12人一组

时间：20分钟（10分钟讨论，10分钟游戏）

道具：气球若干个，塑料打气筒（与气球的数量同组数一致）

场地：不限

目的

1.活跃气氛。

2.通过游戏使学员在协作和竞争中增进了解，增加团队凝聚力。

程序

1.培训师发给每组上述材料。

2.每组选出一位组员作为“小组巨人”。

3.每组利用所给材料，让组员想办法令“小组巨人”变得越来越“强壮”。

4.在规定的10分钟时间内评选最“强壮”的“小组巨人”。

分享

1.本小组是用什么方法令“小组巨人”变得越来越“强壮”的？

2.在游戏中，看见其他小组的“巨人”变得越来越“强壮”时，你的反应是什么？

总结

1.也许你立即就能想到让你们的“小组巨人”四肢发达起来，接着就是他的胸部和背部了，这没错。可是，用什么办法，将这些气球拴在他的身上呢？所以别急着将所有的气球都充满气，而是留一些作其他的备用工具，如作绳子用。

2.谁充气，谁扎头，谁来武装“小组巨人”，都已分配好了吗？千万不要全小组成员一窝蜂地做同一件事。

3.还有，别太贪！充过多的气，气球是易爆的。

4.不要充一个就往巨人身上“穿”一个，先将这些球做成一件“外衣”，然后再给巨人穿上，是不是更有效率一些？

兔子舞

形式：集体参与　　时间：10分钟

道具：快节奏乐曲和音响器材　　场地：空地或大会场

目的

1.活跃气氛。

2.增强团队成员的了解和合作。

程序

1.每个小组排成一队。

2.小组后面一位学员双手搭在前一位学员的双肩上。

3.培训师向学员发出动作指令：左脚跳两下，右脚跳两下，双脚合并向前跳一下，向后跳一下，再连续向前跳三下。

分享

1.为什么会出现步调不一致的情况？

2.有什么方法能使本小组成员尽量保持步调一致？

3.游戏进行到后面阶段，这种状况是否有所改进？为什么？

总结

1.由于成员个体间存在的差异导致了整体的不协调。

2.在交往中，随着对他人的了解越来越深，不协调的情况会越来越少。

课间操

形式：集体参与　　时间：5分钟

道具：音响器材　　场地：空地或大会场

目的

1.用于活跃气氛，放松精神。

2.增强动作的协调性，锻炼身体。

程序

1.所有学员面向培训师，分散站开。

2.播放音乐，学员在培训师的带领下完成以下一系列动作（除标注外，每个动作重复两遍）：

（1）掌腿1-2-3-4。

（2）捶拳1-2-3-4。

（3）捶肘部1-2-3-4。

（4）手掌叠交1-2-3-4。

（5）耸肩膀1-2-3-4（一遍）。

（6）擦玻璃1-2-3-4（一遍）。

（7）划水1-2-3-4。

（8）拍蚊子1-2-3-4。

分享

你都有哪些使自己心情放松的方法？

总结

劳逸结合能有效地提高效率。

注意

请培训师准备好音乐。

同一首歌

形式：集体参与　　时间：5~10分钟

道具：音响器材及《同一首歌》录音　　场地：会场或教室

目的

深化每个学员的内心世界，令每个学员都可以释放自己，沉浸于无界限的沟通境界。

程序

1.全体学员围成一个圆圈。

2.每位学员将自己的左手放在左边学员的右手掌上，右手托着右边学员的左手掌。

3.所有学员闭上眼睛，聆听一遍《同一首歌》。

4.再听一遍《同一首歌》，以加深印象。

分享

1.以这样的方式听歌是第一次吗？有什么特殊感觉？

2.团队成员有什么共同点？每人至少说一点，说得越多越好。

总结

1.在不同的情境下，学员对相同的事物有不同的感受。

2.团队之所以存在，是因为有共同的目标。

坦然自信地应对

形式：6~10人一组　　时间：15分钟

道具：几个形状怪异的物品，如活塞、漏勺、飞镖或电动牙刷；题板

场地：空间比较大的室内或室外

目的

活跃课堂气氛，让学员保持轻松和积极的心态进行学习。

程序

1.与学员一起即席想一想，如果在你们一群人面前出现炸弹，你们会做什么反应。让学员提一些可能的情形，把所有可能的反应记在题板上。

2.现在教学员学习“小丑鞠躬”的反应。当其他方法失败时，小丑鞠躬意味着面对听众，谦虚地笑着说，“谢谢你们，非常感谢你们。”

3.鼓励学员试一试小丑鞠躬方法的不同形式。他们可以用深情的语气说，也可能像电台的名主持人一样热情地说。他们可以先模仿其他人的风格，直到他们找到自己尤为喜欢的个人风格。

4.现在把形状怪异的物品拿给小组成员看。这个游戏的目的就是让学员说出这些物品的尽可能多的用处。

5.让小组成员站成一个长队，或者两队。让学员按顺序跑到屋子的前面，捡起物品，说出它的名字，并描述出它的用处，然后跑回队伍中。

分享

1.在接下来的3天里的任何时候，你们是否可能犯错误？如果你回答“是”，就试着用在本游戏中学到的技巧，看看人们有什么反应。

2.在人生的路途中，有人会“摔倒”。这就要看他是如何爬起来的才有意义。

总结

1.此游戏中由于运用了一些怪异的物品，又要求学员对它重新定义描述一番，所以非常有趣。

2.人们在面对一些意想不到的局面时，若能趁机幽默一下，坦然面对，势必多些快乐和智慧。

笑对小错

形式：集体参与　　时间：15~20分钟

道具：无　　场地：室内

目的

1.活跃课堂气氛，并让学员从中悟出一些道理。

2.让学员体会一下自己的应变能力。

程序

1.小组站成半圆形。按顺序报数，使每个参与者都有自己的号码。

2.第一个人（队列中的1号）叫另一个人的号“12号！”被叫的人立即叫另一个人的号，比如：5号被叫，5号接着很快叫出另一个号“8号！”，依此类推。第一个有点儿犹豫的人，或者叫了一个错号（他自己的号，或者是一个不存在的号）的人放弃自己的位置，走到队尾。这时，其他人要对他说：“你错了！”犯错的人要说：“对！”有人犯错后，队伍重新编号，游戏重新开始。

3.游戏继续进行，总会有人不断犯错误，不得不移到队尾。

4.大约5分钟后叫停。

分享

1.对小错误等闲视之会有什么感觉？看他人犯错误有什么感觉？

2.为什么当我们失败时，即使是在一个很简单的小游戏中，对我们的现实生活并没有什么影响，我们往往也不能容忍而嘟嘟囔囔？

3.在现实生活中，你会经常犯什么小错误？

4.在现实生活中，使用“对”有什么利害关系吗？

总结

1.在游戏中你不必做出惨相或难过状，你最好举起一个拳头，得胜般喊道：“对”，并且骄傲地昂首走到队尾。每个人都为你鼓掌。

2.“对”是一个工具，它基本上能使我们正确地认识错误。当你实际上在说“我做得不好吗”时，每个人都明白你的真正意思是，“呵呵，不要再那么做了！现在让我们继续吧。”除了举起拳头，说“对”外，还可以传递些幽默，比如：“谢谢你们，那些训练可花了我一年的时间，请给点儿掌声。”

3.对于真正严肃的错误，使用“对”这一方法是不恰当的。重大错误会给他人带来痛苦、损失或者困窘。而小错误只给自己带来困窘。

4.提醒他们一下，在这个游戏中，他们互相看着对方轻松愉快地对待小错误的感觉。说“对”解除了小组里每个成员因某个成员犯了小错误而带来的不舒适感。毕竟，那个人只不过做了所有人经常做的事——犯了一个小错误而已。

幸运饼干

形式：5~10人一组　　时间：10分钟

道具：盒装的幸运饼干、题板、小礼品　　场地：室内

目的

1.作为一个活跃气氛的游戏，它为参与的学员营造了一种有趣、和谐的氛围，同时，还向学员介绍了学习的目的和内容。

2.作为一个最后复习的游戏，这个游戏巩固了学过的要点。

程序

1.请每一位学员从标有“值得钦佩的管理秘诀”字样的盒子里取出一块幸运饼干，并读出上面的句子。

2.让每位学员想出某种办法，把这个句子与某一个管理原则联系起来，而这个原则可能要在今天讨论。

3.请学员首先介绍一下自己，接着大声念出幸运饼干上的句子，并提出一个和它相联系的管理原则。

4.把该原则写在题纸板上。

5.当几乎所有原则都被提出后，浏览一下提出的原则，在今天讨论或考察的原则下面画上下划线。

6.给予那些最富创造性的提出者一个小礼品，作为奖励。

7.在培训快要结束的时候，请每个学员从标有“值得钦佩的管理秘诀”字样的盒子里取出一块幸运饼干。领着大家郑重地打开幸运饼干，大口吃掉它们。

8.提出几个需要举手表决的有趣问题，选出5~10个志愿者。

9.让志愿者大声念出幸运饼干的句子，整个小组集体讨论，想一些办法把这些句子与今天讨论的原则联系起来。

10.奖励最富创造性的创造者一个小礼品。

分享

在7~10条中，学员是否感受到这种游戏方式起到巩固学习的作用?

总结

在发奖品时，由你来决定哪些值得奖励，要比大家表决快得多。我们建议，在活动过程中，当确实有很好的想法被提出时，你就应该在心里默默记下它们，以便你能很快地宣布谁是获胜者。

另外一个判断谁是获胜者的好办法是密切注意大家对每个想法的反应。这个方

法能够获得对这个小组较深层次的理解。然而，有时你也可能不采用这个方法，而积极地支持一个并不令人激动，但却很重要的原则，而这个原则恰恰是你想要学员记住的。

但从根本上说，那些被学员给予强烈反应的想法，无论在什么时候都需要被确认一下，快速记下这些句子的要点会有帮助。这样你可以在恰当的时候复述它们的大意。

如果哪个关于幸运的饼干句子的想法使大家发笑，一定要记住在培训快结束的时候，重复一下这些句子！这是一个能真正使大家感到很愉快的游戏：即使学员可能在以前听说过它们，但是一定会有什么原因让他们再一次大笑。这对于它们的创作者来说是非常令人高兴的。

角色模特

形式：集体参与　　时间：15分钟

道具：无　　场地：不限

目的

1.活跃现场气氛。

2.这个游戏以图表形式向我们表明，团队行为是如何形成的。

程序

1.让学员站成一个圆圈。游戏开始时，你任意指向圈中的一个人，手不要放下来。那个人现在要指向圈中的另一个人，依次下去。

2.告诉大家，不允许指向已经指着别人的人。游戏这样进行下去，直到每个人都指着某个人，而且没有两个人指向同一个人。然后大家都把手放下来。

3.现在，告诉大家，把目光放在刚刚指着的人身上。告诉他们，他们的工作是监督那个人，那个人被称为“角色模特”。

4.学员有一件工作：他们必须密切监督他们的“角色模特”，并且学他们的动作。

5.要求学员站着不动。只有当他们的“角色模特”动了，他们才可以动。

6.实际上，“角色模特”做的任何动作——咳嗽，拉拉手指等动作，学员都必须立即重复，然后站着不动。

7.开始游戏，进行大约5分钟。

8.可能出现的情况是，随处可见各种小动作。

9.无论什么时候，当有人做了一个动作，这个动作将会被大家转着圈传播开，无休止地重复下去（通常在每次重复时都会有所夸张）。

10.最后，圈里的每个人都会摇着头、摆着胳膊、做着鬼脸、咳嗽、咯咯笑。

分享

1.刚刚发生了什么？有谁知道某个动作是谁发起的？

2.有多少人知道，是你的“角色模特”首先开始的某个动作？

3.当有人首先开始后，一旦其他人都这么做了，有什么麻烦吗？

4.这个游戏是如何模拟你的团队在现实生活中的做法的？在工作中，你们是如何开始玩这个游戏的？玩这个游戏的代价是什么？对你来说，你个人停止参与这个不良循环，有多重要？为了改变这种规范，你愿意做什么？

总结

这是一个非常有趣的游戏，活跃了现场的气氛，激发了学员的学习热情。

支　柱

形式：2人一组	时间：30分钟
道具：一块白板	场地：室内

目的

活跃气氛。

程序

1.让你的学员两人一组，做一个与学习有关的演出。

2.选择4个志愿者分别在A、B组中扮演角色。

3.A组是这场戏的演员，B组是为他们提示台词的助手。

4.B组挨着A组的同伴站着，他们的肩膀被志愿者拍一下时，就会把接下来的那句台词告诉A组。

5.A组的工作是接受B组给他们的任何台词，然后尽量演好它，就像这些东西是他们自己头脑中已有的一样。

6.培训师先扮演志愿者来演示一下这种做法。通过说一些积极的事情来开始：“我非常荣幸可以有机会与你一起合作，阿文（B组成员），你……”

7.培训师然后拍一下阿文（B组人）的肩膀。阿文可能立即接上，“……总是与我的立场一样。”结合着阿文提供的东西说出培训师的独白，“……总是与我的立场一样。事实上，我完全信任你。因此……”

8.再次拍阿文的肩膀。他也许会说：“那么，你认为昨天我向老板提交的计划怎么样？”

9.培训师可以立即问阿文：“那么，你认为昨天我向老板提交的计划怎么样？告诉我实情。你知道我会非常信任你的判断。”

10.培训师又一次拍阿文的肩膀说：“请与我坦诚相对。我必须知道我做得怎么样……”

11.让学员观看刚才的演示，然后让他们散开。

12.给学员5分钟左右的时间去做这个游戏。

分享

1.A组人员：你为了转换并适应B组的场景台词必须做些什么？做这些变化时感觉如何？怎么才能使这个过程更容易一些？

2.B组人员：为A组提供台词并使所有这一切做得容易，你需要做些什么？当A组人员用你的台词顺利表演时，你有什么感觉？

3.对所有志愿者：你的想法与当时场景中发生的一切要一样，你有什么感觉？你是否有过对这种结果失望的感觉？你是否有过又惊又喜的感觉？

注意

提醒志愿者，他们不应以迟钝的、疯狂的或古怪的方式来做这个游戏。这个游戏的关键点是最公平的合作——愿意与其他人一起分享合作的快乐。

购买奖品

形式：集体参与　　时间：20分钟

道具：玩具钞票、扑克筹码或其他合适的“货币”，一份奖品目录　　场地：不限

目的

鼓励与会人员踊跃发言，并且尽量使自己的发言既有深度又有广度。

程序

1.准备一些可以分发给大家当货币用的东西，如大富翁游戏里用到的玩具钞票，或者扑克筹码，事先把红、白、蓝、黄各色筹码所代表的价值确定下来。

2.开列一份清单，把一些对与会人员而言具有潜在价值的奖品列在上面。包括公司咖啡厅的礼品券，从免费咖啡到免费午餐不等；或者一个印有公司标志的咖啡杯；或者一本与议题有关的书籍，比如，莱斯特·比特尔和约翰·纽斯特洛姆的著作《管理者必读》或爱德华·斯坎奈尔的著作《管理沟通》；或者想一些富有创意的奖励办法，比如与董事长在经理餐厅共进午餐；或者两张免费戏票；或者免费打一次高尔夫球。这些奖品要有创意。

3.告诉与会人员，你希望他们积极参与，再告诉他们会有哪些奖品。

4.如果与会人员按照你的要求去做了，就把玩具钞票或扑克筹码当场奖给他们。

5.等这种游戏模式建立起来以后，你可以通过追加奖品或者为某种行为（如分析式反应与机械式反应）颁发团体奖（每人发几元）的办法来进一步鼓励大家踊跃发言。

6.会议结束时，给与会人员几分钟时间浏览一下他们所获奖品的清单，告诉他们必须用有创意的想法或建议来“购买”他们想要的东西。

7.用5分钟时间说明游戏规则，最后用10~15分钟时间“出售”奖品。

分享

1.奖品在多大程度上能刺激你发言的积极性？

2.奖励制度有没有使你分心？它对你学习以及巩固所学的知识起了多大作用？

3.你的上司有没有对你的工作进行过适时的激励？他一般采用的是什么方式？你对这些激励形式有什么感觉？

总结

管理者必须时刻牢记对员工的激励，哪怕这种激励只是一个小小的手势或是一件微不足道的小礼品。

精神旅途

形式：集体参与	时间：5~10分钟
道具：音响器材，轻松、柔和的乐曲	场地：教室或大会场

目的

1.调节课堂气氛，训练学员将思维视觉化以及进行放松的技巧。

2.此游戏可用于我们的日常生活中，例如事情的预演、解决问题和目标设定。

程序

1.让全体学员以尽量放松的姿势坐好，并闭上眼睛。

2.播放轻松、柔和的背景音乐。

3.有意识地慢慢朗读你所选定的文段。

4.读完后，等待学员们的精神自然地恢复到初始状态。

以下是两段例文：

橙子

想象你的手里正拿着一个橙子，
这个橙子摸上去有什么感觉？
它是什么样的？
在脑海中构筑这幅画面，构筑得越清晰越好。
现在想象你正在剥下橙皮，
将橙肉剥开成一瓣一瓣，
拿起其中一瓣咬下去，

过了一会儿，近距离仔细地观察一瓣橙肉，并问问自己：
如果能将它放大1000倍，100万倍，
它会是什么样的？
橙肉细胞是怎样的？
它的分子又是怎样的？
接下来的几分钟，
尽量把注意力集中在关于橙子你所不了解的地方。
想想橙子是何以成为橙子的，
为什么它会是这个样子的？
可能会有多少种不同类型的橙子？
随着时间的变化，橙子会进化成什么样子？
怎样将一个鲜甜的橙子做成果酱？
在想象这个橙子的时候，
密切关注你自己的思维特质。

时钟

想象你的面前有一个时钟或者一块手表，
上面有一根正在走动的秒针。
放松一会儿，
将你的精神集中，
准备好了，
集中注意力看着秒针移动。
集中精神注视秒针的移动，保持两分钟，
设想世界上别的东西都不存在，
如果你走神了，
想到了别的东西，或被阻隔开了，
停止。
集中精神，重新开始。
努力保持两分钟的绝对注意力。
（注：你也可以自己进行创作，譬如描述躺在沙滩上的感觉）

分享

以“橙子”的练习为例：
1.你觉得自己当时像正在吃着橙子那样在咀嚼、吞咽吗？
2.你想象出的画面有多逼真？有多细致？

3.你的脑海中出现了没有预期到的或不同寻常的画面、想法吗?

4.你觉得自己还有其他感觉吗?

混　乱

形式：集体参与　　时间：15~20分钟

道具：项目清单和一叠白纸　　场地：教室

目的

1.这个活动有助于强调在团队行为中建立纪律和标准的重要性。

2.这也是在项目间多种回顾总结材料的新颖方法。

程序

1.将项目内容分成几类。写出与每一类相关的10条条目，并标出1~10。

2.将人们分成小组并告诉他们所讨论的分类。例如关于时间管理的课程，你可列出表中的因素，如表6–3所示：

表6–3　时间管理因素表

（1）原因	（6）干扰
（2）目标	（7）结构
（3）目的	（8）会议
（4）活力	（9）优先权
（5）日记	（10）紧急

3.先不公开这个单子，给团队1分钟的时间提出认为与题有关的术语、定义等，猜中单子上的一条就得1分。

4.人们争先恐后，气氛极为热烈。然后各队轮换。

分享

1.你写出多于或少于10个的有关术语了吗?

2.和标准答案相比较，你缺了哪几项?它们重要吗?

3.你对于给出的答案有什么好的补充?

总结

1.任何工作都有其重点，掌握重点，就会有事半功倍的成效。

2.每项工作或课题都有正面的影响和负面的干扰，需要认清它们。

发声练习

形式：集体参与　　时间：5分钟

道具：无　　场地：不限

目的

开动大脑，有效地激发大家的思想活动。

过程

1.带领大家逐渐大声说出元音。

2.每个人站着开始说：“a、o、i、e、u”。

3.开始音调较低，并请学员与你的音调一致。

4.重复发音，逐步加大音调（元音的运用可给大脑充能并与左右都有联系）。

分享

1.这个活动的效果在哪里？

2.大家在一起的感受是怎样的？而自己一个人的时候感受又是怎样的？

3.大集体的好处在哪里？

总结

1.在游戏中活跃大家的大脑，从而更好地利用大脑并发挥其作用。

2.参与到集体活动中去，你会发现自己也是可以的。

3.放松游戏的方式有很多，我们也可以通过其他方式来做到这一点。

打木板——信念突破活动

形式：全体参与　　时间：20分钟

道具：宽为25厘米、长为35厘米的松木板。男生用厚为24厘米的松木板；女生用厚为15厘米的松木板

场地：专业培训室

目的

使学员体验信念的突破。

程序

1.在个人激励课程中使用：首先讲解信念，然后是如何复制别人的成就——成功的信念；二是策略；三是肢体动作。这样的方法，请所有人将要突破的信念写在木板正中心，用笔打一个大叉。

2.人站成弓箭步，有一助教竖拿木板，站在一臂距离处。

3.学员迅速用右手的掌骨（即掌根）一掌击破松木板。

分享

1.背景音乐是电影《老虎的眼睛》的主题曲。在打木板之前，学员要跟随音乐做热身运动，使情绪达到巅峰状态。

2.培训师对几次都不能打破木板的学员进行激励、引导。

3.团队成员对其给予支持。

4.做的过程中，最常见的是女生最先100%完成；常常是有些男生打了好多次却没完成。原因是其没找到自己一定要突破的限制性信念，从而掩饰自己的恐惧。培训师要引导其挖掘出隐藏的恐惧。

注意

动作正确，100%相信自己可以做到击破木板靠的是速度。

第七部分

THE SEVENTH PART

创新游戏

头脑激荡术

形式：集体参与　　时间：60分钟

道具：无　　场地：不限

目的

运用头脑激荡术激发群体创造力。革新思想，突破群体思维的局限性。

程序

1.培训师随意在培训现场找一件东西作群体创新运用。

2.告诉学员，运用头脑激荡术所需的步骤及方法。

3.运用头脑激荡术进行群体创新。

附件：头脑激荡术

1.定义阶段。

定义阶段即确定会议中所要解决的问题。

2.头脑激荡阶段。

在头脑激荡阶段，绝对不能进行批评，时间不能少于30分钟，也不要超过45分钟。并遵循四个原则：

（1）拒绝批评：

在运用头脑激荡术的过程中，除了会议的主持者外，任何人不得对别人的提议进行批评。因为，批评一旦产生，头脑激荡术的运用将无法进行下去。此时，会议主持人的功能就在于阻止别人的批评。如果有批评产生，主持人要予以暗示、吹哨子或告诉他说“不要批评”。

（2）自由运转：

这一原则是鼓励与会者表达奇特、稀有的观念。大家可以用突破常规的思维模式，尽量提出奇特的想法，虽然大多数这种想法最终会被筛选掉。但是这样做有三条好处：保持思维过程不间断；容易激发创造性的气氛；容易产生具有独创性的观念。

（3）越多越好：

对一个问题提出的观念越多，就越可能获得高质量的观念。因此，要尽量突破预期的数量目标。根据经验，好的观念往往是在头脑激荡过程进行到一半以后才会出现。

（4）改进综合：

在运用头脑激荡术的过程中，别人和自己的观念可以随时加以改进。这不是批评，而是观念的转换、合并或深化、浓缩。每一个人都在不断完善自己的观念并提高其质量。

3.评价鉴定阶段。

在此阶段，对前阶段提出的解决问题的方法进行评价，舍弃无用的信息，然后进行总结，归纳出几种解决问题的方案。至此，头脑激荡活动结束，剩下的问题是对方案做出评价、决策并制订实施计划。

头脑激荡术练习提要：

现在根据前面所讲的内容进行一次练习。每组最好10~12人，这是最理想的人数；每组成员构成应考虑年龄、性别、经验和个人背景，尽量不要完全相同，以免因信息雷同而影响头脑激荡的质量；小组成员围成圈坐在一起，每组设两名组长，同一单位或同种背景的人不要坐在一起。头脑激荡的时候，要将内容记录下来，以便评价、鉴定和归纳整理。记录的方法可以各自记各自的，也可以用录音设备。

4.观念的评价与综合阶段。

一般来说有三种方法可用：

（1）将观念汇总后交给组长或会议主持人，由他们去进行筛选、综合。

（2）用会议讨论的方式进行筛选、综合。但这种方式耗时过多，而且也难有一致的看法。

（3）每个与会者从所有的观念中选择最重要的或最有效的观念，可以根据个人的看法按重要程度给观念排序。

跨越障碍

形式：集体参与　　时间：140分钟

道具：数量相当的卡片以及组织因素、个人因素问卷挂件（附后）　　场地：不限

目的

找到影响创造力发挥的障碍。在日常工作中，从组织到个人，都存在着一些影响创造性发挥的障碍。本游戏内容设置的目的，就是要帮助你找出这些障碍是什么、在哪里，为开发创造性和促进创新意识扫清障碍。

程序

第一阶段：影响创造性发挥的组织因素

1.将学员分成10人一组，不足10人也可以，但不要过少。

2.发给学员每人一张诊断问卷，一共有57道题（见附件：组织因素问卷题），要求每个学员认真填写。

3.准备一张大纸，把57个题号抄在上面，挂在前面做统计用。

4.做完题后，由小组先进行统计，然后填在前面的大表中。

5.如果鼓励大家参与，可由每个人大声读出答案，然后由培训师将其填入表中。

6.根据表上的统计结果，培训师组织大家讨论如何加以改进，也可以先由小组讨论，然后派代表发布本组的讨论结果，最后由培训师进行总结。

7.整个时间至少为60分钟，根据情况可以适当延长，争取每个人都有发言的机会。

8.参加人员可以来自一个部门，也可由每个部门派代表参加。

第二阶段：判断影响创造性发挥的个人因素

1.发给每个参加者一份影响个人创造性发挥的自我评价表。该表共有38个问题（见附件：个人因素问卷题），由参加者按要求填写。

2.答卷可以分开做，也可一起做，但务必认真。

3.答完问卷后，请每个人把眼睛闭上，回忆自己在以往工作中常发生的压抑自己创造性的情况，以5分钟为宜。

4.写下自己的感受，作为今后改善时的参考。

5.如有志愿者，可将自己的感受和改善方法告诉大家。

6.时间限制为30~60分钟。

第三阶段：影响他人创造性的因素

1.发给每个参加者一张卡片和一支笔。

2.培训师告诉每个参加者在卡片上写3句自己最常用的话。这些话应该是在别人提建议或发表看法时你常说的话。例如，“老板不会喜欢的！”“我想这行不通！”“这事要看看再说！”

3.培训师把卡片收回并打乱，然后每人分一张，由每个学员轮流念出卡片上的3句话。

4.培训师在黑板或纸上写下这些话，大致相同的内容归为一类，并统计次数。

5.写出次数最多的3句话，交小组进行讨论，并且每组不要超过10人。

6.每组选派一名代表，向大家发布小组讨论的结果。

附件：发放材料

组织因素问卷题

下面的句子会影响创造性，在你看每一个题目的时候，仔细想一想在以往开会或工作时，是否运用过这些语言？如果有，就在后面的括号内做个记号；如果没有，就让括号空着。

1.以前我们从来没这样做过！（　　）

2.这样绝对行不通！（　　）
3.我们的人力不够……（　　）
4.我们没有这样的预算……（　　）
5.我们的时间不够……（　　）
6.这个以前我们试过！……（　　）
7.这样做我们还早呢！……（　　）
8.理论上行得通，但实际上……（　　）
9.这太学术了……（　　）
10.顾客会怎么想呢？（　　）
11.如果真有效，别人早就……（　　）
12.太新奇、太时髦了！（　　）
13.太老气了！（　　）
14.这个问题，我们以后再讨论。（　　）
15.你不知道我们的问题在哪里！（　　）
16.我们的规模太小了，做不了这样的事。（　　）
17.我们的规模太大了，不能做那样的事。（　　）
18.我们现有的计划太多了……（　　）
19.我们先调查一下再说。（　　）
20.我们一直就这样做，不应该有错。（　　）
21.这是谁出的馊主意？（　　）
22.我就知道行不通！（　　）
23.让我们成立一个委员会吧！（　　）
24.再考虑一下，看看发展再说吧！（　　）
25.这不是我们的问题……（　　）
26.某部门是不会接受的……（　　）
27.别人会以为我们在胡闹……（　　）
28.我们做不出这样的东西！（　　）
29.这在我们这儿行不通！（　　）
30.头儿绝对不会接受这种观念！（　　）
31.不要发展得太快！（　　）
32.我们现在干得不坏，为什么要改变？（　　）
33.这样员工一定会反对！（　　）
34.让我们先看看其他人，然后……（　　）
35.这不又跟以前一样了吗？（　　）

36.这也不过是谈谈而已，还是……（　　）

37.我倒看不出有什么关系……（　　）

38.在我们这个行业里，这样行不通。（　　）

39.根据规章，我们不能这样做。（　　）

40.神经病！（　　）

41.政治味儿太浓了！（　　）

42.听起来不错，但我想不会成为……（　　）

43.这不在计划内……（　　）

44.这样做没有根据……（　　）

45.我们从来没这样试过……（　　）

46.没有这样的规定！（　　）

47.这样做意味着增加了工作量……（　　）

48.这不是我们的责任……（　　）

49.话是这么说，但是实际上……（　　）

50.这样会超出预算的……（　　）

51.这样做还太早……（　　）

52.这样做太晚了……（　　）

53.这不会有什么结果的。（　　）

54.我们自己都接受不了，别人……（　　）

55.你不了解问题出在哪……（　　）

56.你们还嫩着呢！（　　）

57.这样做会触犯……（　　）

个人因素问卷题

当你提出创意或进行思考时，是否受下列因素约束，使你缺乏自信心？仔细阅读下面的每一个问题，看看你自己是否存在这样的情况，如果有，请在后面的括号内做记号；如果没有，就让括号空着。

1.这也许不适用……（　　）

2.这样做还缺乏足够的根据……（　　）

3.这也许行不通。（　　）

4.这样做别人会觉得……（　　）

5.我自己也不清楚是否需要这样做。（　　）

6.不知道是否会拨经费……（　　）

7.这大概是条死胡同……（　　）

8.如果这样做了，是不是有什么不好的结果？（　　）
9.照别人的看法，是否有这种可能性？（　　）
10.听起来可能没什么，但是……（　　）
11.这样可能费时间或钱……（　　）
12.我不知道别人的想法是什么，因此……（　　）
13.大概有人不会喜欢，因此……（　　）
14.这恐怕难以被别人接受，因此……（　　）
15.这会与规定相抵触，因此……（　　）
16.这可能还不是时候，因此……（　　）
17.这个观念似乎没有用，因此……（　　）
18.我能做得比这个好，不过……（　　）
19.如果我再年轻些，身体更好些……（　　）
20.别人已经这样做了，因此我……（　　）
21.这些我还不太熟悉，因此……（　　）
22.这样做我的投入太大，因此……（　　）
23.专家（领导）不知对此会有什么看法？（　　）
24.这好像不完全合乎主题，因此……（　　）
25.我一时还想不清楚，因此……（　　）
26.别人听了可能会笑我，因此……（　　）
27.我的意见可能价值不大，因此……（　　）
28.我又不是天才，因此……（　　）
29.这似乎不能跟领导说，因此……（　　）
30.我觉得这个建议可能没有什么分量。（　　）
31.这也许不太重要，因此……（　　）
32.研究研究再说吧！（　　）
33.先听听别人的意见再说吧……（　　）
34.这事可能很复杂，我看还是……（　　）
35.某人并不同意我的意见，因此……（　　）
36.这样也许于事无补，因此……（　　）
37.如果我的想法很离谱，请大家指正。（　　）
38.这是我不成熟的想法，大家……（　　）

美丽风景线

形式：集体参与　　时间：140分钟

道具：准备好如附图的复印件　　场地：不限

目的

了解每个人的创新能力，敢于向“答案”挑战。

程序

1.发给学员如图7–1所示游戏图的纸。

2.请学员一笔连接图上所有的点，看谁连接出来的图案最富有意义。

附件

图7–1　游戏图

注意

可以画出一个五角星的答案，但应是富有创意的结果，远远超出我们的想象。

梦山奇案

形式：集体参与　　时间：10分钟

道具：无　　场地：不限

目的

发掘学员的创造力。

程序

1.由培训师交代案情：一个男人，在雪山上一丝不挂地躺着，没了呼吸，周围没有任何的痕迹。

2.培训师通过向学员问封闭性问题的方式去判断案情的起因，也就是问只能用“是”或“不是”回答的问题。

3.培训师改用开放式的问题。

4.请学员充分发挥想象力，描述男人的死因。

注意

让学员充分地发挥自己的创造力。

附件：创造性的答案

一对夫妇乘坐热气球在梦山上空遨游，不幸在途中热气球燃料不足，需要减轻热气球的重量。夫妇俩想尽办法，将一切可以扔的东西全部扔掉，甚至包括衣服，但是这仍不能解决根本问题。最后，丈夫为了他心爱的妻子能够逃出去，舍弃了自己的生命，跳下热气球，摔在梦山上身亡了。

抢时间

形式：集体参与　　时间：20分钟

道具：需要很多标准的扑克牌，每人至少26张。一个计时器、一把尺子、地面或者其他可以用来建纸牌房子的平面

场地：不限

目的

停止拖延，减少压力，激发创造力，管理压力。帮助别人停止拖延，帮助团队设立和达到目标，激励销售人员，将竞争当作手段来用。

程序

1.把参与者分成几个小队，让他们在规定的时间内将纸牌房子建得尽可能高。

2.在15分钟内，要求至少有一些纸牌房子能达到15厘米。

3.就有效组织、讲究方法的工作和为任何建筑打好基础的重要性展开讨论。

变化

变通法可以改变规定的时间或者提供的纸牌数量，同时你还可以使用其他的建筑材料，像牙签、冰棒杆、方糖，甚至是商务名片。一个有效的变通法是用正常信纸大小的纸，给每个人或者小组100张纸，把纸进行折叠并堆到一定高度。如果时间不够，就规定学员在5分钟或者10分钟之内完成房子的构建。

分享

1.如何把这个游戏的结果应用到你的工作中去？

2.你用什么方法来建你的纸牌房子？你是怎么管理时间的？

3.对于实现目标来说，为什么管理好时间是重要的？

看谁认得快

形式：集体参与　　时间：不限

道具：准备3幅图的挂件或是将此图放入讲课用的PPT里　　场地：不限

目的

体验对问题的思考程序。

程序

1.拿出如附图（图7–2、7–3、7–4）的挂件让学员看2~3秒。

2.请学员说出这是什么。

分享

1.为什么我们会有这么多的认识差异？

2.时间对我们的思维有何作用？

3.给我们的创新思维带来什么启示？

图7–2　创新思维图

图7–3　青蛙和马图

图7–4　少女和老太太图

注意

参考答案：

第一幅：老头或老鼠。可能会有其他答案出现，但在创新课堂中做此游戏时，有的学员说是山羊头的一部分，也应认为有道理。培训师不要批判，对创新答案要给予肯定。

第二幅：青蛙和马。

第三幅：少女和老太太。

不太“正常”的问题

形式：集体参与　　时间：5分钟

道具：纸和笔　　场地：不限

目的

使与会人员在轻松的气氛中彼此熟识起来。

程序

1.请每人都写下一个他打算问刚刚结识的人的问题。建议他们发挥一下创造力，不要问那些平淡无奇的问题（如姓名、所在的公司，等等）。

2.1分钟后，请与会人员起身在房间里走动，交流问题与答案，鼓励他们去跟尽可能多的人打交道。

3.3分钟后，宣布结束时间已到，请与会人员回到座位上去。

分享

1.在收集到的别人的信息中，你认为哪些较为有趣？能否在鸡尾酒会的“正常”谈话里得知这些信息？如果不能，为什么？

2.最富有成效的问题有哪些？

3.事实证明哪些问题不是很有效？为什么？

总结

1.在比较轻松和随意的场合下，人们往往会流露出一些最自然的情绪和思想，而这些恰恰是他们本来面目的体现。

2.不太“正常”的问题的提出有一个基本原则，即必须无伤大雅。

订书钉的用途

形式：4~6人一组为最佳　　时间：10分钟

道具：订书钉，可移动的桌椅　　场地：教室

目的

给学员练习创造性解决问题的机会。

程序

1.调查研究表明，创造性可以通过简单实际的练习培养出来。然而，大多数的时候，革新想法往往被一些诸如“这个我们去年就已经试过了”或“我们一直就是这么做的”的话所扼杀。为了给参与者发挥先天的创造性大开绿灯，我们可以进行头脑风暴的演练。

头脑风暴的基本准则应当是：

（1）不允许有任何批评意见。

（2）欢迎异想天开（想法越离奇越好）。

（3）我们所要求的是数量而不是质量。

（4）我们寻求各种想法的组合和改进。

2.有了基本概念后，将全体人员分成每组4~6人的若干小组。他们的任务是在60秒内尽可能多地想出订书钉的用途（也可以采用其他任何物品或题目）。每组指定一人负责记录想法的数量，而不是想法本身。在1分钟之后，请各组汇报他们所想到的主意的数量，然后举出其中“疯狂的”或“激进的”主意。有时，一些“傻”念头往往会被证实为很有意义。

分享

1.当你在进行头脑风暴时，心中存在哪些顾虑？

2.你认为头脑风暴最适合于解决哪些问题？

3.你现在能想到的在工作中可以利用头脑风暴的地方？

飞行器

形式：4个人一组最佳	时间：30分钟
道具：每组废纸（A4）5张，飞行器制作图，剪刀一把	场地：不限

目的

发挥团队创造力。

程序

培训师将飞行器操作指导图形发给每位学员，之后让他们参照图形组合出最优秀的飞行器。

分享

1.在小组中都出现了哪些好主意？

2.小组成员对好主意的反应如何？

3.你认为还有哪些需要改进的地方？

鸡蛋飞行器

形式：集体参与　　　　时间：60分钟

道具：一只生鸡蛋，4个纸杯，一双筷子，长吸管和短吸管各两根，两只气球，几根皮筋，几张彩纸和几支彩笔，一把剪刀和一瓶胶水

场地：不限

目的

使学员认识与分析投资管理的过程。

程序

1.用一个生鸡蛋和其他几种简单的材料做成一个“飞行器”，哪个小组的“飞行器”飞得最远而且不碎就是胜利者。

2.每个小组除了要用这些材料做一个鸡蛋飞行器外，还要制作一面彩旗，用来标记“飞行器”落地时的位置，并要求在一个小时内完成全部任务。

附件：学员常见做法

1.小组开始比赛后，小组学员需要进行分工，一个负责制作“飞行器”，一个负责制作小旗子。

2.负责制作“飞行器”的同学会进行热烈的讨论，然后综合集体的意见，选出一个“最优”的方案。

3.方案确定后，小组内会选出一个负责人，负责项目的“施工”。

4.做法是把纸杯子做成“飞行器”的主体，用气球来保护鸡蛋，几根吸管做支架，并用皮筋固定。

5.比赛的结果往往会出人意料：多数小组的“飞行器”飞得很远，但是鸡蛋却碎了，这和我们当初总是担心“飞行器”飞不远的结果正好相反。

总结

这个游戏使大家认识到“飞行器”的安全性和飞行的距离都非常重要，如果要论先后的话，安全性应该排在第一位，其次才是飞行的距离。因为飞得再远，鸡蛋碎了成绩还是零。

这个游戏适合与投资管理有关的培训课程。投资是人生的一部分，也是我们在企业经营中极复杂又多变化的一环。一旦把握投资的机会，我们将迈向成功，而有人会将成功的原因归属为命运，在前面对风险的解释中我们知道，一个人采取何种行动取决于抉择自由，投资者获得抉择的自由当然要有够多的信息，在众多混乱的信息中才能澄清事实。

比萨斜塔

形式：集体参与　　时间：3分钟

道具：废弃的名片若干张　　场地：不限

目的

培养学员动手创新能力。

程序

1.个人成组对抗（3~4名）或团体分组对抗（一组2~3名）。

2.每人各发10~20张名片。

3.做法：将名片稍稍对折，立置于桌面上，然后叠上一张平面的名片，再置上一张对折的名片，以此类推，越叠越高。

4.限时3分钟，叠得最高者获胜，如果倒塌，需重新来过。

“水草”

形式：全体参与　　时间：20分钟

道具：无　　场地：不限

目的

使学员思考自己的推断为什么与事实不符。

程序

1.由培训师交代案情：一个男人，走到湖边的一个小木屋，同一个陌生人交谈以后，就跳到湖里死了。

2.学员通过问封闭性问题（只能用“是”或“不是”回答的问题）的方式去推断案情的起因。

3.培训师负责回答学员的问题。

4.计时。

故事的起因

在一个夏夜的湖边，一对热恋男女正在谈情说爱，由于夏夜炎热，男人去买饮料解渴，留下小姐在湖边等。结果15分钟之后，等到男人回来之后，发现小姐已经不在原来的地方，于是这个男人在湖的周围大声呼唤她的名字，没有人回应。时间一分一秒过去，男人越想越担心，一种不祥的预感已经笼罩在他的心头。扑通一声，男人跳下湖里，在湖里寻找恋人的足迹，他在湖底摸索了许久，除了一些像水草一样的东西，什么也没有发现，因担心水草会对自己造成危险，所以，男人就放弃了在湖底寻找。上岸之后，男人沿着湖边到处寻找。夜深了，男人拖着疲惫的身体继续沿着湖边寻找。这时他看到湖边有一个亮着灯的小木屋，于是敲门，开门的是一位老大爷。“老大爷，你没有看到一位长头发，穿红色裙子的女孩？”“没有。”男人仍不放过一线希望，把恋人失踪的遭遇包括在湖里寻找的经过一五一十地告诉了老大爷。“我是这个湖的看守员，这个湖里几十年来一直都没有生长过一根水草。”原来，男人在湖里摸到的不是水草，而是他恋人的长发。于是，男人跳到湖里殉情了。

巧扮女郎

形式：集体参与	时间：15分钟
道具：无	场地：不限

目的

训练学员的模仿能力。

程序

要求学员当中推选出一位学员扮女郎。其他学员协助提供道具、形象设计、步法训练，等等。有一定的时间限制。

总结

在游戏过程当中，团队的合作很重要。要善于抓住关键点进行模仿。在生活中效仿成功人士也同理，要抓住成功的关键因素。

找变化

形式：集体参与	时间：7分钟
道具：无	场地：不限

目的

培养大家的观察能力。

程序

1.找一个你身边的学员结成伙伴。

2.背对背，给你们3分钟时间，在身上做出3个变化。

3.回过头，彼此寻找对方的变化。

4.再背对背，给你们3分钟时间，在身上做出10个变化。

5.回过头，彼此寻找对方的变化，双方都找出10个变化的，请举手。

铁　钉

形式：集体参与　　时间：10分钟

道具：一盒铁钉，木头一根　　场地：不限

程序

培训师对学员说："请问有没有人玩过这个游戏？请放心我这里不是要大家吞铁钉。请将12根铁钉钉在这根直立的木头上，不可以碰到木头，脑筋急转弯的答案就不必了。可能和不可能都是答案之一，取得共识就好。另外，说明一下，铁钉盒只是为了装铁钉方便，没有任何蹊跷，各位不用研究了。"

规则

1.不可以使用外力。

2.不可以使用暴力。

3.不可以使用特异功能。

分享

1.会不会因为别人的一句话，你就受影响？

2.自己认为不可能，所以就真地永远都没有机会？

3.会不会因为自己的一句话就让别人觉得不可能？

总结

答案很重要，但过程更重要。

高空飞蛋

形式：3个人一个小组为最佳　　时间：30分钟

道具：每组鸡蛋1只，小气球1个，塑料袋1只，竹签4根，塑料匙、叉各2把，橡皮筋6条

场地：3层楼及楼下空地

目的

体现小组成员的创造力及团队精神。

程序

1.培训师把上述所说材料发给每组，然后让学员在25分钟之后到指定的3层楼高的地点把鸡蛋放下来，为了不使鸡蛋摔破，可以用所给的材料来设计保护伞。

2.25分钟之后，每组留一位学员在3层楼高的地方放鸡蛋，其他学员可以到楼下空地观赏及检查落下的鸡蛋是否完好。

3.鸡蛋完好的小组是优胜组，可以进行决赛。培训师可以给胜出者一些小礼品作为奖励。

分享

1.你们组的创意是怎么得来的？

2.在小组合作过程中大家的协调程度如何？

注意

一定要保证学员及其他人的人身安全，千万不要让高空坠下的鸡蛋砸伤人。

脸谱描绘

形式：集体参与　　　　时间：20分钟

道具：每队一个盒子（内有5支铅笔），6张没有画好头、眼睛、鼻子的图，削好的铅笔，橡皮

场地：不限

目的

训练学员的创造力。

程序

第一部分：

A.培训师向队员宣读：

1.这是由两部分组成的题目。在第一部分中，学员要进行思考、创作、解题，并可在任何时候自由交谈。

2.一旦第一部分计时开始，中途不能停止。提问计入比赛时间。

3.你们的任务是完成6个图谱（如图7–5所示），每人至少创作一个。

4.这里有许多关于眼睛、鼻子、嘴的图（如图7–6所示），学员可以临摹，也可以自己创作。

5.在第一部分，每个创作的作品计1~5分，整个队总计5~25分。

6.重复第3、4、5条后，宣布队员可以开始第一部分。

B.仅供培训师阅读：

1.把第一部分的复印件给队员参考，此时不要把第二部分复印件给队员。

2.给队员宣读题目，确信他们已了解题目。确保5分钟创作时间，在第一个队比赛之前，把题目读熟。

3.复印图7–4，剪成6块；复印图7–5，把每个图剪开。

4.给每个队一个盒子，盒内有5支铅笔；6个没有画好的头，以及关于眼睛、鼻子的图；铅笔必须是削好的，并提供橡皮。

第二部分：

A.培训师向队员宣读（括号里的内容不读）：

1.在第二部分里，学员将有1分钟时间思考，3分钟时间回答。学员之间不准讲话。

2.每个学员对每个解答陈述一句话。普通回答得1分，创造性或幽默的回答得3分。高度创造性或非常幽默的回答得5分。这由培训师进行主观评判，培训师的决定是最终决定。

3.（读得慢一些）每个队员有6张卡片，分别写有1、2、3、4、5等数字，其中一张写的是“自由选择”。你们必须轮流回答。回答1号脸谱时，必须向培训师出示1号卡片，并扔入箱子内，依次类推。队员之间不得交换卡片。出示“自由选择”卡片时可对任何脸谱进行回答。

4.当所有队员都回答完或时间已到，比赛结束。

B.仅供培训师阅读：

1.在第二部分开始前，向学员宣读第二部分的A项内容。

2.给每个队员6张卡片（可用扑克牌代替，在J、Q、K牌上贴上“自由选择”字样）。

3.确保学员有1分钟思考时间，3分钟回答时间。

4.培训师及助教各自给每个脸谱打1至5分，然后取每个脸谱的平均分作为该脸谱的得分。把5个脸谱的得分加起来，作为第一部分的总分。

5.第二部分计分：

每个队员回答前，必须出示一张卡片。这样做既可防止队员对一个脸谱做两次回答（除非他出示“自由选择”牌），又可让培训师知道他将对哪个脸谱进行回答。普通回答得1分，创造性或幽默的回答得2分，高度创造性或幽默的回答得5分。与其他题目不同，学员重复回答或回答不确切时，不必停止，但只计1分；比赛结束后，计算平均分；把两部分得分加起来，作为参赛队的原始分。

附件

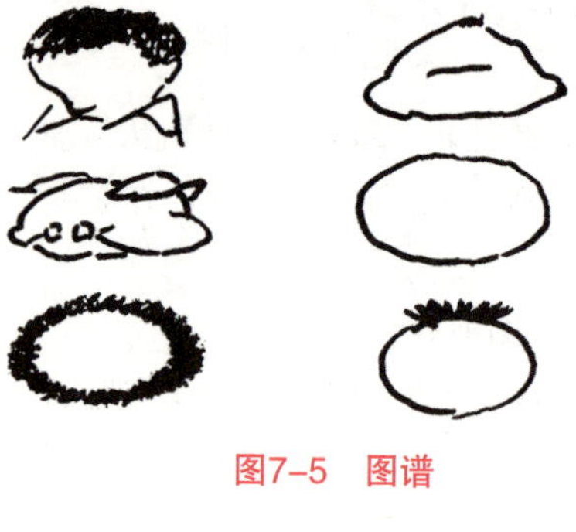

图7-5　图谱

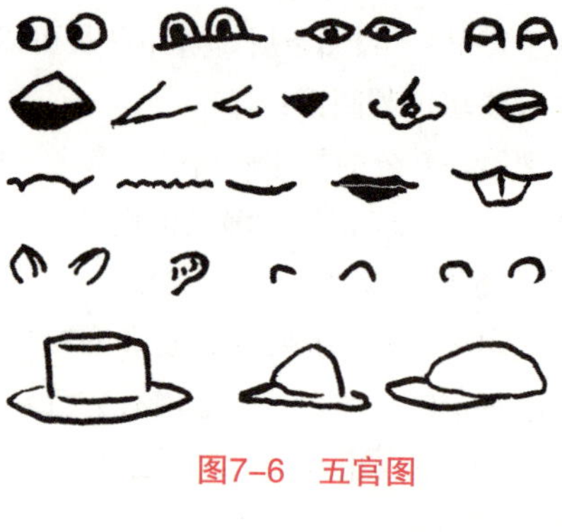

图7-6　五官图

微软的智力题

形式：个人完成　　时间：3分钟

道具：无　　场地：不限

目的

启发学员的创造性思维。

程序

1.这是一道来自微软的智力题，据说此题曾被用来测试应聘微软公司的高级人才。这道题是这样的：有两间房，一间房里有3盏灯，另一间房有控制这3盏灯的3个开关（这两间房是分割开的，毫无联系）。

2.现在要你分别进这两间房一次，然后判断出这3盏灯分别是由哪个开关控制的。

3.你能想出办法吗？

注意

每间房只能进一次。

分享

1.你认为解决这个问题的关键在哪里？

2.有没有想到利用电发热的特性？

答案

1.先走进有开关的房间，将3个开关编号定为A、B、C。

2.将开关A打开10分钟，然后关闭A；之后再打开B。

3.然后马上走到有灯的房间，此房间内正在亮着的灯由开关B控制。

4.用手去摸一摸另外两盏灯，发热的由开关A控制，不热的由开关C控制。

设计自己的墓志铭

形式：集体参与　　时间：5分钟

道具：座位姓名牌和水笔，可能还需要一两幅画在幻灯片上的示意图　　场地：不限

目的

1.鼓励与会人员透露关于他们个人的某些意义深远的事。

2.鼓励与会人员在休息期间与其他人打交道。

程序

1.给每位与会人员发一个座位姓名牌和一支水笔。

2.请他们把名字写在姓名牌前半部分，最好能用绰号或爱称代替正式姓名。

3.请每个人设计一下自己将来的墓志铭。

（1）墓志铭可以是简明扼要的短语、双行诗句或五行打油诗。

（2）无论采用什么形式，均应该是对自己的生活、成就、性格及人际关系的深刻描述。

（3）既可以是语意不详的“泰德死了”，也可以是深情款款的“我告诉过你我生病了，乔治！”

4.建议与会人员休息时可以在房间里随便走走，看一看他人的墓志铭，然后回到会议的既定议程上来。

分享

1.什么样的墓志铭最能吸引你的注意力？这种墓志铭告诉了你什么？

2.如果你现在有机会重新设计一个墓志铭，你会在墓志铭中说什么？

总结

1.如果课程或会议持续2~3天的话，你可以每天都请与会人员“重新开始”，进行一些新的设计。

2.很多人在不同阶段都会给自己设计出不同的墓志铭，这说明人们总是有很多新的愿望和想法。

需要动机链

形式：集体参与	时间：5分钟
道具：无	场地：不限

目的

让学员变通思维，并使他们明白不同个性的人，会有不同的思维方式。

程序

用不超过4条彼此接连的直线通过以下9个区域，如图7–7所示。

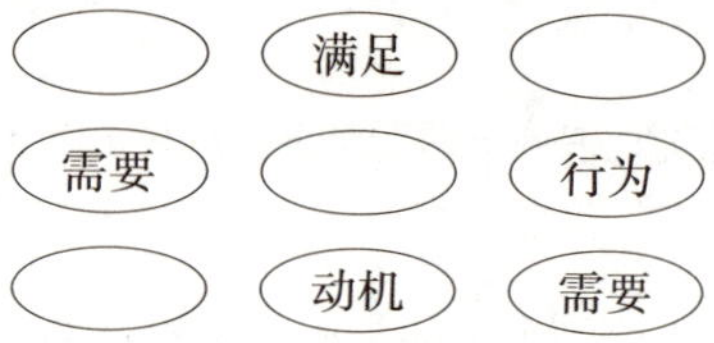

图7–7　走出9点图

注意

本题是“走出9点”游戏的简单创新。可以提示学员，要试着走出自己的思维框框，同时通过这个图加深对需要动机链的理解（需要—动机—行为—满足—新的需要）。

3分钟测试

形式：所有学员，以个人形式完成　　时间：10分钟

道具：3分钟测试试题　　场地：教室

目的

1.培养学员认真细致的习惯。

2.培养学员纵观全局的能力。

程序

1.告诉学员这是一个测试他们沟通能力的游戏。

2.把3分钟测试试题发给大家（注意纸的背面要朝上）。

3.试题全部发完之后，说："现在开始！"这时学员才把试题翻过来开始做。

4.你手中拿着一个秒表，等秒表指针到了3分钟时，你就说："3分钟时间到，现在停笔。"

分享

1.为什么有些人能在3分钟之前完成全部试题？

2.为什么有些人甚至更快？让这些学员说一下自己的习惯做法。

3.对于那些能在3分钟之前完成的同学，你们的感受怎样？

4.迅速直接地进入任务本身，是否是最好的方法？

5.能否体会到投资时间来节省时间？

6.在日常工作和生活中，我们会花费大量时间去做无用功。是不是可以从这里得到启示？

总结

1.没有在3分钟之前做完的人，是因为他们没有看清第一道题。

2.毫无疑问，迅速按要求去做，本身就是最好的方法。

3分钟测试试题

1.做之前先通读全部资料。

2.将你的名字写在本页的右上角。

3.将第二句中的"名字"这个词圈起来。

4.在本页的左上角画5个小方格。

5.大声叫出你自己的名字。

6.在本页的第二个标题下再写一遍你的名字。

7.在第一个标题后面写上"是""是""是"。

8.把第五个句子圈起来。

9.在本页的左下角写个“X”。

10.如果你喜欢这项测试就说：“是”；不喜欢，就说：“不”。

11.如果在测试中，你的成绩达到这点，就大声叫一下自己的姓名。

12.在本页右边的空白处，写上一个66×7的算式。

13.在第四个句子中的“本页”这个词周围画个方框。

14.如果你认为自己已仔细地按要求做了，就喊一声“我做到了”。

15.在本页左边的空白处写上69和98。

16.用你正常讲话的声音从10数到1。

17.站起来，转一圈，然后再坐下。

18.大声说出：“我快干完了，我是按要求做的。”

19.如果你是第一个做到这一题的学员，就说：“我是执行要求的优胜者。”

20.既然你已按第一句要求，认真读完了全篇内容，然后你只需做好第二句的要求就算成任务。

21.完成任务后请不要出声，静候结束。

交叉手指

形式：集体参与　　时间：15分钟

道具：无　　场地：教室

目的

演示强迫性的改变可能引起的不自在和随之而来的抵触情绪。

程序

1.请小组成员按平时的习惯双手交叉握在一起。

2.注意看看自己的拇指和各个手指是怎样交错的（是左手大拇指在上还是右手大拇指在上）。

3.请大家将手松开后重新合拢。这次手指交叉的顺序要正好相反（本来左手拇指在上的改为右手拇指在上）。

4.向学员指出对有些人来说，这个身体上的小小变动并不会引起任何问题，但是对大多数人来讲，即使只是很轻微的身体变化，也会引起不自在的感觉。

分享

1.当手指采取不同于平时习惯的姿势时，你们有没有察觉到异样或感到不自在？为什么？

2.你们是否同意“人都是不喜欢改变的”这个说法？如果同意，为什么？

3.为了减轻这种对改变的抵触情绪，我们应当采取什么技巧？

总结

1.改变了平时的习惯，常常会让我们觉得不自在。

2.很多时候，人并不是不喜欢改变，而是不习惯改变。

3.采取积极的暗示，会减轻这种对改变的抵触情绪。

双臂交叉的练习

形式：集体参与	时间：10分钟
道具：无	场地：教室

目的

演示说明人们与生俱来的对变化或被改变的抗拒心理。

程序

请小组成员双臂在胸前交叉，不要看到底是哪个手臂在上，然后让他们立即放下手臂，重新交叉。但是刚才左手在上的改成右手在上，右手在上的改成左手在上。

分享

1.为什么你觉得这有点让你尴尬或不自在？

2.你觉得做这个新姿势有什么感觉？

3.如果人们改变了与生俱来的姿势，是否会感到不舒服？

4.如果只是这么小小的姿势改变都可能引起一些内在的抗拒心理，那么实质上身体或思想意识方面的变化会带来更大的情绪被动。这些情况是不是常常发生在我们身上？

你已经习惯了吗

形式：1~5人一组	时间：5~10分钟
道具：无	场地：不限

目的

1.说明人们是多么易于养成并且不断利用无意识的习惯。

2.向与会人员指出，他们可以采用其他方式来达到目的，这些方式同样会行之有效。

3.说明陈规陋习可能会影响我们采取新的行为方式，因此首先需要做到对原有东西的“无知”。

程序

1.请一位或几位与会人员（如所有穿3件套西装的人、所有穿运动夹克的人，甚至所有穿风衣的人、所有穿毛衣的人）站起来，并脱掉他们的外套。

2.在他们穿外套时，要求他们注意先穿哪只袖子。

3.然后，请他们再次脱、穿外套，这一次要先穿另一只袖子。

分享

1.在穿外套时颠倒了习惯的穿衣次序会有何感受？在旁观者看来又是怎样的？

2.为什么颠倒了习惯的穿衣次序，人会显得笨手笨脚的？

3.是什么阻碍了我们采取新的做事方式？我们进行改变时应怎样做才能不让旧的习惯影响到新的行为方式？

4.我们在培训课中怎样才能敞开胸怀迎接改变？并且接受这样一个现实：可能存在跟我们过去采取的方式同样有效（或者更好）的完成任务的方式。

总结

1.许多人从未想过要尝试新的做事方法，就像穿衣一样，人们一旦习惯某种方式之后，便不会再想着去改变。

2.打破原有的习惯确实会让人感到非常别扭，甚至是不安，这种情况应该被别人所接受，而不应该成为被嘲讽或轻视的把柄。

3.尝试一下刻意的改变，也许会让我们获得意想不到的效果。

4.设身处地地看，我们应该学会心平气和地看待那些似乎不太遵从习惯的人和事，并检查一下自己的固有习惯。

“虚伪”的真理

形式：集体参与　　时间：5分钟

道具：无　　场地：不限

目的

1.向与会人员特别阐明，人们很容易在自己想当然的问题上形成错误观念。

2.引导大家思考不正确的观念有哪些。

3.引导大家思索再次出现这种“虚伪”的情况时自己是否能控制住自己。

程序

1.向与会人员展示“主观”这个词的含义——在表达人们某些普遍的、深刻的情感时，能够迎合人们意识的虚构故事或真理。

2.逐一指出在当今社会中存在的一些常见的主观想法，比如：

（1）平均主义对一切人都适用。

（2）你认为自己有多老，实际就会有多老。

（3）账单总是放在邮件里。

（4）金钱是万恶之源。

（5）修理这个只需要很短的时间。

（6）你没什么真正的大问题。

（7）在这个机构中不存在歧视。

（8）每个人都会用自己的方式做这件事。

3.然后再增加一两个与目前这个培训课程的主题有关的主观想法，比如：

（1）顾客一旦见到了我们的新产品，就一定会动心。

（2）我们的新工作方法要比以前的工作方法容易得多（或者简单得多，快捷得多，方便得多）。

4.提出下列问题，对某一主观想法进行深入研究。

（1）这一主观想法源于何处？

（2）是什么因素使它不胫而走，广为流传？

（3）我们怎样才能消除这一主观想法？

（4）它确实是主观想法吗？还是在很大程度上趋向真理？

总结

1.大多数的主观想法源自人们主观上简单的推测和判断。

2.人们的习惯性会使得它可能被认可并流传下来。

3.某些主观想法具有一定合理性，在现实当中也确实存在类似现象，但这并不能说明它就是真理。

4.因此，在做事之前应该理智地思考一下再做决定。

9个点

形式：集体参与	时间：5~10分钟
道具：将需连接的图形制成投影片	场地：教室

目的

1.告诉学员他们固有的思维模式在一定程度上会阻碍他们学习新事物。

2.让学员领会这个游戏的关键在于要打破脑海中9个点形成的正方形，想到向外拓展。

程序

1.将9个点的图形（如图7-8所示）展示给学员看。请大家开动脑筋，只用4条连续相接的直线（每条直线必须相连，而且不能相互重叠），将这9个点连接起来。

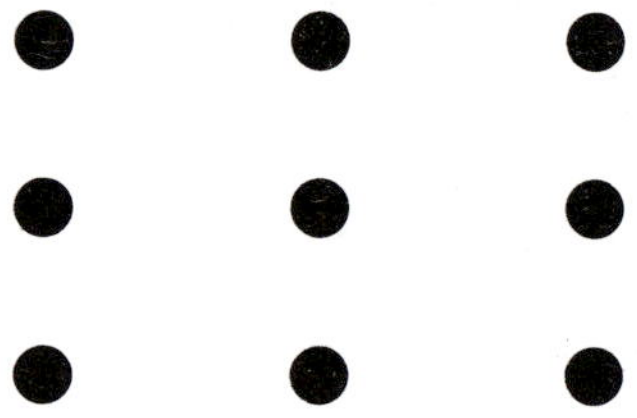

图7-8　连线图

2.给学员几分钟时间，让他们进行各种尝试。

3.请一位已经完成的学员上台来进行演示。

4.请培训师将正确答案（如图7-9所示）展示给大家。

分享

1.在我们尝试将这9个点连接起来时，哪些观点影响了我们？

2.有什么关键性的东西可以帮助我们摆脱这种困难？

3.这个练习对我们的培训和工作有什么启发？

总结

1.很多人没有做出答案的原因是把这9个点看作一个正方形，并在思维局限中进行各种努力。

2.从这个游戏当中，我们可以领悟到：我们应当摆脱自己或别人为我们设下的思想上的束缚。

3.当我们遇到困难时，应该尝试从不同角度去思考，养成发散思维的好习惯。

4.其他可选择的操作方法：

（1）答案一：将纸折叠起来，使点所处的3条线非常接近，然后用粗头的笔就可以将9个点一笔连接起来。

（2）答案二：用一支大号毛笔可以轻易地将9个点一笔连成。

附件

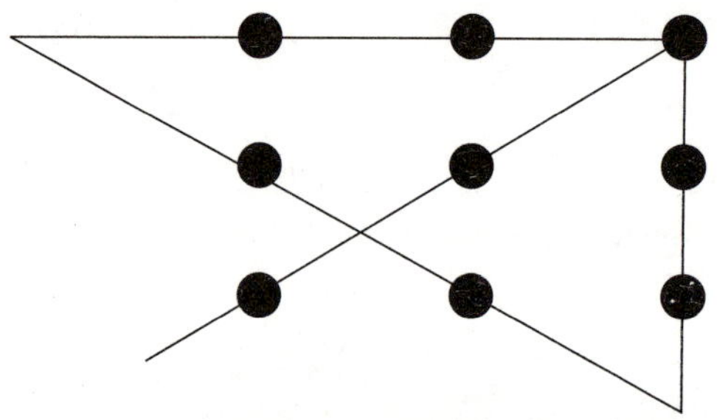

图7-9　答案图

传　球

形式：5~7人一组　　时间：10分钟

道具：每组一只小球（网球或乒乓球等）　　场地：不限

目的

1.发挥学员的创造力。

2.让学员体会到该如何协调不同的意见以达到最有效的沟通。

程序

1.培训师发给每个小组一个小球。

2.小球在小组内进行传递。球不能传给与自己紧邻的组员，每个组员至少一次接到球，球最后传回发球者手中。

3.记录完成一次传递的时间。在最短时间内完成的小组获胜。

分享

1.在讨论过程中，有人发挥领导作用吗？这点重要吗？

2.你们是怎样协调不同意见，并找出最佳方案的？

3.当第一次比赛结束后，如果知道别的小组获胜，你有什么感觉？

总结

第一，学员不要急于动手，结合游戏规则，根据队员的人数，确定最佳传球方案。三思而后行，才能胜券在握。

第二，学员之间要配合好，做好有序接球的准备。

公司大拼图

形式：10~12人一组　　时间：60分钟

道具：每组水彩一盒、调色板两个、大中小号画笔各两支、小水桶一只、毛巾两条

场地：空地

目的

描绘团队成员对公司的想法。

程序

1.培训师发给每个小组上述材料。

2.每组学员根据培训师指定的内容去进行创作。如培训师可以指定：一个小组描绘公司的远景，一个小组描绘公司的现状，一个小组描绘公司的发展历程。

分享

1.用画图的方式将想法表达出来，跟用文字将想法表达出来有什么不同？

2.公司的远景与个人追求的梦想是否有一致的地方?

3.自己对公司远景的贡献在图上体现出来了吗?

4.团队成员与公司共享远景的关系是怎样的?

总结

1.“画”有时比“话”更具有丰富的含义，你的骄傲、愤怒、思考和期待都能在其中折射出来。

2.注意培训师在总结学员的讲话时要适度、巧妙。

交通阻塞

形式：10人一组	时间：30分钟
道具：粉笔	场地：空地或教室

目的

使学员理解：发挥团队的合作精神是寻求解决问题的有效方法。

程序

1.用粉笔在地上画11个成一条直线的方格，每个方格的大小以能站一人为标准。

2.其中5个学员站在左边的5个方格上，余下的5个学员站在右边的5个方格上。

3.所有学员都面对着中间空置的方格。

4.小组以最少的步伐及最短的时间把左右两方的成员对调。

分享

1.你的方法是怎样想出来的?

2.在开始操作前，是否每位学员都清楚团队解决问题的方法?

3.请列出团队解决问题的方法及步骤。

总结

1.团队成员要动动脑子，若新方案迟迟出不来，那只好先在一边试着走一走了，仔细分析总结，调整队式，正式出发。

2.扮演好团队角色，合作再合作。

3.重点提示：在第一队的一个队员跨出一步后，第二队应有2人连续向前走（前一位跨步走，后一位向前一步即可），接着第一队有3人连续走动（前两位是跨步走，最后一位向前一步即可），第二队有4人连续走动（前三位是跨步走，最后一位向前一步即可），第一队有5人连续走动（前四位跨步走，最后一位向前一步即可），第一队接着有5人连续走动（前四位跨步走，最后一位向前一步即可），第二队有4人走，每一队有3人走，这样走下去即可。

注意

1.每次只可一人移动。

2.所有学员只可前进，不可后退。

3.前进时只可向前行一步或跨一步。

4.每个方格只可容纳一人。

5.学员可做多次尝试，以提高效率。

踩高跷

形式：10~12人一组	时间：5分钟
道具：每组一副高跷，2米短绳两条，3米短绳两条，25米长绳一条	场地：空地

目的

1.创造性地解决问题。

2.活跃课堂气氛，用于讲课开始前，以音乐为背景，利用道具导出议题。

程序

1.培训师发给每个小组上述材料。

2.每组学员利用所给材料将小组全体学员从起点“运”到终点（全长30米），已到达终点的学员不能返回。

分享

该活动导出了什么议题？

总结

1.全程有30米，过去的学员不能回来，因此要想清楚如何选择工具。

没错，长绳接短绳，将高跷从远处拉回。

2.此游戏结束后，学员不仅会很兴奋，而且还会体会到团队合作的乐趣。

注意

游戏过程中，学员身体的任何部分、任何道具（高跷除外）都不能接触中间的空地。

你看见了什么

形式：集体参与	时间：10~15分钟
道具：墨迹图	场地：课室

目的

1.揭示出我们是通过“选择”看什么或者我们对事物和事件赋予一定的意思，

从而形成对世界的认识。

2.让学员感受到从感性认识上升到理性认识的创新过程。

程序

1.将墨迹图发给每个学员，或者将其以幻灯片的形式进行演示。

2.给学员5分钟时间，每个学员将自己看到的图像和形状记录下来。记录期间不允许提问或互相讨论。

3.5分钟过后，培训师询问学员看到的东西。

分享

1.大家看到了多少种形状？

2.有人看到了其他人没有看到的东西吗？

3.别人看到的形状或图像你能看到吗？

4.这些能给我们在看问题、看事情和看世界方面有什么启示？

总结

1.墨迹图，最早是心理学家罗夏在临床中分析人的意识情形的一种方法（也称为墨迹测验），后人常用墨迹图来说明思维的奇特性。

2.“横看成岭侧成峰，远近高低各不同”，人类的思维空间可以说是无限的，也是非常奇妙的。如果你不信，可以试一试，你很快就能从你的同伴中分享到这种快乐了。

3.此游戏能让学员感受到思维被打开的惊喜。

盒中有乾坤

形式：2人一组	时间：10分钟
道具：无	场地：不限

目的

1.这个游戏是为了让学员试着创造性地解决问题。

2.放松学员紧张的思维，活跃气氛。

程序

1.培训师说：“举起你的双手，好像正拿着一个约20厘米见方的硬纸板盒子。在你的手里正拿着一个并不存在的盒子。每个人都能看到它吗？”（看上去要很严肃，学员会不容置疑地点头。）然后，问一个人：“它多大？”（不管答案是什么，你都要说“对”）“大家都同意吗？”（提示：如果学员说盒子特别大或者特别小，调整你的双手，使人看上去好像你举着一个同样尺寸的盒子）“这是一个魔盒。一会儿，你们会惊奇地发现，你们中的半数在椅子底下正巧有一个这样的盒子。让我们看看哪些人有？”

2.把学员按两人一组分组。一个人为A，另一个人为B。让所有的A从他们的椅子底下取出他们的“盒子”。

3.A举着盒子面向B说：“你好，伙计，告诉我在这个盒子里有什么有趣的东西？”

4.B立即把手伸到里面，抽出一个想象的物体，说出它的名字。因为没有标准，答案也就无所谓对错。但有一个要求：它必须有趣。它也许是可爱的小狗，也许是一份商业计划。B必须不断地、尽可能快地、一个接一个地从盒子里取出有趣的事物，直到他“大脑枯竭”。这种情况会很快发生，通常用时1~3分钟。当它发生时，B应该立即停止。

5.现在B从A的手中接过盒子，亲切地说：“轮到你了。”A再尽可能快地从盒子里取出有趣的、令人高兴的东西，直到他也“大脑枯竭”为止。

6.两人稍作休息。

7.A再一次举起盒子，但是这一次他得对B说：“你好，伙计。在这个盒子里有什么陈腐的、烦人的、没趣的东西？”两个人重复刚才的过程，说出它们的名字，直到他们“大脑枯竭”为止。

分享

1.你注意到第一轮游戏说有趣的事物和第二轮游戏说无趣的事物有什么不同吗？哪一次比较容易做？

2.什么时候你充分利用了你的大脑？在第二轮游戏中，当你尽力表现不幽默的时候，是否还有一两个有趣的想法闪过？

3.在第一轮游戏中，强迫你表现幽默时，你在想什么？

4.如果你站在一群人面前，也存在同样的强制要求刻意表现幽默的时候，情况又会怎样呢？

总结

1.有时有人同时想到了几件不同的有趣的事物——这种情况至少在一些人中存在——请他们说出他们当时的想法，让其他学员都知道。

2.这常常会引来哄堂大笑。然后告诉学员：在一两分钟的练习中，如果能够突然想出一些事先没有想到的有趣的想法，那么在训练的过程中，它们同样也一定会出现的。

作诗一首

形式：2人一组	时间：10分钟
道具：写有古诗中韵脚的题板	场地：室内

目的

运用幽默或智慧来应对因“大脑短路”而出现空白这种紧急情况的技巧。

程序

1.贴题板，向学员介绍几种诗歌的韵脚形式：

（1）完美的韵脚：“愁”与“流”（“问君能有几多愁，恰似一江春水向东流。”）

（2）较好的韵脚：“流”与“楼”押韵（“白日依山尽，黄河入海流。欲穷千里目，更上一层楼。”）

2.所有学员一起合作，即席创作一首有意义的、充满激情的韵律诗。所有人一起有节奏地击掌，随着固定间隔有韵律的节拍：1–2–3–4，大声地把这首诗朗读出来（让所有学员站成一圈，选择衣服颜色最鲜艳的那位作为第一个志愿者）。

3.让其他学员击掌，产生有节奏的节拍。

4.你可以通过一句提示，让一个人开始，鼓励他吟出第一句。

5.按顺序，每个人依照节拍吟出诗歌的下一句。鼓励不经过思考就能吟出的学员，目的就是练习自发的语句——不要追求作出一首完美的诗。一直继续下去，直到一首诗完成，然后开始作另一首诗。

分享

1.当你的大脑因“短路”而出现一片空白时，你有什么感觉？你觉得有哪些压力？

2.当你骄傲地、不顾一切地吟出自发的语句时，你有什么感觉？这些句子是否比具有最完美韵脚的诗句更有趣？如果是的话，为什么呢（可能是因为它们提供了一个出人意料的转折——幽默的重要元素）？

3.在这个游戏中，你要认真地听完前面的人吟出的句子。作为培训者，你什么时候真正听学员说完问题时才做出回答的？

4.这个游戏在哪些方面与你们在作报告时的真实经历有相似之处？在这个游戏中，你又对你自己增加了哪些新的认识？你如何把这些技巧应用到以后的培训中去？

总结

1.将学员分成两人一组，同时作诗，减少因其他人观看而产生的压力。如果你选择这种做法，应该由你击掌产生有节奏的节拍。

2.我们所需要的就是不顾一切吟出这种“自发”的句子——完全不顾一切。

3.学员会发现，这会使他们赢得和即席吟出的最光彩的、最完美的韵脚一样多的掌声。这会鼓励他们开始越来越自由地吟出自发的韵脚，也就会越来越充分地发挥他们的潜在才智，越来越接近真正完美的韵脚。因为他们永远不会失败。

4.对于具有幽默感的人来说，他会泰然地处理大脑出现空白等一系列令人难堪的局面，假如你在做报告时，突然出现大脑空白，想不起下面该说的那个想法了，你准备怎样做？（可以充满信心地对听众说："我下面的一个好想法突然飞走了"）

自由联想

形式：集体参与	时间：15分钟
道具：题板、白板或幻灯仪	场地：室内

目的

1.运用联想创造性地解决问题。

2.活跃气氛。

程序

1.让学员提出一个他们需要实现的目标。目标可以是"更好的客户关系""更精确地填写表格""更多员工参与公司的简报"，或者其他。

2.把目标写在题板、白板或是幻灯仪的中间，最好是写成按对角线倾斜的形式。

3.请学员大声说出他们随意想到的关于这个目标的任何单词或词语。要事先告诉他们不要求新颖，只要简单地把他们想到的词语告诉大家就可以了。

4.当大家说完后，停下来。看看记录，选出你和大家最感兴趣的单词或词语。不管什么原因，只要大家感兴趣就行。把这些词汇写在一张新题板的中央。

5.重复第三步和第四步2~5次。不断提醒大家要记住最初的目标，以防离题太远。继续进行，直到你们找到真正出色的想法，或是发现了一个与你们的目标有关系的概念，而且是很新颖的！

分享

1.为什么这个游戏很有效果？

2.为什么大多数人不能想出较多的新颖想法？

3.关于创造性、新颖性，你们学到了什么？

4.你是一个有创造性、革新精神的人吗？

总结

1.不管你相不相信，被认为具有创造力的人在提出想法时，通常并不刻意追求新颖或创新！这怎么可能呢？这是因为：第一，他们很早就发现，许多好想法都是从那些没有独创精神的想法中涌现出来的。第二，也是最重要的，如果给大脑施压，强迫他们一个接一个地提出新颖的想法，他们很快就会觉得有压力，会感觉很疲倦，最终导致创造力的枯竭。第三，许多伟大的思想来源于普通的事物。解决问题的人常说："答案总是摆在我们面前。"

2.创造性思维的规则就是：首先要有想法，然后再评价它。

3.当人们第一次开展激发想法的游戏时，通常会感到有些恐惧。这是因为我们中的大多数人认为自己没有创造力。既然笑能够像魔法一样消除恐惧感，那么特别建议你在开始本游戏时采用一个幽默的介绍方式。

4.我们是在想到很多办法之后，才想到新颖办法的。

5.很多人不能想到新颖的办法是因为他们不能坚持，当他们想不出新颖的想法时，他们就放弃了。

6.在第三步中，当有人说了一个毫不沾边的单词或词语之后，一定不要停下来，或者表现出疑问、莫名其妙的表情。这只会放慢游戏的进程。记住，有许多次恰恰是因为这种奇怪单词的贡献，才使大家打破了旧的思维，产生了没有预料到的新的联想。

农夫的遗嘱

形式：个人完成　　　　时间：15~20分钟

道具：制成分发资料的图（图7–10），制成墙表或投影片的正确答案图（图7–11）

场地：教室

目的

1.鼓励学员扩展创造性思维。

2.启发学员的创造性思维。

程序

1.将图7–10所示的图片分给每个学员。

2.告诉学员：这是一个农夫的田产，根据他的遗嘱，在他死后，这块田要平分给他的4个儿子。

3.每块地不仅在面积上必须完全一致，而且形状也要一模一样。

4.他的每个儿子所得到的田地必须是完整的一块。

5.请大家帮助分一分。

分享

1.在解决这个问题时，你过去的经验或知识是阻碍了你还是帮助了你？是些什么样的经验和知识呢？

2.从大体上讲，这是个什么类型的问题呢？同类的问题还有哪些？

3.通过这个问题，你是否能想到一些规则或原理，会在将来面临相似的问题时有所帮助呢？

总结

1.将一个大的问题分割成若干个小问题，分别解决。小问题都解决了，那么大的问题也就解决了。

2.从多个角度来看待问题，解决问题的途径就不会只有一条。正所谓“条条大路通罗马”“成功的途径并不只有一条”。

附件

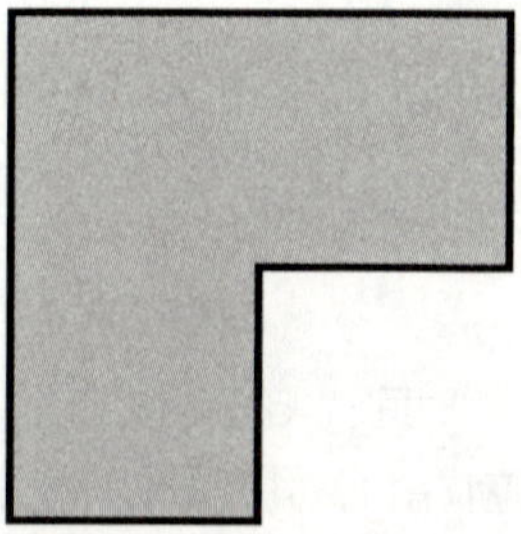

图7–10　农夫的田产

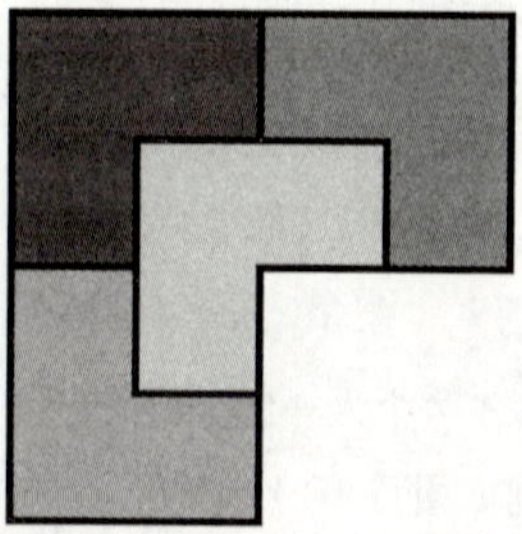

图7–11　农夫儿子所得的田产

（注：一种颜色代表一个儿子的田产）

切蛋糕

形式：集体参与	时间：5分钟，包括讨论
道具：在纸上画的空白的圆圈	场地：教室

目的

鼓励学员从不同的角度考虑问题。

程序

1.画一个圆给全体学员看。

2.请大家想出一个办法：只用4刀就将这个圆分成尽可能多的份数。

3.让大家动脑筋想出解决的办法来。

分享

1.问题的描述会不会影响学员思考的方向？是如何影响的？

2.有哪些方法可以帮助我们更清晰地阐述问题或交代一项任务？

3.我们平时在向下属或向学员交代任务时，应当注意哪些地方？

总结

正确答案是14份，如图7–12所示。

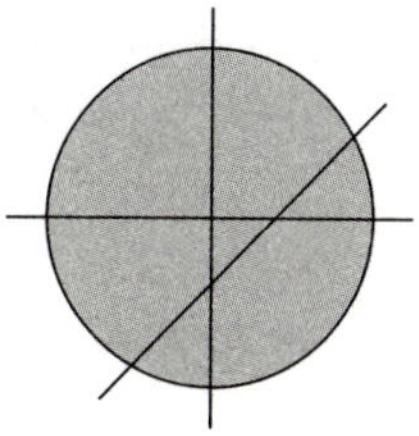

图7–12　答案图

1.关键之处在于认真地听清关于任务的描述。

2.如果在平面空间上我们遇到了阻碍，为什么不从二维或是三维空间来考虑这个问题呢？

3.由此可见，当我们交代任务时，一定要仔细斟酌自己的措辞。

4.其他可选的操作方案：

（1）告诉大家这是一个蛋糕（也就是说是个立体的）。

（2）任务是用4刀将这个蛋糕切成尽可能多的份数。

（3）请大家开动脑筋。

（4）正确答案是14份，最后一刀要将蛋糕从横截面方向切开。如图7–12所示。

正方形

形式：个人或3~4个人一组　　　　时间：15分钟

道具：问题图（图7–13）、剪刀、正确答案的图示（图7–14，制成投影片或墙表）

场地：教室

目的

1.鼓励学员打破传统的思维方式。

2.鼓励学员发展创造性的思维方式。

程序

1.将图7–13分发给每个学员，或每个小组。

2.任务是只能纵向剪两刀，将这个图形变成正方形，而且原先的每部分必须得到利用。

分享

1.是什么阻碍了你迅速解决这个问题？

2.又是什么帮助你解决了这个问题？

3.从这个测试中，你是否学到了一些对工作或生活有用的东西？这个东西是什么呢？

4.这个测试提示我们，思考方法可以应用在哪里？

总结

1.这个游戏的关键之处在于如何利用三角形来创造正方形，而不是单纯地从正方形的角度出发。

2.在很多时候，我们总是局限于某些条条框框之中，苦恼于找不到解决的方法。其实，只要跳出局限，就海阔天空了。

附件

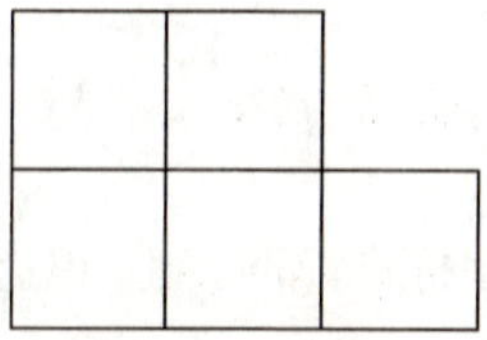

图7-13 问题图

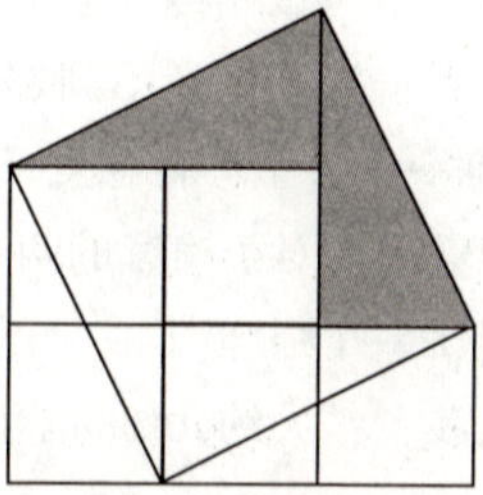

图7-14 正确答案图示

创新算法

形式：集体参与	时间：10分钟
道具：分发的测试材料	场地：教室

目的

使学员通过体验创新的过程，发展其创新的思维能力。

程序

1.发给学员每人一份测试题，限定时间1分钟，请学员尽可能多地完成试题。

2.测试题如下：

7+2	8÷4	6+5	8÷4	6+11
20−10	7+7	9+3	5×2	8−4
9×3	2+2	8÷4	6+6	9+2
12×2	15−5	4×3	203−2	20−10
6×5	15−3	16÷8	15÷5	5÷5
10+2	7×5	9×2	10−5	5÷1
10+10	8÷2	4×2	8+3	10−2
4−2	15−3	9÷3	16×6	8÷8

运算规则：

“+”代表乘，“−”代表除，“×”代表加，“÷”代表减。

分享

1.统计一下，在已经完成的题目中，正确率有多高？

2.哪些人的效率最高？为什么？

3.有一道题也没做对的人吗？原因在哪里？

4.那些始终坚持原则的人速度怎么样？能在1分钟内全部完成吗？

5.这种完全不同的状况说明了什么？

总结

1.学员的表现大致可以归纳为以下几类：

（1）想当然者：兴高采烈不到1分钟就全部完成了，高高地举起手："老师我全做好了！"仔细一看，全不合题意。

（2）重蹈覆辙者：对于连续的两个符号，如前一个对了，后一个错了；或者是前一段全对了，但后一段全错了。

（3）艰难跋涉者：大约10%的学员始终坚持着新的原则，但速度普遍很慢，最多只能完成50%。

2.想当然者也看到了新的原则，但在实践中却仍然会"置之不理"。实际上，这类人的眼睛虽然看到了新的要求，但信息却没有成功地传达到大脑。

3.重蹈覆辙者的视觉和大脑之间虽然沟通了信息，也记住了符号的新意义，但往往又容易回到原来的思维上。这说明他们从小或很早被灌输的规则和观念等是非常强烈的，要想改变是非常不容易的，改变的过程也是曲折、反复的。

4.对于艰难跋涉者，经过几次练习之后，速度可以提高，这是因为此时在他们的脑海中已经形成了一个新的概念，他们接受并运用了它。这说明只要肯下功夫，改变并不是不可能的，随着时间的推移和印象的加深，新的观念和原则是会逐步替代旧的观念和原则的。

第八部分

THE EIGHTH PART

管理游戏

抓　球

形式：集体参与　　时间：15~20分钟

道具：准备乒乓球若干只，用适当的方法在乒乓球上进行编号，并用塑料袋装好

场地：不限

目的

使学员正确认识自己的实力以及对机会的正确评价、选择。

程序

1.将学员分成人数相等的小组。

2.宣布游戏规则：

（1）不同编号的乒乓球代表不同分值。

（2）每个人只能抓一次，时间为10秒。

（3）评分标准如表8-1所示：

①小组成员估计抓数与实际抓数差值的绝对值的和（越小越好）。

②小组成员每个人抓数的分值和（越大越好）。

表8-1　评分表

小组成员	估计数	实际数	绝对值	个人分值和
1				
2				
3				
4				
5				
6				
7				
8				
小计				

3.培训师请学员估计一只手能抓起多少只乒乓球，并进行统计：最少的只数是多少；最多的只数是多少；回答每一个数字的人数又是多少。

4.培训师让学员试着抓乒乓球（只能用一只手，不能用另一只手帮忙），看他们能抓多少个。

5.其他学员观察与他们先前的估计数字是否有出入。

6.学员分享讨论：

（1）游戏中发生了什么样的情况，为什么？

（2）对我们有何经营管理上的启示？

总结

1.学员在抓乒乓球前，一般都不能准确估计自己究竟能抓起多少只乒乓球，并且多数人都低估了；同样地，学员往往不能准确地估计自己的实力，面对机会往往会高估抓住机会的难度而不去尝试，所以会错过很多机会。

2.每个球都有编号，不同的编号代表了不同的分值，学员在抓乒乓球时，有没有考虑要抓住分值大的乒乓球呢？同样的，不同的机会，其价值大小是不同的，人们面对众多的机会，是否能看清哪些机会的价值较大，并抓住它们呢？

3.现实中，人们遇到的机会很多，企业的机会也很多，抓住了机会，就一定能挖掘和利用这个机会吗？答案是不一定。因为无论是个人，还是企业，能力总是有限的，所以不可能利用好每一个机会。人们只有在自身实力与掌握机会的难度两者间进行权衡，充分发挥自身的实力，做好自己力所能及的事情，才不会出现“贪多嚼不烂”的情况。

不用手游戏

形式：集体参与	时间：15分钟
道具：无	场地：不限

目的

提高你的管理水平；帮助管理人员提高管理水平；激励销售人员；将竞争作为激励工具。

程序

1.参与者通过反馈让一个志愿者移动他的手，而“领导”则通过指示让志愿者移动他的腿。

2.反馈常常是比来自权威人物的指示更有效的激励手段。挑选一个志愿者，让他离开房间。让大家选择一个用手做的目标行为，譬如在头顶上拍手。对大家说，一会儿志愿者做类似动作时，他们要喊“对”，让志愿者回到房间，对他说大家想让他做一些用到腿的动作。当他做的动作与目标动作比较接近的时候，大家就喊“对”（这被称为“接近”任务，通过喊“对”来促使志愿者越来越接近目标行为）。由于“领导”的指示，志愿者将不停地移动他的腿，但是只有在他移动手的时候，大家才喊“对”。来自大家的反馈通常将会压倒“领导”的指示。“领导”可以不时地插话，以越来越强硬的口气坚持：大家实际上想让志愿者移动他的腿，但不能动他的手。当“领导者”的指示和大家的反馈相竞争的时候，这个游戏会产生很强的紧迫感和大量笑声，但最终通常是反馈的形式胜利。

分享

1.当反馈与指示竞争的时候，通常哪种形式会赢？

2.日常生活中的哪些例子可以说明反馈与指示存在着竞争？

3.这个游戏的结果是什么？它说明了反馈具有什么样的效果？

4.为什么管理者认为让员工得到激励就够了？他们还需要做什么事情来激发员工的活力？为此，管理者应该怎样利用反馈？

变化

这个游戏有很多变通形式。例如，目标动作可以用腿，而不用手。只要涉及两个不相容的动作，这个游戏就可以进行。

注意

这个游戏说明了管理者的指示常常为人们所忽视的原因。行为的自然结果（即人们得到的反馈）经常与管理者的要求大相径庭。这个游戏也证实了为什么人们忽视香烟盒上的警告。

交换帽子

形式：集体参与	时间：20分钟
道具：帽子、卡片若干	场地：不限

目的

激发员工的最佳表现，帮助管理者提高管理水平，激励大型机构中的成员。

程序

你将学到交换角色可以激发活力，工作岗位互换可以激发人们的工作积极性。你需要很多帽子！它们可以是自制的帽子（上边写着他们的岗位和角色）或者更精细的时装帽子，你可以从二手店或者帽子店买到各种各样的真正帽子。

帽子代表了很多种类的工作岗位：探险家、教练、侦探、电影导演、棒球队员、牛仔、警官、厨师，等等。你还可以用假发。如果以上东西都没有，你可以在你的储藏室或者小阁楼中找一些其他东西，比如一个大盆、大篮子或者大桶（大到足以装下所有的帽子）这些东西将会派上用处。

你还需要至少6张演说卡，你可以将这些演说卡放在另一个容器中。向大家提示：学新东西和有机会做新事情常常可以激励人。这时志愿者进来，每次进来一个人，让他走到房间靠前的地方。每个志愿者从桶里选一顶帽子（把它举得高高的，使人们可以看得见），然后，让他从第二个容器（或者帽子）里取一张卡片。志愿者的任务是从帽子所代表的职业的角度，就卡片上的内容做一场3分钟的演说。只要时间允许，让别的志愿者用其他帽子和卡片重复这个游戏。岗位互换方案是一个组织中的成员不定期地在某一日互换工作岗位的方案。最后，就岗位互换方案的可能价值和潜在可行性展开讨论。

分享

1.人们适应新的角色和从事新任务有多难？

2.让人们尝试新的角色和任务有什么好处？

3.挑战永远具有激励效果吗？什么时候它没有激励效果？

4.在你的工作岗位，岗位互换方案是否可行？

变化

变通做法是直接在帽子上标上标签，或者简单地让人们挑选岗位卡片来代替挑帽子。

说明

将下面的某些演说主题裁下来，放在容器（或者帽子）中。在一个志愿者已经选了一顶帽子之后，让他抽一张演说主题卡。如果这些话题不适合你，那么你可以自己制作卡片。例如：改进交通系统，使航空旅行更舒适，设计一个更好的浴室，减少污染，改进邮政服务。

猜名人游戏

形式：集体参与	时间：30分钟
道具：4顶写有名人名字的高帽	场地：教室

目的

1.训练一线管理人员或参加培训的销售人员熟练使用封闭式问题的能力：利用所获取的信息缩小范围，从而达到最终目的。

2.该训练让学员在寻找“YES”答案的过程中，练习如何组织问题及分析所得到的信息。

程序

1.在教室前面横着摆放四把椅子。

2.每组选一名代表扮成名人坐在椅子上，面向小组的队员们。

3.培训师给坐椅子上的每一位“名人”戴上写有名人名字的高帽。

4.坐在椅子上的人不知道自己是哪位名人，其他小组成员都知道，但谁都不能直接说出来。

5.从“1号”开始猜，他必须要问封闭式问题，如“我是×××吗？”如果小组组员回答“YES”，他还可以问第二个问题。如果小组组员回答“NO”，他就失去机会，轮到“2号”发问。如此类推。

6.谁最先猜出自己扮演的是哪位名人者为赢队，培训师应该准备一些小礼物给赢队。

分享

1.你认为哪一位“名人”提问者最有逻辑性？

2.如果你是“名人”，你会怎样改进提问的方法？

总结

1.可以先大规模圈定名人的身份，如性别、年龄、职业等，再充分利用“YES”的机会。

2.可以根据名人的事迹进行准确、快速地询问。

3.此游戏能锻炼人们快速地组织问题和分析所获得的信息的能力。

给培训师的一封信

形式：个人完成	时间：不需在培训中完成
道具：固定格式的信，问卷或定期问卷	场地：不限

目的

1.帮助学员将培训所得的知识运用到工作中去。

2.将学员在工作中体会到的本次培训对他最有帮助的内容，反馈给培训师。

程序

1.培训师课前准备一封固定格式的信（如附件所示），在整个培训计划的结束阶段分发给各位学员（可以是培训课程后30天内）。由于采用非强制性的形式，如果学员不太注重承诺，那么得到的反馈可能会比较少，培训师可以采取其他辅助跟踪的方法来提高反馈率。

2.也可以用问卷形式，如果问卷设计精简的话，可以得到较好的反馈率，而且比较容易获得有意义的数据。

3.还可以利用定期问卷等形式，但这需要学员较长期的协作。如果培训师有精力跟踪的话，通过这个方法可以得到学员对课程的自发且深入的思索，这对双方都是最有用的。当然，关键之处还在于，要事先告诉学员会有长期的培训后续跟踪系统，这样他们就会积极地将新学到的知识和技能用到工作中去。

分享

1.由于这是一个培训后续工具，所以培训中的课堂讨论可以省略掉。

2.如果需要，可以借鉴“给上司的一封信”或是“给自己的一封信”的讨论部分，同样行之有效。

总结

通过这种方式达到沟通的目的，既调动了培训师的积极性，又调动了学员的积极性。

附件

给培训师的一封信

________老师：

我在________年________月参加了您的________培训课程。我希望能与您分享我将培训所得运用到工作中的一些心得。

培训后我做了以下这些事情：

1.________________________________

2.________________________________

3.________________________________

培训中的以下这些内容对我不太有用：

1.________________________________

2.________________________________

3.________________________________

我有以下建议供您参考：

1.________________________________

2.________________________________

3.________________________________

签名：

日期：

给上司的一封信

形式：个人完成　　时间：5~15分钟

道具：固定格式的信　　场地：教室

目的

1.帮助学员将培训所得的知识运用到工作中去。

2.将学员在工作中体会到的本次培训对他最有帮助的内容，反馈给培训师。

程序

1.在培训的总结阶段，学员们往往对自己在本次课程中所学到的知识有积极肯定的感觉。培训师的任务就是及时捕捉学员的这种热情，并引导学员将热情付诸工作。

2.培训师在课前需要准备一封固定格式的信（如附件所示），在培训总结后作为后续材料分发给各个学员。

3.请大家在离开前将这封信填写完整，然后将这封信交给自己的主管并就此与主管进行讨论。

分享

1.哪些因素会阻碍你实施你所向往的改变？

2.为了有所改变，你准备采取哪些步骤？

总结

1.主管没有给予足够的支持、时间有限、材料不相关等都是阻碍你实施所期望的改变的因素。

2.为了有所改变，你可以采取这些措施：寻找伙伴或借助团队的力量，寻求你的主管的支持和帮助，参加后续课程，等等。

注意

一定要坚持下去。

附件

致我的上司

尊敬的________：

我刚刚结束了一个名为________的培训课程。我很希望能告诉您我所学到的东西，以及我准备如何改进我的工作。我期待在近期就以下一些想法与您交换意见。期待能从您这里得到非常大的帮助和支持，使我能实施改进计划。

1.____

2.____

3.______________________________

4.______________________________

5.______________________________

6.______________________________

7.______________________________

8.______________________________

9.______________________________

10.______________________________

签名：

日期：

时间管理游戏

形式：集体参与　　时间：15分钟

道具：无　　场地：不限

目的

1.明白生活当中对自己最为重要的事情。

2.使学员感受时间的存在。

3.明白时间的价值。

程序

1.给大家讲下面的内容：

一天，时间管理专家为一群商学院的学生讲课。

他现场做了演示，给学生们留下一生难以磨灭的印象。站在那些高智商高学历的学生前面，他说："我们来个小测验"，拿出一个大口的瓶子放在他面前的桌上。随后，他取出一堆拳头大小的石块，仔细地一块块放进玻璃瓶里。直到石块高出瓶口，再也放不下了，他问道："瓶子满了吗？"所有学生应道："满了。"时间管理专家反问："真的？"他伸手从桌下拿出一桶砾石，倒了一些进去，并敲击玻璃瓶壁使砾石填满下面石块的间隙。"现在瓶子满了吗？"他第二次问道。但这一次学生有些明白了，"可能还没有。"一位学生应道。"很好！"专家说。他伸手从桌下拿出一桶沙，开始慢慢倒进玻璃瓶。沙子填满了石块和砾石的所有间隙。他又一次问学生："瓶子满了吗？""没满！"学生们大声说。他再一次说："很好。"然后他拿过一壶水倒进玻璃瓶，直到水面与瓶口齐平。专家抬头看着学生，问道："这个例子说明什么？"一个心急的学生举手发言："它告诉我们：无论你的时间表多么紧凑，如果你确实努力，你可以做更多的事！”

“不！”时间管理专家说，“那不是它真正的意思。这个例子告诉我们：如果你不是先放大石块，那你就再也不能把它放进瓶子里。”

那么，什么是你生命中的大石块呢？与你的爱人共度时光，你的信仰、教育、梦想，或是和我一样，教育指导其他人？请你切切记住先去处理这些“大石块”，否则，一辈子你都不能做到。

那么，现在，你是否正在试着问自己这个问题，我今生的“大石块”是什么？然后，请把它们先放进你人生的瓶子里。

那么我们找到自己的“大石块”之后，该如何利用自己有限的生命，充分利用我们有限的时间呢？下面我们做一个小活动。

2.在学员当中选10%或者一半的志愿者，然后请志愿者起立。

3.规则：志愿者闭上眼睛，不许说话，不许睁开眼睛，其余的人也不要说话。

4.志愿者自己计算时间，当自己感觉时间已经到1分钟的时候，就坐下。

5.培训师要把握好时间，看这些志愿者对时间的感觉如何。

分享

自己对时间感觉如何就会影响自己对时间的使用效率。

关于本人自己的合同

形式：个人完成	时间：5~15分钟
道具：如下面所示格式的合同，信封，固体胶水	场地：教室

目的

1.帮助学员将培训所得的知识运用到工作中去。

2.培养良好的生活和工作习惯。

程序

1.简短地介绍一下签订一份自我改变的合同的优点，以及一份好的合同必须符合哪些条件（参见下页附件）。

2.将合同的格式发给每位学员，给大家一些时间来填写完整。

3.最后请大家将信装入信封，并封好，在信封上写上自己的联系地址。

4.培训师将每位学员的信封收上来，并告诉大家，他们会在30天后收到这封信。

5.在培训的总结阶段，引导学员将注意力放到以下两个方面：

（1）将培训获得的新知识、新技能或新态度运用到工作中的必要性。

（2）要成功做到这一点的困难所在。

分享

1.哪些因素会阻碍你实施你所向往的改变？

2.为保证计划的成功实施，你准备采取哪些步骤？

总结

1.以下因素会阻碍你实施你所向往的改变，比如：主管没有给予足够的支持，时间有限，材料不相关，等等。

2.为保证计划的成功实施，你可以采取以下步骤，比如：寻找伙伴或借助团队的力量，寻求你的主管的支持和帮助，参加后续课程，等等。

3.学会找出让自己无法实施计划的原因，并下决心改掉它。

4.制订合适的计划，这样会容易坚持下去。

5.养成一个好的习惯，会受益终身。

注意

一定要坚持下去。

附件

关于本人自己的合同

心理合同：

这份心理合同是我对自己的一个承诺，我一定要有所改变。

合同条件：

1.对存在的问题的清醒认识（如：我每天抽30支香烟，这会导致癌症）。

2.渴望改变（我希望戒烟）。

3.宣言（我一定要在30天里成功戒烟）。

（1）宣言措辞清晰。

（2）具有可执行性。

（3）有具体时间期限。

4.对改变进程的回顾计划（我计划每天少抽一支烟，我会在桌前放一张大表，统计我每天所抽的香烟数量，提醒我每天的定额）。

5.可观的奖励。如果我成功戒烟了，而且坚持6个月，我要奖励自己去度假。

指导说明：

给你自己写一封信，向自己做出一个承诺，作为这次培训课程的成果。请在最后签名将这封信放进信封，写上自己的地址。我们会在30天内将这封信寄给你。

亲爱的________：

____

____

签名：

日期：

保持默契

形式：2人一组 时间：15~20分钟

道具：为一半的学员准备一张3×5寸的卡片或者8.5×11寸的白纸，为另一半学员分发材料（附后）

场地：不限

目的

1.解释什么是同化，以及它的对立面——立异（就是交流时采用与对方迥然不同的风格）。

2.使学员能够适时改变自己的沟通风格，让对方感觉比较舒服，如沐春风，以便更好地拉近人们之间的情感距离。

程序

1.2人一组。按照座位把相邻的2个人分为一组。

2.用对你来说最方便的方法将屋子里的人分为两大部分，只要自己心中有数就可以了，没必要说出来（提示：如果房子中间有中轴线，这件事情就更简单了）。

3.让每个小组的学员确定谁钱包里的信用卡最多（只要说就可以了，不必真的拿出来）。信用卡最多的人就是A，另外的那位就是B。让B举起他们的手。

4.将相应的材料发给B。请注意将材料发对了，给房间左边的B发的是标有“左”的材料，给房间右边的B发的是标有“右”的材料。发放的材料给出了两套不同的指令，也就是要映射A的行为——同化。而第二套指令则要求B对对方的非语言行为做出相反的表现，也就是要对A的行为“立异”。

5.要求B默念发给他们的材料。同时给A发卡片或者白纸，要求他们在纸上写下他们在工作中最讨厌的几件事情，或者最令他们感到讨厌的几种类型的人。比如：难缠的顾客、咄咄逼人的销售代理、不给你回电话的人，等等。

6.现在可以对A说，他有3分钟的陈述时间，对B解释他最讨厌的人或事。要求B在听A陈述的过程中，只能够点头，偶尔可回答“嗯”“我明白了”。在此过程中，A需要用他们“通灵的魔力”来判断他们的搭档是否能够和他们配合默契。

7.3分钟之后，宣布时间到。让A和B握手，并对B说：“我真高兴能够跟你讲点儿发牢骚的话。”

分享

1.有多少A觉得他的搭档和他配合得比较默契？（举手示意）

2.你们当中有多少人现在意识到，你们倾向于映射你喜欢或者认同的人的行为，而且你每天都在这样做？同样，又有多少人意识到他对自己不太喜欢的人正在做相反的行为？

3.为什么许多从事沟通和交流工作的人即使面对的是他不喜欢或者观点不同的人时，同样也能产生同化行为呢？

4.有多少B在游戏中有意识地映射对方的行为呢？为什么？

5.映射是可以人为控制的吗？（学员可能会喊道：“是的”）就如同去教堂和去参加晚会要穿不同的衣服一样，是不是可以控制？和你的老板说话的口气与和你妹妹说话的口气应该有所不同，这是不是也可以控制？

6.能够被操纵就一定是一件坏事吗？

总结

1.统计结果最大的可能是左半边举手的A多于右半边。

2.这是因为，对左半边的B的指令是要求他们使用“同化”的交流技巧，而对右半边的B则要求使用“立异”。

3.如果事实果真如此，就向大家解释这个原因，百闻不如一见，说不定会给大家留下深刻的印象。

4.但是如果出现的情况和想象的不同，那么你就要深入分析了。通常的原因是一些左半边的B没能很好地映射对方的行为。当然，还可能会有其他原因，这些都是很有用的信息。

5.可以在两边各叫一个B，让他们读一下在发给他们的材料中对他们的要求。这时是解释什么是“同化”或者如同B此时称为的“映射”和“立异”的最佳时刻。

6.那些即使面对的是他不喜欢或者观点不同的人时，同样也能产生同化行为的人，往往是因为他们的生存依赖于和他人的联系。

7.映射是可以控制的，所以我们要适应社会化的行为，应该能够随时根据不同场合适当调整我们的行为。

8.留给学员一道家庭作业：在未来一周的时间里，注意观察你周围的同化行为。至少要在每次交谈中映射一个行为。有一些人能够本能地做这件事。研究表明，他们能够得到更多的信任。如果这个行为对你来说不是本能的，那么你就认真学习吧。而且要记住，用它服务于积极的目的。

9.其他培训主题：为了达到最好的效果，请在解释“同化”的概念之前简述并做这个游戏。通过这个游戏，学员在以后的交流中就会更自觉地倾向于运用“同化”的交流技巧。

附件

发给左边B的材料

当你的搭档向你描述他最讨厌的人或事时，一定不要用语言回答你同意或不同意。你可以点头表示你已经听到了他所讲的，或者说“嗯”“我明白了”，最多只能到此。

你的主要工作是注意观察你的搭档的非语言表现，并映射其中比较普通的动作。这些动作可能是头向某一边倾斜，或者是点头，身体向前倾斜、向后靠，面部做一些表情，做一些或者较多的目光接触，交叉手臂或者腿、脚腕，将手放在口袋里。

两个技巧：

1.不要立即映射你搭档的行为。在你映射他的非语言表现之前，留出半分钟左右的时间。

2.不要完全复制你的搭档的行为，而是要做相似的动作。例如，他交叉手臂，你就可以把手叠放在一起；如果他把手插进口袋，你就可以把手插进皮带中，或者反背在后面。

发给右边B的材料

当你的搭档向你描述他最讨厌的事或人时，一定不要用语言回答你同意或不同意。你可以点头表示你已经听到了他所讲的，或者说“嗯”“我明白了”，最多只能到此。

你的主要工作是注意观察你的搭档的非语言行为，并做出相反的动作。例如，他倾斜着身体或者点头，那么你就笔直地坐着，保持静止；如果他向前倾斜，你就向后仰；面部的表情与他有所不同；如果他用很多眼神交流，那么你就少用眼神交流；他交叉手臂，你就不要交叉手臂等。

技巧：

不要立即做相反的动作。在你做相反的动作之前，留出半分钟左右的时间。

平静一下

形式：3人一组	时间：20~25分钟
道具：卡片或者白板一摞，8.5×11寸的纸片若干	场地：不限

目的

1.使学员事先能够有意识地注意到那些隐藏着负面的甚至是带有敌意的含义的词语。

2.使学员在沟通中有意避免使用这些刺激性的词汇。

程序

1.将学员分成两个小组（如果人数比较多，可以分成4组，但最好是尽可能地保持为两组）。

2.给每组1分钟时间想象一下，他们现在正处于某个商务情境之中（例如：一个商务代表正在和一个顾客交谈，或者一个经理正在对一个员工的业绩进行评估）。

3.给每个小组发一张8.5×11寸的纸片。

4.给他们3分30秒的时间，让每个小组用"头脑风暴"的方法列举出在各自虚拟的商业情境中可能出现的刺激性词汇（比如："不""这就是我们的政策""我不知道""你应该""请坚持住""那不是我所在的部门"等等）。每个小组先不要让另外一个小组知道他们组想出的相应的刺激性词汇。

5.宣布时间到。

6.给每组9分15秒的时间，让他们写一个1分钟的脚本。写这个脚本的目的就是，在他们虚拟的商业情境中最大限度地"火上浇油"。

7.告诉他们，你的评分标准是：

（1）统计在这个脚本中共有多少刺激性词汇，每个刺激性词汇给1分。

（2）根据这些刺激性词汇所包含的刺激性给1~3分。

（3）表演者使用这些词时要表现出真诚，要帮助对方、合作等，另外加5分。提醒他们，我们使用这些最令人讨厌的刺激性词汇时，本意常常是为了帮助别人。这真令人感到悲哀。

8.9分15秒后，宣布时间到。

9.给每组30秒钟时间，让他们各自选出两个表演者。

10.在此同时，给每个学员发一张白纸。

11.让一组表演者表演他们的片段，另外一组学员在白纸上写下他们听到的每一个刺激性词汇。

12.表演结束后，让表演的小组确认他们使用的刺激性词汇，需要时应能够解释为什么这些词汇会带来问题。

13.再让整个小组提出与这些刺激性词汇表达的意思相同的另外的刺激性词汇（即近义词），让字迹清秀的学员把这些词写在对应的刺激性词汇的旁边。

14.第二组重复上面的步骤。

15.评定分数（标准见上文）。

16.给分数高的小组成员每人颁发一个“最能火上浇油奖”。

17.将这些刺激性词汇及其近义词写到一张纸上，并复印，分发给每个学员，建议他们把它贴在他们的工作场所。

分享

在学员解释刺激性词汇以及寻找近义词时，已经有很多简短的问题被提出和解答了。如果我们不想把这个游戏弄得过于僵化，可以在适当的时候提出以下问题进行讨论：

1.什么是刺激性词汇？有多少人承认他们对别人用过这些词汇？为什么有时候我们会自我感觉良好地对别人用这些词汇呢？

2.你们当中是否有人不知道如何区分刺激性词汇？（换句话说，就是当有些人对你说这些词汇时，对你并不会有什么影响。）这种情况是怎样发生的？

3.如果你发现你无意中发表了一个意见，被别人认为用了刺激性词汇时，你是不是大吃一惊？你认为哪个更重要：你自己的理解还是别人对你说的话的理解？

4.如果我们无意中说出了一些别人认为含有刺激性词汇的话，我们最好的挽回办法是什么？

总结

1.很多人都会同意下面说法：所谓刺激性词汇就是那些别人用来对我们讲话时会惹怒我们的词汇。

2.人们往往不能从他人的角度出发，去仔细琢磨每一句话应该怎么说，及有可能带来的后果等，而只是从自己的主观意愿出发，认为自己本意是好的就行了，这样，在沟通中就很容易造成随口说出刺激性词汇的现象。

3.一旦你说出这种词语之后，首先必须真诚地道歉，同时说明你的本意所在，这样可以及时消除误会，使沟通继续顺畅地进行下去。

4.在宣布分数时只说大项，不要逐个说得太细，那样太浪费时间。你可以这样宣布：“刺激性词汇这一项，X组得了多少分；刺激性程度这一项得了多少分”等。

5.把那些得了3分的极具刺激性的词汇重复一遍，大家会哄堂大笑，想出这些词汇的人也会很自豪。如：下面是表演最出色的某某，祝贺你，你们组另外加5分！

角落选择游戏

形式：每组人数在6~30人为宜，人数过多效果会大打折扣

时间：约需40分钟　　　　道具：黑板

场地：最好是在室内，场地面积大小视人数而定，会场应该可组合出4个距离适当的角落，有无桌椅均可

目的

1.明确自己的兴趣、爱好、价值观与别人的不同之处。

2.促进员工与团队成员间的沟通。

3.使员工认识到价值观不同会影响人际关系。

4.掌握与团体沟通的各种方法。

程序

1.说明游戏规则。

整个游戏视情况进行几轮，由主持人掌握。第一轮的选择都是这样的：小组成员按照自己对例题的选项到不同的角落中去交流。选择同一选项的成员应该深入交流自己为什么要选这一项，不同的人可能会有不同的说法，让员工明白做同一件事情各人有各人的动机和出发点。每一轮大约进行5分钟，主持人应该很自然地引入到下一个例题的选择中。

2.选择角落并展开交流、沟通。

每个成员选择到不同的角落后，大家先做简短的自我介绍，然后可谈自己选择的理由。

3.角落之间的“辩论”。

当游戏告一段落时，每一个角落中的组员应该选派一名代表，说明自己的选择如何胜于其他人的选择。“辩论”的目的不在于决出哪个选项获胜，而在于充分说明该角落成员的理由。

4.对整个游戏过程的回顾、讨论。

对游戏过程中的问题、困惑、有趣的现象加以回顾、讨论。主持人应事先设计好一些问题，以便在适当的时候引导员工们深入思考与讨论。

通过讨论让员工明白一个团队中的成员的价值观是多么不同，而为了更好地实现团体协作，成员又是怎样暂时放弃自己的个性的。通过讨论，成员应该以更宽广的视野看待同事的行为和态度，减少工作中的冲突和误会。

注意

1.在说明游戏规则时应该让员工充分了解游戏的目的，并充分接受他们的询问。

2.例题不宜太多，5个左右即可。游戏持续太久会失去趣味性。

3.主持人应学会控制会场气氛的技巧，并在适当的时候结束游戏。

附件

用于员工选择的例题可写在黑板上，也可由主持人口头说出来。下面的例题供参考：

（1）你如何度过周末？

A.睡觉、看电视　　B.外出旅游

C.运动　　D.参加学习班

（2）你喜爱的电视节目是什么？

A.新闻、评论　　B.音乐

C.电视剧　　D.体育比赛

（3）在工作中，你追求的目标是什么？

A.收入　　B.地位

C.闲暇时间　　D.稳定

（4）当理想得不到实现时，你会怎样？

A.逃避　　B.压抑、故作平静

C.转移目标　　D.设法克服困难

（5）生命中你最珍爱的是什么？

A.爱　　B.财产

C.健康　　D.正义

设定价值序列游戏

形式：集体参与，7人一组为宜　　时间：30分钟

道具：价值序列用纸（见表8-2）一人一张，以及一些笔　　场地：宽敞的教室

目的

1.明确价值意识的序列。

2.对互为矛盾的价值爱好，也尝试明确其序列。

3.发现成员间的价值基准各不相同。

4.学习接受互不相同的人的价值观。

程序

1.游戏之说明：下述即是整个游戏目的的说明和顺序提示。

“我们在日常生活中作出的种种判断，在无意识中逐渐形成了判断标准，并予以抉择，诸如，这是我喜欢的，这是我不喜欢的等价值判断。各位已经看到刚才发给你们的纸上写了6种词句，把你认为最具有价值的写上1，其次有价值的写上2，一直写到6为止，请务必避免出现重复的数字；虽然有些定义稍显缥缈，但一定要按顺序写上。写完后，各组方可依结果，彼此互相交换话题，加深印象。”

2.个人记录作业：决不可依靠他人获取交谈决定，而是要完全依照自己的判断。或许有人会提出对字面含意有所不解，而领队需耐心回答游戏的重点，即凭自

己所了解、所感受去判断。

3.结果的沟通：既然每个人都有自己的价值观并作为判断的标准，也就可以以判断标准为话题了。由此可深入地了解彼此的生活态度、背景，甚至于日常生活行动也包含在内。所以，不但要尊重个人的行动结果，更要互相接受各个学员的报告，因为一般人都有全盘了解整个团体究竟有何倾向的统计结果的行动和欲望。但这种游戏不只是注重计算统计结果，而是通过学员正确的判断，促进彼此深刻的认识和了解后，加强整个团队的协作精神。

总结

通过全体学员的检讨，领队可据此进行综合整理。

1.说明属于理念性选择判断的价值观，可凭借着工作上的人际关系，坦率地表达自己的观念。

2.在团队中，非但要能够肯定成员彼此之间想法的不同，也要容许成员间的差异性。不可一味强调协调性，强迫其认同一种观念。

附件：发放材料

表8-2　价值序列示例

________	A.健康
________	B.爱
________	C.财富
________	D.服务
________	E.自我实现
________	F.正义

射击游戏

形式：一组5~8人，3~5组最为适宜。所以参加人数应为15~40人

时间：约需70分钟

道具：笔记用具、课题用纸、检讨用纸

场地：培训室

目的

1.学习达成问题的过程。

2.体验团体活动所分担的任务。

3.体会通过团体间的竞争而发挥的团队精神。

4.体验为解决问题而发挥领导能力的过程。

程序

1.为了说明游戏的方法和过程，培训师可以这样向学员叙述：

“现在开始以7~8人为一组，进行团体游戏。这个游戏名为‘射击游戏’，各学员将通过彼此互助合作来解决问题。至于规则与游戏方法，在将要发给各位的纸上有详尽的说明。一切要按照上面的说明方式进行。现在把纸发给各位，每人一张，反面朝上放置在面前。听到我的开始口令时，再翻过来阅读。”

虽已作此说明，却可能会有疑问提出，因此在接受提问后，在游戏即将开始时，分发射击游戏问题用纸。

射击游戏问题用纸（图8–1）：

（1）游戏的规则，以射击标的的总得分为获得最高分者。

（2）一次射击4发，共射4次，合计可射16发。

（3）标的隐藏于图，从10横10纵格状之中，标的数2。其联结方式是纵与横，而非斜线。

（4）标的格，各设定有1分、3分、5分的分数。

（5）各组决定“发射”。

（6）各组决定发射后，在所有学员听得到的状况下，向主持人报告。

（7）决定全部发射的代表者，而以代表者的发射为有效。

（8）以A1，F5，C10，I3方式发射。主持人要公布各组发射的所得分数。

（9）在时间内未发射部分或过剩发射部分，或违反规则发射等，每一发扣1分。

（10）可射击同一格目，却不能重新射击。

（11）各组可自由交谈，也可用图示法表示。

（12）各组不可向主持人发问。

（13）所需事宜，全记在纸上。

（14）限时35分钟。

	A	B	C	D	E	F	G	H	I	J
1										
2										
3										
4										
5										
6										
7										
8										
9										
10										

图8–1　射击游戏演示图

2.开始。做开始信号，把进行时间记录起来。然后说明清楚：游戏将限时35分钟。同时准备记录各组发射的纸，决定格状的标准，设定分数。例如，在主持人身边备有检讨用纸，可随时将所感触之事记录下来。

3.开始发射。第一个作为各组发射的代表者，看成为其组的代表人并记录，在第二次发射时，也由同一人进行。若不知其姓名，可记其特征，如服装有何特色，所坐的位置等。总之，这记录的是确定是否有代替人。

至于第一个开始发射的组，应将其发射时间与中标情况记录清楚。这对于其后的回馈检讨有用处。这是透过暗中摸索、鼓起勇气接受挑战的组，具有很大的鼓舞作用。标的可由主持人任意设置，但如图8-2般逆L型的标识，是初次经验者难于射中之处。分数可任意分配，共分为5分，但以不同分数的配置法，较为理想。主持人需报出发射的总分，如果形成5或3的倍数更为得当。每小组得分可填入表8-3中。

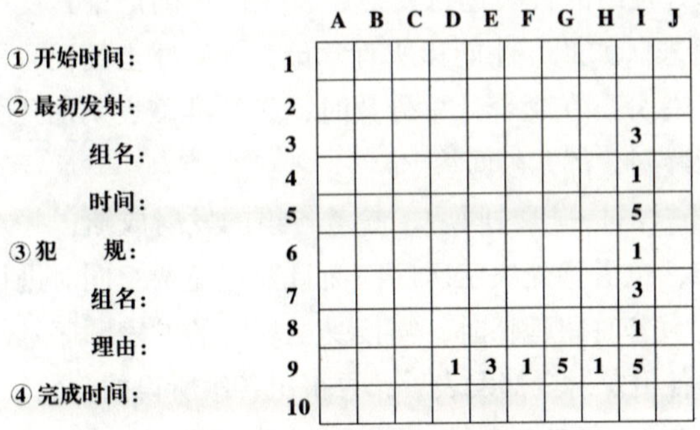

图8-2　主持人记录示意图

表8-3　各小组记分表

发射组名	Ⅰ	Ⅱ	Ⅲ	Ⅳ	Ⅴ
代表者名					
第1次					
得分					
第2次					
得分					
第3次					
得分					
第4次					
得分					
合计					

4.违反规则。在游戏进行中，常发生违反规则的事情，如代表者交换即为典型例子。在这种情形下，只能说依照规则，而发射得分竟得了负分；决不能说成因为换代表，才得了负分。因为这是学员自觉遵守的学习机会，如果在还未发觉的情况下游戏便结束，也就没有任何影响，这点在反馈时，会做详细分析、说明。

对其射击有误，使其得负分的情况，即在暗示其进行过程的不正确。譬如，2的D、5的H，其英文字母在后面时，因为射击问题在纸上，如将其念于数字之前，即视为犯规。虽然，同一地方可再射击，但如将“G的5，4次”看成是发射，就是违反规则了。其实，应将上例解释成“G的5、G的5、G的5、G的5”，才是正确的说法。同时，在射击中会发生暂停情况，也视为未发射分。或者，不小心的提问，也是犯规的现象，即使不是以负分论，也需给以警告指示。总而言之，必须要严格遵守规则进行游戏才可以。

5.得分应答。若各组的代表进行发射，首先应正确记录其发射位置，几经确认后，再重复地念出来。如此，才能让所有学员获知其射击情况，同时也有多余时间计算由纵标的合计总分。在念合计总分数时，必须准确表明加几分、减几分与正负符号。对于一切的疑问，都无须回答。

6.时间结束前。经过一段时间后，参考各组的发射成绩，并判明标的，虽然其发射过程错综复杂，也需预先决定次序。而且要避免两组同时进行。即使因此而稍微拖延时间亦无妨。若时间延长时，需接受至那时的发表顺序号码，但不可再增加组数，将所接受的各组发射全部发表后，再报出各组所得的分数。

7.游戏结束。开始后经三五分钟，即可宣布游戏结束。

8.结束后的说明。

（1）标的说明：向学员宣布有分数的格子隐藏在何处；就如“I的3，1分；I的4，1分”这样说明。

（2）各组成绩发布：一次4发，共发射4次的总分从得分最高者依次排位，把获得第一名那组的原因，简单扼要地解说一遍。

（3）犯规和其他的说明：先解释某些组何以在整个游戏中不但没得分，反而得负分的局面。可具体说明，因为换代表者而犯规，才会有负分出现。解释负分的情况时，不能只靠抽象式的形容，毫无行动表现，因此刚才所学习的记录，便可适用于作为说明其差异性的资料，成了极其重要的方法了。

主持人要评述这个游戏的全部流程，尤其是应将各组第一次发射的时间与地方通知全部成员，然后在听完各组如何采取行动开始发射的讲述后，说明过程。

（4）游戏目的与体验心得比较：这个游戏是检讨团队精神、体验团体课题达成过程、学习团体的意识的决定过程为目的而举行的，故在游戏中，需将全体学员的感触作为重要观察。如果省略这些说明，便与单纯的儿童游戏无异。因而，需明确体验作业，才更具有学习意义；而全体的互相交流，更是重要的一环。

总结

1.个人反省。在反省体验结果，并了解其所含意义的同时，还要与全体成员互相共事，才能使学习更为深刻。为此，个人应给自己一个反省机会。

2.组的检讨。记入检讨用纸的Ⅰ、Ⅱ（见附件）内的内容，各组可宣读出来。这样才能了解个人的印象与感觉，及解释方法是否有误，并可明白各组的状况。各组亦可将数字表达出来的结果，进行统计或平均，以便与他组比较。

在此需特别强调，虽然参加的学员，都有共同的体验，但却有不同的心得。而且必须经过互相肯定后，团队精神才能发扬光大。

若是被游戏之胜败因素所限，而无法获得良好的反馈时，更需指示有必要做整体的检讨与反省，并探究其过程。

附件

检讨用纸Ⅰ

（1）你是以什么样的积极态度参与此游戏的？请将你自认积极的程度明示出来。（0~10之间，5表示普通）

1　2　3　4　5　6　7　8　9　10

（2）你认为参加这个游戏后，有些什么贡献（有帮助的）？请将贡献的程度以数字表示出来（0~10之间，5表示普通）。

1　2　3　4　5　6　7　8　9　10

（3）你认为团队应有多少相互了解，才使游戏得以进行？将自己的判断记下来。

不了解　　　普通了解　　　非常了解

（4）你的组，是以什么方式决定发射的？在下列的4种方法中，圈选出其中的一个来。

第一回	第二回	第三回	第四回
1.1人独断决定	1.1人独断决定	1.1人独断决定	1.1人独断决定
2.2~3人商量决定	2.2~3人商量决定	2.2~3人商量决定	2.2~3人商量决定
3.多数人的决定	3.多数人的决定	3.多数人的决定	3.多数人的决定
4.全体一致决定	4.全体一致决定	4.全体一致决定	4.全体一致决定

（5）通过这个游戏，最具有领导能力的人是谁（包含你自己）？把名字以及行动的理由也写下来。

姓名：________________________________

行动理由：____________________________

姓名：________________________________

行动理由：____________________________

（6）通过这个游戏，你的组中谁受到的影响最多？请将人名与行动理由详细写明。包括正面及负面的影响。

姓名：________________________________

行动理由：____________________________

姓名：________________________________

行动理由：____________________________

检讨用纸Ⅱ

通过这个游戏，你对你的小组应尽些什么责任？请回答下列各项。请同一组中其他成员，详细记下来。

（1）为说明文字易于理解，担任解说者：

你自己

◆ 很努力　◆ 努力　◆ 马马虎虎　◆ 不努力

组员姓名

◆ 很努力　◆ 努力　◆ 马马虎虎　◆ 不努力

（2）对不能说明文字，担任调整角色者：

你自己

◆ 很努力　◆ 努力　◆ 马马虎虎　◆ 不努力

组员姓名

◆ 很努力　◆ 努力　◆ 马马虎虎　◆ 不努力

（3）整理说明文字统一的共同解释任务时：

你自己

◆ 很努力　◆ 努力　◆ 马马虎虎　◆ 不努力

组员姓名

◆ 很努力　◆ 努力　◆ 马马虎虎　◆ 不努力

（4）促进发射决定角色时：

你自己

◆ 很努力　◆ 努力　◆ 马马虎虎　◆ 不努力

组员姓名

◆ 很努力　◆ 努力　◆ 马马虎虎　◆ 不努力

（5）若组员发言不踊跃，担任鼓励任务：

你自己

◆ 很努力　◆ 努力　◆ 马马虎虎　◆ 不努力

组员姓名

◆ 很努力　◆ 努力　◆ 马马虎虎　◆ 不努力

（6）担任提议与发射决定不同构想任务：

你自己

◆ 很努力　◆ 努力　◆ 马马虎虎　◆ 不努力

组员姓名

◆ 很努力　◆ 努力　◆ 马马虎虎　◆ 不努力

（7）整理发射决定任务：

你自己

◆ 很努力　◆ 努力　◆ 马马虎虎　◆ 不努力

组员姓名

◆ 很努力　◆ 努力　◆ 马马虎虎　◆ 不努力

（8）记录、分析别组情报的责任：

你自己

◆ 很努力　◆ 努力　◆ 马马虎虎　◆ 不努力

组员姓名

◆ 很努力　◆ 努力　◆ 马马虎虎　◆ 不努力

（9）引导发射决定任务：

你自己

◆ 很努力　◆ 努力　◆ 马马虎虎　◆ 不努力

组员姓名

◆ 很努力　◆ 努力　◆ 马马虎虎　◆ 不努力

（10）若组员的活动不踊跃时，担任推动任务：

你自己

◆ 很努力　◆ 努力　◆ 马马虎虎　◆ 不努力

组员姓名

◆ 很努力　◆ 努力　◆ 马马虎虎　◆ 不努力

（11）担任发射的检讨评价：

你自己

◆ 很努力　◆ 努力　◆ 马马虎虎　◆ 不努力

组员姓名

◆ 很努力　◆ 努力　◆ 马马虎虎　◆ 不努力

（12）全体综合整理任务：

你自己

◆ 很努力　◆ 努力　◆ 马马虎虎　◆ 不努力

组员姓名

◆ 很努力　◆ 努力　◆ 马马虎虎　◆ 不努力

3.各组的报告需向全部学员进行简要反馈。这样，才能互相明白别组是采取什么方式进行的。而且可以询问他们，同样的作业何以不使用同样的方法呢？

4.总评。主持人在对整体流程进行评估后，可把在游戏中所学习的心得，编成一般性的短篇讲义。最重要的一点是，这样不但能改善阅读正确情报的方法，对不明确的解释得以交换更正，使分担的任务顺利进行。同时领导能力的发挥事项、意思决定、问题等等，都可迎刃而解了。不管如何，主持人都应随时配合环境状况随机应变。

第九部分

THE NINTH PART

领导游戏

建造楼房

形式：每组4~10人；建议4~7共分组

时间：提示导入阶段10分钟，活动时间30分钟，评判时间10分钟，检讨时间15分钟

道具：不同大小的积木两盒或多于72块积木一套，易事贴每组一本，铅笔一支，不同颜色A4纸一张，评分表一张，计算器一个，1米长度卷尺一个

场地：不限

目的

1.分析竞争对手，并根据内外部环境制订竞争策略。

2.树立成本运营观念、利润最大化观念。

3.小组成员合理分工。

程序

1.活动前桌面保留A4纸一张、易事贴一本、铅笔一支，其余物品全部清除。

2.教练的角色：银行、买楼客户。

3.评判：

楼房建造供应商活动前置及流程指示如下。

（1）活动的本质是小组根据外部环境变化做出及时调整，并做好协调分工。

（2）分成小组。

（3）说明规则（见附件），询问疑问点，做出解释。

注意，只能用竞标得来的积木在A4纸上建造楼房。不得使用任何外部资源，如：双面胶、透明胶等令积木黏合的物品。

（4）小组讨论3分钟。

（5）第一次竞标，每小组将标的写在易事贴上交教练，全部收齐后，由教练开标，并公布在评分表上；询问是否需要贷款；由最高竞标者优先选取建筑材料（采取保密方式）。

（6）第二次竞标至第六次竞标，方法同上。

（7）竞标结束，小组建造楼房，最先完成者进行客户评审（速度、高度、稳度、美观）。

（8）计算名次，为第一名的小组颁发奖品。规则：你的小组是一家房地产开发、建筑商，你们从银行贷款向楼房建材供应商购买建筑楼房的材料，完成建筑后向买楼客户销售整栋楼房。买楼客户对楼房做出评价。你们的目的是使经营的利润最大化。

附件

楼房评判标准：

（1）速度——最先将楼房建成者可获100万元的收入，第二名获80万元，第三名获60万元。

（2）高度——每造1厘米，可获得40万元的收入，楼房最高限5米。

（3）稳度——楼房整体每移动1厘米可获20万元，在30秒内移动楼房最长限移动30厘米，将获得600万元。

（4）外观——第一名获400万元，第二名获360万元，第三名获320万元。

4.竞标前，每组拥有银行1000万元的无息贷款。

5.购买建筑材料采用竞标方式，最高标价者优先购买建筑材料，最低起标为150万元（采用暗标投注）。

6.共进行6次竞标：第1、第2次各买1块材料，第3、第4次各买2块材料，第5、第6次各买3块材料。

7.开标后，小组派代表领取建筑材料。

8.小组可向银行贷款，第1次贷款银行利息为10%，以后每次贷款银行利息递增10%，总共可向银行贷款6次；活动操作步骤如下（以第一阶段为例）：

（1）第一步，培训师宣布“各公司请将要贷款的数额上报培训师”。上报后，培训师将总贷款额记录在附表上——注意要加上无息贷款数，以及贷款利息10%。

（2）第二步，开始投暗标（写在易事贴上）。

（3）第三步，依据投标数值，值大者优先选择建材。

分享

1.游戏过程中的感受。

2.将所体验的组织运作形式整理出来，并以小组为单位进行发表。

彩圈飞舞

形式：集体参与　　　　时间：50分钟

道具：90个铁丝圈、3个玻璃杯、3名组长的角色说明书、游戏成绩统计表（见表9-1）

场地：不限

目的

让学员通过游戏体验在3个不同的团队活动中，由于反馈激励方法不同而产生的不同工作效果。

程序

1.把学员分成3个小组，组长将扮演3种角色，分别是“积极鼓励”“疯狂打击”“无声无息”3个角色（角色说明书另附）。

2.给每个学员发30个铁丝圈，在规定的距离（2米），扔套玻璃杯。记录套中率，即扔若干圈的命中率。每个学员套中后，可选择是否扔完铁丝圈儿。

3.游戏规则：

（1）学员不可越线扔圈。

（2）学员必须一个一个扔圈。

（3）每次命中后，学员如选择继续扔圈，多次命中，选择命中率最高一次为该学员成绩。

（4）最后成绩取小组的平均命中率。

（5）游戏大约进行30分钟。

分享

1.培训师必须指导3个组长尽力执行角色要求。

2.每个组长必须正确记录每个学员的扔圈成绩。

3.游戏完成后，首先公布3个组的成绩；其次请3个小组的成员代表各自谈游戏感受；再次请3个组长说明自己事先受命扮演的不同角色以及自己的感受；最后培训师道出游戏的目的：3种不同的反馈激励模式产生不同的团队工作效果。

总结

这个游戏主要是引导大家“建立积极的工作环境，提倡正面激励为主”。在游戏中，每个领导角色扮演得越逼真，给学员的情境理解越深刻，结果就越会是如此：正面激励的环境中，游戏总是坚持到最后，并且成绩总是最好；负面反馈的环境中，游戏早早便结束了，成绩总是最差；无激励的居于前两者之间。

附件

参考角色说明书

角色1——正面激励的领导

你是一个提倡正面激励的领导，在游戏的过程中，你始终鼓励你的小组成员。

角色2——负面反馈的领导

你是一个给成员不断打击的领导，成员在游戏过程中，你不断地打击成员的积极性。

角色3——无反馈的领导

你是一个不给予成员任何反馈的领导，不管你的小组成员取得了什么样的成绩，你都是面无表情，不说话。

表9-1　游戏成绩统计表

组别	总圈数	个人命中率记录	小组平均命中率

五色酒

形式：集体参与　　时间：15分钟

道具：程序中所列的物品　　场地：不限

目的

体验领导魔术的情境。

程序

1.拿出白色的酒一杯。

2.投入姜黄——呈黄色（溶出姜黄素）。

3.加入碱——呈红色（姜黄遇碱的结果）。

4.加入皂矾——呈绿色（皂矾遇碱成为绿色的碳酸铁）。

5.加入五倍子——呈黑色（硫酸铁遇五倍子变成黑色）。

6.分享上面几步带来的启示。

注意

在游戏进行过程中用不着告诉学员变化的原因，并提前做一次实验。

分享

魔术，是一门集知识性、科学性、趣味性于一体的艺术。运用科学的原理，运用特制的道具，通过巧妙的手法，制造出变化莫测的假象，使人们难以识破其中的奥秘，从而达到以假乱真的艺术效果。

魔术是以变为核心的表演艺术，它抓住人们的好奇心，创造出不可思议的效果，以此吸引观众。领导者要成为一名“新的魔术师”，不是把人们带进未知的领域，而是了解在新的反应中发生了什么。

总结

在游戏小结中，建议说明魔术中不同的成分组合会产生明显不同的效果。领导是影响和支持的过程，使得其他人能够为了达到目标而富有热情地进行工作。在帮助个体或群体确认目标以及激励、协助他们达到一定目标的过程中，领导是一个重要的因素。

布袋游戏

形式：集体参与　　时间：20分钟

道具：布袋、照相机、鞋拔子、透明塑料尺、地图、风油精　　场地：不限

目的

引发管理中的有关概念。

程序

摸取5件物品，询问其与企业管理有何关系。

1.照相机（信息的搜集与保留）——信息的收集与用以适当反应。

2.鞋拔子（员工的培训、引导）——效率，老员工新做法，FORCE IN——新的员工新的做法，老的员工新的工具——FIT IN，由FORCE 到引导。

3.尺（明确的评价考核体系、透明度）——员工能力的度量，有共同的度量，软尺的弹性度量，透明度，过滤性的有色透明度，培养下一代。

4.地图（规范制度的控制）——不迷路，寻找最佳、最近的途径。

5.风油精（冷静、理性的领导艺术）——出新的点子（员工素质优良，负重很多的情况下，此物品可令其轻松，清醒一下，令其重新发挥活力），审慎的管理方法。

分享

利用变通的手法加深学员对某些管理概念的理解。

踢足球

形式：6个人一个小组为最佳　　时间：15分钟

道具：每组一个球门及一个足球　　场地：空地

目的

用于说明在指导下属、同事工作或交代任务时所需要的技巧。

程序

培训师把球门及足球发给小组，球门与射门的地方相隔8米，而后给小组10分钟的练习时间，之后进行比赛。每组要踢10个球，每人至少要有一次的踢球机会。进球最多的小组为胜组。

分享

1.你们小组是否具有这方面的技巧？如果有成员在这方面比其他成员更有优

势，那么这些成员怎样教其他人也具备这方面的技巧？

2.不懂执行这一任务的组员们，你们当时怎样想？自己用什么方法来完成任务？是否有学习的欲望？向其他组员学习有没有障碍？这些障碍是什么？

教练技术

形式：集体参与　　时间：30分钟

道具：七巧板若干套　　场地：不限

目的

让主管学会如何指导下属。

程序

1.培训师先把方法教给教练，大约3~4分钟。具体方法是定义目标，定义形状，定义多边形的每条边。

2.看谁教的快，由小组教练教会，然后由小组抽签决定谁来代表小组进行比赛。

3.可增加12秒限时完成项目，正确的加分。

4.3分钟练习时间，有谁摆不出来罚分。教练技术的4个口诀“先说说看”“做给他看”“让他试试看”“在旁边指导看看”。

巨人脚步

形式：集体参与　　时间：10分钟

道具：无　　场地：不限

目的

使学员明白企业的口号越简单越好。

程序

1.所有的学员分成若干组。

2.各小组自行设计共同行走时的行动口号。

3.选择观察员对各小组的统一性、一致性程度进行评分。

4.分享为什么某小组会获得第一名。

分享

小组成功的秘诀除了一个好的领导和团队成员的协作一致外，还有一个十分重要的因素就是有一个简单响亮的口号。有的小组的口号是“1，2，1，2”，有很多队的口号是“左，右，左，右”。

在这里，数字要简单，喊起来容易上口。

由此想到，作为企业战略设计的一部分，企业的识别度也要用简单的方式表达出来，就像“口号”一样。

授权方式

形式：8人一组为最佳　　时间：30分钟

道具：眼罩4个，20米长的绳子一条　　场地：不限

目的

让学员体会及学习，作为一位主管在分派任务时通常会犯哪些错误及改善的方法。

程序

1.培训师选出一位总经理、一位总经理秘书、一位部门经理、一位部门经理秘书和四位操作人员。

2.培训师把总经理及总经理秘书带到一个看不见的角落，然后向他们说明游戏规则：总经理要让秘书给部门经理传达一项任务，该任务就是由操作人员在戴着眼罩的情况下，把一条20米长的绳子做成一个正方形，绳子要用尽。总经理全过程不得直接指挥，一定要通过秘书将指令传给部门经理，由部门经理指挥操作人员完成任务。部门经理有不明白的地方也可以通过自己的秘书请示总经理，部门经理在指挥的过程中要与操作人员保持5米以上的距离。

分享

1.作为操作人员，你会怎样评价主管经理?

2.如果是你，你会怎样来分派任务?

3.作为部门经理，你对总经理的看法如何?

4.对操作人员在执行过程中看法如何?

5.作为总经理，你对这项任务的感觉如何?

6.你认为哪方面是可以改善的。

总结

1.总经理不应该通过秘书来下达任务，而应该亲自下达具体任务。

2.部门经理在执行任务的过程中，不应站在5米之外，而是应该积极主动地参与进来，并及时处理问题，也不能事事向总经理请示。

3.部门经理和总经理的沟通不应该通过秘书来传达，这样会造成信息传递过程中的失真。

4.因此，部门内部从上到下都应该职权分明，各司其职，保证信息流通过程的畅通无阻。

杯子有多大

形式：集体参与　　时间：30分钟
道具：一次性杯子、沙子、小石头、大石头　　场地：不限

目的

认识安排工作及管理时间的方法。

程序

1.演示装满一杯水后，放大石头、小石头、沙子、水溢出来的情景。

2.演示装满一杯沙子，放大石头、小石头，没有空间的情景。

3.演示装满一杯小石头，放大石头，没有空间的情景。

4.按照先放满一杯大石头，分别放入小石头、沙子、水的情景。

5.请所有学员分享游戏给我们的启示。

分享

杯子代表空间，石头的大小代表事情、资源等重要程度，顺序代表处理事情、选择资源的先后。当我们将大石头装满杯子后，先摇一摇，然后将小石头放进去，接着把沙子放进去，再摇一摇，最后还可以装进水。在这个过程里，我们发现只要处理的方法正确，总会发现意想不到的空间。

同时可以引导到资源分配——利弊分析法（重要资源与非重要资源的运用）。

运用这项资源的成本是多少？运用这项资源的机会成本是多少？如此运用资源而获得的收益是否大于成本？我是否已发掘和考虑所有可用的资源来达到目标？

是否能利用不同的资源来达到相同甚至更好的结果？

在考虑成本的时候，是否平衡了短期利益和长期利益？

总结

做事有计划，明白自己将要做什么；真正把时间看得很宝贵，懂得处理事情的轻重缓急，懂得先做最重要的事。可使用象限图（如图9–1所示）对事情依紧迫程度及重要程度进行分类。

凡事不能拖拉，今天能做的事今天做，并让您的下属也知道您的习惯，重点的事重点对待，懂得“关门做事”，要为下属形成一些习惯和程序，让他们知道什么时候该做什么和不该做什么。可让他们填写“每日工作安排表”（如表9–2所示）。

领导者要懂得分工授权，实际上，下属可以帮您处理许多烦琐事务；不要贪多求全和拘泥于形式，做事情看结果，而不一定看是否所有的程序都走到；不要去处理重复出现的事情，这样的事您应该总结一下，看看能不能程序化，或者杜绝引起这种事情的原因。

附件

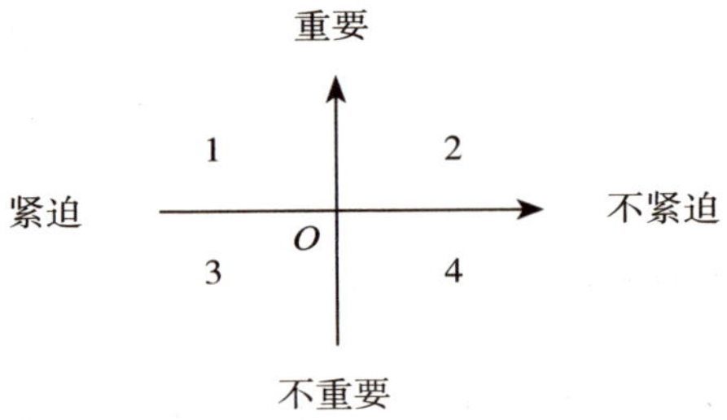

图9-1　时间安排象限图

表9-2　每日工作安排表

时间	工作内容	备注1	备注2
重要而紧迫			
重要不紧迫			
紧迫不重要			
不重要不紧迫			

食人鱼河

形式：10~12人一组　　　　时间：60分钟

道具：2根长竹（长3米，粗8厘米），1根短竹（长1米，粗5厘米），2根粗绳（长12米，粗9毫米），4根细绳（长3米，粗6毫米），2把木椅（长70厘米）

场地：空地

目的

1.体验策划的成效及团队的合作精神。

2.认识领导者的组织能力。

3.学习如何充分利用现有资源。

程序

1.培训师将两把木椅放在空地上，相距4.5米（也可借助地势）。

2.发给学员上述材料，让他们商量如何利用这些工具过河。

3.全组学员须在限定时间内全部过到河的另一端。

分享

1.你用什么方法来做计划？

2.团队如何收集不同的意见？

3.队员的投入与参与程度如何？

4.该项目中是否有领导？他担任什么样的角色？

5.团队在执行该项目的过程中对资源的利用程度如何？

总结

1.团队领导者这个角色非常重要。

2.在这次活动中，团队领导者的组织能力、沟通能力将得以充分发挥，影响到活动成败。

3.在按计划行动时：一要做好时间管理；二要充分地利用现有资源；三要发挥队员的积极性、主动性。

注意

1.任何人的身体不可触碰地面，犯规者须重新开始。

2.检查竹竿是否牢牢扎稳。

3.安全教练应站在河的中央，并留意过河者的安全。避免竹竿夹到手指。

随意涂写的反馈栏

形式：集体参与　　时间：5~10分钟

道具：黑板或类似的可以写字的用具，粗头墨水笔或粉笔　　场地：不限

目的

为与会人员提供一个不署名的表达感受的方式。

程序

1.设立一个反馈栏，供人们在上面信手涂写自己的意见。

2.请与会人员采用不署名的方式，通过公告牌、挂图或黑板自由发表对于发言者或大家的评论、看法或感受。可以在反馈栏顶端写上讲座的主题（如“会议内容”或“生活设施”等等），也可以请与会人员随意去写，不加限制。总之，为大家提供一个宣泄情感与表达智慧的途径。

分享

1.有多少人同意这种评论方式？

2.不同的观点立足的基础是什么？

3.目前我们可以采取哪些措施来改善这种状况？

总结

1.大多数以听讲者的反馈为基础的评估都是在会议或课程结束后进行的，甚至可能是在后来的某一天收集资料时才进行的。

2.但此时进行评估为时已晚，即使想提高会议或课程的质量也不可能了。因此

人们对待这种评估的态度也就不会认真了。

3.这种比较随意的方式则可以使得大家在比较轻松和愉悦的氛围中提出有用的建议与反馈。

反响卡片

形式：集体参与　　时间：1~3分钟

道具：每人发一张卡片　　场地：不限

目的

使大家学会一种获得与会人员的总体反响和意见的快捷方式。

程序

1.事先准备好两面呈不同颜色的海报纸（最好一面是红色，一面是绿色），把纸裁成4寸见方的小卡片，给每位与会人员发一张。

2.请大家用卡片对发言者的问题作出反应。做判断题或是非题用这种方式效果最好，绿色代表对或是，红色代表错或非。所有人都可以举起卡片来回答问题。发言者可以据此来当场检验大家的理解与记忆程度，与会人员也可以环顾四周，看看大家的答案是否一致。

总结

1.这也是约束与会人员甚至是发言者，提醒他们在讲话时不要离题的有效方式。

2.大家还可以通过举起手里的卡片来表示是想继续（用绿色）还是想终止（用红色）他们的讲话。

两张挂图

形式：集体参与　　时间：10分钟

道具：两张挂图和几支彩色粗头墨水笔　　场地：不限

目的

在课程结束时，鼓励与会人员以不署名的方式对培训者做出诚实的评价。

程序

1.把两张挂图挂在会议室后面。

2.第一张挂图上写着：“我们特别欣赏此次培训课程的这些方面——”，第二张挂图上写着：“我们对改进培训课程有如下建议——”（图9–2）。

我们特别欣赏此次培训课程的这些方面——	我们对改进培训课程有如下建议——

图9–2　挂图示例

3.对与会人员说你要离开会议室5分钟，诚恳地请求他们直言不讳地对此次培训做出评价。

4.请他们把自己的看法写在两个问题下面。告诉他们不必署名，如果他们提出了独到的建议或评论，你会感激不尽。

5.离开房间至少5分钟。如果5分钟后与会人员还在写评论，再多给他们几分钟时间。

6.回来后，对他们的建议与评论表示感谢。

7.把挂图摘下来，带回办公室。

8.你可以把评论打印出来，发给有关人士（如你的老板或与会人员）看，也可以自己专心研读这些评论，找出在你力所能及的范围内能够产生影响的相关主题和建设性意见。

9.最后，你庆贺自己的成功，并改进那些不足之处。

总结

1.通常，你的坦诚会决定你所收集到的反馈信息的可信度和代表性。

2.如果有时间的话，你可以现场挑出一些最有代表性和最有价值的意见，并请人大声宣读出来。

3.请那些给你最真诚意见的人站出来，向他们表示诚挚的感谢。

4.如果有些意见带有负面色彩，你大可以幽默地指出来，并请大家帮忙提出改进办法。

培训师的镜子

形式：个人完成	时间：15分钟
道具：镜子、图示（附后）	场地：教室或空地

目的

帮助培训师更好地了解学员。

程序

1.给每个学员发一面小镜子。

2.请学员将镜子放在自己面前一个合适的位置上，以便于他们能看到镜中的图示（图9–3）。

3.请学员在纸上跟着图示描摹一条线，介于两条平行线之间，同时眼睛不能离开镜子。

4.平行线必须通过镜子从开始处画起，按1、2、3……的顺序一直顺着轮廓画。

5.在进行评估时，要从速度和质量（比如：描的线是否笔直，并介于两条平行线之间）两方面来看。

6.通常，学员们会觉得这个任务比较困难，当他们看到自己落后于别人时，会有非常大的挫折感。

分享

1.为什么描摹轮廓会很难？

2.作为培训师，我们是否经常会在要求学员完成一些任务时，给他们一种通过镜子在工作的感觉？如果是的话，是些什么任务呢？

3.通过这个练习，我们可以做哪些事使学员学得更轻松呢？

总结

1.当我们对着镜子画轮廓时，看似简单的东西，实际上做起来十分困难。

2.作为培训师，我们务必要审视我们下达的任务是否明晰。

3.撤下镜子，让学员们放手去画，才会画得更轻松。

附件

图9–3 描摹图

对指示的理解

形式：集体参与　　时间：5~10分钟

道具：如下页所示的分发卡片，投影仪　　场地：教室

目的

1.向学员演示在向下级下达指示时往往会含糊不清，因此需要特别解释。

2.演示在接受上级指示时必须认真倾听，对于任何不清楚的地方应予以澄清。

程序

1.将下面所示的卡片（图9–4）发给每位学员。请他们按顺序完成培训师快速下达的针对每个象限的任务。

（1）象限一：在字母I字上画一个点。

（2）象限二：在空白处写上a、b、c、d、e。

（3）象限三：在公园里，有一头公牛爸爸（FB），一头公牛妈妈（MB），还有一头公牛宝宝（BB），谁不应该在那里呢？请圈出来。

（4）象限四：请圈出与其他各字不是同类的字。

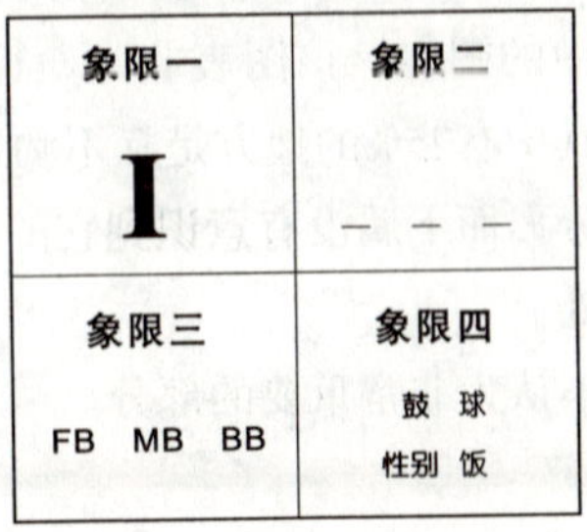

图9–4　象限示意图

2.关于这些象限的正确答案是：

（1）象限一：尽管大多数人会在I的上方加一个点，但实际上，应该在I字本身上加一个点。

（2）象限二：很多人会在划线处写上abcde，但按要求，应当在划线的空白处写，如a–b–c–d–e 。

（3）象限三：当然，不可能存在公牛妈妈，所以应该是圈出MB。

（4）象限四：很多人会选择“鼓”，但正如一位学员所说：“你可以打球，打饭或打鼓，但你不可能打性别。”因此正确答案是性别。

分享

1.为什么我们会答错？

2.作为培训师、学员或是主管，这个游戏对我们有哪些启发？

总结

1.答错的原因可能是含糊的指示、时间压力、没有听清、没问明白或根据以往的经验做出判断。

2.这些产生错误的原因对领导技巧提出了要求，应避免下达会引起歧义的命令，必要的时候，多做解释和沟通。

对工作的不同理解

形式：集体参与　　时间：10~15分钟

道具：将所示图（见图9-5）制成投影胶片或分发资料　　场地：教室

目的

1.引起听众的兴趣。

2.促使学员反省并分析他们各自的工作状况。

程序

1.先请大家想想他们主要的工作范围。

2.请他们预计一下他们的上司一般会要求他们做哪些工作。

3.向全体学员出示附件中的图表，该图表非常典型地描绘了上下级之间对同一职位所属工作内容的理解。其中有25%的地方是互不吻合的。

上级期望下属关注的部分，而下属没有意识到它的重要性。

上下级之间意见相同之处。

下级很关注，而上级并不认为非常重要的部分。

分享

1.请大家说说对于自己工作中那些未重叠的部分有什么感受？

2.为什么会存在这样的不同之处呢？

3.请大家从自己下属的角度来设想一下他们的感受。

4.请大家回去后与自己的上级（或下级）进行沟通，了解未重叠的部分在哪里。

总结

1.我们所做的事情和别人对我们的期望总是有一定的差距的，在有些情况之下，我们认为其他人也和我们一样明白，但事实证明并非如此。

2.存在这些差异或许是由于大家都认为自己是对的，而忽略了别人的感受。在这种情况下，需要彼此间进行更好的沟通。

3.这种差异的存在还在于不同身份的人，对人对己都有不同的认识。

附件

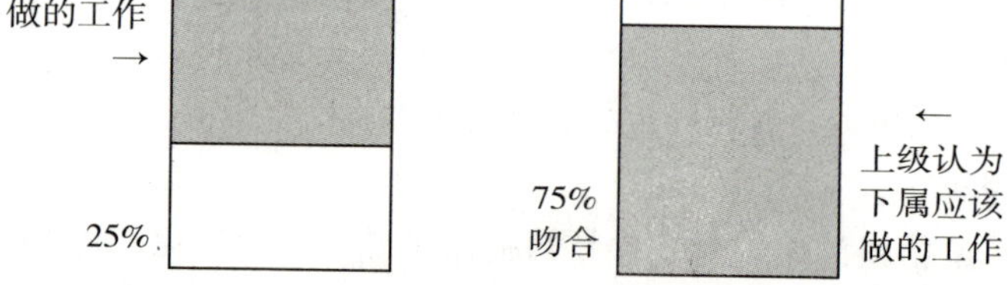

图9-5　上下级之间的误解图

自我测试

形式：集体参与　　时间：15~20分钟

道具：事先准备好的问题，同时最好准备一份打印好的评估表　　场地：教室

目的

1.说明人们常常认为自己高于一般水平。

2.说明评价的标准因人而异。

程序

1.请大家按5分制给自己评分，可以从以下几个方面进行：身体、智力、行为，等等。比如：外貌的吸引力，内在的智慧，举止的优雅程度。

2.请大家用同样的方法和评判标准来评判一个典型人物，可以是团队中的一员，也可以是公司其他成员。

3.在每次评估前，培训师要提醒学员，中间分（2.5）代表平均水平。

4.将自我评定的数据收集上来并计算出平均值。然后将“典型人物”的评估数据也收集上来并计算其平均分数。

分享

1.你认为在自我评定和给他人进行评定的平均值间，哪个数字会更高些？（可能的回答：两者很相近，或自我评定的平均分更高）为什么你会这样认为？

2.这个现象对人们评估自己的表现方面会有什么影响？在评估教育或课程的有效传达时会有什么影响？

3.我们可以从哪些方面来增强这类评估的客观性？

总结

1.大多数人认为自己的分数高于平均水平。

2.向学员指出如果大家都使用同样的衡量标准，那么从教学上来说，大多数人都不可能高于平均水平。

3.为了增强这类评估的客观性，可以将第三方评估数据作为附录，强制使用规范分布体系进行评估。

数数有几个F

形式：集体参与　　时间：5~10分钟

道具：如附件所示的纸或卡片　　场地：不限

目的

用以说明人们常常只看自己想要的东西。人们常常被最醒目的东西所吸引，而

忽视了看上去不重要的东西。

程序

1.将附件中的内容发给学员，但需注意将纸正面朝下放在桌上。请学员不要事先阅读。

2.当大家都拿到后，请大家一起将纸翻过来，然后数数在这页上有几个字母F。时间为1分钟。

3.1分钟后，培训师问全体学员："有几位看到了3个F？"（将近一半的学员会看到3个F）

4.培训师继续问"有几位看到了4个F？有几位看到了5个、6个？"（一般将近10%的人能看出6个F，其他人能看出4个或者5个）

5.其他可选的操作程序：

请那些看出4个、5个和6个F的学员与只看出3个F的学员交换纸，看看这次能不能看出6个F。往往大多数第一次看到3个F的人还是看不出6个F。

分享

1.为什么我们在一开始时看不出6个F？

2.过去你有没有发现只有重要的东西才会吸引你的注意力？是什么或是谁决定了什么事情是重要的？

3.我们如何才能促使人们发现并关注细节？这一点是否重要？

总结

1.我们在一开始看不出6个F，是因为字母F在单词中看起来更像P。

2.关注细节这一点非常重要，我们会因为一些干扰因素而忽略了一些细节。

3.我们常常以自己的方式来定义什么是重要的，什么是不重要的，这会令我们忽略一些细节。

附件

数数有几个F

FEATUREFILMSARETHERESULT
OFYEARSOFSCIENTIFICSTUDY
COMBINEDWITHTHEEXPERIENCE
OFYEARS

建绳房

形式：5人一组　　　　时间：30~40分钟

道具：3条绳子（长度为分别20米、18米、12米）、15个眼罩　场地：空地

目的

锻炼团队的领导能力，增强队员之间的沟通能力，从而达到和谐地完成任务的目的。

程序

第一阶段

1.培训师先把15人分为3个小组

小组1：20米的绳子

小组2：18米的绳子

小组3：12米的绳子

2.培训师发给每人一个眼罩，并通知他们戴上眼罩后

小组1：建一个三角形

小组2：建一个正方形

小组3：建一个圆形

第二阶段

当完成第一阶段后，培训师告诉3个小组的全体人员，要他们统一起来建一个绳房子。

分享

1.对比第一阶段及第二阶段，哪一个阶段更加混乱？为什么？

2.如果你作为领导，你会怎样组织学员在第二阶段尽快地、更好地完成任务？

总结

1.要做好这个游戏，首先要选定一个总指挥并拟定出一个好的方案，比如怎样确定方形和三角形的端点，如何对叠并手持端点。

2.遇到难题时，团队中的每一个人都要积极行动起来，并进行多种尝试。

3.确定方位时，要选定正确的参照物，如可以以墙角等来做参照确定直角；或采用手臂弯成直角的办法，再由另一组队员来走直线。

特尔斐决策技术

形式：集体参与　　时间：30分钟

道具：一罐玻璃弹珠　　场地：教室

目的

演示在决策（预测）过程中，特尔斐技术在综合统一各方意见时的价值。

程序

1.特尔斐技术包括了一组信息专家的选择。小组中每一位专家都非常热衷于解决各自手头的问题。

2.这些问题包括了对某些未来事件的预测（如5年后公司的销售情况）。

3.要求每位小组成员匿名对这些事件进行最佳预测。

4.每组提供预测结果，包括平均值、方差。

5.重复程序中第三点、第四点若干次后，往往会出现一个较为集中的且较为精确的答案。

举例：

（1）出示一个装满玻璃弹珠的罐子（当然你事先要清楚罐子中弹珠的数量）。

（2）让每一位组员看过后推测其中弹珠的数量。

（3）收集结果，计算小组平均数、中位数、方差等，并将其出示给小组成员（有时会同时出示每位小组成员推测的具体理由）。

（4）重复推测过程3次，或直到推测结果保持相对稳定为止。

（5）揭示正确答案，并让组员比较他们最初的个人推测结果，与最后小组结果的正确程度。

分享

1.是个人推测结果更精确，还是团队决策更精确？

2.为什么团队决策会更精确？

3.团队的预测为什么会集中到一点上？

4.如何将特尔斐技术运用到你的实际工作中？

总结

1.显然，团队决策的结果比个人推测的结果更精确。

2.团队决策因为发挥了集体的智慧，考虑问题更全面；经过讨论，摒弃了一些不正确的观点。

3.团队预测的目的就是为了达成一个结果，组员的认同更趋于一致，因此最终会集中到一点上来。

4.特尔斐技术是一个非常重要的技术，我们每一个人都要学会在工作中灵活地运用它。

趣味篮球

形式：5~10人一组　　时间：5分钟

道具：数只篮球　　场地：教室

目的

使学员们认识到团队协作的重要性。

程序

1.让参与的学员列成一队，人与人之间夹一个篮球。

2.让学员们列队一起走，篮球不能掉下来。

3.重复这个游戏两次。

分享

1.为什么在第一次走的时候，篮球没走几步就掉下来？

2.在经过第一次的失败后，当大家按照领头的组员的口号，步伐一致地向前走时，篮球就稳稳的，一个都没掉下来。

总结

1.从这个游戏中我们可以体会到团队协作在工作当中的重要性，如果每个人都按照自己的步调走路，而不从团队整体出发，势必造成团队的工作效率低下，各行其是。

2.反之，如果团队拟定了明确的目标，并且大家都朝着同一个目标努力，事情就会顺利得多。

巧妙分组法

形式：集体参与	时间：3~5分钟
道具：姓名签、座次姓名牌、乒乓球	场地：不限

目的

由不同人士组成讨论小组，在分组过程中要尽力避免困惑、耽搁或不悦。

程序

1.传统方法：把与会人员分成若干个讨论小组，比如由5个人组成一组，布置给他们一个讨论题或一个任务，再告诉他们规定的时间。

2.另一种“报数”方法在需要把与会人员平均分成若干小组时特别有用。确定一个为分组而需要重复出现的数字：

（1）数一下总人数N。

（2）确定每组的人数X。

（3）用N除以X，得出一个数字，请所有与会人员报数，报到这一数字后再从头开始，直到所有人都有了一个数字为止。

（4）请报出的数字相同的人组成一个小组。

3.还有一种方法是预先给每人分配一个数字或字母，写在他们的姓名签或座式姓名牌上。那么，当你想让与会人员组成新的小组时，只需要请所有写有A的合到一起，所有写有B的合到一起，依此类推。

4.第四种方法是事先准备一些乒乓球，上面按照你希望分成的小组的人数写好“1、2、3……”，比如你想让每五个人组成一个小组，就可以准备5个写“1”的乒乓球，5个写“2”的乒乓球，依此类推。向与会人员宣布你想让他们分成小组，然后把球扔给他们，直到每人都拿到一只球，然后请他们找到有相同数字的人，组成讨论小组。

分享

1.这样分组有什么好处？

2.可以避免哪些问题？

3.这四种分组方法各有什么优劣？

总结

1.重新组成团队，既可以改变原有的模式，又可以获得意想不到的内容。

2.将事情简单化，就可以节省很多力气。

随机分组法

形式：集体参与　　时间：3~5分钟

材料：姓名牌、事先备好的活页表格（见表9-3）　　场地：不限

目的

为在会议过程中迅速组合成新的小组而提供一系列方法。

程序

1.确定本次会议将有多少人参加。

2.确定在会议过程中你需要多少个不同的小组，以及每组需要多少人。

3.将与会人员列入活页表格中，再逐一给每个人分配一个数字、字母、标志、色彩、产品名或其他特征。这样在分组时你每次都可以选择不同的组数和人数。

4.在制作姓名牌时，把这些信息附在姓名后面（例如：玛利亚、蓝色、烤麦片）。

5.当你需要让与会人员组成新的工作小组或讨论小组时，只需要请所有的黄色（蓝色、红色等）组合到一起。下一次，则请所有的圆形组合到一起，依此类推。

分享

1.这样做的好处在哪里？

2.有没有更好的方法，使分组效果达到最佳？

总结

1.如果你事先未能计划好足够的分组方式，却又需要再次分组，可以请他们按

照每组成员的标志按各不相同的简单原则来分组（例如：正方形、圆形、三角形和箭头形组成一组）。

2.在新的环境中爆发出新的思维，既有益于团队又有益于对个人的认识。

附件

表9-3　姓名牌表

姓名	编号	字母	标志	色彩	其他
安娜	1	E	正方形	蓝	
鲍博	2	A	圆形	红	
卡罗琳	3	B	三角形	黄	
达菲	4	C	箭头形	蓝	
伊莱娜	5	D	正方形	红	
佛斯迪克	6	E	圆形	黄	
格莱哥	1	A	三角形	蓝	
海蒂	2	B	箭头形	红	
伊达	3	C	正方形	黄	
乔格	4	D	圆形	蓝	
凯斯	5	E	三角形	红	
罗瑞	6	A	箭头形	黄	
玛利亚	1	B	正方形	蓝	
尼尔斯	2	C	圆形	红	
欧佩尔	3	D	三角形	黄	
皮特	4	E	箭头形	蓝	
昆西	5	A	正方形	红	
罗克西	6	B	圆形	黄	

扑克牌分组法

形式：集体参与　　时间：5分钟

道具：一副或几副扑克牌　　场地：不限

目的

把创造力运用到分组过程中。

程序

1.请每人从扑克牌中抽出一张（扑克牌的数量要与人数一致）。

2.当你想把与会人员分成若干个小组时，请持有同一数字的人互相寻找，并形成一个小组。

总结

这一方法的不同运用方式应视每次讨论要求的人数而定。比如：

（1）如果每组需要10~12人，就可以请所有拿方块花色的人组成一组，拿红心花色的人组成第二组，依此类推。

（2）如果你想分2个大组，就用扑克牌的颜色（红色与黑色）进行分组。

（3）如果想分4组，就用花色来区分。

（4）要分8组，可以请拿“3”或“9”的人走到前排，等等。

（5）如果你需要额外指定几个人来参加某个活动，那就指定拿“大王”的人走到前排。

（6）用扑克牌可以变化出无数种分组方式，而与会人员也可以从中得到一些乐趣，比“从1到5报数”要新颖得多。

美妙的安静法

形式：集体进行　　时间：1~3分钟

道具：口哨、乐器、定时器、闹铃、示意牌中的任何一种　　场地：不限

目的

在小组讨论过后，让与会人员安静下来，或者把他们的注意力重新吸引到培训师身上来。

程序

以下方法可以任选一种或几种：

1.用一些约定俗成的方式来提醒大家注意。举例来说，你可以仅仅吹一声口哨，也可以摇几下过去学校用的上课铃，还可以利用一个定时器，甚至可以动用一种乐器（比如三角铁、口琴等）。

2.用手势来代替语言也能收到同样良好的效果，例如把食指向上竖起并放在嘴上来示意“大家安静”。培训者仅需用一个相仿的手势来引起大家的注意，然后自会有人把这个信息传播开来。

3.播放一支尽人皆知的主题歌。

4.制作3个示意牌（即3-2-1，或绿灯-黄灯-红灯）。当讨论结束在即时，把示

意牌放在醒目的地方作为提示。

5.在会议开始时对全体与会人员说，在每次休息或小组讨论后，你都会立即讲一个你最拿手的幽默故事。然而，讲故事时，要把声音压到最低，这样一来，只有那些安静下来的人才能听见你的故事。

分享

1.让人安静下来的方法有哪些?

2.哪些是好用的?哪些是不好用的?

3.你最希望的方式是哪一种?为什么?请讲出你的道理来。

总结

1.让与会人员安静下来的有效手段是采用艺术性的手段，这样对讲者与听者来说都是很好的。

2.这种方法要比传统的使用语言（例如“请留神听我讲”或者“请安静下来好吗”）的效果好得多。

交换钞票

形式：集体参与且由培训师主持	时间：3分钟
道具：无	场地：不限

目的

在与会人员中培养一种自由交换看法的气氛。

程序

1.从一位与会人员那借人民币1元。

2.用一只手把这张纸币举到一个显眼的位置，再从另一位与会人员那儿借人民币1元。

3.把从第二位与会人员那借来的1元还给第一位与会人员。

4.再把从第一位与会人员那借来的1元还给第二位与会人员。

5.明知故问：“这样他们中是否有人因此而比以前更富有了?（大家的答案当然是‘没有’）”

6.向大家指出，与此相反，如果人们交换的是两个观点的话，那么每个说出自己观点的人乃至所有的与会人员都会在经验上变得比以前更加富有。

分享

1.是什么因素阻碍我们与他人分享有用的或者精辟的看法?

2.是什么力量鼓励我们在会议、研讨班的发言中与别人分享自己的看法?

总结

1.许多人不愿意和他人分享意见和想法是因为害怕因此会失去些什么。

2.如果你认识到这种分享只会让你获得而不会失去，你就会变得乐意和他人分享。

3.所以说，把你的忧伤拿出来，你的忧伤因此而减少一半；把你的快乐拿出来，它就会增加一倍。

交换主意

形式：集体参与且由培训师主持	时间：10分钟
道具：卡片、门票或玩具钞票	场地：不限

目的

鼓励与会人员互相交换主意。

程序

1.发给每位与会人员一些玩具钞票或卡片，可以事先寄给他们，也可以在第一次会议开始前一天发给他们。

2.请他们在每张钞票上写一个好主意，一共要写下5个好主意。最好是围绕一个问题来写。比如“怎样鼓励回收利用废品或者鼓励共乘一辆汽车？”或者是对一个促销活动的主题或口号提些建议。

3.让他们在玩具钞票上签上名字，告诉他们这些主意将被大家评判和分享。

4.在第一次会议上，把玩具钞票或者卡片收上来，混放在一个盒子里。

5.请每位与会人员抽取五张钞票或卡片（不是他们自己写的）。

6.请与会者从中挑选出他认为是最佳主意的一张，在想出这个主意的人的签名下签上自己的名字，把它交给会议主持人。

7.会后，主持人把所有签名登记在活页纸、幻灯片或挂图上。

8.在会议进程中选一个合适的时间，大声读出这些得到提名的好主意，请听众用举手或不记名评分的方式做出评判，可采用5分制或10分制。

9.在给所有主意都评完分之后，向前3名（或前5名）颁发奖品，既颁发给提出主意的创始人，也颁发给慧眼识珠的提名人。同时说明其他与会人员也是赢家，因为他们有幸知道了这么多好主意。

分享

1.你获得了哪些有用的东西？

2.怎样把这一技巧运用到工作中去？

总结

1.广泛的参与，团结协作的精神等，是你在这个游戏中获得的主要成果。

2.可借此机会请员工提一些关于安全、赢利和简化工作程序等方面的建议。

3.鼓励员工学习好的工作方法和好的想法。

收集与反馈

形式：集体参与　　时间：20分钟

道具：给每个人发一张空白答题纸、一支铅笔　　场地：不限

目的

在开始发言前了解与会人员期望从这次培训课程中学到的东西。

程序

1.每次开讲一个新课题前，都给每个与会人员发一张白纸。

2.请他们写下与将讨论的课题有关的所有问题与情况，不要署名。既可以写问题和情况，也可以写他们在培训的各个阶段最为关心的事情。

3.几分钟后，把答题纸收上来。

4.快速浏览一遍，从中概括出具有普遍性的问题与议题，告诉与会人员这些问题将会在课程中涉及。

5.把答题纸放在一边，直到本课题结束时再拿过来，随意发给大家，避免大家拿到自己交上去的答题纸。

6.请他们读一读上面写的问题，并且试着回答这些问题。如果问题特别难，可以向其他人求助。

分享

1.在你看来最为重要的问题有没有得到回答？

2.你回答他人问题的能力是否增强了？

总结

1.这可以使听者更加注意所讲的内容，对他的理解力有很大的帮助。

2.去解答别人提出的问题，可以检验自己所掌握的东西和运用所学东西的能力。

3.有的问题可能与本阶段的议题毫无关联，那就向提出这些问题的与会人员表示谢意，并且告诉他们这次培训的主要议题。

4.如果时间允许，而且某些与会人员对这些有研究或者感兴趣，可以建议他们在休息时间聚在一起进行讨论。

排除“定时炸弹”

形式：10~12人一组　　时间：30分钟

道具：两根长粗竹（3米）、1根短粗竹（1米）、3根小白绳（3米）、两根长绳子（20米）、1只秒表、气球若干

场地：离地1米的平台

目的

让学员体会自己的团队在接到任务后，如何进行计划，分派工作，沟通及合作，以最快的方法来完成。

程序

1.培训师发给每组学员上述材料。

2.该小组须在20分钟内建起一个架构。

3.请其中一位队员顺利将“定时炸弹”排除。

分享

1.讨论的过程中是否出现不同意见？最后是如何达成一致的？

2.如何选定拆除“炸弹”的人？是否一直给予他支持？

总结

1.讨论内容包括：最佳方案，所采取的工具，去排“炸弹”的人员，发生意外时的急救人员。

2.队员已沟通好并各自做好准备了吗？人力和时间分配好了吗？

3.人力和时间分配合理吗？还有更好的方案吗？为什么当时没有想到，没有提出或没有听取这些意见？

注意

1.“定时炸弹”须离平台边缘3.3米。

2.任何队员身体的任何部分都不能与地面接触。

涉水爆破

形式：10~12人一组　　　　时间：30分钟

道具：3根长粗竹（3米）、3根短粗竹（1米）、12根短绳（3米）、救生衣、气球若干、固定物

场地：湖岸边

目的

让学员体会自己的团队在接到任务后，如何进行计划、分派工作、沟通与合作，并以最快的方法来完成。

程序

1.培训师发给每组学员上述材料。

2.每个小组利用材料将气球戳破。

分享

1.策划在整个活动中有多重要?

2.在讨论过程中，是否出现不同意见?最后是如何达成一致的?

3.事后回顾时，你们觉得还有更好的方案吗?在哪些地方还可以有所提高?为什么当时没有想到，没有提出或没有听取这些意见?

总结

1.策划内容包括：所需的工具，去破球的人员，发生意外时的急救人员。

2.队员已沟通好，并各自做好准备了吗?

3.在你们做计划和分派工作中，就很自然地产生了一位团队领导。

注意

1.固定物及气球须离湖岸边缘3.3米。

2.须在专业教练指导下完成。

3.在30分钟内哪一组破气球数最多，就是赢家。

八爪鱼

形式：6~8人一组　　时间：60分钟

道具：每组两块长木板（2米），12根白绳（2米）　　场地：空地

目的

1.体验策划的成效及团队的合作精神。

2.增强团队成员间的沟通。

3.考验领导者的责任。

程序

1.培训师发给学员上述材料。

2.每组学员利用材料做成“八爪鱼”。

3.学员利用“八爪鱼”于限定时间内完成指定路线和拾取指定的物件。

分享

1.如何使全体成员步伐一致?

2.每个成员在行进中的感觉如何?

3.是否有人自荐担当领导者的角色?

4.讨论沟通在活动中的重要性。

总结

1.为了协调、增强队员之间的沟通，需要确定一位领导。

2.为了鼓舞士气，应确定一个行动口号。

3.一位领导+统一的行动口号+全体队员的合作=步伐一致。

注意

1.游戏中任何学员不可触碰“八爪鱼”以外的地方，犯规者全组将被罚停赛1分钟或重新起步。

2.确保地面没有任何障碍物。

3.学员失去平衡时应尽快踏离木板，切忌抓着其他学员。

4.切忌用绸带缠着手腕。

5.勿在湿滑的地面进行此活动。

鲤鱼潭

形式：10~12人一组　　时间：60分钟

道具：大圆胶桶3个（高约1米），长方形木板两块（长3米、宽20厘米、厚4厘米）

场地：空地

目的

1.体验团队的合作精神。

2.启发创意，增强学员间的沟通。

程序

1.用绳子或粉笔在地上划两条相距12米的直线。

2.于限定时间内将所有学员及工具安全地由一端运送到另一端。

分享

1.策划在整个活动中的重要性有多大?

2.如何有效地进行人员分配?

3.在活动过程中，你们小组在沟通和相互协调方面表现如何?

4.每个成员在活动中有什么特殊感觉?

总结

1.为了更好地合作，必须有创意，才能出成绩。

2.你能够正确地估计木板的平衡性吗？要对你的队员体重有所了解，再确定队员先后“上岸”的顺序。

注意

1.任何人或木板均不可触碰“河面”（地面）。

2.木板若触碰河面，将被没收。

3.学员若掉进河中或身体任何部分触碰到河面，全组须由起点重新开始。

4.学员在木板上时应注意平衡。

5.胶桶应直接放在地上。

6.确定木板没有裂缝。

7.学员不可由木板或胶桶上跳跃到地面。

8.避免木板夹到手指。

9.如用铁桶，应戴上手套，以免被生锈部分刮伤。

迷　宫

形式：10~15人一组　　时间：60分钟

道具：粉笔或标记笔　　场地：教室或空地

目的

1.考验学员的记忆力及沟通能力。

2.找出沟通过程中经常出现的问题以及探索出解决这些问题的方法。

程序

1.培训师先确定一条穿梭时空隧道的路线，在迷宫中画出下图（图9–6），给学员看2分钟，然后立即擦干净。

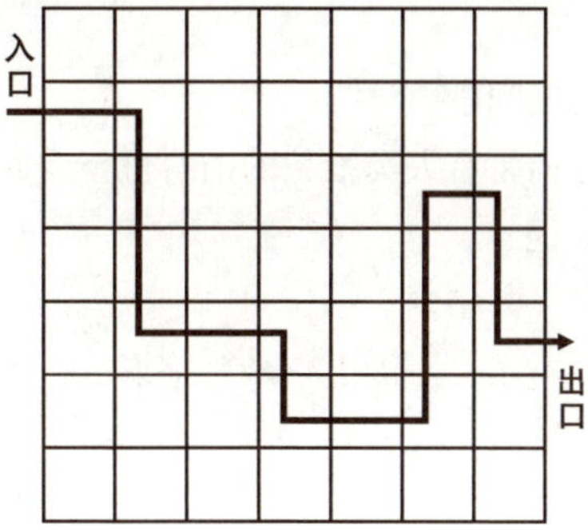

图9–6　迷宫图

2.培训师要将路线画在纸上，以便活动结束后进行对照，但不可以告诉学员。

3.培训师给学员20分钟时间做计划。当时间一到，学员将不能用任何带有人类智慧的语言表达形式进行沟通。全体学员开始进入迷宫。

4.当第一个学员踏入错误的路线时，培训师吹哨子。该学员将退出迷宫并排在队列的最后面。

5.第二位学员开始尝试。

6.如果第二位学员犯了第一位学员所犯错误时，培训师将扣该队10分，依此类推。培训师将记录该队完成项目的时间。

分享

1.在受到限制的环境下，你们是怎样进行沟通的？

2.当你走错路的时候，你会有什么反应？

3.是否将信息进行了有效的反馈？

4.培训师汇报该项目小组的成绩、所用的时间以及被扣除的总分。

5.培训师讲解项目管理的要点。

总结

1.也许你们在看图时，并不知道接下来要做什么，你们当中有没有一个“有心人”，对地面上的曲线有一些印象。

2.在行动之前，有一个方案就好了，不急，现在团队的任务就是寻找一个行动方案。

3.如果没有这样的队员，他完全记住了曲线，那就试着大家一起来回忆，循着大家的回忆，试着画出一条曲线。

4.用标记笔在队员的手中画下这条曲线。

5.如果不能，那只好大家同心协力，摸着石头过河，跟着感觉走了，但要记住，充分利用其他队员给出的暗示。

注意

1.在开始活动后不能再问问题。

2.学员之间也不能用任何带有人类智慧的语言进行沟通。

3.不能在迷宫内做任何记号。

4.必须双脚同时踩入一个方格内。

5.只能按方格的前后左右走，不能走“米”字形。

6.每次只能走一格。

穿梭“时空隧道”

形式：12~15人一组　　时间：60分钟（适于晚上活动）

道具：5~10根长度均为20米的绳子（绳子数量视参加人数而定），每人一个眼罩

场地：设有障碍物的户外场地

目的

1.锻炼学员在团队中的领导能力。

2.增强学员之间的信息传递及沟通能力，从而达到顺利完成任务的目的。

程序

1.在远离活动地点的一个地方，每个学员都蒙上眼罩。

2.培训师将学员安全地领到“时空隧道”的入口。

3.各组的组员找寻隧道的出口，活动结束。

分享

1.请领导者做出自我评价。

2.请队员谈谈自己的感受及对领导的看法。

3.讨论领导在团队中的重要性。

4.在蒙上眼睛后，组员对领导信任的重要性。

5.如何达到有效的信息传递。

总结

1.领导者与管理者最大的不同就在于领导者需要一定的前瞻性和开拓精神，在这个穿越“时空隧道”的活动中，需要一个团队领导；当然他的下面还需要多个管理者，带领团队中的小组来完成任务。

2.在团队行动中，信任就是支持的动力；没有信任，也就谈不上支持和合作。

3.沟通是团队生命的脉搏，没有良好的沟通，团队的效率一定是低下的，甚至导致学员完不成目标任务。

注意

1.由于本游戏有较大的技巧性，需专业教练进行指导。

2.游戏过程中学员不可摘下眼罩。

打造领导者

形式：集体参与　　　　时间：40~60分钟

道具：历史上领袖人物画像，画像旁边贴一张空白的纸，给每个学员发一份表格（见发放材料）及两张投票用的小纸条。每个学员要有 一支笔

场地：室内

目的

1.这个游戏可以帮助学员识别各种领导风格的一些明显特点，帮助管理者确定自己的领导风格。

2.活跃现场气氛。

程序

1.把材料中的表格发给学员。针对表格中的每个问题，从挂在墙上的领导者中

选出一个相匹配的领导者，同一个领导者可以选择一次以上。填完表格后，请他们举手。

2.让他们互相看看其他人选择的是哪个领导者。大声地念出每个问题，让学员站在他们选的领导者的画像下面。

3.让学员说说他们选择这个领导者的理由，把原因记在画像旁边的题板纸上。

4.对于每个问题都重复一次这个过程。

5.让学员重新坐好。选出学员选得最多的两三个画像。

6.让小组回顾一下写在那些领导者旁边的纸上的意见，并提出那些领导者最有可能说的关于管理本质的典型语录。

分享

1.有哪些领导者被选出来，使大家感到很怪？

2.有哪个领导者总是作为被选的对象吗？如果有，你认为为什么会这样呢？如果没有，是不是每一个领导者都具有一些共同的特征呢？在选择一个领导者时，是不是这些共性的特征常被提及呢？

3.你对不同的领导风格或管理风格有什么高见？

4.作为一个领导者和作为一个管理者有什么不同？

5.对于你的风格和偏好，你自己审视过吗？

6.如果你的职员站在你的画像下面，他们看重你的什么特征？在什么情况下，他们会选择其他领导者？

7.有趣的要点：什么障碍（内部的和外部的）会阻碍你成为你想成为的那个类型的领导者？

8.基于这一点思考，在今后的工作中，你会采取哪些不同的做法？

总结

1.当有很多人参与这个活动时，培训师可以适当减少学员回答问题的数目，或者在选择领导者时，允许他们坐在座位上而不要站到画像下面。

2.优秀的管理者善于调整自己的领导风格，使之适应员工和具体情况的需要。

附件

“处在首位的领导者”是一个短语，描述了一类人，他通过一些技巧的组合，人性、时机的把握，成为一个他那个时代的传奇。下面列出了一些处在首位的领导者，这些名字可能都是你们耳熟能详的。

显然，并不是我们每个人都能成为领导者，但是，任何一个领导必须严肃对待下面的问题，如何使人们具有完成任务的动力？如何使人们协调一致？如何确保信息能够一级级地传达？如何发现最低级别的员工在想什么和在做什么？当工作变得繁重时，怎样才能使他们不抱怨？

从下面列出的处在首位的领导者名单中，根据下面的每一个问题选择一个领导者。你对领导者的选择，必须基于你自己对该领导者的特征、技巧和领导者风格的感觉。

“处在首位的领导者”：亚伯拉罕·林肯、琼·阿切尔、埃莉诺·罗斯福、比尔·盖茨。

1.在你的工作中，哪个领导者可能是最有效的沟通者？

2.在你的工作中，哪个领导者在谈判过程中可能是最有才能的？

3.在你的工作中，哪个领导者可能是最有效地解决问题的人？

4.在危机中，你会信任哪个领导者？

5.哪个领导者会对你的工作业绩有积极的评价？

6.哪个领导者最适合做你的上级监管者？

7.作为一个管理者，哪个领导者的风格与你自己的风格最为相似？

授权之道

形式：2人一组　　时间：25分钟

道具：大行李箱，打包专家卡片　　场地：室内

目的

让学员体验、比较不同的管理风格。

程序

第一轮

1.把6名志愿者分成两人一组。一共分一、二、三组。

2.告诉每个小组，一个人是A，一个人是B，A是周游过世界的著名旅行家，他们将通过电视卫星给全世界做报告，题目为“如何为你的洲际旅行准备行装”。唯一的障碍是：A没有胳膊。这些年来，他一直依赖着可以信赖的助手B，帮助他向电视观众隐瞒这个事实——简而言之，由B充当缺少的部分。

3.做一些练习：A面对大家站好，双手交叉于背后，肘部稍微有点弯曲。B站在A后面，并把他的胳膊穿进A的肘部和胸部之间的空当内，有效地为A创造出假胳膊。

4.培训师向学员宣布3位世界上著名的打包专家：王博士、张博士和李博士。

5.让这些杰出专家中的每一位都给我们展示一种特殊的打包方法和风格。所有这些基本但很有效的方法让打包者能够在3分钟内完成工作。

6.第一组现在来到放着行李的桌子后面，面对观众。A按照他的卡片（见附件）

描述的风格，开始指挥B打包。

7.3分钟后，或是当所有东西都被收拾好时，叫停，并问下面的问题：

（1）在这个演示中，王博士的沟通风格，是哪种类型？

（2）对B：你的搭档是如何与你交流沟通的？对此你有什么感受？哪种因素起作用了，或没有起作用？

（3）对A：在这个演示中，你表现出来的什么风格可能是你本身就具有的？这与你在现实生活中的风格有什么不同或者相似之处？

第二轮

1.轮到第二组了，打包专家是张博士，来到屋子的前面。

2.同第一轮一样，3分钟后或是所有东西都被收拾好了的时候，叫停。并再问一遍上面提出的问题。

第三轮

1.轮到第三组了，打包专家是李博士，来到屋里的前面。

2.3分钟后，或是所有东西都被收拾好了的时候，叫停。带头为3位专家鼓掌，并请他们坐回到座位上去。

分享

1.在最后一次演示中，发生了与前两次不同的事吗？

2.这个专家的哪种做法很有效？

3.你们认为最后一个专家展示的是哪种授权管理的风格？

4.这三种类型的授权管理分别在什么情况下能够发挥作用？例如，是否在某种情况下，直接管理的管理风格最有效？

5.在这个游戏中，专家们可以任意使用另一个人的手。在现实生活中的授权管理如何效仿这一点？

6.在现实生活中，如何选择恰当的授权管理风格？

7.根据这个活动，你们会如何改变或者对自己的授权管理风格提出怀疑？

总结

1.有效的管理者能够恰当地分派任务。也就是说，他们能够很好地处理直接管理和弹性管理，分配任务，但并不提供足够的指导与支持，放手让员工自己处理。

2.在实际工作中，要提高自己的主动性，想当然地认为自己是他人的某个器官的功能会影响员工的贡献及创造力。员工们觉得他们没有获得信任，会感受到很烦，丧失动力，不再对他们的工作尽责，而且丧失了自己独立做决定的信心。我们不要忘了，这也会使管理者感到很累。

3.这个游戏也展示了一个信任员工的管理者的形象，适度地授权，相信员工能够依靠自己的经验来处理工作中的事务。管理者如果授权过度，让员工去做，而不提供足够的反馈，员工可能会认为自己处在正确的轨道上。即使是错的，也会这样认为。这就使得最终发现问题时，员工不得不修正许多错误，改掉许多不足，同时加大了成本，降低了效率。

4.在你把卡片发给A之后，应该先和他们聊聊。这样做会使这个活动更加有意思一些。

附件

打包专家卡片

（给自愿扮演打包专家的每个志愿者发一张卡片）

专家1：

你扮演王博士，一个世界著名的打包专家，向全班展示你独一无二的打包方法。在这个活动中，你会有一个助手，他实际上会帮助你打包。你要对“你的双手”实行直接管理的方法。每一步都要给予特别的、详尽的指示（“首先，我要带上这件带领子的衬衫。现在我要把它搭在右肩上”）。不要允许你的助手做任何独立的决定。

专家2：

你扮演张博士，一个世界著名的打包专家，向全班展示你独一无二的打包方法。在这个活动中，你会有一个助手，他实际上会帮助你打包。让你的助手做任何他想做的事，只要简单陈述一下发生了什么，不要提供任何进一步的指导。例如：“我要把袜子塞进这个袖子里。现在，我要把我牙刷放进鞋子里。”你应该向大家清楚地表述出每个动作（“那是妈妈教给我的方法”），但是你不应该提供任何特别的指导或者反馈。

专家3：

你扮演李博士，一个世界著名的打包专家，向全班展示你独一无二的打包方法。在这个活动中，你会有一个助手，他实际上会帮助你打包。在整个过程中，你都应该辅导“你的双手”。首先，描述一下需要做什么（“我要先叠裤子”），然后在收拾的过程中，口头指导你的助手。让你的助手自己试试各种技巧，必要的时候给予正确的反馈：“我认为，这双鞋最好放在下面。”

“船长”的决断游戏

形式：一组6~10人，可分成5个小组，最多50人参加

时间：110分钟（说明约5分钟、答疑约5分钟、个人作业约15分钟、各组研讨决议约40分钟、结果发表与说明约10分钟、检讨反省约20分钟、全体的整理与讲义约15分钟）

道具：参加学员需携带笔记用具，并准备课题用纸，每人一张，以及小组统计用纸，检讨用纸等

场地：宽敞的场地

目的

1.学习提升领导能力的方法。

2.体验自己与学员的配合度，以及得以决断的过程。

3.研究在遇到紧急事态时，领导者的态度。

4.重新认识互相沟通的重要性。

5.比较个人的决断与集体的意见决定有哪些不同，学习集体意见做决定的过程。

程序

1.游戏的方法与宗旨说明。

“现在要发给各位问题用纸，让各位都有当船长的机会：即船上的最高指挥官。相信这是各位很少体验过的职业。但是，也即是凭着你们充当这个任务时所做的判断才得以学习领导者所应具备的果断能力（每人各发一张问题用纸）。

请各位一面看着问题用纸，一面继续听说明。现在你是船长，而船这时发生相撞事件，又加上雾很大，影响视线，当雷达发现对方船只时，已经成了避之不及的危险状态，船只果然撞上了。因此，船长必须立即采取应急措施。

这个游戏的课题，是在所列的15项需要处置的问题中，以你觉得最重要、需立即解决的写上‘1’，其次重要的为‘2’，依照顺序写至‘15’为止。也许有人认为其中有全然不需要的项目，那就请把这一项列为最末位即可。但这游戏需配合船长的处置方法，因此请选出15个顺序来。但是，要避免有同一顺序情形出现。虽然打高尔夫球是以同分为同顺序，而在此必须从1~15的顺序排列。

这样说明后，可能会有人提问说，在并不十分了解细节的状况下，也能做判断吗？我必须承认这个游戏，的确是在作为判断的资料和情报方面有所不足。可是，情报资料欠缺，正是需要借助于正确的判断；也就是在你们都不是专业船长的情况下，靠自己去加以判断，为了学习领导者的决断力，这是你们必须进行的要点，在这15个项目中，还有不明白的地方，请尽量发问。譬如，对‘L’项目中所提的‘封锁船体破损区之水闸’的‘水闸’究竟有什么疑惑。这情形如同大楼为防火灾蔓延而设置的防火墙一样，即是以堵住水流的门；而船只也有防水的设备，使船不至于下沉。

而这个游戏的答案，是由给出问卷的船长（最具有丰富经验的船长）所做的决断。各位每人有15分钟时间，请各自做决断。”

在表9-4的15个项目中，你认为最急切需要处理的写上1，依次列至15顺序（避

免同顺序）。

请船长做决断。

表9-4　“船长的决断”统计表

姓名 品名	1		2		3		4		5		6		7		8		9		10		组的决定		船长决定
	自己																						
		差		差		差		差		差		差		差		差		差		差		差	
A音乐																							
B救生艇																							
C发电机																							
D地形图																							
E钓具																							
F医药品																							
G绳索																							
H确认状况																							
I紧急事故通知																							
J手持火烟信号																							
K神佛的保佑																							
L水闸																							
M援救对手																							
N无线电机																							
O求救信号																							
差距合计																							

A.为避免船上人员兴奋紧张，放点音乐。

B.命令乘员放下救生艇。

C.命令检查发电机是否运转中。

D.检查附近海域图。

E.分配各救生艇准备钓具。

F.请船医准备医疗品。

G.为同舟共济，准备捆绑身体的绳索。

H.在相撞现场配置乘员，把握确认事故状况。

I.通知船上人员紧急事故戒备中。

J.让各救生艇准备手持火烟信号。

K.准备护身符。

L.封锁船体破损区的闸门。

M.为救助对方的乘员，而放下救生艇。

N.准备搬出携带式无线电机。

O.向近航的船只发出求救信号。

2.开始。先对准时间，限制15分钟内，凭个人的判断决定顺序。

3.个人作业结束。先确认每个人是否做完15个顺序，再做结束提示。

4.说明小组决定的作业。确定全部学员都完成每个决定后，再做小组的决定进行方式。下面即是说明：以刚才各位所做的个人决定结果为资料，约有40分钟的时间再进行每组的决定。现在发给每一组“船长的决断”的统计表。首先，将自己所做的决定结果写在姓名一栏内。这个栏又分为两小格，左侧是把自己决定的顺序，自A开始以数字记载。右侧则是真正的船长用来记录其决定结果的差距的记入栏。

接着，各位以7~10人为一组。然后，互相讨论。先将各自的决定，按顺序念出来，让所有学员记入自己的统计表内。这样，各组的每一个学员，才会有一份单一组每人所做决定的原始资料。以此为基础资料进行研讨，每一组再做一决定出来。

每组在讨论时，并非以多数决定，或是刚才做成的资料为统计性之最大公约数的决定，也不应受一人发言所影响，而是应该在互相研讨后，获得彼此赞同的意见而决定的。亦即从自由而广泛的观点研讨，使组的一致结果产生出来。总而言之，是希望所有学员能探讨出彼此一致的结论。

做上述解释，即开始进行。

5.发表组和船长的决定：约40分钟后，由各组代表发表各自的决定。预先准备好黑板或模造纸，以供全部小组表达决定用。所有小组记录完决定后，才发表船长的意见（见下文），或记在船长栏亦可。

6.解释船长的决定，即说明船长何以分成15个顺序的理由。

首先，把这15个项目，分成必要项目、全然不需要的项目、属中间性质的项目。不太需要决定顺序的问题，大略地也分成三类。

第一是必要项目的第一点是把握状况：即以不管发生什么事，或陷入什么状况等为先决条件。第二是必须进行应急处理，就是能在当场及早做应变处理。第三是大略地把握住一时的处理状况，先行通知全部人员。第四是设法脱离险境状态，第五才是发出求救信号。而这种顺序，是不能轻易改变的。这些原则适用于其他船舶的船长，不仅限于船长，就是身为领导者（担任团体或组织领导），活动进行中突然发生紧急状况时，立刻采取第一至第五的处理方法，也是不变的原则。亦即在紧急事故发生，领导者所判断与采取的行动，与此具有通用性。

其次是不必要的，对船上作业毫无必要存在的，就是第15项的播放音乐，因为在紧急事故发生时，音乐反而会在船上造成一种噪音，不但令人更加心焦气躁，而且对实际的停电广播设备等也派不上用场。而非常事态的通知，也并非依靠广播设备，这在平时就已经准备在不时之需的网络设备，经由人的操作达到广播之效。

至于第13项的钓具，如长时间漂流于海上，或许还有用处呢！救生艇则早已存放着可以作为一星期左右的饮水和粮食了。另外，绳子是船长和船舰所需之物，但现在已无什么必要了，因为人命关天，救人要紧。过去一向是在尽人事之后，还需要有与船只同舟共济的精神。所以至11项为止，是属于尽人事项目，其后才接以绳索作为顺序。而中间的项目，到底是哪一项为先则大同小异了。

以上的方法做正解说明为好。

船长的决定答案：

A–15　B–4　C–6　D–8　E–13　F–11　G–12　H–1

I–3　J–9　K–14　L–2　M–10　N–7　O–5

7.游戏结束后总结方法：

（1）计算误差

第一步，表述船长的正确决定并说明理由之后，以领导者的判断与行动作为思考讨论的主题。

第二步是研讨小组进行事项，一面反馈一面学习。尤其应以小组决定的过程与方法为重点。

个人值

组决定 ／

之差　＼

平均差

首先计算误差。这是船长的决定与各组的决定的比较，也是船长与最初个人所决定的比较。求出船长与各组决定各项目顺序的绝对差，将其合计记在各组决定的“差距合计”栏里。例如，A的音乐项目组的决定为7时，而船长则写15，其绝对差为8，就在差栏写上8。再如，各组将水闸门决定为3，船长认为是2，其差就是1，算出与船长的差，并求出差的总和。

然后，再将个人差与各组差加起来除以人数，就能计算出个人的平均差来。如此，就能获得下列的结果了，亦即表示各组所决定的，比个人平均差更接近于船长

所决定的结果。这显示了集体讨论的成果要普遍优于个人思考的结果。

另外，也有些个人差比平均差少，或小组决定之差比数值还小。这种情形，即表示经过组之合议，也能使个人的决定，更接近于正解。若更广泛的解释，可以说小组的决定，就是代表每个人的决定。也是从最初的个人决定变化为各组之决定，是显示个人的决定产生了变化。同时，透过小组的相互作用，也产生了改变个人态度和见解的力量。

在实际的运作方面，未必一切都如前述计算结果，有时也会有个人平均误差较组决定之差为小的情形出现，碰到这种场合，就必须在反省、检讨及组做决定的过程演变中，找出真正的原因。

（2）反省检讨过程

各组针对结果进行检讨后，再反省应以什么样的态度去参加小组讨论。在此，除了要着重考虑重要的事情与内容之外，还要考虑到各学员是以什么心情来参与此种活动的。同时，下决定前，各组在反省检讨的过程中，思考有哪些功能以影响整个团体的回馈作用为重点。因此，需要对学员参与集体决定的态度，对集体贡献的程度，以及各自满足程度作一通盘了解后，进行彼此切磋，研究其是以何种方法予以决断，是经过多数人决定，抑或是于少数人做决定，或是以领导的决定为准呢？依此，便能掌握各学员所持的心态了。

分享

身为集体或组织活动的领导，应具有判断力和决断力。这个游戏，就是培养领导者在发生紧急事态时，要有迅速采取最适当行动的果断力和执行力；在紧急状况下，由于时间急迫，在无法获取正确知识或资讯时，领导者应当有当机立断的能力，在那种关头，究竟是什么人才是最值得信赖的呢？和直属部下商量，还是自己一人做决定，着实令人迷惑。而这个游戏的宗旨，便是引导领导者了解自己要具备何种应变能力。

再者，以团体活动的观点看，由各组互相研讨而推断出结论的过程，就是依靠游戏而加以学习的；经过各组一再商议，推论每一决断的过程，是进行这个游戏的最佳体验法。

第十部分

THE TENTH PART

学习游戏

16个圆点

形式：集体参与　　时间：5分钟

道具：无　　场地：不限

目的

使学员学会打破思维界限。

程序

请用6条直线一笔将16个圆点连起来，如图10-1所示。答案见图10-2。

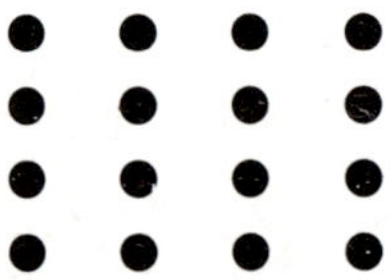

图10-1　连线图

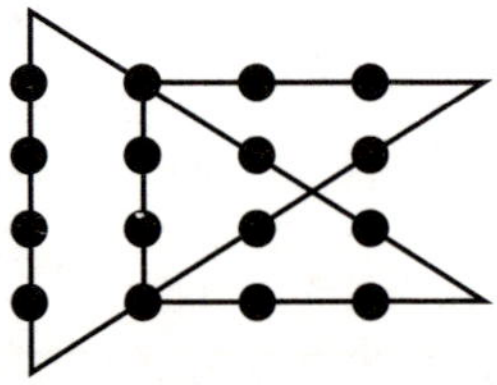

图10-2　连线图答案

少了1元钱

形式：集体参与　　时间：3分钟

道具：无　　场地：不限

目的

让学员体会思维方式不正确是不可能得出正确答案的

程序

3个人去投宿，服务生说要30元。每个人就各出了10元，凑成30元。后来老板说今天特价，只要25元，于是让服务生把退的5元拿去还给他们。服务生想自己暗藏2元，于是就把剩下的3元还给他们。

10元-1元=9元（表示每个人只出了9元投宿）

9元×3+2元（服务生暗藏2元）=29元

那剩下的1元呢？

答案

在投宿费里。

数字游戏

形式：集体参与　　时间：3分钟

道具：无　　场地：不限

目的

使学员学会开阔思维。

程序

请加上一笔令算式成立：

$$5 + 5 + 5 = 550$$

答案：

$$5 /+ 5 + 5 = 550$$
$$(545+5=550)$$

英雄的问题

形式：集体参与　　时间：3分钟

道具：无　　场地：不限

目的

训练学员逻辑思维能力。

程序

培训师给学员讲下面的故事：

从前，有个国家，有个英雄不小心犯了法，定罪之后，关在一个特别设计的囚房里。这个囚房有两个门，都没有上锁。一个门是活门，如果他打开这个门，走出去，不但自由了，外边还有美女等他；另外一个门是死门，如果他打开这个门，走出去，他便完蛋了，因为，门外等他的是一群饥饿的狮子。囚房里有两个守卫，一个十分诚实，从不说假话；另一个则是从不说实话。他们两个人都知道哪一道门是活门，哪一道门是死门。

依据他们国家的法律规定，这位英雄囚犯可以问这两个卫士3个问题，而且最多只能问3个问题，是一共3个问题，不是每人问3个问题。

如果你是那位英雄囚犯，你需要几个问题？如何问法才能获得自由？

问题答案

也许，聪明的你只要问两个问题就够了。因为关键就在于测出哪一位是不说实话的人或哪一位是说实话的人。所以，你随便问一个人：“你是卫士吗？”或者问：“这两道门有一道门是活门，有一道门是死门，对不对？”如果他是诚实的人，答案必定是肯定的；否则便是否定的。然后，接下来的问题是：“哪一道门是活门？”你将轻易过关，等着美女迎接你。

也许有人更神气地说：“只要一个问题便可以解决。”真的呢！如果英雄随便问一位卫士：“请问你，如果我问他（指另外一位卫士），哪一道门是活门，他会告诉我是哪一道门？”

不论他的答案是哪一道门，你都从另一道门出去，门外一定有美女相迎。

这是典型的逻辑思考模式。

上升还是下降

形式：集体参与　　时间：1分钟

道具：如图10-3所示的图片　　场地：不限

目的

训练学员观察力和思维能力。

程序

在如图10-3所示的一组杠杆、齿轮和转轮的组合中，黑色的点是固定支点，灰色的点是不固定的支点，如果如图示转动摇把，上端A和B的物体哪一个上升，哪一个下降？

答案：

A会上升，B会下降。

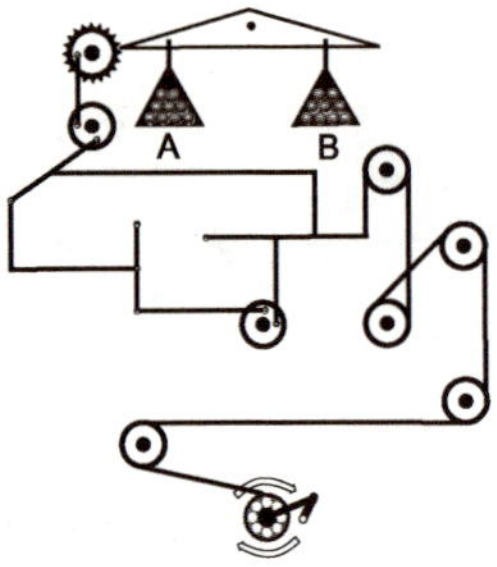

图10-3　上升下降图

观察力测验

形式：集体参与　　时间：1分钟

道具：如图10-4所示的图片　　场地：不限

目的

训练学员观察力

程序

在A、B、C、D、E中，哪一幅可以和图片左边的图形拼出一个完整的三角形来？

答案：B

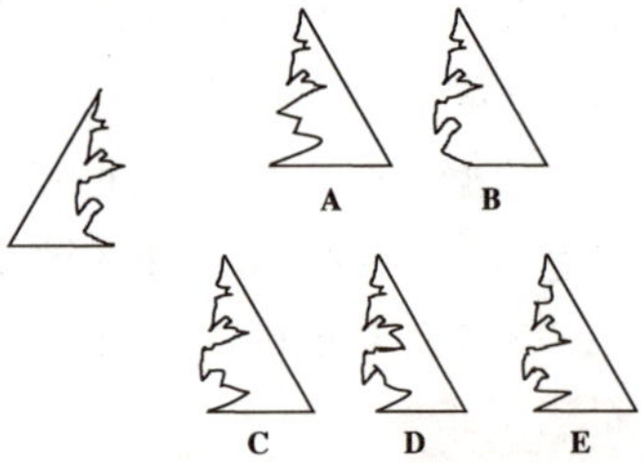

图10-4　观察力测验图

水　池

形式：集体参与　　时间：1分钟

道具：如图10-5、10-6所示的图片　　场地：不限

目的

训练学员思维能力。

程序

图10-5中有一个正方形水池。水池的4个角上，栽着4株老橡树。现在要把水池扩大，使它的面积增加一倍，但要求仍然保持正方形，而又不移动老橡树。怎样做才能满足要求？

图10-5　测试图

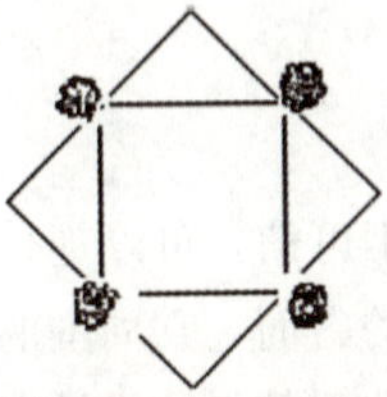

图10-6　答案图

答案：

要把水池扩大一倍，保留原来的形状，而且不移动4株老橡树，是完全可以做到的。图10-6表明，让4株老橡树恰好位于新扩建的正方形水池4条边的中点，这样挖成的新水池，其面积正好是旧水池的一倍。这是不难验证的，只要在代表旧水池的正方形上划出对角线就可以了。

挡风玻璃上的弹孔

形式：集体参与　　时间：2分钟

道具：如图10-7所示的图片　　场地：不限

目的

训练学员观察力和思维能力。

程序

上午10点钟，在纽约斯密斯顿区的一条小街上，突然响起了两声清脆的枪声，一起凶杀案发生了。驾驶座上的男人被射穿左胸，他右手握着枪，可以看出他临死前开了一枪。汽车的前挡风玻璃上留下两个弹孔，玻璃右侧的弹孔是杀人者留下的，被害者射的一枪子弹从玻璃上左面的弹孔穿出。图10-7描绘了子弹在挡风玻璃

上留下的裂纹。

被害者是黑人路易斯，凶手是白人麦克雷。案发后，麦克雷一直没有离开过现场。他竭力为自己辩解。他说："我开枪完全是正当防卫。我刚才在街上走，突然发现车上的路易斯向我开枪。我是迫不得已才出手还击的。"

麦克雷的这番话可信吗？

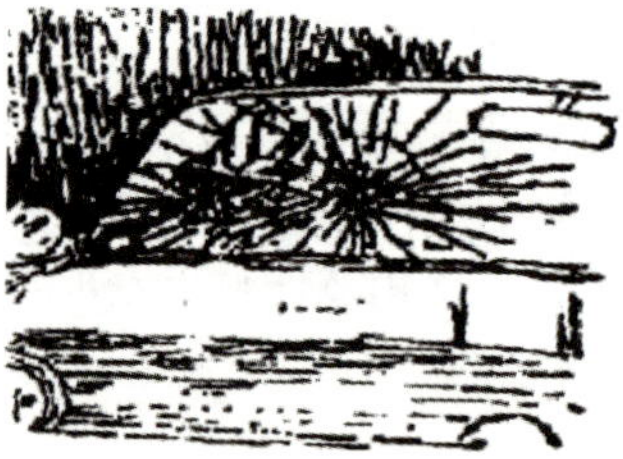

图10-7　凶杀案现场示意图

答案：

麦克雷的话不可信。可以观察一下两个弹孔的裂纹。麦克雷开枪造成的弹孔在汽车挡风玻璃上的右面，它周围的裂纹一直扩散到挡风玻璃的边缘。而左面由路易斯射击造成的弹孔，其裂纹只扩展到右面弹孔的裂纹处就中断了。这说明，右面弹孔周围裂纹的出现要早于左面弹孔周围裂纹的出现。由此可见，是麦克雷先向路易斯开枪，而路易斯则是在被打中左胸后再用右手还击的。

看图说话

形式：集体参与	时间：2分钟
道具：如图10-8所示的图片	场地：不限

目的

训练学员观察力。

程序

仔细观察右图，请问这幅图里画的是什么？

答案：

是个人脸。如果倒过来看就比较容易了。

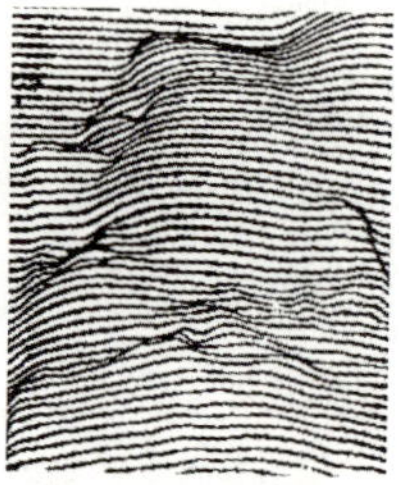

图10-8　测试图

银座的死亡率

形式：集体参与	时间：1分钟
道具：如图10-9所示的图片	场地：不限

目的

训练学员变通的思维能力。

程序

日本东京最繁华的地方是银座。该地区交通事故非常频繁，抢劫和爆炸事件层出不穷，据说不次于美国的纽约。你觉得图中哪一个区域一年内平均死亡率最高？请用对应的字母回答。

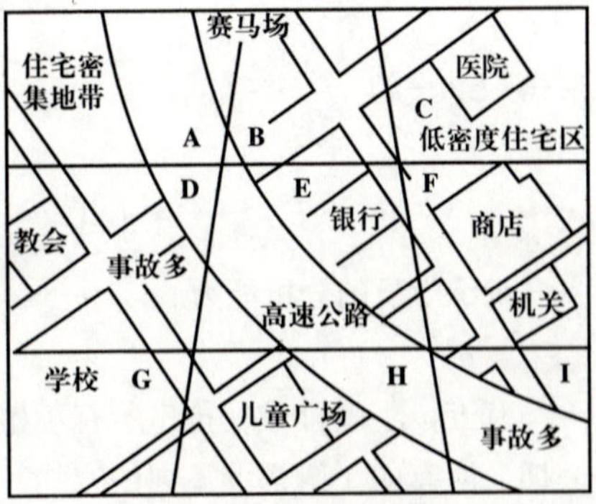

图10-9　银座地图

答案：

在C区，因为这里有个医院，医院里死亡人数往往最多。

车往哪开

形式：集体参与　　时间：1分钟

道具：如图10-10所示的图片　　场地：不限

目的

训练学员变通的思维能力。

程序

图中有辆公共汽车，A和B两个汽车站。请问，公共汽车现在是要驶向A车站，还是驶向B车站？ 这是美国智力趣题专家米奇尔出的一道观察测试题，许多成年人觉得无从下手，而一些聪明的少年读者却轻而易举地解开了难题。试着找出正确答案并说明理由。

图10-10　观察测试图

答案：

图中的公共汽车是从B车站开往A车站，因为车门总是在汽车的右侧。

哪位小姐养蛇

形式：5人一组　　时间：10分钟

道具：无　　场地：不限

目的

训练学员的分析能力。

程序

有五位小姐排成一排，所有小姐穿的衣服颜色都不一样，所有的小姐姓氏也不一样，所有的小姐都养不同的宠物，喝不同的饮料，吃不同的水果。钱小姐穿红色的衣服；翁小姐养了一只狗；陈小姐在喝茶；穿绿衣服的站在穿白衣服的左边；穿绿衣服的小姐在喝咖啡；吃西瓜的小姐爱养鸟；穿黄衣服的小姐在吃柳橙；站在中间的小姐在喝牛奶；赵小姐站在最左边；吃橘子的小姐站在养猫的小姐旁边；养鱼的小姐旁边的人在吃柳橙；爱吃苹果的小姐在喝香槟；江小姐在吃香蕉；赵小姐站在穿蓝衣服的小姐旁边；只喝开水的小姐站在吃橘子的小姐旁边。

问题就是：请问哪位小姐养蛇？

解题步骤一：建立表10–1，位置很重要。

表10–1　位置表

	左		中		右
姓					
衣					
吃					
喝					
养					

解题步骤二：简单的逻辑判断，数据为表10–2。

表10–2　推理过程表

	左		中		右
姓	1赵		6钱		
衣	7黄	3蓝	6红	4绿	4白
吃	7柳橙				
喝			2牛奶	5咖啡	
养		8鱼			

相对应的题意（表10–3）：

表10–3　确定答案顺序表

钱小姐穿红色的衣服	6
翁小姐养了一只狗	12
陈小姐在喝茶	9
穿绿衣服的站在穿白衣服的左边	4
穿绿衣服的小姐在喝咖啡	5
吃西瓜的小姐爱养鸟	13
穿黄衣服的小姐在吃柳橙	7
站在中间的小姐在喝牛奶	2
赵小姐站在最左边	1
吃橘子的小姐站在养猫的旁边	14
养鱼的小姐旁边的人在吃柳橙	8
爱吃苹果的小姐在喝香槟	10
江小姐在吃香蕉	11
赵小姐站在穿蓝衣服的小姐旁边	3
只喝开水的小姐站在吃橘子的小姐旁边	15

解题步骤三：9为假定，15为验证（表10–4）。

表10–4　解题答案表

	左		中		右
姓	1赵	9陈	6钱	11江	12翁
衣	7黄	3蓝	6红	4绿	4白
吃	7柳橙	14橘子	13西瓜	11香蕉	10苹果
喝	15开水	9茶	2牛奶	5咖啡	10香槟
养	14猫	8鱼	13鸟		12狗

其他可能性均与题意相矛盾，答案就是：江小姐养蛇。

你想得到汽车吗

形式：集体参与　　时间：5分钟

道具：训练图（图10-11）　　场地：不限

目的

训练学员的分析与判断能力。

程序

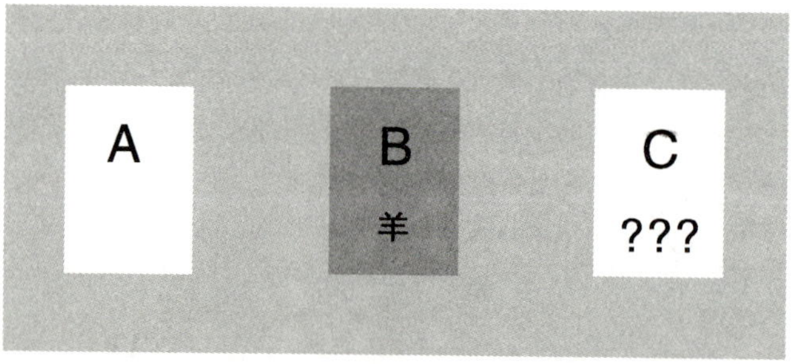

图10-11　训练图

讲述

20世纪90年代初，美国流行这样一个智力题。

如图10-11所示，图中有三扇门，门后是一辆汽车和两只羊。让你猜一次，猜中汽车你可以开走汽车，否则就要去买草来喂羊。你想得到汽车吗？现在你可能猜中的那扇门（A）就是汽车，此时主持人把其中关羊的一扇门（B）打开，问你：你现在有一个机会，可以选择C门，你要换C门吗？

问题分析：

显然答案是两者选一：要么换，要么不换，但是当时在美国的争议很大。下面罗列了三种观点：

（1）三扇门后面有车的可能性是一样的，都是1/3，换不换一样，所以没有必要换。

（2）A门后面有车的概率是1/3，B和C门的概率和是2/3，现在B门不是车，那么C门的概率是2/3，应该换。

（3）做随机实验：结果8次中6次应当换打开的门。

那么到底应该怎样呢？

应该与主持人的偏好有关，请看下面分析：

（1）假设主持人总是打开“羊”的门，让你做选择。实际上，你得到车的概率总和为1/2（换不换一样，所以没有必要换，但概率不是1/3）。

（2）假设主持人总是在你猜中汽车的情况下，打开“羊”的门，让你再选择，否则说你错了。实际上，你得到车的概率为1/3（不换，因为主持人告诉你答案了）。

（3）假设主持人总是在你猜中汽车的情况下打开“羊”的门，让你做选择。在你错了的时候，有50%的概率打开“羊”的门，让你再次做出选择。此时主持人有2/3（1/3×2/3×50%）的概率会打开门，你得到车的概数率总为2/3中的1/2，为1/3（换不换一样，概率都是1/3）。

（4）假设主持人总是在你猜中汽车的情况下打开“羊”的门，让你再选择。在你错了的时候，我们以上讨论有100%、0%、50%的可能是打开“羊”的门的情况，现假定这种可能为多少？

会发生什么

形式：集体参与	时间：5分钟
道具：无	场地：不限

目的

训练学员分析与推断能力。

程序

传说，它发生在国外一个地点不明的愚昧的女权主义村子里。在这个村子里，有50对夫妇，每个女人在别人的丈夫对妻子不忠时会立即知道，但从来不知道自己的丈夫如何。该村严格的女权主义章程要求，如果一个女人能够证明她的丈夫不忠，她必须在当天杀死他。又假定女人们是赞同这一章程的，聪明的妇女能意识到别的妇女的聪明和仁慈（即她们从不向那些丈夫不忠的妇女通风报信）。假定在这个村子里发生了这样的事：所有这50个男人都不忠实，但没有哪一个女人能够证明她丈夫的不忠，以至这个村子里的人能够快活而又小心翼翼地生活下去。

有一天早晨，一位德高望重的女族长从森林深处前来拜访。她的诚实众所周知，她的话就像法律。她暗中警告说村子里至少有一个风流的丈夫。这个事实，根据她们已经知道的，只该有微不足道的后果，但是一旦这个事实成为公共事实，会发生什么？

答案：

在女族长的警告之后，将先有49个平静的日子，然后，到第50天，在一场大流血中，所有的女人都杀死了她们的丈夫。要弄明白这一切是如何发生的，我们首先假定这里只有一个不忠实的丈夫A先生。

除了A太太外，所有人都知道A先生的背叛，因而当女族长发表她的声明的时候，只有A太太从中得知一点新消息。作为一个聪明人，她意识到如果任何其他的丈夫不忠实，她将会知道。因此，她推断出A先生就是那个风流鬼，于是在当天就杀了他。

现在假定有两个不忠实的男人，A先生和B先生。除了A太太和B太太以外，所有人都知道这两起背叛，而A太太只知道B太太家的，B太太只知道A太太家的。A太太因而从女族长的声明中一无所获。但是第一天过后，B太太并没有杀死B先生，她推断出A先生一定也有罪。B太太也是这样，她从A太太第一天没有杀死A先生这一事实得知，B先生也有罪。于是在第二天，A太太和B太太都杀死了她们的丈夫。

如果情形改为恰好有三个有罪的丈夫，A先生、B先生和C先生，那么女族长的声明在第一天不会造成任何影响，但类似于前面描述的推理过程，A太太、B太太和C太太会从头两天里未发生任何事推断出，她们的丈夫都是有罪的，因而在第三天杀死了他们。借助一个数学归纳法的过程，我们能够得出结论：如果所有50个丈夫都是不忠实的，他们的聪明的妻子们终究能在第50天证明这一点。

海盗的难题

形式：集体参与	时间：10分钟
道具：无	场地：不限

目的

训练学员的逻辑思维能力。

程序

数学的逻辑有时会导致结论看起来十分怪异。一般的规则是，如果逻辑推理没有漏洞，那么结论就必定站得住脚，即使它与你的直觉矛盾。1998年9月，美国加利福尼亚州帕洛阿尔托的Stephen M.Omohundro出的一道难题，恰好就属于这一类。

先来看看此难题的内容。10名海盗抢得了窖藏的100块金子，并打算瓜分这些战利品。这是一些讲民主的海盗（当然是他们自己特有的民主），他们的习惯是按下面的方式进行分配：最厉害的一名海盗提出分配方案，然后所有的海盗（包括提出方案者本人）就此方案进行表决。如果50%或更多的海盗赞同此方案，此方案就获得通过并据此分配战利品。否则提出方案的海盗将被扔到海里，然后下一名最厉害的海盗将重复上述过程。

所有的海盗都乐于看到他们中的一位同伙被扔进海里，不过，如果让他们选择的话，他们还是宁可得到一笔现金。他们当然也不愿意自己被扔到海里。所有的海盗都是理性的，而且他们知道其他的海盗也很理性。此外，没有两名海盗是同等厉害的——这些海盗按照完全由上到下的等级排好了座次，并且每个人都清楚自己和其他所有人的等级。

这些金块不能再分，也不允许几名海盗共有金块，因为任何海盗都不相信他的同伙会遵守关于共享金块的安排。这是一伙都只为自己打算的海盗。

最凶的一名海盗应当提出什么样的分配方案才能使他获得最多的金子呢？

问题分析：

为方便起见，我们按照这些海盗的怯懦程度来给他们编号。最怯懦的海盗为1号海盗，相对怯懦的海盗为2号海盗，如此类推。最厉害的海盗应当得到最大的编号，而方案的提出就将倒过来，从5号到1号进行。分析所有这类策略型游戏的奥妙就在于应当从结尾出发倒推回去。游戏结束时，你能够轻易知道何种决策有利而何种决策不利。确定了这一点后，你就可以把它用到倒数第2次决策上，如此类推。如果从游戏的开头出发进行分析，那是走不了多远的。其原因在于，所有的战略决策都要确定"如果我这样做，那么下一个人会怎样做？"因此你后面的海盗所做的决定对你来说是重要的，而在你之前的海盗所做的决定并不重要，因为你对这些决定是无能为力的。

记住了这一点，就可以知道我们的出发点应当是游戏进行到只剩两名海盗——即1号和2号——的时候。这时最厉害的海盗是2号，而他的最佳分配方案是一目了然的：100块金子全归他一人所有，1号海盗什么也得不到。由于他自己肯定为这个方案投赞成票，这样就占了总数的50%，因此方案获得通过。

现在加上3号海盗。1号海盗知道，如果3号海盗的方案被否决，那么最后将只剩2个海盗，而1号海盗将肯定一无所获——此外，3号海盗也明白1号海盗了解这一形势。因此，只要3号海盗的分配方案给1号海盗一点甜头，使他不至于空手而归，那么不论3号海盗提出什么样的分配方案，1号海盗都将投赞成票。因此3号海盗需要分出尽可能少的一点金子来贿赂1号海盗，这样就有了下面的分配方案：3号海盗分得99块金子，2号海盗一无所获，1号海盗得到1块金子。

4号海盗的策略也差不多。他需要得到50%的支持票，因此同3号海盗一样也需要再找一人做同党。他可以给同党的最低贿赂是1块金子，而他可以用这块金子来收买2号海盗。因为如果4号海盗被否决而3号海盗得以通过，则2号海盗将一无所获。因此，4号海盗的分配方案应是：99块金子归自己，3号海盗一块也得不到，2号海盗得1块金子，1号海盗也是一块也得不到。

5号海盗的策略稍有不同。他需要收买另外两名海盗，因此至少要用2块金子来贿赂他们，才能使自己的方案得到采纳。他的分配方案应该是：98块金子归自己，1块金子给3号海盗，1块金子给1号海盗。

这一分析过程可以照着上述思路继续进行下去。每个分配方案都是唯一确定的，它可以使提出该方案的海盗获得尽可能多的金子，同时又保证该方案肯定能通过。照这一模式进行下去，10号海盗提出的方案将是96块金子归他所有，其他编号为偶数的海盗各得1块金子，而编号为奇数的海盗则什么也得不到。这就解决了10名海盗的分配难题。

Omohundro还把这一问题扩大到有500名海盗的情形，即500名海盗瓜分100块金子。显然，类似的规律依然成立——至少是在一定范围内成立。事实上，前面所述的规律直到第200号海盗都成立。200号海盗的方案是：从1~199号的所有奇数号的海盗都将一无所获，而从2~198号的所有偶数号海盗将各得1块金子，剩下的1块金子归200号海盗自己所有。

乍看起来，这一论证方法到200号海盗之后将不再适用了，因为201号海盗拿不出更多的金子来收买其他海盗。但是即使分不到金子，201号海盗至少还希望自己不会被扔进海里，因此他可以这样分配：给1到199号的所有奇数号海盗每人1块金子，自己一块也不要。

202号海盗同样别无选择，只能一块金子都不要了——他必须把这100块金子全部用来收买100名海盗，而且这100名海盗还必须是那些按照201号方案将一无所获的人。由于这样的海盗有101名，因此202号的方案将不再是唯一的——贿赂方案有101种。

203号海盗必须获得102张赞成票，但他显然没有足够的金子去收买101名同伙。因此，无论提出什么样的分配方案，他都注定会被扔到海里喂鱼。不过，尽管203号海盗命中注定死路一条，但并不是说他在游戏进程中不起任何作用。相反，204号海盗现在知道，203号海盗为了能保住性命，就必须避免由他自己来提出分配方案这样一种局面，所以无论204号海盗提出什么样的方案，203号海盗都一定会投赞成票。这样204号海盗总算侥幸捡到一条命：他可以得到他自己的1票、203号的1票，以及另外100名被收买海盗的赞成票，刚好达到保命所需的50%。获得金子的海盗，必须赞成202号海盗的方案。

205号海盗的命运又是怎样的呢？他可没有这样走运了。他不能指望203号海盗和204号海盗支持他的方案，因为如果他们投票反对205号方案，就可以幸灾乐祸地看到205号海盗被扔到海里喂鱼，而他们自己的性命却仍然能够保全。这样，无论205号海盗提出什么方案都必死无疑。206号海盗也是如此——他肯定可以得到205号海盗的支持，但这不足以救他一命。

类似地，207号海盗需要104张赞成票——除了他收买的100张赞成票以及他自己的1张赞成票之外，他还需3张赞成票才能免于一死。他可以获得205号海盗和206号海盗的支持，但还差一张票却是无论如何也弄不到了，因此207号海盗的命运也是下海喂鱼。

208号海盗又时来运转了。他需要104张赞成票，而205、206、207号海盗都会支持他，加上他自己一票及收买的100票，他得以过关保命。获得他贿赂的必属于那些根据204号海盗的方案肯定将一无所获的人（候选人包括2到200号中所有偶数号的海盗以及201、203、204号海盗）。现在可以看出一条新的、此后将一直有效的规律：那些方案能过关的海盗（他们的分配方案全都是把金子用来收买100名同伙而自己一点都得不到）相隔的距离越来越远，而在他们之间的海盗则无论提出什么样的方案都会被扔进海里——因此为了保命，他们必会投票支持比他们厉害的海盗提出的任何分配方案。得以避免葬身鱼腹的海盗包括201、202、204、208、216、232、264、328、456号，即其号码等于200加2的某一方幂的海盗。

现在我们来看看哪些海盗是获得贿赂的幸运儿。分配贿赂的方法不是唯一的，其中一种方法是让201号海盗把贿赂分给1到199号的所有奇数编号的海盗，让202号海盗分给2到200号的所有偶数编号的海盗，然后是让204号海盗贿赂奇数编号的海盗，208号海盗贿赂偶数编号的海盗。如此类推，也就是轮流贿赂奇数编号和偶数编号的海盗。

结论是：当500名海盗运用最优策略来瓜分金子时，头44名海盗必死无疑，而456号海盗则给从1到199号海盗中所有奇数编号的海盗每人分1块金子，问题就解决了。由于这些海盗所实行的“民主制度”，他们的事情就变成了最厉害的一批海盗多半都是被扔下海喂鱼，不过有时他们也会觉得自己很幸运——虽然分不到抢来的金子，但总可以免于一死。只有最怯懦的200名海盗有可能分得一份赃物，而他们之中又只有一半的人能真正得到一块金子，的确是怯懦者继承财富。

数数有多少个正方形

形式：集体参与　　　　时间：越快越好

道具：如图10-12所示的图片　　　　场地：不限

目的

训练学员思维能力。

程序

1.下面由8条相等线段组成的图形总共有多少个正方形？

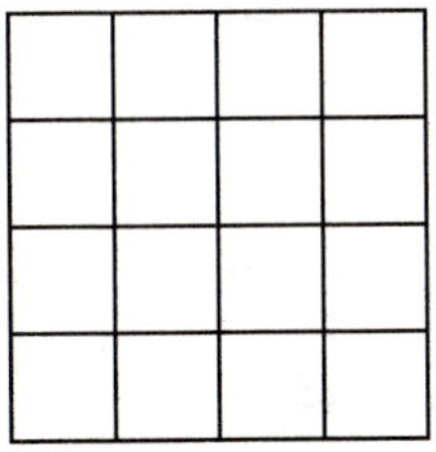

图10-12　正方形测试图

2.将学员的答案全部依次记下，反复询问是否还有新的答案。

正确答案：

（学员一般反应：从20~30个均有答案。）

设定最小正方形边为1的话，则：

边长为1的有16个；

边长为2的有9个；

边长为3的有4个；

边长为4的有1个；

总数则为30个。

结论一：每个人看同样一件事物的深度是不同的，人需要认识到自己的局限性（许多人说到26时，不能相信别人30的答案是正确的）。

结论二：人需要放弃自己不正确的看法、知识等，才能从他人处学习到有用的知识（有人在别人的答案出来之后，经过思考，决定放弃自己的答案，相信他人的答案。学会放弃自己不正确的看法，就是一种进步）。

考考你的逻辑能力

形式：集体参与	时间：10分钟
道具：无	场地：不限

目的

训练学员逻辑推断能力。

程序

已知公式：

$$\begin{array}{r} \text{DONALD} \\ +\ \text{GERALD} \\ \hline \text{ROBERT} \end{array}$$

以上共有10个字母，每一个字母代表阿拉伯数字0~9中的一个，已知D=5，请您在5分钟之内计算出其余9个字母代表的数字。

答案：

$$\begin{array}{r} 526485 \\ +\ 197485 \\ \hline 723970 \end{array}$$

1=G、2=O、3=B、4=A、5=D、6=N、7=R、8=L、9=E、0=T。

分析：

1.首先D=5，得到T=0。

2.∵2L+1=R，∴R是奇数，并且∵D=5　D+G=R→R=7或R=9。

3.∵O+E=O→E=0或E=9　∵T=0　∴E=9　R=7　G=1。

4.∵2L+1=R→L=3或L=8　∵E=9　2A+1=E→L=8　A=4。

5.剩下N、B、O还未确定，即2、3、6未知。

N+7=B或N+7=B+10→B=3　N=6　O=2。

分割图形

形式：集体参与　　时间：5分钟

道具：无　　场地：不限

目的

训练学员观察与思维能力。

程序

请用3条直线将图10-13中的图形划分成9个三角形。

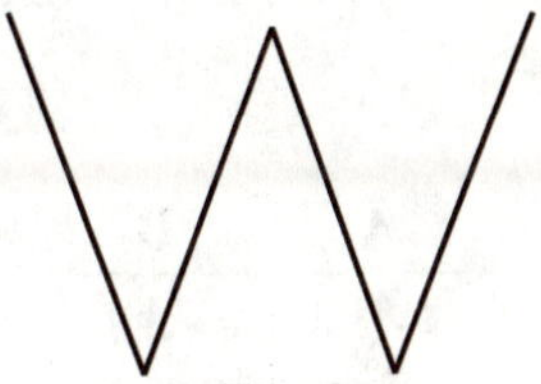

图10-13　测试图

注意：

下面的划分只能算两个三角形，如图10-14所示。

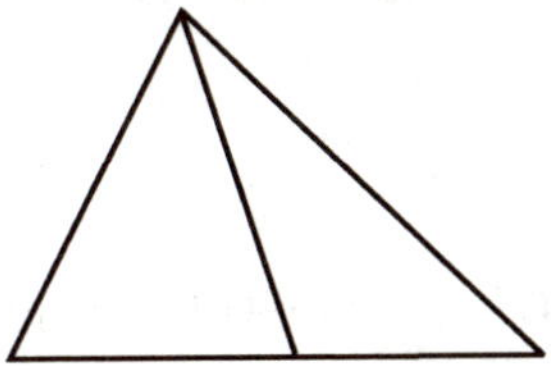

图10-14　三角形图

答案如图10–15所示：

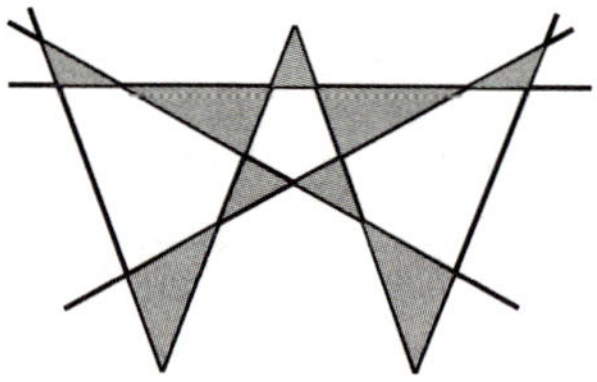

图10–15　答案图

奇妙的正方形

形式：集体参与	时间：10分钟
道具：测试图（图10–16）	场地：不限

目的

训练学员的思维能力。

程序

下边的图形（如图10–16所示）展示了四个部分A、B、C、D，其中A、B、C三部分被涂成阴影。

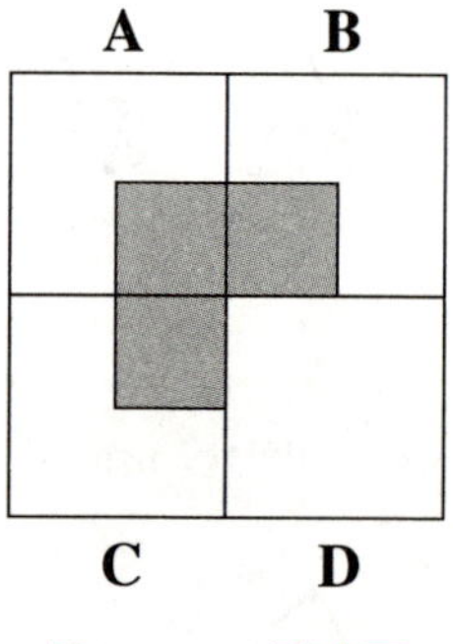

图10–16　测试图

问题1：

将“A”中未被涂阴影的部分平分成相同且面积相等的两部分。

问题2：

将“B”中未被涂阴影的部分平分成相同且面积相等的三部分。

问题3：

将“C”中未被涂阴影的部分平分成相同且面积相等的四部分。提示：答案不是三角形，你应该自己解决。

问题4：

将“D”中未被涂阴影的部分平分成相同且面积相等的七部分。提示：答案不是三角形。

答案：见图10–17。

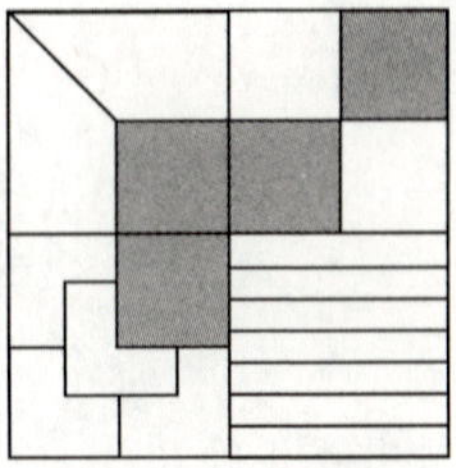

图10–17　答案图

水桶测验

形式：集体参与　　时间：10分钟

道具：无　　场地：不限

目的

训练学员思维能力。

程序

问题：下面有11个问题，除了第一道例题外，每题都有3个不同容量而且没有刻度的水桶（A、B、C）。请问如何用这三个、两个或一个水桶，来求得水桶D的水量？

规则：依次作答，每题必须完成后才能做下一道题。

水桶容量（升）求得水量答案。

问题：用A、B、C、D。

举例：例题　D=B–A–2C。

例题：21、27、31，D=B–A–2C。

①	14	50	5	26
②	18	43	10	5
③	20	59	4	31
④	2	11	4	1
⑤	9	42	6	21

⑥	5	28	3	17
⑦	23	49	3	20
⑧	28	76	3	25
⑨	14	38	6	18
⑩	14	36	8	6

显而易见的论点

形式：集体参与　　时间：15分钟

道具：无　　场地：教室

目的

使学员认识到所谓的常识可能并不正确。

程序

1.培训师请学员就人的行为作出一些大体上的概括（或其他相关主题），如：

（1）所有的（　　）都是懒惰的。

（2）没有一个人能（　　）。

（3）只有（　　）样的人才能成为高效率的管理人员。

（4）激励员工的唯一方法是（　　）。

2.将这些陈述贴在显著位置。用彩笔或下划线标出关键字。如："所有""没有一个人""只有""唯一"等。

3.将其中主要概括的内容大声念出。

总结

1.人们往往会根据过去的经验想当然地得出一些片面的看法，这些看法有些是不正确的。

2.正如保罗·拉斯费尔德所指出的，有必要对我们通常认为是理所当然的意见重新检验（或确认）。他概括说："在一些看来是绝对的或显而易见的论点中，有些东西并非正确。"

3.海纳百川，有容乃大。我们应该用更加开放的心态去面对问题。

我的期望

形式：个人完成　　时间：2分钟

道具：写有"我的期望"4个字的小卡片　　场地：教室

目的

让培训师全面了解每位学员来上课的目的，使其在今后的课程中尽可能满足大部分学员的需求，从而达到良好的培训效果。

程序

1.给每位学员发一张“我的期望”卡，告诉学员们用2分钟的时间写出你今天到这里来的目的、你对本课程的期望。

2.收回小卡片。

3.如果接下来会做“生日线”游戏，则不要在该游戏结束时进行讨论。

4.如果不做“生日线”游戏，那么你可以在收回小卡片之前，让学员们分享一下各自来上课的目的。

分享

让学员们分享一下各自来上课的目的。

总结

1.让学员明确培训的目的。

2.要想在学习和工作中获得成功，就必须确定自己每一步的目标和期望，并不断检讨自己的行为与目标的差距。

积极暗示的威力

形式：集体参与	时间：5~20分钟，视选择使用的操作方法而定
道具：无	场地：教室

目的

通过培训师告诉学员他对他们的期望有多高的方式，提高学员学习的效率。

程序

1.许多理论都讲述了一个基本的概念，那就是如果人们认为自己能得到某些东西，他们就会采取与期望一致的行为。在教学培训中，这个理论非常行之有效。

2.举例而言，培训师在课程开始之前提出了一整套教学目的。一个陈词滥调的老套说法：如果你告诉了你的学员你的目标是什么，那么50%的问题就已经解决了。

3.第二种方法是：提供小组一本参加过培训的学员获得的证明书。如果我们知道我们所尊敬的人认为该培训十分有价值的话，我们就会更积极地参加这个培训。

4.第三个途径就是以分组讨论的方式来回答以下问题：

（1）从本次培训中得到了什么？

（2）你从以前学员那里是否听到一些有关该培训的评价？（通过这个方法，他们就设定了自己的期望。）

（3）还有许多其他的变通方法。举个例子：有些培训师在听众中安插一位助手，请他在做案例分析时扮演发问者、煽动者或论证者。

分享

1.你认为如果把积极暗示的技巧用在培训中会如何？

2.在运用这些技巧时，是否会产生一些问题（如：学员会感觉到被操纵，觉得培训师比较虚伪）？

3.对于这个观念你能发现其他的运用方法吗？

总结

1.积极暗示的技巧运用得当可以有效激起学员的热情。

2.积极暗示有助于使目标和行为达成一致。

3.采用自然的方式运用这些技巧。

销售培训中的异议处理

形式：集体参与	时间：至少15分钟，视人数多少有所不同
道具：索引卡	场地：教室

目的

鼓励学员预测可能遇到的异议并学会如何迅速地给出令人满意的答复。

程序

1.准备一些索引卡，列明在销售中可能遇到的异议（在另一边留出空白）。

2.学员从桌上抽出一张索引卡并大声读出卡上所列的异议（如：我认为你的价格比我们现在用的供应商的价格明显高出很多），学员必须快速且自然地给予回答。

3.其他学员及培训师针对他的回答进行点评，指出其他的回答方法及回答的内容中值得商榷的地方。

4.其余学员轮流重复进行本活动。

5.其他：

（1）给学员一定的时间准备，然后口头回答。

（2）这个方法可以适用于新手，使他们在进行真正的工作之前建立自信。

分享

1.当身处这种情况时，你感觉如何？现在你对刚才你所面临的问题，又有什么其他的回答方法？

2.在处理异议时，“是的，但是”和“是的，而且”的回答技巧是非常有效的。另外，还有没有其他的好方法？

3.事先准备和预测是处理异议的关键所在。

总结

1.这种实战演习会非常刺激，或许你还会感到恐惧。

2.事前准备也是非常重要的，如果你能总结出一些关键词，或是总结出一次成功或失败的经验，就可以信手拈来，处理好类似情况了。

跟从口头指示

形式：集体参与　　时间：5~10分钟

道具：白纸（学员用），如文中所示的问题（培训师用）　　场地：教室

目的

说明即使在进行简单的练习时，要做到认真听讲也很不容易。

程序

1.请学员拿一张白纸，在纸上由上至下列出1~15的数字，作为15个问题的编号。

2.培训师以正常语速读出下面的15个问题。

（1）从8开始，乘以2，加上4，再除以5，应该等于?

（2）从11开始，减去3，加上4，再加3，然后除以3，等于?

（3）从15开始，加上10，除以5，乘以6，加上6，再除以4，等于?

（4）有一个数字比13大4，将它加上5，除以2，减去3，等于?

（5）有一个数字比9小2，加上6，加上5，乘以2，除以4，等于?

（6）6加12，减9，加10，减13，翻一倍，等于?

（7）4加上5，加6，加7，加9，加9，除以4，等于?

（8）从11中减去6，加5，乘以5，减去15，再减10，加1，等于?

（9）比6大6，加3，除以5，乘以4，加1，等于?

（10）有一个数字是36的算术平方根，将它加5，加14，除以5，加3，除以4，等于?

（11）比6大5，减3，加2，加3，加9，除以2，等于?

（12）在下面一系列数字：4–7–8–6–9–12中，前三个数是?

（13）在下面一系列数字：4–6–9–9–7–6–3中，前三个数的和是?

（14）在下面一系列数字：7–9–6–8–4–9–6–10中，最小的一个奇数是?

（15）在下面一系列数字：4–5–7–8–6–2–1–9中，各数字之和是?

3.请学员十分认真地听培训师提出的每个问题，并进行心算。

4.将答案写在纸上（注意：不可以在纸上记录或笔算）。

正确答案：

（1）4;　　（2）5;　　（3）9:　　（4）4;　　（5）9;

（6）12；　（7）10；　（8）26；　（9）13；　（10）2；

（11）11；　（12）4–7–8；　（13）19；　（14）7；　（15）42。

分享

1.当我们走神时，会不会漏掉某个问题？

2.你有没有在你自己下达指示时，看到人们脸上露出走神的表情？

3.通过哪些方法，我们能避免走神，提高聆听的主动性？

总结

1.我们常常很难长时间集中自己的注意力，一旦不集中，就会漏掉一些问题。

2.在听一段较长的话的时候，不要只是简单地记忆，而是要对内容进行判读，边听边想，还要加快思考速度。这样的效果会更好。

学习者的故事

形式：3人一组　　时间：10分钟

道具：无　　场地：不限

目的

1.达到积极学习的目的。

2.了解学习的价值。

3.达到沟通的目的。

程序

1.请学员分成3个小组。

2.小组内每个人轮流讲一个关于学习的故事，另外两人应倾听，不能加以评判。

3.3个人都讲完故事后，选出最好的讲给大家听。

4.也可以多个人进行。

5.可变换方式。

分享

1.故事讲得好的人好在哪里？

2.从这个好的故事中我们学到了什么？

3.我们在其他两个故事中是否也学到了东西？

总结

1.“三人行，必有我师。”懂得向他人学习的重要性。其中包括不优秀的人向优秀的人学习，也包括优秀的人向不优秀的人学习，因为每个人都有他自身的优点。

2.在团队中经常进行这样的练习，有助于队员间的交流与沟通。

3.形成一种良好的生活和工作氛围，养成谦虚的态度。

注意

避免引起争执。

10个重要问题

形式：集体参与	时间：5~10分钟
道具：纸、笔	场地：室内

目的

1.培养沟通中聆听另一方信息的能力。

2.形成学习动机。

程序

1.告诉学员先在纸上写下想在课上得到答案的问题。问题尽可能详尽，给出具体的背景。注意：要写问题，而不是话题。

2.选出一组人，让他们写出10个学员最想问的问题。

3.将这些问题贴在墙上，针对问题推动整个培训项目。

4.当项目结束时，让小组重新看他们的问题并试着给出答案。

分享

1.这10个问题都和培训的项目主题相关吗?

2.学员对培训师的回答满意吗?

3.这10个问题对学员的学习有很好的启发性吗?

总结

1.在沟通中，正确地收集信息，是进行正确反馈的前提。

2.学习是一个有清晰目标的行为。带着问题去学习，这是有的放矢的做法，也可能收到事半功倍的效果。此游戏有助于加强学习效果。

注意

如果课程只有一天的时间并且存在几个小组，则将问题缩减到更少（也许5个）。

登上台阶

形式：5~8人一组	时间：30~40分钟
道具：纸、笔	场地：室内

目的

1.让学员明确学习主题。

2.让学员形成学习动机。

程序

1.给学员一些与项目有关的问题。例如，在职业发展项目中，你可以列出工作稳定、收入挑战、兴趣和自主，等等。

2.给学员一幅阶梯的图形。

3.请学员将最重要的问题排在最顶上的台阶，然后继续按重要性由大到小往下排列。

4.把学员分成5~8人小组，在小组内交流看法。

分享

1.大家对主题次序排列有分歧吗?

2.对这个分歧你们是怎样解决的?最后能得出一个一致的主题排列吗?

总结

1.学员在对主题次序存在多种意见并由此产生对种种分歧的讨论中，将会对主题有更为清晰的认识和理解。

2.最后得出的这些主题次序中只有一种正确的主题次序，而且这个次序可用来作为检验参与者原有知识和判断力的手段。

3项说明

形式：5~6人一组	时间：30~40分钟
道具：写有内容说明的题纸	场地：室内

目的

1.通过分析思考，让学员消化所学的知识。

2.加深对学习成果的理解和运用。

程序

1.将学员分成5~6人一组。

2.给每组学员3个有关项目中问题的说明。

3.告诉学员这3个说明中有一个说明是错的，另外两个是对的。请各小组进行讨论并找出错误的说明。

4.可以经常改变内容重复这一过程。

分享

1.各小组在讨论时，分析的思路和方法是否正确?

2.各小组能否联想并运用在这个项目中学到的方法？

3.各小组认可他们的最终答案吗？

总结

1.此游戏能起到检验学员学习情况的作用。

2.在对问题的讨论和争论中，进行了一次开放性的学习过程，启迪作用已胜过最终的答案形式。

禅宗心印

形式：集体参与	时间：5分钟
道具：杯子，茶（或咖啡、水），托盘	场地：教室

目的

让学员们打开思路，懂得学习新事物应有的心态。

程序

1.在培训开始之前，培训师先讲一个故事给全体学员听。这是一个相传了几个世纪的关于生活的禅宗故事。

（1）南隐是日本一位有名的禅师。有一天，有一位游学弟子来向他请教禅的真谛。

（2）南隐与他聊了一会儿后，请他喝茶。

（3）他向那弟子的茶杯里不断地倒水，水杯满了，他还在倒，水都溢了出来。

（4）弟子感到非常惊讶，问南隐：“师父，水已经满了，倒不进去了。”

（5）南隐说：“你就像这个杯子，早已装满了你自己的意见、判断、思索。如果你不把你的杯子倒空，我又如何能告诉你禅的道理呢？”

2.其他可供选择的操作程序：

（1）先不要说这个故事，直到有一位学员表现出对课程全都知道或曾听说过，再用这个故事做比喻，引导全体学员。

（2）这需要较高的技巧，不然可能会有惹怒至少一位学员的风险。

（3）不是平铺直叙地讲述这个故事，而是准备一些上面列出的小道具并安排一位学员（事先沟通好的）或是一位辅助培训师，共同表演故事中的情景。

（4）如果表演适当的话，真实的演示能给学员留下深刻的印象。

分享

1.这个禅宗故事和我们的培训有什么相关之处？

2.我们中间有谁有过南隐禅师的经验？有谁有过游学弟子的经验？当时你的感觉如何？

3.在这个故事中，最重要的基本概念是什么？

总结

1.反思一下自己，我们是不是在有些时候“自以为是”，认为凡事已尽在自己的掌握之中了，而不记得类似于“大意失荆州”的教训，这不是学习新事物的应有心态。

2.虚心好学，放下成见，是吸取知识的重要态度。

3.只有不断地学习和创新，才能进步。

小男孩

形式：集体参与　　时间：15~20分钟

道具：小男孩故事的复印件　　场地：教室

目的

1.帮助学员区分教育、培训和发展之间的区别。

2.指出在什么情况下培训师最好的意图也可能造成对学员的局限。

程序

1.培训师可以将下面这个小男孩的故事大声朗读给学员们听，分发给学员。这是一个关于天才儿童的悲剧故事。

（1）这个小男孩被送进一家普通的学校，就像其他孩子一样，从最基础的年级开始读书。

（2）学习的内容对小男孩而言实在是太简单了，这所学校大大限制了他与生俱来的想象力和创造力。

（3）小男孩感到非常的压抑，以至于当他的父母意识到错误，并将他送到一个新的更适合他发展的学习环境中时，他已经丧失了自己的天分。

2.现在将全体学员分成3~5人一组，请每组讨论一个问题：“从培训师或学员的角度出发，这个故事告诉我们什么道理？”。

分享

1.这个故事的重点是什么？

2.在教育、培训和发展三者之间，有什么区别？

3.什么时候适合使用上述的教育方法（如果我们将它们定义为三个不同的概念）？

4.有没有其他与这个小男孩的故事非常相似的故事，说明了不适当的教育的坏处？

总结

1.这个故事的重点在于“因材施教”。

2.从培训师的角度来看，在教育、培训和发展这三个不同的阶段，不能采取单一的方式，从而对学员造成局限。

3.对学员来说，应该对自己有明确的目标，有的放矢地学习知识。

4.当没有达到预期成效时，应及时检讨和修正方法及态度。

培训师克服恐惧

形式：5人一组	时间：15分钟以上
道具：黑板或墙表、恐惧清单、建议手册	场地：教室

目的

使学员认识到害怕在公众场合说话是正常的，并为解决这类恐惧提供建议。

程序

1.这个训练对新的培训师或那些需要提高讲课技巧的兼职培训师，以及需要进行内部或公开演讲的人员是十分有益的。

（1）在开始前，问学员："你认为大多数人最害怕的是什么？"

（2）将答案简明地写在黑板上或墙表上。询问大家对于最大的恐惧是否意见一致。

（3）出示附件中专家所列的恐惧清单。

（4）向组员们指出，如果信息正确，那么很多人都有类似的恐惧，认为做一场精彩的演说或开展产品培训课程是一种挑战。

（5）请小组组员共同回忆，或采用头脑风暴法，以发掘可以避免或克服这个恐惧的各种方法。

（6）展示小组讨论的结果，以供组员在适当时机将他们认为有用的方法记录下来。

2.其他可选的操作程序：

（1）可以用这个活动作为讨论的引子，也可以用它来结束讨论。

（2）可以向组员发放"关于如何克服在人群前讲话的恐惧"的建议手册（内容见附件）。

（3）如果小组成员较多，可以分成若干小组（5人一组）进行讨论，每组必须提供至少5种建议。

分享

1.你在公众场合说话为什么会感到恐惧？

2.你害怕哪些事物？

3.怎样才能克服恐惧？

附件

1.人们10大恐惧之事：

（1）在公众前讲话。

（2）金钱困扰。

（3）黑暗。

（4）登高。

（5）蛇和虫子。

（6）疾病。

（7）人身安全。

（8）死亡。

（9）孤独。

（10）狗。

2.克服演讲恐惧的一些建议：

（1）熟悉演讲内容（首先成为一个专家）。

（2）事先练习演讲内容（可以自己拍摄录像研究）。

（3）运用参与技巧（鼓励参与）。

（4）知道参与者的姓名并称呼他们的名字。

（5）尽早建立自己的权威。

（6）用目光接触学员，建立亲善和谐的气氛。

（7）进修公开演讲课程。

（8）展示你事先做好的准备工作（通过分发演讲稿等方法）。

（9）预测可能遇到的问题（并准备相应回答方法）。

（10）事先检查演示设备及视听器材。

（11）事先获得尽可能多的参与者的信息（通过观察或问卷）。

（12）放松自己（深呼吸，深思一会儿，内心对白）。

（13）准备一个演讲大纲并按部就班地进行。

（14）仪容仪表（穿着舒适而得体）。

（15）好好休息，使自己的身心保持警觉机敏。

（16）用自己的方式，不要模仿任何人。

（17）用自己的词汇，不要照章宣读。

（18）站在学员的角度看问题（他们会想：我能从中得到什么呢？）。

（19）设想学员是和你站在一个立场的（他们没必要非与你为敌不可）。

（20）对演讲提出一个总的看法（陈述演讲的目的所在）。

（21）接受自己的恐惧，把它看作一件好事（它能激发斗志）。

（22）事先向团队介绍自己（通过社交活动）。

（23）把你的恐惧分类，看看哪些是可控的，哪些是非可控的，并找出相应的对抗恐惧的方法。

（24）对开场前的5分钟要特别重视（给予额外的准备）。

（25）把自己想象成一个出色的演讲者。

（26）多考虑如何应对困难的处境和刁钻的问题。

（27）营造一种非正式的气氛（坐在桌上讲话）。

意识和能力的培养

形式：集体参与　　　　时间：15分钟

道具：投影仪，附件所示的投影片　　　　场地：教室

目的

促使学员和培训师都认识到，在培训中提高学员的技能水平和认知度的重要性。

程序

1.首先请学员想一下他们有哪些特长。

2.再请学员回想一下自己所不擅长的一项技能（比如网球、桥牌、演讲，等等）。

3.请学员仔细考虑他们是否确实了解自己所擅长的技能有什么不足的地方。

4.请大家要从两个方面评价自己，这两个方面对于许多技能水平的迅速提升都是非常重要的。

5.将下页所示的图形（图10-18）展示给学员看。这个图形阐述了能力（从低到高）和意识（从弱到强）之间的相互作用。值得指出的是，这个模式是培训师在培训中需要评定的要素：

（1）了解学员的初始水平。

（2）评定学员的认知度。

（3）促使学员意识到自己能力上的欠缺之处（即从象限1进步到象限2）。

（4）提高学员的技能水平（即从象限2进步到象限3）。

（5）确定使学员继续进步到象限4（即具备了能力而自己并未察觉）所必须付出的成本和所能得到的收益。

6.请注意：对许多项目或大部分人而言，第三象限可能是最理想的发展进程。

分享

1.学员是否意识到对自己所具备的技能的认知度和掌握该技能一样重要？为什么？

2.我们可以运用哪些方法来提高学员对自己能力的认知？

3.如果培训师在课程中与学员共同分享这个模式，是否能帮助学员了解培训师

在这两个方面的目标?

总结

1.培训师尽量营造轻松和随意的氛围，这样更利于学员表达自我情绪和思想，以帮助学员更好地了解自我。

2.当准确判断了自己对所具备的技能的认知度后，你才知道哪些是“需要去学”的。

3.我们可以运用分析需求、表现评估等方法来提高学员对自我能力的认识。

4.培训师可从技能和意识两方面提高学员的水平。

附件

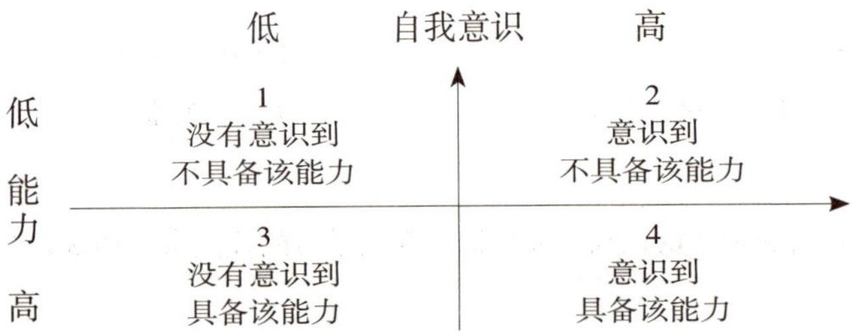

图10-18　意识和能力之间的关系图

学习模式

形式：集体参与　　时间：15~30分钟

道具：学习风格量表　　场地：教室

目的

指出人们的学习方法是多样的、相互作用的。

程序

1.向每位学员分发学习风格量表。

2.请学员根据自己学习的实际情况对量表的四种类型进行评分。

四种类型是：具体实践型、仔细观察型、抽象理论型、积极实验型。

3.收集学员所填的量表，会发现每位学员的突出类型都是不同的。

4.培训师解释每种学习类型有不同的接受知识的习惯。

5.告诉学员在这次学习过程中会运用不同的方法，使有不同学习习惯的学员都能更好地获得新知。

分享

1.在4种学习类型中，哪些类型是你的强项，哪些类型是你的弱项?

2.你的学习类型将如何影响你的学习效果？

3.在这次学习过程中，培训师该如何帮助你达到更好的学习效果？

总结

1.找到正确的学习类型会取得更好的学习效果。

2.培训师应掌握多种培训技巧。

3.本节课可以采用的方法有：使用图示、角色扮演、游戏，等等。

附件

你通常是如何学习新知的？

下面有4种不同的学习方法，请按你的实际情况对以下4种学习方法一一打分（从1~10，1表示非常不同意，10表示非常同意）。

（1）具体实践型（在真实环境下亲身经历）。

（2）仔细观察型（观察他人相关的经历，随后再对此仔细琢磨）。

（3）抽象理论型（综合看似无关的多种因素，建立一个概念，发展成理论模式）。

（4）积极实验型（通过实验方式）。

数字游戏

形式：集体学员	时间：15分钟
道具：如图10-19所示的图片，打印成分发材料，每人8份	场地：教室

目的

鼓励学员发现（或回顾）成人学习的原理。

程序

1.将图片分发给各学员，每位学员8份。

2.请学员将图片正面朝下放在桌上，不要看上面的数字。

3.告诉学员这是一个非常简单的“手眼合作”练习，关键是看大家在规定时间内的速度如何。

4.接下来请学员将纸翻过来，并说：“现在的任务是请大家用一支笔，将数字按顺序连接起来，从1到2，到3，到4……直到我说‘停’，大家就一起停下来。好，开始！”

5.给学员60秒的时间，然后叫停，接着说：“好，请大家将连接到的最后一个数字（最大的一个数）圈出来，并写在纸的右上方。”

图10-19　数字游戏图

6.重复这个程序6次或7次，每次都给学员60秒的时间。

7.要求学员将几张纸按先后顺序在左下角标上数字（从1~6或1~7）。

分享

1.坦率地说，在进行这个练习时，你感觉如何？

2.老话说“刀越磨越快”。如果老话说得对，那么我们的每次练习都应该较上一次有所进步，但事实是否如此呢？如果不是，为什么？

总结

1.学员在做这个游戏时会感到紧张、迷惑、烦躁等。

2.事实上我们在做这个练习时，并没有一次比一次快。我们根本无法因为做过，就记住下一个数字在哪儿，因为数字是杂乱无章的。成人在学习时缺乏系统性，常常会有类似这种重复而无用的劳动出现。

3.正确的学习和工作方法能取得事半功倍的效果。

学习曲线

形式：8人一组	时间：15~20分钟
道具：学习曲线表（表10-5）	场地：空地

目的

划分学习水准并说明“学习停滞期”是常见的。

程序

1.这个游戏应与“数字游戏”（参见上文）一起使用。

2.当学员完成7次数字游戏之后，请他们将自己的成绩按先后顺序标在学习曲线图上，并将各点连成一线。

3.可向学员展示几个典型的学习曲线例子，有明显的上升区、下降区和学习停滞区。

分享

1.是否每个人每次都能维持上升趋势？

2.我们常常会经历一个短暂或不明显的下降区以及学习停滞区，这是由什么引起的？

3.如果学员出现上述的学习停滞区，作为培训师应当如何理解这种情况？应该采取怎样的措施？

总结

1.我们每个人在学习过程中，都会遇到起伏的情况。

2.遇到这种情况时，作为培训师应当分析原因所在，确定解决方案以帮学员进步。

附件

表10–5　学习曲线表

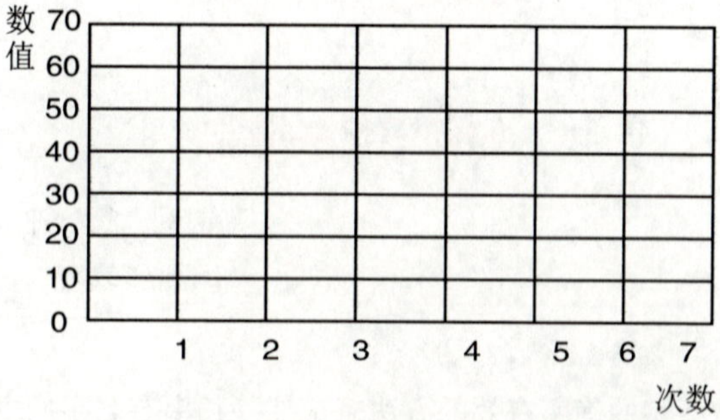

大脑的记忆力

形式：集体学员　　　　时间：5分钟

道具：无　　　　场地：不限

目的

生动讲解大脑的快速记忆能力，演示说明我们曾学习过的东西的记忆几乎可以立即被唤醒。

程序

1.人类的大脑由上亿的细胞构成，像一台计算机一样储存着所有我们曾经历过的和学习过的东西，只是人们很少会点击正确的按钮来迅速回忆起多年前的经历。

2.培训师在介绍并充实这一部分内容后，告诉学员你即将要向大家演示如何回想起过去曾提及的事物。

3.让学员休息片刻。

4.休息后询问学员：“谁能告诉我你们一年级班主任的名字？”以往这一练习的实践说明至少3/4的学员会记得。

5.另一个方法是问学员他们小时候邻居家小伙伴的名字。

分享

1.你最近一次想起你小学一年级班主任老师是什么时候？为什么这个名字能这么快速地跃入脑海？

2.为什么有些事可以在脑海中长久停留，而大多数的事情却被迅速忘记了？

3.为求更持久地记住一些知识或想法，我们可以怎么做？

总结

1.问题1可能的回答是：这位老师很特别，这是大脑的自然现象。

2.问题2可能的回答是：我们有意识地或无意识地录入或删除各种事物。

3.问题3可能的回答是：我们可以通过重复、经常回想，与其他事物相联系的方法来加强记忆。

如何记忆关键字

形式：个人完成　　时间：15分钟

道具：无　　场地：教室

目的

提供一种已被证实的确实有效的方法来记住一长串有名字的事物。

程序

我们通过关联法来学习，认识大多数事物。这项练习会提供一个简单快速记忆10个关键字的方法。为简便起见，我们用教室作为联系物。

1.先给教室的每堵墙和每个角落指定一个数字，如图10–20所示（地板是9，天花板是10）。

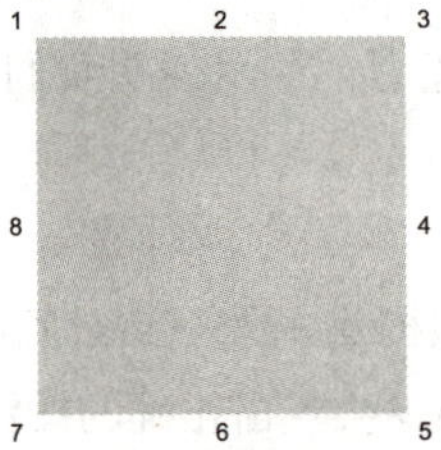

图10–20　数字图

2.培训师和学员一起一遍遍地复习这些数字的指向。如“这堵墙是几？”直到学员准确记住10个数字的指向。

3.我们给每个数字确定一个具体的事物，如表10–6所示。

表10–6　数字对应事物表

1	（角落）	洗衣机	6	（墙）	青蛙
2	（墙）	炸弹	7	（角落）	小汽车
3	（角落）	公司职员	8	（墙）	运货车
4	（墙）	药	9	（地板）	头发
5	（角落）	钱	10	（天花板）	瓦片

4.为了快速有效地记住每个指定的具体事物，我们必须赋予每一个事物一个不寻常的，甚至是过分夸张的视觉效果。

比如：

（1）“1”是一台很大的足足有10米高的洗衣机。它正在洗衣服，弄得到处是水。而你必须去想象这个情景，就像亲眼目睹一样。

（2）“2”呢？假想一堵墙坍塌下来，因为有一枚炸弹炸了。

（3）“3”呢？看，一个2米高的公司职员戴着一顶可笑的白帽子，从那个角落朝我们笔直地走过来。

……

就这样，赋予每个数字和事物以视觉效果。

5.当学员通过这个方法有效记住10个相互之间毫无关联的事物后，培训师告诉学员：“把10个关键字的记忆方法收入你的记忆库中。”下次当你要回想起那10个关键字时，就想想你在这个房间每堵墙，每个角落，天花板和地板上所看到的那些搞笑的夸张景象。记住，你所设想的东西越夸张，你以后越能轻易地回想起来。

分享

1.给你印象最深的数字是几？为什么？

2.给你印象最深的日子是哪天？为什么？

3.事物的关联性有助于加强记忆，你能举出例子吗？

总结

1.这是个行之有效的增强记忆力的方法，学会在工作和生活中灵活运用，你会体会到这是十分有效的。

2.正确的记忆方法有助于学习和工作。

自我SWOT分析

形式：先以个人形式完成，而后进入5人小组讨论　　时间：10分钟

道具：SWOT分析表（如表10-7所示）　　场地：教室

目的

1.增强对自我的认识，了解自己的差距。

2.找出指导自我学习的最佳方法。

程序

1.培训师给每位学员发一张SWOT分析表。

2.让学员把自己的优势、劣势、威胁及机遇填在表中。

3.让学员进入小组，与小组的其他成员分享。

表10–7　自我SWOT分析表

Stengths（优势） 1. 2. 3. 4. 5.	Weaknesses（劣势） 1. 2. 3. 4. 5.
Opportunities（机会） 1. 2. 3. 4. 5.	Threats（威胁） 1. 2. 3. 4. 5.

分享

1.当你为自己做了SWOT分析之后，是否对自己的认识更加深刻了？

2.小组的其他成员分享完毕之后，你学到些什么？

总结

1.毫无疑问，通过自我SWOT分析使你对自己有了更准确和深刻的了解。

2.在与其他组员分享的时候，注意倾听其他组员所说的话，优势互补，也便于更好地融入团队。

学习障碍

形式：集体参与　　时间：10分钟

道具：白板　　场地：教室

目的

说明以往人们所学到的知识、技巧及态度会对人们学习新知识的能力、欲望及接受度产生很大的阻碍。在这一活动中，培训师要讲解一些“暂时忘却”的技巧及过程。

程序

培训师给每位学员发“新旧学习方法操作表”，如表10–8所示。

1.给学员5分钟的时间让其了解旧方法与新方法之间的联系。

2.让学员都站起来，培训师说出旧方法，但学员必须按新方法做出动作。

3.把全班同学分为两排，并且面对面地站立，其中一排做动作，对面一排来记录他们动作的准确度。

表10–8　新旧学习方法操作表

旧方法	新方法
拍上	拍右
拍下	拍后
拍左	拍下
拍右	拍前
拍前	拍上
拍后	拍左

分享

1.这种做法难不难？你是怎样做到的？

2.你是怎样“暂时忘却”旧的方法而进入新的方法中去的？

3.在这个游戏中，你的体会是什么？

总结

1.这种做法说难也不难，关键在于找出新旧方法之间的联系。

2.在做的过程中，你要想方设法摆脱旧的方法对自己的约束。

不考试的测试

形式：集体参与　　时间：10分钟

道具：白板　　场地：教室

目的

让学员参与课程总结，加深学习的印象。

程序

1.在整个培训课程结束前30分钟，发给学员们一张白纸。

2.让他们用5分钟的时间写出在这次培训中，印象最深刻的内容。该内容至少应该有5~6点。

3.分成小组进行分享，并且用头脑风暴列出记住这些学习要点的方法。

4.挑选两三个组进行汇报。

分享

1.汇总后的意见与一个人总结出的意见有何不同？哪个较好？

2.怎样才能加深理解和记忆？

总结

1.最后讨论出来的内容比个人的总结要精辟和详尽，说明学习过程中与他人交流沟通，会促进对所学内容的理解和记忆。

2.善于总结，善于分析，才能更好地学习知识。

对掌推

形式：2人一组	时间：5分钟
道具：无	场地：教室

目的

1.让学员参与课程总结，加深学习的印象。

2.运用一种对抗的局面来说明在管理或沟通中如何化解冲突。

3.活跃现场气氛。

程序

这项活动比较适合下课之前做。

1.将学员分成两人一组，让他们面对面站着，举起双手，把手掌与搭档的手掌对在一起。

2.当你喊“开始”后，他们必须用力推搭档的双手。不断地为他们加油：“使劲儿！”“只有几秒钟了！”。

3.两个人都尽可能用力推向对方。

4.暗中告诉其中一个人突然把手收回。

5.进行角色互换。最后，感谢每一个人，请他们回到座位上去（他们会给你一个疑惑的眼神或微笑，你只对他们笑笑就可以了）。

分享

1.当你用力推你的伙伴的手的时候，为了保持平衡，你的伙伴需要做什么？

2.如果你用更大的力气，你的伙伴有什么反应？

3.当其中一个人突然收回手的时候，另一个人的反应是怎样的？

4.同样，当别人与你的意见不一致的时候，你会怎么想？

5.当对方没有反抗而你仍然施压力的时候，你有什么感觉？

6.制造压力有时会起到相反的作用，你认同吗？

总结

1.在沟通中发生的争论性论述就如同冷、热水一样，越冷越会让人变得强硬起来，使人更加坚持他们的看法。而采用一些迂回曲折的方式提问会使你的对手保持冷静和温和，最终会更乐于听取并考虑你的想法。

2.此游戏用委婉的方式说明了沟通的软效应作用。

错位的点

形式：个人完成　　　　时间：10分钟

道具：白板直尺、纸、笔、三角形图　　　　场地：教室

目的

学习如何通过排除不相关的事物而只着眼于相关的依据来评判事物或人物的方法。

程序

1.将图10-21所示的图发给学员或用投影仪展示给全体学员看。请大家判断一下这个点的位置是：

（1）更靠近三角形的顶部；

（2）更靠近三角形的底部；

（3）在三角形底部和顶部的中间。（正确答案）

2.其他可选的操作方法：

（1）给学员一张纸，上面已绘有一个空白的三角形。

（2）请大家在三角形的顶部和底部的正中间画一个点。

（3）然后展示事先准备好的正确答案。

（4）请大家用直尺来验证一下自己的答案是否正确。

分享

1.为什么有些人所画的点会错位？

2.为什么有些人画对了？

3.这个游戏是否说明了在现实生活中我们所设想的往往也会有所偏差？

4.我们如何才能防止这种情况的发生？

总结

1.有些人画错的原因是受到了三角形两条斜边的影响，那些不看斜边而只看底部和顶部的人就会画对。

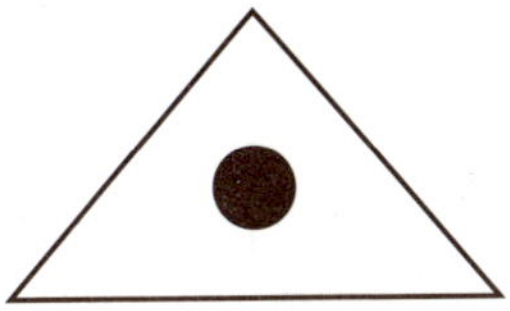

图10-21　三角形图

2.在现实生活中，我们的设想往往也有所偏差。

3.为了防止这种情况的发生，我们应该学会排除干扰，化繁为简，以做出正确的选择。

境由心造

形式：5~10人一组　　时间：15分钟

道具：纸条、笔　　场地：教室

目的

让学员明白境由心造的道理，在工作中保持一份平和的心态。

程序

1.分给学员们每人一张纸条，让他们写上自己今天不开心的事。

2.培训师将小纸条收上来，抽出其中几张，大声地念出来。这些不开心的事或许是以下几种：

（1）上司总是指手画脚。

（2）今天真倒霉，儿子不肯起床，迟到了还被经理批评，一肚子委屈，真想哭。

（3）不该我负的责任偏偏算到了我的头上，烦死了。

分享

1.为什么我们常常会认为自己是全世界最倒霉的一个，并且因为这样那样的小事，而搞得自己很不开心？

2.我们怎样才能克服这种不良的情绪，更好地投入到工作当中去呢？

总结

1.我们常常会羡慕别人，却并不了解每个人都或多或少地经历过一些不开心的事。境由心造，我们会获得怎样的感受取决于我们以怎样的心态对待事物。

2.保持良好的心境是我们学习和工作成功的关键。

联想记忆

形式：集体参与　　时间：3~10分钟

道具：无　　场地：不限

目的

帮助与会人员记住彼此的姓名。

程序

1.请与会人员向大家做自我介绍。要求他们站起来说出自己的姓名，并把姓名与野餐（或其他活动）用的东西联系起来。例如：

（1）“我叫梅兰，我要带一张桌子。”

（2）“我叫丹尼，我要开一辆面包车。”

（3）“我叫小雷，我要带面包。”

（4）“我叫翁奇，我要带盐。”

2.请每位与会人员选择一个能帮助别人记住他自己特点的方式，也可以用押尾韵的方式说出来。如：“我是快乐的叶乐。”

分享

怎样运用联想的原理来帮助与会人员学习并记住本次课程中重要的专业知识？

总结

1.讲一些旧概念，让学员用这些来联系新概念，或者推动与会人员自己建立起与新概念相联系的方法，可以加快和加固对新概念的理解和记忆。

2.找到适合自己的学习方法，这样无论是工作还是学习都会轻松起来。

除旧布新

形式：个人完成　　时间：5~10分钟

道具：复印材料或者幻灯片（见附件），上面写明旧的及新的方向　　场地：不限

目的

1.让与会人员明白以前学到的知识、技巧和态度对于他们接受新知识的能力与意愿会有强烈的而且经常是负面的影响。

2.帮助学生顺利做到“无知”。

程序

1.把材料发给与会人员，或用幻灯片给他们展示你希望他们学习的新方向。

2.给他们3分钟时间去理解并记忆“旧”方向与“新”方向之间的联系。

3.一切就绪后，请他们把材料放在一旁，面对教室前方站立。

4.按照“上、下、左、右、前、后”的顺序依次给他们下10个“旧”方向的指令，请他们在3秒内说出新方向并做出相应的动作。

5.请他们就自己完成的准确程度计分。

分享

你怎样做才能帮助与会人员摆脱以往知识的负面影响，从而为更好地学习新知识做好准备？

总结

1.如果你想更好地迷惑他们，就让他们面对面站成两排。

2.彻底忘掉“旧”的方向，并把新方向当做普遍存在的真理去实践，你就能尽量减少“旧”方向的影响和制约。

3.事过境迁，时过境迁，在恰当的时候开始重新认识人和物。

附件

学习的新方向

旧方向	新方向
上	右
下	后
左	下
右	前
前	上
后	左

按字母顺序复习

形式：个体参与　　时间：5分钟

道具：每人发一份试题（表10-9）　　场地：不限

目的

鼓励与会人员开动脑筋，发挥集体记忆的优势，同时也复习所学过的一系列有用的知识。

程序

1.在课程开始前，把“按字母顺序复习”的试题发给每个人，告诉他们必须在这个字母后面填写至少一项以这个字母开头的重要规则、概念或结论。

2.要求与会人员在听课时把要点根据开头字母分类记录下来，这将有助于与会人员在听课时注意寻找至少26个要点。

分享

1.在完成整份试卷时你遇到了哪些困难？

2.有多少人因为能够迅速找到26个或更多的要点而感到意外？

3.分组答题是不是更有助于回忆要点？这是否说明，与会人员在课程结束后继续保持联系还是很有益处的？

总结

1.不必对拼写要求太严，允许使用缩写等。

2.在总结本课所学的内容时，可以依次提问以各字母开头的要点。与会人员在听到他们为各个字母找到的要点竟会如此之多时，通常会大吃一惊。

附件

表10-9　字母表

按字母顺序复习	
A	B
C	D
E	F
G	H
I	J
K	L
M	N
O	P
Q	R
S	T
U	V
W	X
Y	Z

快速复习

形式：个人完成　　时间：5分钟

道具：无　　场地：不限

目的

通过复习及时检查与会人员对知识的掌握程度。

程序

1.在全天或更长的培训课程中，可以利用这一饶有趣味的方法来检验与会人员的学习效果。

2.在第一次课间休息前，向与会人员说明他们已学习了许多知识点。

3.为了检查他们对学过知识的掌握程度，你要求他们做一个快速复习。

4.允许他们休息一下，在喝点水之前，你想听他们说出他们学过的10个知识点。

5.请他们用最快的速度回答，每听到一个就说一句："谢谢，这是一个。"直到他们说出10个知识点为止。

6.从上午的课程结束后到吃午餐之前，重复这一练习，总结自课间休息后到现在讲过的内容。

7.请与会人员说出学到的至少7个知识点。

8.在下午课间休息前和最后结束课程时重复这一练习。

分享

1.有多少人会因为大家说出的知识点的数目而感到惊奇？

2.学习其他人认为是要点的东西有什么重要性？

3.你想到的知识点与其他人想到的知识点有什么不同？

总结

1.培训师每次都可以任意决定要求与会人员回答的所学知识点的数目。

2.除了对自己总结出来的知识点记忆深刻外，还加深了对自己印象不深的内容的记忆。

要点复习法

形式：集体参与　　时间：3分钟

道具：卡片和答题纸若干　　场地：不限

目的

鼓励与会人员开动脑筋，发挥集体记忆的优势，同时也重温所学过的一系列有用的知识。

程序

1.课程开始前发给每人足够的卡片，请与会人员在听课过程中把他们认为的内容要点简明扼要地记下来，每张卡片记一个要点。

2.在课程结束时把卡片收上来，答应在72小时之内把统计结果寄给大家。

3.按照出现次数多少的次序把“十大要点”打印出来，寄给与会人员。这是巩固重要知识点的好办法——通过与会人员的眼神就可以看出来。

分享

1.你想出了多少要点？

2.你想出的要点中有多少人选了十大要点？

3.分组讨论是不是更有成效？表现在哪些方面？通过倾听别人的观点，你获得了哪些更深入的看法？

总结

1.可以看到自己对课程的领悟程度。

2.可以通过大家共同讨论，来判断哪些是重要的东西，从而可以知道自己去把握东西时有什么不合适的地方。

3.触类旁通，当一个企业出现危机的时候，也可通过这种方法找出问题所在。

有奖竞答

形式：5~7人为一组	时间：10分钟
道具：事先准备好的试题与奖品	场地：不限

目的

用一种竞争的气氛激发学员记住在本节课或以前的课堂上学过的知识要点。

程序

1.把学员分成两组。

2.根据学过的知识，分门别类地出两套试题。

3.请其中一组挑一个类别，问他们一道试题。如果他们答对了，加一分（或者给一张玩具钞票）；如果答案有误，另一组就获得了答题和得分的机会；如果两组均未答对此题，他们必须去查阅参考资料，找出答案。

4.将各组得分累积起来，首先达到规定分数的一组是优胜者（他们能够获得表扬或奖励）。

分享

1.你对自己的表现满意吗？

2.你所在的组胜利或失利的主要原因是什么？如何改进？

总结

这一方法主要优点是：

1.增强了学习的积极性。

2.帮助培训师了解学员对哪些知识掌握得较好，回忆哪些知识时还有困难。

3.培训师可以发现自己哪些问题讲授得好，哪些问题讲授得不好。

掌握核心内容

形式：5~7人一组	时间：10分钟
道具：两套相同的印着与课程有关术语的卡片	场地：不限

目的

1.测验一下与会人员对核心概念的掌握程度。

2.在课程结束时再次强调一下在课上讲授过的主要术语。

程序

1.选择一套与课程有关的主要术语，每张卡片上只印一个术语。

2.再复制一套这样的卡片。

3.在卡片上标一个序号，以保证卡片按次序排列。

4.把与会人员分成两队。

5.从每队中挑选一人，请他们各自拿起两套卡片中最上面的一张（这两张卡片是相同的）。

6.不能把卡片亮给他们的队友看。

7.第一队被挑出的人先开始，用词语（如押韵的单词、同义词或其他单词）提示自己的队友。

8.队友则集思广益，在较短的规定时间内猜一下这个术语，猜对了得10分。

9.如果他们猜错了，另一队挑选出来的人可以再给一个提示。

10.请自己这一队的队友根据这个提示去猜。

11.重复这一过程，直到双方共猜了10次，或者有一队猜出了答案，最终猜对的一队得分。

12.每猜一次，题目的价值就将减少一分，比如：一道题目是在第五次被猜中的，那么就只能得5分。

13.第一道题目被猜中之后，被挑出的两位选手分别拿出第二张卡片。

14.请另一队被挑出的选手先开始，给出提示，让自己的队友来猜。重复上面的过程。

15.在规定的时间内（或卡片用完后）得分较高的一队获胜，并能获得奖励。

分享

1.哪些术语最难猜？为什么？

2.现在你想弄明白哪些术语？

总结

1.本练习所需的时间可以视术语的数量、选手对术语的熟悉程度、每轮猜测的时间限制和选手提示队友的能力而定。

2.每个人对所学的东西都会有深刻的印象。

写给自己的一封信

形式：个人完成	时间：20分钟
道具：每人发一张活页样本表格、一个信封、一枚邮票	场地：不限

目的

1.在技术培训、个人发展或职业教育课程后，人们在行为上会有所改变。

2.本练习通过让学员跟自己签一份合约，为巩固这些有益变化提供一种正式的后续措施。

程序

1.在课程接近尾声时，给每位学员发一张活页表格（见附件）。

2.对学员说，在课程中已经讲授了大量内容，能否把这些知识运用到工作中去，取决于他们自己。

3.给他们足够的时间填写这份表格，再把空白信封发给他们，让他们写上自己的地址，把填好的表格放入信封中，封上口，交给你。

4.在课程结束两三周后，把信寄给与会人员。

分享

1.填写这份合约对于你和你的行为产生了什么影响?

2.有多少人认为自己能够做到自己应该做的事?

3.有什么阻碍会使你很难，甚至不可能履行你的诺言?

总结

1.必要时可以修改合约条款，使其更适合于不同的培训课程。

2.及时地提醒，让员工坚持自己的决定。

附件

收信人：____________

发信人：____________

主　题：与自己的合约

日　期：____________

在此次课程中我学到的、认识到的、听过的最重要的观念是：

____

____

____

受这些观念的影响，在此后的30天内，我决定做下列事情：

____

____

____

做这些事情，会产生下列结果：

____

____

____

第十一部分

THE ELEVENTH PART

情景游戏

生命之圈

形式：12~16人一组，全体参与　　时间：30分钟

道具：每组一个呼啦圈（每个呼啦圈有3~4种颜色更好）　　场地：室内

程序

1.每组围成一个半圆，由培训师面对伙伴手持道具，宣布："现在要进行的是一个很严肃、且每个人都会面临的生命课题——'生与死'，我现在用1代表生、2代表死。"（培训师开始示范1与2的表示方式）：

（1）培训师先将呼啦圈摆放一个位置（例如转单数圈）后，然后说明："注意看，这是1。"

（2）培训师再将呼啦圈改变摆放方式（例如转双数圈），然后说明："这是2。"

2.示范完后，培训师开始变换呼啦圈的摆放方式（刚开始2~3次依照示范的方式，然后开始改变，因为规则不在于此），然后询问伙伴"这是1还是2？"

3.当几位伙伴应答后，有伙伴答对时，培训师必须确认："对！这是1（或2）"；错误时，则告知："不对，这是1（或2）。"

4.如果学员表示知道，可请他继续参与、确认，或者举手向培训师单独确认，请学员不要直接说出答案，以尊重其他伙伴的学习权利 。

5.答案在每次培训师的提问方式：

当问句是："注意看，这是1还是2？"代表1。

当问句是："这是1还是2？"代表2。

分享

1.人们都习惯用亲眼所见来判断事情，当你所看到的规则不断被打破，你有什么感觉？是什么让你改变原有的观察模式，从而找到答案？

2.过程中，你是否较多的时间都在观看培训师每次的示范动作、其他伙伴每次的行动？问题是否因此被解决了？你觉得自己的行动力够吗？

3.当执着于动作、答案的对错时，你观察（发现）到了什么？当找到答案后，你又观察（发现）到了什么？两者有没有不同？

4.你是否注意到过程中有人质疑培训师的对错？当我们面对问题而无法解答时，你是先换个方向、反问（反求）自己，还是先质疑别人？在生活、工作中，有没有相同或类似的情形？

5.团体中可能有某些人不气馁、不断提供答案（意见），这对你会不会造成影响？是什么？或者当团体越来越沉默，会不会让你更不敢开口表达？在你的生活

中，是否有类似的例子？

6.面对生死的议题，你是否可以豁达地看待上述这些问题？同样的，在你的生命中，有哪些问题是你可以从容面对的？哪些是你不愿碰触的？（如果愿意，事后可以找一位你愿意与他分享的人，彼此讨论这个话题。）

记忆力测试

形式：全体参与	时间：15分钟
道具：规格为4×4的方格纸	场地：不限

目的

训练学员的记忆力。

程序

1.请学员从身上随机拿出16样物品。

2.将16个物品放在一个4×4的方格中，给大家一分钟的时间记住物品摆放的位置。

3.将这16个物品拿走，然后请一个同学上来，用最短的时间恢复物品摆放的次序。

4.重复几次，变化摆放的次序，看谁的正确率最高。

分享

1.学员记住这些物品摆放的位置使用了哪些技巧？

2.重复进行训练，正确率提高了吗？

连点游戏

形式：全体参与	时间：5~10分钟
道具：每个小组一幅图和一支笔	场地：室内

目的

1.说明大多数人是具有竞争性的。

2.训练团队协作。

3.寻求问题的解决方式。

程序

告知所有学员他们要做的是个小游戏，让每人选择一位同伴组成小组，分发给每个小组一张带有许多黑点的图片（如图11-1所示）和笔。

图11-1　连点图

讲述任务：每组中第一位组员首先将两个横向或纵向的黑点相连，小组中第二位成员依样连点，但必须接着前一位所连线的任一段。然后再由第三位组员继续完成相同的动作。在游戏过程中，整个线条的首尾不能相连。

游戏时间限定在2分钟左右。当所有人完成游戏后，检查他们的成果，看看哪个小组中的哪位成员连的点最多。一些人在描述中会提到诸如输、赢这类的问题，而这些在游戏开始时并没有提及。

然后讨论，为什么他们会将一个简单的游戏看作一场竞赛，还可以进一步探讨如团队合作等问题。

分享

1.为什么人们会假设这是一个竞赛？

2.我们能否得到双赢的结果？

3.在工作中有类似情况吗？

变化

可以将所有人分成两个小组，在一块写字板上进行连点游戏。

4种类型性格测试

形式：全体参与	时间：20分钟
道具：问卷	场地：室内

目的

了解自己的性格特点。

程序

1.以下一共有18组问卷，每组问卷的分数为3分，请你将1~3分按照你的判断分别填在后面的括号里（1代表不符合，2代表适中，3代表符合）。

1A　我通常都是豁达爽快，主动了解别人并与他们建立关系。（　）

1B　我通常都不是豁达爽快，也不主动了解别人并与他们建立关系。（　）

2A　我通常反应慢而审慎。（　）

2B　我通常反应快而草率。（　）

3A　我通常对别人占用我的时间心存芥蒂。（　）

3B　我通常对别人占用我的时间表示宽容。（　）

4A　我通常在社交聚会上自我介绍。（　）

4B　我通常在社交聚会上等别人向我介绍他们自己。（　）

5A　我总是爱谈人们感兴趣的事，即使这意味着游离了生意的话题。（　）

5B　我总是爱谈与工作项目、事务、生意或手头的话题有关的事。（　）

6A　我通常说话不武断，并且对慢节奏我会很有耐心。（　）

6B　我通常说话武断，并且对慢节奏我会没有耐心。（　）

7A　我总是在了解了事实或根据的前提下才做决断。（　）

7B　我总是凭感情、经验或人际关系做决断。（　）

8A　我总是经常参与大家的谈话。（　）

8B　我总是很少参与大家的谈话。（　）

9A　我通常更愿意与别人一起共事或通过他们办事，只要可能就向他们提供支持。（　）

9B　我通常更愿意做事独来独往或不管事情涉及别人的程度有多大，自己总是处于主导地位。（　）

10A　我提问题或说话总是吞吞吐吐，很少直截了当。（　）

10B　我说起话来总是快人快语或直截了当地表达自己的观点。（　）

11A　我总是看重思想、观念或成效。（　）

11B　我总是看重人、人际关系和感情。（　）

12A　我总是爱用手势、面部表情和抬高声调来强调我要阐述的观点。（　）

12B　我通常不用手势、面部表情和抬高声调来强调我要阐述的观点。（　）

13A　我通常会接受别人的观点（想法、感情和诸如此类的事）。（　）

13B　我通常不接受别人的观点（想法、感情和诸如此类的事）。（　）

14A　我通常对冒险和变革总是抱小心谨慎的态度。（　）

14B　我通常对冒险和变革总是抱积极的态度。（　）

15A　我总是喜欢把个人的感情和想法闷在肚子里，只有我愿意时才讲给别人

听。（　　）

15B　我总是觉得向别人袒露我的感情是件自然和轻松的事。（　　）

16A　我总是去追寻新的或不同的人生经历，去适应不同的环境。（　　）

16B　我通常只能适应我熟悉的或有着类似的环境和人际关系的氛围。（　　）

17A　我通常对别人的大小事情、兴趣所在和牵挂的事情很敏感。（　　）

17B　我通常只关心我自己的日程表、兴趣所在和自己牵挂的事。（　　）

18A　我通常对纠纷反应迟钝。（　　）

18B　我通常对纠纷反应敏捷。（　　）

2.请你把刚才填完的数值按照对应关系填到下列表格当中。

3.将纵列的数值加起来。

4.对照图表（图11-2、表11-1）即可推出你是哪种性格类型。

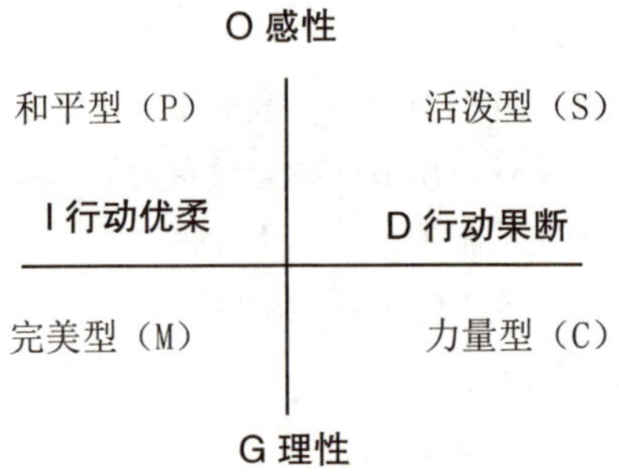

图11-2　性格对照图

表11-1　性格对照表

O	G	D	I
1A	1B	2B	2A
3B	3A	4A	B
5A	5B	6B	6A
7B	7A	8A	8B
9A	9B	10B	10A
11B	11A	12A	12B
13A	13B	14B	14A
15V	15A	16A	16B
17A	17B	18B	18A

了解自己的职业技能

形式：全体参与　　时间：60分钟

道具：白纸、笔　　场地：培训室

目的

协助学员了解自己的潜能。

程序

1.培训师开场白：

“你能做什么？你的能力在哪里？事实上每个人所具备的能力可能有上百种之多，所以认真地探索你的技能，你会惊讶自己竟然如此多才多艺。”

2.就下列题目，请学生在白纸上填写：

（1）列下你曾经成功完成的工作（如：办一项社团活动、微积分考90分以上、打球成绩破纪录），并于其后想想完成这项工作需要有哪些技能，并将其列下。

（2）回顾你所曾受过的教育、所修的课程，在这些过程中，你学会了哪些技能，将它们列下来。

（3）再想想你常常从事的活动，列下这些活动需要的技能，继续扩充你的技能表。

（4）请回想一次你在工作（不是单指职业，指你曾做过的事）上曾经历的一次高峰经验（意指很快乐、很感动的一刻），与你旁边的同学分享这次经验，并分析在这些经验中显现出你的哪些能力，并把它列下来。

3.4人一组分享自己所列的能力表，同时讨论与这些能力有关的职业有哪些。

4.培训师结语：勿妄自菲薄，轻视自己的能力。

我喜欢和你……

形式：全体参与　　时间：20分钟

道具：问卷　　场地：室内外均可

目的

协助学员觉察自己喜欢的人际特质，了解他人欣赏的人际特质，进而反省自己与人互动的人际形态。

程序

1.活动前，培训师先请学员将桌椅挪至两旁，将教室中间空出来。本活动亦适合于户外举行。

2.培训师发给每位学员“人际特质问卷”（见附件），并请其回答问题。

3.请学员起立至没有阻碍的空间进行“搭肩活动”。

（1）培训师宣读第一个题目，学员则走到符合答案特质的学员的身旁，将手搭在他的肩上。

（2）待所有学员都站定后，培训师再宣读下一个题目。

（3）当所有题目皆进行过后，学员可分组分享其在此活动中的感受及领悟。

4.全班学员回到原来的位子。

（1）培训师公布学员所填写的理由。

（2）培训师指导学员依网格线将“人际特质问卷”切割成12份，送给符合答案特质的学员。

分享

1.当你填写问卷时：

（1）有无任何困难？如果有，原因在哪里？

（2）你有没有想过将你自己填在答案栏上？如果有，你有没有这样做？

2.当你把手搭在别人肩上时，或被别人搭肩时，是什么感觉？当时你想到什么？

3.对你而言，你较易与有哪种特质的人相处？

（1）他身上的特质与你自己的特质相似还是互补？

（2）对这些特质而言，你的看法和其他人一样吗？哪些是不一样的？

附件

1.如果你突然急需一笔钱，但你正好没钱，你会向班上哪位学员借？为什么？

2.如果你的男（女）朋友来找你，你不想见他（她），你会请班上哪位学员帮你去打发他（她）？为什么？

3.如果你想聊天，你会去找班上哪位学员？为什么？

4.如果你心情不好，想找人谈谈，你会去找班上哪位学员？为什么？

5.如果你想讨论学业上的问题，你会去找班上哪位学员？为什么？

6.如果你想谈些有专业性或严肃一点的话题，你会去找班上哪位学员？为什么？

7.如果你必须出席一个正式的场合，但你没有正式的服装，你会向班上哪位学员借？为什么？

8.如果你在生活上遇到一个大麻烦，需要人帮忙，你第一个想到的是哪位学员？为什么？

9.你觉得班上人缘最好的人是谁？为什么？

10.你觉得班上最神秘的人是谁？为什么？

11.平心而论，你觉得班上最有魅力的人是谁？为什么？

12.你觉得班上的“好好先生”是谁？为什么？

测试团队的健康度

形式：全体参与　　时间：20分钟

道具：问卷　　场地：室内

目的

测试所在团队的健康度，从而改善团队状况。

程序

人们都希望有一种办法来了解自己团队的现状，特别是想知道通常我们可以从哪些方面去评价一个团队，以及自己团队在这些方面的具体表现如何。一般来说，我们可以从以下5个方面来评价团队的健康度：

（1）成员共同领导的程度。这是指一个团队的每一个成员都可以并有义务分享一份领导责任，因为一个团队是大家共同来领导的。如果一个团队是独裁专制的，那它的健康水平就会很低。

（2）团队工作技能。这是指成员在一起工作相处的技巧。

（3）团队氛围。这是指团队成员共处的情绪和谐度和信任感。

（4）凝聚力。这是团体成员对目标的一致性。

（5）团队成员的贡献水平。这是指团队成员为实践自己的责任所付出的努力和成就程度。

管理者在建设团队方面，应当考虑从以上这五个方面入手。如果一个团队在这几个方面都很出色，那它也就会是一个优秀的团队，也必定会是一个高绩效的团队。

请用1~4分评定下列各种陈述是否符合你所在的团队。

1.不适合

2.偶尔适合

3.基本适合

4.完全适合

以下为25个问题，请按上述标准填写。

（1）每个人有同等发言权并得到同等重视。

（2）把团队会议看作头等大事。

（3）大家都知道可以互相依靠。

（4）我们的目标、要求明确并达成一致。

（5）团队成员实践他们的承诺。

（6）大家把参与看作自己的责任。

（7）我们的会议成熟、卓有成效。

（8）大家在团队内体验到透明和信任感。

（9）对于实现目标，大家有强烈一致的信念。
（10）每个人都表现出愿为团队的成功分担责任。
（11）每个人的意见总能被充分利用。
（12）大家都完全参与到团队会议中去。
（13）团队成员不允许个人事务妨碍团队的绩效。
（14）我们每一个人的角色十分明确，并为所有的成员所接受。
（15）每个人都让大家充分了解自己。
（16）在做决策时，我们总是请适当的人参与。
（17）在开团队会议时，大家专注于主题并遵守时间。
（18）大家感到能自由地表达自己真实的看法。
（19）如果让大家分别列出团队的重要事宜，每个人的看法会十分相似。
（20）大家都能主动而有创造性地提出自己的想法。
（21）所有的人都能了解充分的信息。
（22）大家都很擅长达成一致意见。
（23）大家相互尊敬。
（24）在做决策时，大家能顾全大局，分清主次。
（25）每个人都努力完成自己的任务。

这25个问题共分为5项内容，表11-2分列为A、B、C、D、E共5栏。把各栏中所标题目的相应评分累加起来，就得到各栏的分数，它们的含义是：

A.共同领导

B.团队工作技能

C.团队氛围

D.团队凝聚力

E.成员贡献水平

如表11-2所示，每一项满分为20分，每项的得分越高越好。

表11-2　测试表

A	B	C	D	E
共同领导	团队工作技能	团队氛围	团队凝聚力	成员贡献水平
1________	2________	3________	4________	5________
6________	7________	8________	9________	10________
11________	12________	13________	14________	15________
16________	17________	18________	19________	20________
21________	22________	23________	24________	25________

比较所在团队不同方面的得分，就可以粗略地了解到自己所在团队的长短处。如果让所在团队的每一个成员都做这样的评定，就可以得到两种结果：

其一，得到团队成员对团队的总体（平均化）评价。

其二，可以比较总体评价和每一个团队成员的评价，了解每一个人与其他人看法的差距。这些结果都可以应用于团队建设的具体设计中。

性格类型测试

形式：全体参与　　时间：5分钟

道具：文字资料、投影片、图片　　场地：室内

目的

鼓励参加者放松，介绍人们在性格方面是有差异的。

程序

1.分发一份画有4种几何图形的复印件（如图11-3所示），指导每一个参加者选择一项最能代表其个性的图形。

通过举手表决来分别统计4个选项的总数。接下来，培训师将进一步建议每个参加者认真选择与各种类型相关的细节特征。

A.这种类型的人是有智慧的，目标明确，理性，并且是一个优秀的决策者。

B.这种类型的人是坚定的、可信赖的、保守的，并且意志坚定。

C.这种类型的人总是不满于现状，相信直觉，有冒险精神。

D.这种类型的人有强烈的关注性。

2.观察以上几个几何图形，请选择一个最能代表你的个性的，并在下面打“叉号”。

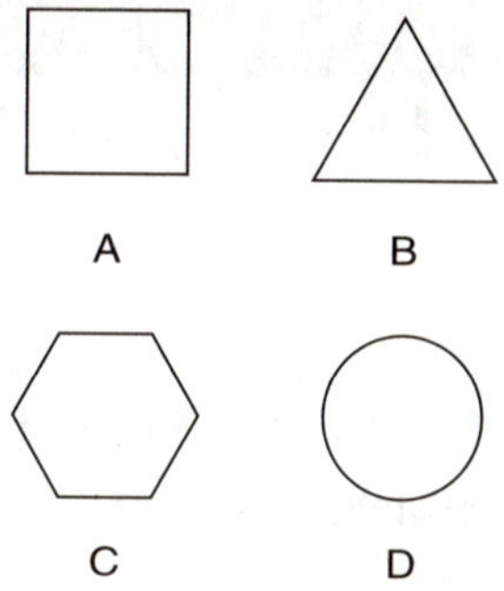

图11-3　几何图形

分享

1.在哪些方面，人们是截然不同的？

2.通过这种测试是否可以将人划分成不同类型？

3.讨论将人定型的危险性。

9种类型人格

形式：全体参与　　时间：15分钟

道具：图片　　场地：室内

目的

让学员了解自己的性格特点。

程序

在图11–4中选择一个最吸引你的图形，阅读相关的文字，即可知道你自己的性格。

以下9个图形各代表不同的性格类型：

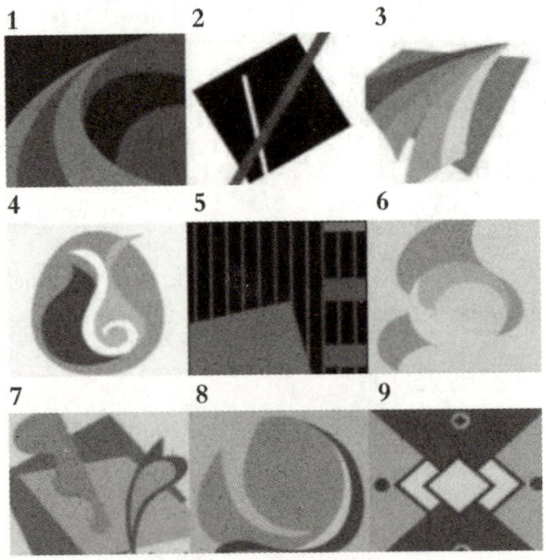

图11–4　性格类型图

答案

1.敏于思、易感型

你重视自我远超乎重视旁人。你讨厌表面的虚浮，宁愿独处也不要忍受无味的言谈。但你与朋友的关系却是密切的，他们带给你内在的平静与和谐，让你感到美好。无论如何，你不会因长期的独处而感到厌烦。

2.独立、不受局限型

你要求自由而独立的生活以便决定自己的道路。在你的工作和余暇中充满了浪漫唯美的曲折。你对自由的渴望往往使你所做的和所期待的完全相反。

你的生活形态是高度个人化的。你不盲从世俗，相反地，你有自己的生活主见，即使那意味着逆流而行。

3.活泼外向型

你勇于探险，愿意承担其间的责任，接受不同的挑战。例行公事会使你感到索然无味。你喜欢扮演积极的角色，使你的意见受到重视。

4.稳重和谐型

你钟爱自然的形态，不喜欢复杂。人们欣赏你，是因为你脚踏实地地让人足以信赖。你给接近你的人安全感和空间，你让人感到温暖和人情。你拒绝夸饰与陈腐。你怀疑时尚的古怪。对你而言，衣着重在实用与优雅。

5.专业自信型

你挑战人生，相信行动而非运气。你擅以实际而不复杂的方式解决问题。你以务实的角度看待你的日常生活而从不犹豫不决。在工作中，你被赋予高度的责任，因为人们知道你是可以被信赖的。你做事的意志力对别人展现了你的自我保证。你从不满足，直到完成你自己的理想。

6.平和谨慎型

你思虑周到。容易交到朋友，却仍然可以享受隐私和自立。你喜欢时刻逃离一切，独自思考生命的意义，并且享受自我。你需要空间，因此你会逃到一个美丽的藏身之处，但却不会因此而成为一个孤独的人。你保持自我与世界的祥和，享受生命和世界提供的一切。

7.无忧无虑、好玩型

你热爱自由和自主的生活。你期盼如“你只活一次”这句话一般地完全享受生活。你充满好奇心，而且对所有新鲜的事物开放心胸，在变化中自由生活。没有什么是可以让你感到疲倦的。你多彩多姿地体验生活而总是惊喜于万物的美好。

8.浪漫感性型

你是一个非常敏感的人。你拒绝从清醒而理性的观点看事情。你的感觉告诉你什么才是最重要的事。事实上，你也觉得在生命中有梦想才是最重要的事。你讨厌藐视浪漫而只重理性的人。你讨厌被任何事物限制了你丰富的内心变化。

9.分析、自信型

你注重生活的品质。结果是，你喜欢置身于“珠玉”当中，而它们总是被人们视为糟粕。因此，文化在你的生活中扮演了重要的角色。你以优雅而独一无二的个人方式发掘自我，悠游于时尚的奇想之中。你植根于生活的理想，乃是带着文化上的满足的。

职业观测验游戏

形式：全体参与

时间：30分钟（说明约5分钟、记入测验纸约5分钟、交谈结果约10分钟、整理结果约10分钟）

道具：测验表（见附件）　　场地：室内

目的

1.明确自己的工作目的。

2.相互了解其工作价值意义。

3.接受彼此不同的价值观。

4.重新检讨自己的职业观。

程序

1.测验说明。说明测验的目的与将要获得的效果。

举例说明如下：

“要开始进行全学员测验了。诸位对日常工作和工作目的，如何去掌握呢？这便是此次讨论的主题，而其中的一环，即是进行试验。现在请看发给各位的测验表。上面列举有10个名词，你认为这10项中，有哪几项适合你，将最贴切的3项，定为第一位、第二位、第三位（不需10项都按顺序列出）而标示出来。写完之后，便可开始互相研讨、交换意见了。”

2.结果探讨。全部记录完毕后，领导者即以一组约10人编制。让坐在附近的学员能轻松地打开话题，相互研究。同时说明为何选择第一位至第三位的理由，究竟对其持着何等价值观，但无须讨论结果，反而需辅导学员应该各有其主张。

3.整理结果。培训师可选出几名学员，依此测验方法所获得的体验，把具代表性的观点，向所有学员宣布出来。

如能这般地审视工作的意义，那么，培训师也应将自己的想法明确地呈现给大家。就以下列所列举的“对工作的目的”有何看法为例。

工作的目的是赚钱，因为有钱，生活才能过得多姿多彩。但为了维持生活所需，故而要去工作。这种公式，可称为以薪资换取金钱的职业观。进一步讲，因为缺钱，才要工作。反之，若能不劳而获，那么就不需要辛勤地工作了，所以，人是处于迫不得已的状况，才去工作的。有这种工作既是赚钱手段的观点，必然会对工作产生一种强烈意识。

另一方面，以生活职业观的立场看，其实不应只注重于劳动结果的经济价值，而是应注重工作过程（时间和场所）。即工作的目的是通过职业，而体验人际关系

（工作的过程），也可说生活职业观是通过工作享受人生，根据职业成果换取物质的基础。

附件

表11-3　职业观测试表

________	A.想在社会上有成就
________	B.享受休闲
________	C.希望经济宽裕
________	D.想试试自己的能力
________	E.想贡献社会
________	F.想对企业发展有所贡献
________	G.确立自己独立生活
________	H.希望每天悠闲度日
________	I.重视家庭生活
________	J.其他（自由记述）

V·C测验游戏

形式：7人一组，全体参与

时间：30分钟（说明约5分钟、记录约7分钟、统计约5分钟、发表约8分钟、全体检讨约5分钟）

道具：笔、V·C测验纸与统计表　　场地：不限

目的

1.为强化明确各自的价值观。

2.为明确不同价值，从而相互了解。

3.为对所有事物进行观察洞悉，从而促进交流。

你认为在表11-4所有序号后的A、B两项中，哪一项对你来说更有价值？在判断后，将有价值的选项用√记号标上（不必按顺序）。

表11-4 V·C测试表

1	A 地位 B 时间	8	A 评价 B 时间	15	A 人际关系 B 收入
2	A 收入 B 评价	9	A 地位 B 人际关系	16	A 工作 B 保障
3	A 保障 B 人际关系	10	A 保障 B 收入	17	A 地位 B 保障
4	A 工作 B 地位	11	A 时间 B 工作	18	A 时间 B 人际关系
5	A 时间 B 收入	12	A 人际关系 B 评价	19	A 收入 B 工作
6	A 评价 B 保障	13	A 收入 B 地位	20	A 评价 B 地位
7	A 人际关系 B 工作	14	A 工作 B 评价	21	A 保障 B 时间

（1）将上边测验纸上的√，写在整理表（表11-5）上。

（2）以横式计算√数，将总数写于得分栏。

（3）有两项目同得分时，以该项目的选择结果，决定顺序。

（4）按得分多的顺序进行排列。如果有三个项目同时得分，做成同样的顺序。

程序

1.游戏说明。先说明游戏的目的与作用，也要提示游戏规则。例如，下面即是解说——“现在要立刻进行V·C测验了。V（Value）代表价值，而C（Clarification）亦可当作自我反省的机会。

马上分给各位测验纸，来说明记录方法。这里列有A、B为一对。全部共有21对。每一组分为A和B两项比较，请你在认为最有价值的一项上，打上√为记号，可能会看到以往从未做过比较的组合方式。但请稍作考虑后，再打上√。各个项目都是独立存在，毫无关联性的，所以才需自己去判断。也千万别以为前面已经注明了√的记号，接着也如法炮制，一一做记号，因为这项游戏是不需作出连贯性判断的。最重要的是，各项完全是以自己的抉择而选择的。因此，必须记住一点，即每一项都需打上√，切不可因其困难，而视为禁忌。同时我会坦然地答复质疑。如果各位都没有任何的问题，游戏便开始了。

表11-5　V·C测验结果整理表

	地位	时间	收入	评价	保障	人际关系	工作	得分	顺序
地位		1A	13B	20B	17A	9A	4B		
时间	1B		5A	8B	21B	18A	11A		
收入	13A	5B		2A	10B	15B	19A		
评价	20A	8A	2B		6A	12B	16V		
保障	17B	21A	10A	6B		3A	14B		
人际关系	9B	18B	15A	12A	3B		7A		
工作	4A	11B	19B	16A	14A	7B			

2.结果统计。做完记录后，需要统计个人的选择结果。发给各位的V·C测验结果整理表，便可用于结果的整理。可依照其说明，先作选项整理。记录纸上所做的√记号，如果是1A，就在整理表1A处打上√，按着顺序一直打√至21项完成为止，而各项目的A与B是以斜线为对称轴，划分成右上方和左下方，以方便一面寻找，一面于21个项目中打上√记号。

其后，计算横式√之数，将之记入得分栏内，这和斜线无关，只以横格之总数为得分点。而在顺序栏，按得分点的多少，按照顺序记上第一位至第七位。有两个项目是同样得分时，便在成对的两项目内选择，视其选择结果，而决定顺序。同样的，若有三个项目同时得分时也以成对的两个项目的组合之选择结果而定。可是，三项都相同时，则以同顺序来写即可。

3.发表结果与讨论。这个测验是依7个项目之一对比，调查有关职业生活的价值观。工作之目的是金钱，收入满6分者可能不少。相反的，也有些人则认为，职业生活在工作上的人际关系最为重要，这就是视人际关系优先于地位的例子，而各组便可据自己判断之结果，与人快乐地进行沟通了。因为确认各自价值观的性质，原是有所差异的，而后进行彼此互为肯定之程序，这个游戏测验的特色，具有强调个人观念和结果的倾向。由于被迫做抉择，因而使其想法亦较平时更趋于极端或强烈之现象，这点也可设定为讨论话题。

4.全体整理。所谓职业生活，就是每天在工作中度日。而此游戏，就是让那些上班族，能明确究竟何谓价值，在互相认同差距下，才能加深了解的程度。把握这些流程，有关职业和工作生活，才具有整理的必要性。同时配合环境，促进检讨有关工作目的的意义。而且，通过游戏结果，获得研讨工作和休闲等问题的机会时，身为培训师，更应把握时机，拓展问题方向，让学员更乐于沟通。

5.V·C测验的应用

这种方法在共通的课题上，作为便于选择的方法，可多加以活用。就如下表以“选择结婚对象标准”的问题，甚为有趣；从其结果，不但看出代沟、性别差异，也非常适合作为年轻人谈论结果的资料。

选择结婚对象标准表（表11-6）

你认为A、B两项，哪一项更有价值？请凭自己判断，圈上（不必按顺序）。

（1）将下表所选之数，记入整理表（表11-7）。

（2）分数横式计算，把总计写在得分表中。

（3）得分多者，按顺序排列。

（4）有两项目同得分时，以该选择结果做顺序。

（5）有三项同得分时，做成同顺序。

表11-6　选择结婚对象标准表

1	A 容貌 B 人品	8	A 爱情 B 人品	15	A 健康 B 资产
2	A 资产 B 爱情	9	A 容貌 B 健康	16	A 经历 B 爱情
3	A 将来性 B 健康	10	A 将来性 B 资产	17	A 容貌 B 将来性
4	A 经历 B 容貌	11	A 人格 B 经历	18	A 人格 B 健康
5	A 人品 B 资产	12	A 健康 B 爱情	19	A 资产 B 经历
6	A 爱情 B 将来性	13	A 资产 B 容貌	20	A 爱情 B 容貌
7	A 健康 B 经历	14	A 经历 B 将来性	21	A 将来性 B 人格

表11-7　选择结婚对象整理表

	容貌	人品	资产	爱情	将来性	健康	经历	得分	顺序
容貌		1A	13B	20B	17A	9A	4B		
人品	1B		5A	8B	21B	18A	11A		
资产	13A	5B		2A	10B	15B	19A		
爱情	20A	8A	2B		6A	12B	16V		
将来性	17B	21A	10A	6B		3A	14B		
健康	9B	18B	15A	12A	3B		7A		
经历	4A	11B	19B	16A	14A	7B			

印象测验游戏

形式：5~6人一组，全体参与

时间：30~40分钟（说明约5分钟、自述约5分钟、答案约5分钟、统计约5分钟、交流约15分钟）

道具：印制完毕的测试表（表11-8）和合适的笔

场地：会场（能够使所有团体成员共聚一堂，当场编排组合，具有书写和相互交谈的条件）

目的

1.改进自我介绍的效果。

2.加深成员间相互了解。

3.缓和职场紧张气氛。

程序

介绍完毕游戏规则、分发完测验纸后，让小组成员在姓名栏里填上自己的姓名（第一轮填写的往往是小组队列的第一个人，即填A的姓名）之后，让A在5个问题的A栏里逐个填上依自己做出的选项，在本人栏里填上自己的真实喜好和情况。第二轮填写过程是对方即B填上自己的真实喜好和情况。

由于B栏的答案是真实的，故将A栏和B栏相对照，两者相一致的记录在合计栏里，相一致的项目的百分比反映了别人对自己印象正确的程度。通过这一组统计结果，小组成员可识别出自己对别人的印象和别人对自己的印象差异。

接下来，小组成员可基于印象测验的结果展开交流，充分沟通。在游戏里，小组成员不知不觉地培养出了应努力了解他人的态度，也培养出了让别人充分了解自己的态度。这种深入交谈有利于培养团队精神。

注意

印象测验所使用的问题如果能让参加成员参与设置，效果将会更好。

附件

表11–8　测试表

回答问题			1	2	3	4	5	本人
1	喜欢的季节 1.春　2.夏 3.秋　4.冬	A						
		B						
2	血型 1.A　2.B 3.AB　4.O	A						
		B						
3	喜酒种类 1.洋酒　2.白酒 3.啤酒　4.不喝	A						
		B						
4	去哪儿旅游 （自由记述）	A						
		B						
5	喜欢的颜色 （自由记述）	A						
		B						
合计		A						
		B						

授权的自我评估

形式：全体参与　　时间：30分钟

道具：自我评估题目　　场地：培训室

目的

评估每个人对授权的认识程度。

程序

评估说明：

请阅读下列每一句话，并选出你对该陈述的感受。要提醒你的是，在做自我评估时，很容易选出“应该”选的答案，但是这样做却无法对自我了解提供实质的助益。此外，并没有人会去分析你是如何作答的。因此，请试着以客观的态度，真正地审视自己。请务必每一题都作答，再计算分数。

评估题目：

1.我是想要更加授权，但我所授权的工作似乎从未依我想要的方式完成过。

□完全同意　　□有些同意　　□有些不同意　　□完全不同意

2.我感到自己没有时间好好地将任务授权给部属。

□完全同意　　□有些同意　　□有些不同意　　□完全不同意

3.我能很小心地检查部属的工作，而不让他们知道。因此，我能在任何小错误引发大问题前加以改正。

□完全同意　　□有些同意　　□有些不同意　　□完全不同意

4.我将工作全部授权下去，也就是在我完全不参与的情况下，让部属有机会去完成一项工作。然后，我会检查最后的结果。

□完全同意　　□有些同意　　□有些不同意　　□完全不同意

5.当我已经给了明确的指示，而工作却没有做对时我会生气。

□完全同意　　□有些同意　　□有些不同意　　□完全不同意

6.我觉得部属不像我那么有使命感。因此，任何工作授权出去都不像我自己做得那么好。

□完全同意　　□有些同意　　□有些不同意　　□完全不同意

7.我是想要更加授权。但我认为自己能比任何接受授权的人将一件事做得更好。

□完全同意　　□有些同意　　□有些不同意　　□完全不同意

8.我是想要更加授权，但是如果对方无法把工作做好，我将会是受到指责的人。

□完全同意　　□有些同意　　□有些不同意　　□完全不同意

9.假如我非得将某些工作授权出去的话，我自己的工作就不会那么有乐趣了。

□完全同意　　□有些同意　　□有些不同意　　□完全不同意

10.每当我授权某件工作时，我总是会发现它不符合我的标准，结果我还得自己重新做一遍。

□完全同意　　□有些同意　　□有些不同意　　□完全不同意

11.我还没有真正觉得授权可以节省时间。有时候花在授权与追踪上的时间比我自己去做还要多。

□完全同意　□有些同意　□有些不同意　□完全不同意

12.在授权时，我做得既清楚又明确。我会精确地说明要怎么去完成这件工作。

□完全同意　□有些同意　□有些不同意　□完全不同意

13.我不能完全如自己所愿去授权，因为我的部属缺乏所需的经验。

□完全同意　□有些同意　□有些不同意　□完全不同意

14.当授权时，我感到自己会失去掌控。

□完全同意　□有些同意　□有些不同意　□完全不同意

15.我想要更加授权，但我是十足的完美主义者。

□完全同意　□有些同意　□有些不同意　□完全不同意

16.我工作的时间比我的部属长，有时也比我自己希望的时间还长。

□完全同意　□有些同意　□有些不同意　□完全不同意

17.我可以将例行的工作交给部属做，但我觉得那些非例行的工作还是必须留在自己手上。

□完全同意　□有些同意　□有些不同意　□完全不同意

18.我发现我经常将工作带回家做。

□完全同意　□有些同意　□有些不同意　□完全不同意

19.有时我发现自己在做别人的工作（这些事是他们自己也能够做的）。

□完全同意　□有些同意　□有些不同意　□完全不同意

20.在休假或出差后，我的公文盒都会堆得满满的。

□完全同意　□有些同意　□有些不同意　□完全不同意

21.我常常会因为其他人来问我问题，或就一些特别项目向我提出请求，而将工作打断。

□完全同意　□有些同意　□有些不同意　□完全不同意

22.有时候我发现自己花在例行性工作上的时间，要多过用在计划与督导上。

□完全同意　□有些同意　□有些不同意　□完全不同意

23.我有插手每一件事情的倾向。

□完全同意　□有些同意　□有些不同意　□完全不同意

24.我经常赶着在限期内完成工作，而且会亲自花很多时间在重要的工作上。

□完全同意　□有些同意　□有些不同意　□完全不同意

25.我是想要多授权，但我的老板期待我对所有的细节都非常清楚。

□完全同意　□有些同意　□有些不同意　□完全不同意

计算：

现在计算你的分数。每个选项的分值从左到右分别为1分、2分、3分、4分。然后，将每列相同选项的分数相加，这便是你的总分。

如果你的总分低于35分，你不会运用部属的问题可能相当严重。

总分在35~54分之间，显示出你的授权习惯和态度可以大幅度地改善。

总分在55~74分之间，意味着你仍有一些成长的空间。

若总分在75分或以上，你应该是个有效的授权者。

注意

授权请谨记8个字："放开双手，睁开双眼"。

第十二部分

THE TWELFTH PART

角色游戏

风云雄霸

形式：全体参与　　时间：70分钟

道具：角色说明书　　场地：室内

目的

了解营销计划、区域管理、渠道设计、价格统一性的重要性。

程序

说明：

假设工资总计10000元，产品——宝塔（工艺品）；成本500元；批发价600元；售出一个代表10个；5分钟代表一个星期，共计4个星期；只能物流中心送货；到款发货；模拟公司从客户处获得订单、生产、经营。

1.介绍公司背景、客户背景、产品背景。

2.7人1组，分两组，分别属于两个公司：风云公司、雄霸公司。

3.小组计划、分工。

4.按照角色说明书（附件1）进行营销活动。

注意

设计角色说明书的过程中，一家公司设置成没有良好的营销管理，另一家公司设置成具有良好的营销管理。

附件1：角色说明书示例

浦东客户1——坐落1号台

对雄霸公司强调压价；对风云公司强调质量与服务；并以能赢利的前提卖给其他批发商。

普陀客户2——坐落2号台

对雄霸公司强调压价；对风云公司强调质量与服务；并以能赢利的前提卖给其他批发商。

杨浦客户3——坐落3号台

打听市场行情，如果发现市场有更低的进货价则直接去批发商处购买。

徐汇客户4——坐落4号台

打听市场行情，如果发现市场有更低的进货价则直接去批发商处购买。

长宁客户5——坐落5号台

开始时购买雄霸产品，如果有非雄霸销售人员来推销将选择风云公司。

黄浦客户6——坐落6号台

开始时购买雄霸产品，如果有非雄霸销售人员来推销将选择风云公司。

游戏观察人员2名

负责两家公司的运作观察，并督导他们以游戏规则运作。

风云公司

注册资本1000万元；注册地点：小会议室。

营销总监——负责营销部及销售部总体协调等。有销售区域划分，有明确的价格体系管理规划、渠道策略。有促销，580元100个以上。

营销部经理——负责产品上市策划、市场调研、企划等，主动出击获得客户信息。

销售部经理——领导销售部进行产品的推广等，590元50个以上。

高级销售人员——负责产品推广等，50个以下只能600元，严格按照价格体系执行，并在本区域销售。

物流中心——负责仓储、发货、送货、运输等，有固定的顾客档案，只要销售人员告诉产品个数与客户就立即送货。

雄霸公司

注册资本1000万元；注册地点：大会议室。

营销总监——负责营销部及销售部总体协调等。以销售量为导向、无区域管理。最低价格不低于520元，得到总监的批准就可以销售。

营销部经理——负责产品上市策划、市场调研、企划等，形同虚设。

销售部经理——领导销售部进行产品的推广等。

高级销售人员——负责产品推广等，价格好商量，只要有利润就行。

物流中心——负责仓储、发货、送货、运输等，无固定的顾客档案，每一次必须让销售人员清楚地写好客户姓名地址。

附件2：与游戏相关的总结资料

营销渠道也称之为营销通路，具体指与公司外部关联的、达到公司分销的目的的经营组织。

市场营销是指商务单位为了在目标市场中达到其市场营销目标而采取的主要原则。

营销渠道战略可以被看作营销战略中的一个特定组成部分。营销渠道战略是企业为达到其在目标市场上的分销目标而采取的主要原则。

以下六项基本分销决策是企业分销成功与否的关键：

分销应在企业的整体目标和决策中占有什么样的地位？

分销应在市场营销中起到什么作用？

企业如何设置营销渠道，以达到其分销目标？

应选择怎样的渠道成员，以达到企业的分销目标？

如何管理外部渠道相关的部门和机构，以便于持续迅速、有效地实施企业的渠道规划？

如何评估渠道成员的表现？

渠道的新变化：

体制：由金字塔式向扁平化方向转变。

运作：以总经销为中心转为终端市场建设为中心。

建设：由交易型关系向伙伴型关系转变。

中心：由大城市向地市级、县级市场下沉。

激励：由让经销商赚钱变为让经销商掌握赚钱的方法。

渠道设计的程序：

确认对渠道设计决策的需求；设立并调整分销目标；指定分销任务；设立各类可行的渠道结构；评估影响渠道结构的因素；选出最佳渠道结构；挑选渠道成员。

选择合适渠道成员的必备条件：

分销商的市场范围；分销商的产品政策；分销商的地理区位优势；分销商对于产品的认识和产品知识；预期的合作程度；分销商的财务状况及管理水平；分销商的促销政策和技术；分销商的综合服务能力。

共造新桥

形式：全体参与　　　　时间：40分钟

道具：硬纸板，每组一张，长50厘米，宽20厘米；石块，按各组所列数目；胶带一卷；剪刀一个；刀片一个；50厘米直尺一把；胶水一瓶

场地：培训室

目的

了解规划的重要性。

程序

1.说明。

（1）造新桥活动说明。

（2）合约条件说明。

（3）介绍设备和审查员（由培训师担任）。

（4）各组分别围坐于桌前进行讨论。

2.建造新桥。各组准备好了之后，在审查员的监督下，开始造新桥。审查员必须注意以下事项：所费时间；桥柱间距不得大于一厘米；纸板、石块、时间、利润、质

量是否与预先估计相符合；记录结果；评估审美观点，决定是否颁发环境奖金。

3.分组讨论。请成员先各自填写讨论提纲的内容，同时把讨论内容形成报告，派一个代表向全体学员汇报。

分享

在活动中有些什么感受？有什么启示？说明规划的概念及其与活动目的间的联系。

注意

1.讨论提纲重点在于成员体会规划的重要性。

2.活动设计的重点在于使成员发现，行动之前的规划是成败的关键，如果有些小组造桥的结果与预估结果一致或与预估结果相背，请他们说明原因，促使全体学员提升学习效果。

3.规划说明可利用投影进行，但时间要在造桥结束后。活动进行时，培训师不必给予暗示。

4.在建造新桥阶段必须监控，尽量减少组员之间的观摩。

说明

造桥活动说明：这个练习是要成员在限定的预算之下，设计建造一座桥，如果小组成员要建造一座经济实惠的桥，其目标必须明确，计划必须周详。

1.指南：你们是当地请来的专案小组，必须提出建造桥的构图。造桥的原因是旧桥断了。工程研究的结果发现：旧桥断裂的最大原因是河床无法支撑桥墩，因此新桥必须横跨河的两岸。

2.设计：将有一定的时间进行状况评估，设备员将告知建构合约的细节，可以规划材料预算。

3.建造合约条件说明：时间受到严密的控制。

材料：绳索。型号：所需高度、宽度；数量：免费供给的绳索数量由设备员确定；样式：绳索的两端必须有两个斜面，斜面的长度要与绳索的长度一致，斜面必须有桥墩，间距不超过X厘米。环境奖金：所造的桥要接受审美观点小组的审核，合适的将得到5万元的奖金；劳动报酬：按每分钟20万元。石块在工程开始之前，每块5万元，之后每块10万元，未使用的石块可以2.5万元回收；质量：设备员对质量进行审查，未符合标准的桥没有酬劳。其他：造新桥计划表、公司名称、桥上的绳索长度、所需石块的数量、预测的利润、实际使用时间；时间盈亏状况。

抽卡表演游戏

形式：5~12人一组，全体参与

时间：40分钟（说明5分钟、游戏实施约20分钟、讨论约15分钟）

道具：各组需要2倍于组员人数的卡片，卡片载有一定的指示

场地：会场

目的

1.促进成员间更深入的、多层面的了解。

2.提高相互提问、倾听应对的技巧。

3.角色被设定，激发成员的表演潜能。

4.有利于培养良好的人际关系和团队精神。

程序

不管抽到卡的员工是否愿意，都必须按照卡片上的指示内容做某些描述或扮演一定的角色。

1.编制小组：一组人数在7~10人，圆形围坐。每个小组之间保持一定距离，以免产生干扰。

2.说明游戏意旨和方法：

可以向小组成员做如下说明："现在我们每个小组有10人，请分别围成圆圈坐，每个人都应该能相互看到彼此的脸孔。你们中间放着一叠卡片，不论从哪里轮流开始抽卡片，每个人都会抽到一张卡片，抽到卡片者应按卡片上的指示到圆周的中间进行表演。他做完后，由下一位抽中卡片者进行表演，依次轮流。"

3.实施游戏：先决定由谁先抽，然后依次轮流，游戏时间不宜过长。

4.讨论：相互交流在游戏中的一些感想。如果有可能，可以让一些中断的精彩持续下来。

附件

卡片记载指示举例：

1.向正对面的人提出如下几个问题，并说明他的兴趣、喜好。

2.请问你左右两旁的人，说一说他们的优缺点。

3.从成员中挑出你想提问的人，让他说明过去最令他兴奋或最有成就感的是什么?

4.向全体成员描述你的理想蓝图。

5.说服你挑选的一位成员请你吃饭。

6.请你前边的那些人谈一谈他对网上情缘的看法。

7.挑选一位成员扮演交警，而你扮演一名违章的司机，向他求情，让他放过你。

波音公司

道具：角色说明书、部门相互评分表

目的

通过游戏了解部门协作的重要性，建立服务伙伴的观念。

程序

1.假设所有学员都是波音公司的员工和顾客，将所有学员按照部门分成若干小组。

2.分组后波音公司正式开始运营。

3.波音公司开会、计划等。

4.波音公司按照角色说明书投入销售、生产、质检等阶段。

5.计算波音公司的经营状况。

6.核算盈利状况。

7.进行部门相互评分（评分表如表12-1所示）。

表12-1　部门相互评分表（最高分10分）

部门评分	销售部	生产部	QA/QC	储运部
销售部				
生产部				
QA/AC				
储运部				
总经理				
顾客				

规则

1.除了运送产品到下一个部门以外，所有的员工必须留在自己的部门。

2.如要去其他的部门，必须得到总经理的批准。

3.如有工作上的需要，主管可以去其他部门。

4.只有销售部及储运部可以接触顾客。

5.如没有得到公司总经理的邀请，顾客不可以进入公司范围。

6.总经理有权去任何部门接触顾客。

分享

1.学员进行讨论。

2.各部门的主管及员工请讨论以下的问题：

（1）你所在的部门在游戏中的表现如何？

（2）其他部门在游戏中的表现如何？

3.总经理及顾客请讨论以下的问题：

在游戏中你对公司的总体有效性如何评价？

附件：角色说明书参考

生产部角色：

1.根据销售部所下的订单生产飞机，并将飞机交给QA/QC做飞行测试。

2.如果飞机不能通过QA/QC的测试，QA/QC可以通知生产部追补生产。

3.除了主管以外，其他人员不能去别的部门。

订单：

飞机类型（A型飞机、B型飞机）；

颜色类型（绿色、红色、白色）；

飞机外形（一种是尖头、一种是平头）；

原料成本（每张A4纸4元，一张纸可“生产”2架飞机）。

销售部角色：

明确客户的订单要求，并完成客户的需求和解决客户的投诉。

任务：

1.根据客户的订单填写销售订单。

2.将订单交给生产部及储运部。

3.销售部的总销售目标是60架。

销售价格表：

A型飞机：10元/架　　　　B型飞机：12元/架

原料成本（每张纸4元，一张纸“生产”2架飞机）

总经理角色：

1.确保公司的有效运作。

2.如有需要，你可以在任何时间和你的主管及公司的所有成员开会，你可以去任何部门调动人员。

3.你有权布置工作给所有的人员。

储运部角色：

接受QA/QC所审核合格的飞机，然后根据销售部的订单把飞机送达客户。

任务：

1.根据销售部的订单，把已通过测试的飞机送达客户。

2.客户收货后要在送货单上签名。

3.把已签名的送货单交给销售部才算完成工作。

4.如送货途中把飞机掉在地上，这飞机就是不合格的产品，不能交给客户。

5.如果客户拒绝接受产品，你需要通知销售部。

6.退货的飞机，如果质量许可，你可以把它拿去满足其他客户的订单。

7.除了主管以外，其他人员不能去别的部门。

8.你需要把飞机成功地从“起飞点”飞到“降落点”并由另外一位测试员接住才算合格。

9.测试员不能进入或越过“降落点”去抓取飞机。

10.飞机要经过测试合格才可以交给储运部。

11.飞机如果不能通过测试，主管要通知生产部追加生产。

QA/QC角色：

测试飞机的性能并将飞机飞过指定的距离。

任务：

1.你先从生产部得到飞机。

2.你需要把飞机成功地从“起飞点”飞到“降落点”并由另外一位测试员接住才算合格。

3.任何飞机落在地上便算不合格产品，只能作为废品，不可重新使用。

4.测试员不能进入或越过“降落点”去抓取飞机。

5.飞机要经过测试合格才可以交给储运部。

6.飞机如不能通过测试，主管要通知生产部追补生产。

7.除了主管以外，其他人员不能去别的部门。

顾客角色：

你将扮演一位客户，你的主要任务就是从波音公司的销售部订两种不同机型的通讯飞机。

任务：

1.你会先向波音公司的销售部订购10架飞机（订单1和订单2，但是你不必在同一时间给予订单）。

2.如果你对他们的服务和飞机的质量感到满意，你可以根据附上的其余订单向销售部继续下订单。不过，你必须在收到订单1或订单2的货物后，才能继续下订单。你总的需求量最多是30架飞机。

3.你是一个很“合理”的客户，但你期望得到高质量和周到的服务。

4.在游戏完成后，你需要对这个公司的运作进行评估，并填写评估表（表12–2）

表12–2　评估表

项目	打分（0~10）
质量	
与订单的一致性	
仔细、快速的任务	

（注：0分为极不满意；10分为非常满意）

哈利的团队

形式：全体参与　　时间：40分钟

道具：图　　场地：培训室

目的

通过一次失败的案例，了解出色团队的特征。

程序

哈利档案：

你好！我叫哈利·马什，作为一名经理，我认为自己干得还可以，尽管我还可以做得更好些，你呢？

哈利的自述：

大家好！我叫哈利——哈利·马什。在本次练习中，你们将看到的是我参加团队活动课程的一次室外培训课的情况，你们先听听我的叙述，再听听我同事的看法，然后，请你回答几个简短的问题。这不是测验，只是一个请你思考的小组活动。

首先让我向你们自我介绍一下。

我今年48岁——虽说我的腰围还可以减掉几寸，但我的身体还很结实，我的婚姻很美满，有两个孩子，其中一个刚读大学。我的事业心并不是特别强。我有我的缺点。我不是一个很好的策划人。我可能会有点冲动——我常常不把事情考虑彻底，但总的说来，我干得还不错，而且我认为大多数人和我相处得还不错。至少我希望如此。

在过去3年左右，我为马洛斯公司工作，你可能听说过，他们生产并销售净水设备，20世纪80年代在市场上赢得了相当好的声誉。作为销售及市场部主任，我的工作是保证整个销售过程顺利进行。我们部门要和很多顾客打交道，因而工作会很紧张。和大多数经理一样，我必须做好自己分内的管理工作，然而，虽说我单独有一间办公室，但我并不想使自己高高在上。大部分时间，我在外间不是接电话，就是对付那些难缠的顾客，再就是解决一些技术上的问题。自己待在一边，工作全叫别人去做，我可不是这样的人，我喜欢和他们一起干，“双手不停”的哈利——这就是我。

现在要说的是本周末各部门在湖泊区集中活动一事，我从那儿回来后，人像散了架似的——但我还是认为在这次活动中我们受益匪浅，不知你们怎么看？

哈利的叙述：

组织者是在上午10点把任务说明发给我的，而在给团队介绍任务情况之前，我自己只有15分钟的时间来熟悉一下任务的具体内容，组织者强调这是一个团队练习项目，我最主要的工作是要向全队传达这次任务的重点。

如果你了解我们的情况，你就能明白我们的处境。我们的任务是从地点A出发，在当天下午3点，全队人马（包括6只小塑料桶中的东西）到达地点B，我们在起点有一辆轻便汽车，在威吉列农场有一些建筑材料，我们还被告知除了轻便汽车的驾驶员外，那些塑料桶及任何人都不得跨越桥梁，我马上想到了3点内容：

（1）这一安排计划得相当紧凑。

（2）我的从军经验将派上用场。

（3）全体队员要过河，并将塑料桶也运过河，我们就必须自己搭一座桥。

我很快就了解了情况，在10点20分与全队碰头，到10点30分，每个人都已十分明白该做什么，我则开始出发去威吉列农场取建筑材料。

在事后总结经验教训时，回顾一下，我可以找到我们失败的原因，正如我在执行任务情况报告会上所说的，这实在是我们大家的错：大家各管各的，老实说，全队并没能真正凝聚在一起，而且对这种事又毫无经验，不知该怎么处理，如果换了另一班人马，情况就会大不相同了。

彼得、阿兰和我在经历了一些困难后最后终于汇合到一起，并在河上搭起了一座桥，由于只有我们3个人，因此花了很长的时间才完工，当我们最终全部过河时已是两点钟了，我是驾车过河的（由于一位队员没能搞清楚哪座桥不能过，因而不得不多浪费了一点儿时间）。在下午2点40分，我们已过了半山腰，但这时彼得却扭伤了脚踝，他走不了了，而我决定不能把他丢下，他看上去很虚弱，我和阿兰几乎是把他背下山的，任务也就没完成，我们这么做也没有错，因为后来我们才知道他是严重骨折。

后来我们知道那些姑娘一直待在那可恨的酒吧间，我可以告诉你，我对此很不满意。

队员们的评述：

桑德拉

一开始哈利干得很出色，他对当时的形势了解透彻，解释得也很清楚，他把整张地图拿给我们看，然后就给我们每人分配好任务，我和玛莉的任务是找到那些塑料桶并把他们运到河边，哈利说这些桶很小，对付它们不会有问题的。

彼得

哈利的主要想法是：他驾车去收集材料，而我和阿兰则着手解开哈利拿到的那份密码——一份诡秘的东西，按计划，做完这个后，我们就要在河边选一个合适的过河地点，然后与哈利在树林汇合，哈利认为我们应该在11点30分左右与他汇合，但实际上到那时我们还没能把密码解开，对这类解谜游戏我是最不擅长的，阿兰也不例外。

阿曼达

从任务情况介绍中人们了解到：我们必须过河，而且至少有一座桥是不能走的，但我们不知道是哪一座，哈利说“至少”这个词意味着这两座桥都有可能不能走，但是他又说我们不应该做任何推测，因此派我去查看两座桥的情况，然后在树林与哈利、彼得及阿兰汇合，我发现右边的那座桥可以走，但当我赶到树林去告诉他们时，却连个人影也没见着。接着我等了20分钟，然后就沿着河岸往回赶，希望能遇见他们，这时我遇上了桑德拉和玛莉。

阿兰

一开始事情就乱了套，哈利发觉他一个人无法把建筑材料装到车上去。虽然他努力试了好久，最后他放弃了努力，开车到树林来找我和彼得。而那时我们俩还没解开密码，所以还没到那里，于是他很理智地开车去放塑料桶的地方，但是那里也没人，但他还是想到把桶搬上汽车，然后开车到树林。大约在12点30分，我们在那里碰头了，他直接把我们带到农场，轻而易举地把材料装上车，然后回到树林，哈利很高兴，虽说不知道姑娘们在哪里，但他还是认为事情进展得不错，可要知道我们还没有解开密码呢！”

玛莉

我和桑德拉找到了塑料桶，但它们比我们预想的要大一些，我们每人只能拿两个，所以我们决定去找阿兰和彼得帮忙，我们以为他们肯定已经解开了密码——要是我来做这个工作就好了。我是填字游戏迷，擅长解码和猜谜——而且以为他们已经到了树林，但在那里没有他们的影子，所以我们沿着河岸走了一段路，直到碰到阿曼达，我们决定3个人把那些桶全拿来，但当我们回到那里时，桶全不见了！哪里也找不到那些男士，而那时下午1点都过了，所以我们去了阿曼达发现的那家红狮酒吧。

分享

1.列出哈利的一些长处。

2.你认为哈利属于下列哪种类型的人？请把它勾出来（你可以勾几个）：

出色的队长、善于交际的人、出色的队员、善于听取他人意见的人、出色的经理、遇事镇静的人、出色的策划人、不耐烦或粗暴的人、出色的实干家、事事操心的人。

3.请列出一个出色的团队应具备的7个特征：

特征一：

特征二：

特征三：

特征四：

特征五：

特征六：

特征七：

4.根据上述的7个特征来对照哈利的团队，看看他们在这7个方面做得如何。

5.哈利团队失败的主要原因是什么？

6.一个团队的队长与其所领导的团队有什么样的关系？

7.如果你是哈利，你会用什么不同的方法去做这件事？

建造房子

形式：全体参与　　时间：60分钟

道具：纸制小房子（8张/盒）、A3白纸、透明胶　　场地：室内

目的

1.通过道具协助分好的小组增强团队沟通能力。

2.增强学员的谈判、沟通、分析、时间管理能力。

3.增强小组中组长的领导、策划、沟通能力。

程序

1.培训师首先根据所分的小组的组数给每组发一个纸制小房子、一张A3白纸、一卷透明胶，接着告诉大家在30分钟里，需要大家完成小房子的制作并粘在白纸上。

2.还要告诉大家，要完成房子的造型设计、起名字、名字的来由、策划方案的设计思路，策划一个小的房地产广告并由小组成员一起表演。

3.要求组长做好小组内成员分工，以便在规定时间内完成所有项目。

4.30分钟后，请各个小组派代表进行说明，然后由小组集体表演策划的小广告。

5.培训师做简单点评后，让大家休息10分钟。10分钟后，培训师告诉大家，因为市场环境的变化，4个小组所起的名字需要进行统一，现在需要由各组派出一名谈判高手出来谈判。谈判必须要在30分钟内结束，必须要有一个结果。给小组10分钟的讨论时间以便让各个小组制定谈判方案。

6.谈判过程中，培训师可根据形式设置障碍。如到达15分钟仍然无任何小组有明显胜出优势，可以让谈判停止，让小组其他成员来点评，或者给出一定场外谈判时间。

分享

1.刚才的活动，在时间的安排上，你做得如何？

2.在小组人员从事何种工作的分配上，组长是否做好安排？

3.整个小组的沟通做得如何？

4.在小组工作遇到阻力时，是否寻求外援？

5.是否使自己的工作与其他成员实现充分配合？

6.谈判之前是否明白谈判的目的？

7.是否明白谈判的策略？

8.如何实现谈判的双赢？

经理也疯狂

形式：33人参与，分3组　　　　时间：180分钟

道具：剪刀、糨糊、水笔、彩粉、硬白纸　　　　场地：培训室

目的

充分体验团队的融合协作和一个企业的整体运作。

程序

市场上共有A、B、C三家贺卡公司，它们是同行，也是冤家。

每组11名“企业成员”，分别是：4名行政人员（负责处理文件、核算费用、财务报表等，相当于实体企业的财务部和行政部），2名生产人员，3名研发人员（确定企业的产品规格、研发新产品），另外2名是销售人员。老板假定人力、场地成本固定不变，并没有限制你不可以怎么经营你们各自的企业。

竞赛的目标是用你的业绩打败另两家公司。客户满意度、营利能力、员工士气、企业竞争力……跟实际企业没什么两样。竞赛分为6个周期，每个周期内完成接订单、设计产品、购买原材料、生产、送货、各项改革措施等完整的企业活动，限时20分钟。每个周期之后会有总结，周期之前也会有时间讨论和计划企业经营情况。

总结

关于企业的运作，人员的配置，资源的优化，流程的简化，提高效率、士气、产能，最终反映在利润上。参加了课程培训之后，学员会有非常深刻的印象和切身的体会，这和一般形式上大伙正襟危坐的讲课教学迥然不同。通过实战模拟，掌握工作流程图、职位任务分析、客户访问、同类比较等等管理工具，使企业的动作流程不再流于纸面，也不再仅仅是一个个名词，而是脑海中实实在在的场景。

价值观大拍卖

形式：全体参与　　　　时间：50分钟

道具：价值观项目表，A4纸　　　　场地：室内

目的

1.协助学员理清自己的价值观。

2.协助学员了解自己的个性对行动力的影响。

程序

1.活动前培训师先制作“价值观项目表”（见附件），并将这些项目写下来，贴在墙上。

2.培训师发给每位学员一张“价值观项目表”及一张A4纸。

（1）培训师请学员将A4纸做成总金额为10000元的模拟纸钞，面值为5000元、2000元、1000元及500元（亦可为其他面值，只是单位越小，所花时间越多），张数不限，但总金额须为10000元。

（2）请学员预想：若10000元代表人一生所有的时间和精力，他会花多少钱来买“价值观项目表”的哪些项目？培训师可给学员5分钟的思考时间，让学员在“价值观项目表”上进行估算。

3.培训师的身份转成拍卖师，担任拍卖的工作（拍卖工作亦可让学员轮流担任）。

（1）培训师说明拍卖规则（如可不可向银行借款、或可不可以将买到的价值观转卖等）。

（2）进行拍卖。

分享

1.拍卖完毕可让学员分组讨论，或于班级里分享自己在此活动中的心得。

2.培训师说明价值观对个人的发展与人际关系有极大的影响。因此，认清自己的价值观，可增强自己对人、事的辨别与决策能力。而此活动亦可看到个人是属于敏锐果断、眼明手快或是优柔寡断、犹豫不决的个性。

3.你是否买到了自己认为最重要的价值观项目？

（1）如果是，买到时的心情如何？

（2）如果不是，则为何没有买到？没有买到的心情如何？

（3）你最想买的项目是什么？其背后隐含的价值观是什么？为什么它对你而言那么重要？

4.有些人什么都没有买到，为什么？

5.参与拍卖活动时，你的心态如何？

（1）你所买的项目是否都是自己喜欢的？还是在赌气或不得已的情况下买的？

（2）在拍卖的过程中，你的心情是紧张的，兴奋的，还是……

附件

表12-3　价值观项目表

项　　目	优先级	预估价格	成交价格
1.使世上的人对待他人正如个人所希望的方式			
2.有100万元给世界上需要的人			
3.有机会成为你所希望的那一科最好的学生			
4.有一年可以尽量做自己爱做的事			
5.有一年做全世界最聪明的人			

续表

项　　目	优先级	预估价格	成交价格
6.有一粒使人说实话的药丸			
7.有机会完全自主			
8.有一屋子的钱			
9.有机会当大官			
10.被班上每个人喜爱			
11.在世界上最美的地方有座房子			
12.有机会成为世界上最吸引人的人			
13.有机会健康地活100岁			
14.有颗药丸可以解决你担心的问题			
15.有座藏有你喜爱的书的图书馆			

提高结构式提问的技能

形式：全体参与　　时间：50分钟

道具：角色分配卡　　场地：室内

目的

帮助学员提高结构性提问的技能。

程序

1.把学员分组，每组3个人，分别做继任者、前任者和观察者。

2.每个人要轮换自己的角色。阅读完上述内容提要后，请看第二部分，并用15分钟准备各自的角色。

3.现在你有10分钟的时间来考虑你的角色。你的目的是尽可能多地了解有关你即将接手工作的信息。这些信息应是非技术性的，仅涉及有关共事人及所存在的问题。你现在开始准备要问的问题，以便帮助你完成这次面谈。注意你所选择的提问类型，完成对事实、观点、建议等方面信息的收集。为了帮助你在练习中提高自己，请翻阅相关分析表和有关提问技巧方面的材料，尽量使提问结构化。最后，应记住这次面谈是真实的，而且对双方都有很大影响。当然，在提问过程中，你可以保留一定的自由度，允许你对信息做出适当的反映。等你的小组成员都准备好了之后，可以进入面谈环节。

4.每次面谈时间为10分钟，然后是5分钟的反馈（由观察者进行），而后交换角色。

分享

在角色扮演结束后，每小组根据各自体会进行讨论。讨论的题目是：

1.你在角色扮演中，感到你的提问技巧有了哪些方面的改善？

2.根据你在角色扮演中的体会，你将如何使你的提问技巧更完善？

附件：角色分配

继任者：

现在你考虑这样一种情况，你要到另一个部门去接任工作。你知道你要接任的工作是什么，但是你不知道和什么人一起工作。你必须面对这个现实。在这个练习里，你将有机会计划并组织一次面谈，与那个你即将接替的前任进行面谈。你要确定需要了解什么信息，并制订一个提问单，以便在面谈中使用。现在，你就是那个继任的人。另外两个人中，一个是你的前任，一个是面谈时的观察者，你们三个人要共同完成这个管理游戏。

前任者：

当你扮演这个角色时，你在心里准备几个话题：主要是一些与你一同工作的人的特点和工作中的一些问题。这样，你可以有准备地回答你的继任者所提出的问题。同时，你要运用你的想象力，使你的回答具有真实感。在回答问题时，你可以以真实的工作为背景，也可以根据你的想象进行回答，但是你的回答要自然，尽可能回答所提出的问题。

观察者：

不要说话。如果你愿意的话，可以做些笔记。你观察的要点如下：

1.提问的类型和回答的方式。

2.提出问题的方式恰当与否。

3.对谈话有帮助的行为等。当谈话结束后，你把观察到的结果向两个人进行反馈（特别是提问者）。你的反馈是描述你观察到的事实，而不是评价，重点放在提问的结构方面。

我知你心

形式：全体参与，2人一组	时间：40分钟
道具：笔、纸	场地：室内

目的

让人感受到了解人的感觉是非常美妙的一件事情，但了解人的内心，并有一定的同理心是很重要的。

程序

1.将学员分为两人一组，两位组员面对面坐下。

2.请两人中的一人写下最近发生的一件事，由另外一个学员辨识他的情绪——

愤怒、伤心、快乐、紧张，还是烦躁。

3.之后，写下事情的学员再叙述现在的感受，如“我很开心”，而由另一个人来确认想法背后的原因，如“你是因为快要下课了吗？”

4.每个人必须获得对方3个肯定的回答才算过关，然后再交换角色。

5.由学员表达参与活动的感受。

啤酒游戏

形式：全体参与，2人一组

时间：角色分工：3~5分钟

分发道具：3~5分钟

明确角色任务：10~15分钟

进行模拟：90~110分钟

进行20~30回合（第1~10回合最高时限5分钟，第11~30回合最高时限3分钟）

利润统计：15~20分钟

小组探讨、反思：20~30分钟

各组讨论发言：20~30分钟

合计180分钟

道具：每个零售商：零售商角色资料卡1张，零售商订货单30张

每个批发商：批发商角色资料卡1张，各零售商订发货统计表1张，

批发商订货单30张，批发商发货单30×4=120张

每个制造商：制造商角色资料卡1张，各批发商订发货统计表1张

制造商发货单30×3=90张

订发货单均可用自备纸条代替

订单汇总板8个（每1个批发商要配1个，每1个制造商要配1个）

场地：培训室

背景

啤酒游戏，是1960年麻省理工学院的史隆管理学院所发展出来的一种类似“大富翁”的策略游戏。史隆管理学院的学生，各种年龄、国籍、行业背景都有，有些人甚至早就经手过这类的产、配、销系统业务。然而，每次玩这个游戏，相同的危机还是一再发生，得到的悲惨结果也几乎一样：下游零售商、中游批发商、上游制造商，起初都严重缺货，后来却使货物严重积压，但是，消费者的需求变动，却也只有第二周那一次而已！如果成千上万、来自不同背景的人参加游戏，却都产生类似的结果，其中原因必定超乎个人因素之上，而且这些原因必定藏在游戏本身的结构里面。

说明

该游戏是在生产与配销单一品牌啤酒（情人啤酒）的产销模拟系统中进行的。参加游戏的学员各自扮演不同的角色：零售商、批发商和制造商。他们只需每周做一个决定，那便是订购多少啤酒，唯一的目标是尽量扮演好自己的角色，使利润最大化。三者间只能由卡车司机通过订货单、发货单来沟通信息。

目的

此游戏是在发货时间延迟、资讯不足的产销模拟系统中进行的。在游戏中，由于消费者需求的小幅变动，而通过整个系统的加乘作用将产生很大的危机，即首先是大量缺货，整个系统订单都不断增加，库存逐渐枯竭，拖欠货也不断增加，随后好不容易达到订货单的要求大批交货，但新收到的订货数量却开始骤降。

通过游戏使学员们认识到以下几点：

1.时间滞延、资讯不足对产销系统的影响。

2.信息沟通、人际沟通的必要性。

3.扩大思考的范围，了解不同角色之间的互动关系，认识到自己若想成功，必须使得其他人也获得成功。

4.突破一定的习惯思维方式，以结构性或系统性的思考才能找到并解决问题。

5.避免组织学习的问题。

（1）局限思考。

（2）归罪于外界。

（3）缺乏整体思考的主动积极性。

（4）专注于个别事件。

（5）温水煮青蛙效应。

（6）避免靠经验学习。

（7）管理团体的问题。

角色

游戏中培训师担任司机、消费者角色，并负责适时发布一定的信息。其中，零售商由12组学员扮演，每组2人；批发商由3组学员扮演，每组3人；制造商由1组学员扮演，为3人。他们之间的结构如图12–1所示。

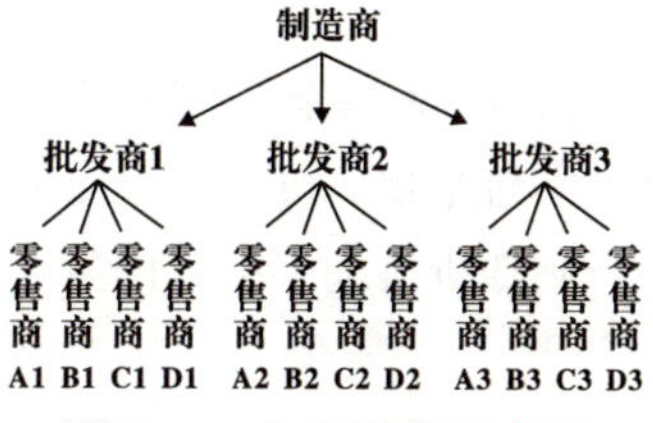

图12–1　角色结构示意图

在这个游戏里，有3种角色可让你来扮演。从产、配、销的上游到下游体系，依序为：

1. “情人啤酒”制造商。

2. “情人啤酒”批发商。

3. “情人啤酒”零售商。

这3个个体之间，通过订单、送货来沟通。也就是说，下游向上游下订单，上游则向下游供货。

程序

1.角色分工。

2.分发道具。

（1）每个零售商：零售商角色资料卡1张，零售商订货单30张。

（2）每个批发商：批发商角色资料卡1张，各零售商订发货统计表1张。

（3）批发商订货单30张，批发商发货单：30×4=120张。

（4）每个制造商：制造商角色资料卡1张，各批发商订发货统计表1张，制造商发货单：30×3=90张。

（5）订发货单均可用自备纸条代替。

（6）草稿纸若干。

3.明确各角色任务。

（1）阅读各角色资料卡。

（2）培训师说明有关注意事项。

（3）培训师在黑板上画出操作流程示意图。

（4）前两周，担任司机角色的培训师要进行指导，监督制造商、批发商的工作情况，以免出现计算错误。

4.进行模拟：各角色分工详见角色资料卡（见附件）。

5.发放信息条。

发放时间：制造商——第7周；零售商——第8周；批发商——第10周（见附件）。

6.游戏结束后，统计各自存货、欠货、销量及利润情况，上交各自表格及统计数据。

注意

所有人分别扮演制造商、批发商和零售商三种角色，彼此只能通过订单、送货程序来沟通。各个角色拥有独立自主权，可决定该向上游下多少订单、向下游销出多少货物。至于终端消费者，则随机挑选人员来扮演。而且，只有零售商才能直接面对消费者。

零售商的常态

1.销售、库存、进货。

2.订货时间约为4周。

3.每次订货4箱啤酒属于安分守己的零售商。

首先，先假设你扮演的是零售商这个角色。你是个安分守己的零售商，店里卖了许多货品，啤酒是其中颇有利润的一项。平均来说，每一个星期，上游批发商的送货员都会过来送货一次，顺便接收一次订单。你这个星期下的订单，通常要隔4个星期才会送来。“情人啤酒”是其中一个销量颇固定的品牌。虽然这个品牌的厂商似乎没做什么促销动作，但却相当有规律，每周总会固定卖掉约4箱的情人啤酒。顾客多半是20多岁的年轻人。为了确保随时都有足够的情人啤酒可卖，你尝试把库存量保持在12箱。所以，每周订货时，你已把“订4箱情人啤酒”视为条件反射。

为了方便起见，把进货、订货、售出、原本库存量、结余库存量这五项数字，用图形来表示。接下来，就让我们来看看啤酒游戏的进行，零售商如何应对客户的购买行为、上游的进货行为。

零售商 1~6周

第一周：风平浪静，一如往常，卖出4箱、进货4箱、结余12箱。所以你也一如往常，向批发商订货4箱。

第二周：多卖了4箱。第二周比较奇怪，情人啤酒突然多卖了4箱，变成8箱。因此，店里库存就只剩下8箱。虽然你不知道为什么会突然多卖了4箱。为了让库存量恢复到12箱，你这个星期向批发商多订了4箱，也就是订了8箱。

第三周：还是一样。这一周跟上一周一样，还是卖出了8箱。批发商的送货员来了，送来的情人啤酒数量，正是4周前向他所订的4箱。现在，情人啤酒的库存量只剩4箱了。如果下个星期销售量还是这样的话，下个星期结束时，就要零库存了！为了赶快补足库存，你本来打算只订8箱，但是，怕销售量会再上升，为了安全起见，你多订了一点，订了12箱。

第四周：还是跟上一周一样，卖了8箱情人啤酒。有一天，你抽空问了一下买情人啤酒的客人，才知道：原来在第二周时，有个合唱团的新专辑的主打歌里，结尾是一句“我喝下最后一口情人啤酒，投向太阳”的歌词。可能因为这样，所以销售量就变多了。“奇怪，如果这是啤酒制造商或批发商的促销手段，为什么他们没先通知我一声呢？”这一周进货量为5箱，嗯，批发商也开始反应我增加订单了。你预期销售量可能还会上升，而且库存也只剩下1箱了。所以，这一次一口气订了16箱。

第五周：库存没有了。本周，还是卖了8箱。进货7箱，表示上游批发商真的开始响应了。不过，库存变为零了。望着空空的货架，你决定跟上周一样，订16箱货，以免落得“流行啤酒没货”的窘状，影响商誉。

第六周：开始欠货。真惨！本周只到了6箱情人啤酒而已。还是有8箱啤酒的顾客需求量，但库存已经耗尽。你只好跟两位预约的老顾客说：下次一有货，一定先通知你们……望着空空的货架，想着：要是还有货，不知道可以多赚多少笔呀……真可惜……好像这方圆百里，只有你这一家才卖情人啤酒。而且，照顾客预约的情况看来，抢手程度好像还会增加；以前可从来没有人会预约的……本来想再多订一点，但一想到前几周多下的订单，可能就快送过来了。于是，你抑制住冲动，还是维持原状：订了16箱。希望本周欠2箱的惨状能赶快解决掉。

零售商 7~9周

第七周：依旧。这一周，还是只进货5箱。5箱情人啤酒，刚把其中两箱卖给上周预约的顾客，不到两天，剩下的又卖完了。更惨的是，有五位顾客留下他们的联系方式，希望你一有货就通知他们。结果，本周欠了5箱货。你另外订了16箱，并祈祷说下周会真正开始大量到货。

第八周：生气。还是只进货5箱。生气了！该不会是制造商的生产线还没赶上增加的需求量吧！真是的，反应这么慢！本周，你订了24箱货，以免欠货量越来越大，生意不用做下去了。

第九周：先别急，让我们换个角色。

看看批发商的情况：

你是安分守己的批发商，代理了许多品牌的啤酒，情人啤酒也是其中之一。比较特别的是：你是本地的情人啤酒独家代理商。你本周向制造商下的订单，通常约4周才能送过来。因为情人啤酒销售量一向很稳定，每周销给零售商的总数量都差不多是4卡车，所以，你固定每周向制造商订4卡车的情人啤酒，同时维持12卡车的库存。

第一周至第二周：一如往常。

第一周，风平浪静，所以，你还是向制造商订了4卡车啤酒。

第二周，有一两个零售商多订了一点情人啤酒，不过，总的来算，总订单数量还是一样。所以，你还是向制造商订4卡车啤酒。

第三周：小波动。好像有部分零售商开始增加订单了，导致你多销出2卡车的情人啤酒，库存也减少了2卡车。为了恢复原先所维持的库存量，你向制造商多订了2卡车货，也就是订了6卡车的情人啤酒。

第四周至第六周：持续畅销。情人啤酒的销售量似乎越来越好，零售商下的订单越来越多。但是，上游制造商给的货还没增加，没办法同时满足所有零售商的需求，所以，只能一边给他们比平常多一点的情人啤酒，一边向制造商下多一点的订单。等到制造商送过来多一点的数量，才能把零售商下的订单消化光。

第六周某一天，你偶然听到一首流行歌曲中有“情人啤酒”的字眼，才恍然大悟！可能这种畅销趋势还会持续好一阵子……。第六周结束，库存量变负的了，总共积欠了8卡车的数量。真惨！赶紧向制造商下20卡车的订单！

第八周：越来越惨。零售商的订单持续增加，制造商的进货却还没反应过来。对零售商积欠的数量也一直增加到40卡车了。你开始着急了。打电话和制造商联络，赫然发现他们居然两个星期前（也就是第六周）才增加生产量！“我的天！他们真是反应迟钝！我要怎么跟下游零售商交代呢？只好先比照上个星期的数量给他们发货……”从零售商传过来的订单越来越多。看起来，情人啤酒的销售成绩似乎一直在增长，于是你把向制造商下的订单提高到30卡车，但愿能赶快把积欠订单消化掉。

第九周至第十三周，订单持续增加、存货持续赤字、进货缓慢增加。总之，情况持续恶化！可怜的你，开始害怕接听零售商打来的催货电话了。显然，情人啤酒制造商也跟你有一样的逃避想法，因为你也开始找不到他们的负责人员了。

第十四周至第十五周，进货终于大量增加了，积欠数字也终于可以开始减少了。这时，零售商送来的订单也减少了，你想，可能是这两周送给他们的货，让他们可以少订一点了吧！

第十六周，你几乎已收到前几周所下的订单的数量：55卡车量。望着成堆的啤酒箱，你想，这些货很快就可以卖出去了，终于可以痛痛快快地大赚一笔。可是，零售商送过来的订单，怎么一个个都变成零了呢？怎么搞的？前几周，他们不都一直嚷嚷着要多一点啤酒吗？怎么我一有足够的货，他们却都不要了？一股寒意涌上心头，你赶紧取消向制造商发出的订单。

第十七周，制造商送来60卡车的情人啤酒，但零售商仍然没再下订单。上周55卡车量，加上这星期的60卡车量，真糟糕！堆积如山了！可恶！那首情人啤酒的歌不是还正流行吗？怎么这些零售店都不再要求进货了？再不过来订货，你要把那些可恶的零售商打入第十八层地狱！之后，零售商还是没再下订单。讨厌的制造商，却仍然一直送来60卡车的情人啤酒。可恶的制造商！干吗还一直送货进来？

安分守己的制造商：

你刚被这家啤酒制造商雇来作为配销及行销主管。情人啤酒是其中一项产品，从制造到出货，约要花上2周的时间。它的品质不错，但行销不太出色，公司希望你能加强行销。

第六周：订单急剧上升。不知怎么的，就任才6个星期，情人啤酒的订单突然急剧上升。运气真好！怎料到一首带有“情人啤酒”字眼的流行歌曲，刚好在你上任时就冒出来，更想不到的是，它还会让订单猛然变得那么多！真是无心插柳柳成荫呀！因为从制造到完成共需约2周的时间，所以你赶快增加生产线。

第七周至第十六周：成为英雄。订单持续增加，但生产线才刚扩大一点，库存量又有限，很快就耗光了。于是，你又扩大生产线，希望能赶快消化订单。此时，你已成为公司里的英雄。厂长也开始给员工奖励，以鼓励他们加班，并考虑招募新的帮手。订单不断增加，你已开始盘算自己的年终奖金会增加多少。不过，产量仍然赶不及订购量。直到第十六周，才真正赶上未交的积欠数量。

第十七周，生产量赶上了，但，怎么批发商送来的订单变少了？

第十八周，奇怪，他们怎么都不订了？有些订单还可以看出打了个大大的删除痕迹……

第十九周，订单还是零，可是，生产好像开始过剩了……你战战兢兢地向主管提出解释：也许是断续现象吧，“可能是消费者需求大起大落……”。但几个星期过去了，情况依旧，面对堆积如山的过剩生产量，你叹了口气，准备递上辞呈……真的是“客户需求大起大落”吗？

分享

如果仔细看看客户的购买行为，可发现：只有在第二周购买量变成8箱，而后就一直维持8箱的购买量。自第二周起，购买量一直稳定不变，并没有所谓的“客户需求大起大落”现象。那么，问题出在哪里呢？该怪罪谁？

零售商起初怪罪批发商不快点增加进货，到了后来，却抱怨批发商进过多的货让他们库存自第16周起开始暴增，所以不再订货。

批发商一方面怪罪下游零售商，一开始时拼命增加订单，到第16周却又取消订单。另一方面他也怪罪上游制造商，一开始一直缺货，第17周起却一直进太多的货。

制造商也怪批发商一会儿要太多货，到后来却不再要任何货。只好推测是“客户需求大起大落”导致……但是，从这三个产、配、销的角色里，我们看到，每个人都在自己的岗位上，以自己的理性，尽力做好行动与判断决策。那么，到底该怪谁？

结构影响行为，从这个啤酒游戏的教训，可知：结构会影响系统的总和行为。不同的人，置身于相似的结构当中，倾向于产生类似的结果。但是，参与系统的各个分子，常常只见树而不见林，只能针对眼中所见的信息，做最佳决策。不幸的是，每个人的最佳决策，不见得会导致整个系统产生最佳决策。像啤酒游戏里，不管是下游零售商、中游批发商、上游制造商，每个人都在自己的岗位上、对自己所能接触的信息，做出最符合本身预期的善意、最佳决策，但结局对自己来说却是一个坏的结果，能怪罪任何一分子吗？

经济学里，有一个“存货加速器理论”，正是用来解释这种“需求小幅上扬，却导致库存过度增加，进而引起滞销和不景气”现象的商业景气循环理论。

缺乏这种全面观照的角度，就无法跳脱这种结构所囿限的个体行为。如果不能跳出局部视野，不能纵观全局，那么，各分子的理性决策，可能还是不要的好。

当局者迷，结构不仅只是“外在”的环境及条件限制；有时候，参与者自身的倾向也是系统结构的一部分。像啤酒游戏里头，各分子的理性，都是“尽可能做好自己分内的事”；经济学的基本假设：“各经济体的分子都是理性个体”，也直接或间接影响着整个经济学体系的构成。个体与整体之间，只注意细节、不考虑全局的话，会导致意想不到的后果。

附件

角色资料卡A：司机部分

1.司机分为A、B两人，其中A负责传递零售商与批发商间的订单与发货单，并扮作消费者提供啤酒市场需求量；B负责传递批发商与制造商间的订货与发货单。

2.司机需在一定的时间以信息条形式发布一定的信息：啤酒需求增加的原因（某流行歌曲中以“我喝下最后一口情人啤酒，投向太阳”作为结尾）。信息条发布时间：制造商——第7周；零售商——第8周；批发商——第10周。

3.时滞的实现：

司机接到订单后，由于多家用户及一定的运输距离，在两周后送到批发商或制造商处，批发商或制造商立即发货，司机在2周后送到货。

时滞是利用订发货单汇总板来实现的，事先在板上挂好前2周的订（发）货单（事先准备好），然后根据操作流程示意图（图12-2）的步骤完成第1周的2步。注意，订发货单必须从上面插，从最底下取。所有订货、销货和发货均在初期进行。

图12-2　操作流程示意图

司机A和司机B确认第1周结束，开始第2周，游戏将在第5周时进入正轨。

司机A每一周以信息条形式向零售商发布啤酒市场需求量信息：第X周，你的顾客向你要货Y箱，具体箱数由司机A填写。

角色资料卡B：零售商

1.情人啤酒是你的主营项目，以箱数为单位，每周订货一次，到货一次，所有业务均在初期完成。

2.发订单到收到该批货物需4周（如：你在第3周发的订单，将会在第7周送到）。

3.标准库存为12箱，在第1周初期，零售商为标准库存。

4.与批发商的联系只能通过订（发）货单，由司机A来完成。

5.每周由培训师将告诉你啤酒需求量，同时扮演司机A接受你的本周订单，并给你送货（先给货，再接订单）。

6.零售商在此游戏中除填写订货单外，还需填写零售商情况表，如表12-4所示。

表12-4　零售商情况表

周次	啤酒商场需求量 A	销售量 B	本期欠货量（顾客） C	期初库存量 D	批发商送货量 E	本期欠货量 F	累计欠货量（批发商） G	期末库存量 H	订货量（批发商） I	本期利润 J
1										
2										
3										
4										
5										
6										
7										
8										
9										
10										
11										
12										
13										
14										
15										
16										
17										
18										
19										
20										
21										
22										
23										
24										
25										
26										
27										
28										
29										
30										

演练成绩：第________组，零售商________，总利润额________。

表格说明

1.第t周的欠货量（顾客）=第t周的啤酒市场需求量–第t周的销量：C（t）=A（t）–B（t）

2.第t周的累计欠货量（批发商）=第t–1周的累计欠货量（批发商）+第t周的本期欠货量（批发商）：G（t）=G（t–1）+F（t）

3.第t周的期初库存量=第t–1周的期末库存量：D（t）=H（t–1）

4.第t周的期末库存量=第t周的期初库存量+第t周的批发商送货量–第t周的本期销量：H（t）=D（t）+E（t）–B（t）

5.第t周的利润额=第t周销量×5–第t周欠货量×2–第t周期末库存量×1：

K（t）=B（t）×5–C（t）×2–H（t）×1

角色资料卡C：批发商

（1）情人啤酒是你的主营项目。

（2）你有固定的3个零售商。

（3）以箱数为单位。

（4）标准库存为24箱（8×3=24）。

（5）每周零售商们向你订货一次，订购后大约4周货才可送到。比如，零售商们第3周订的货，将会在第7周送到。

（6）每周向制造商订货一次，订单平均需时4周，即在你订购后大约4周货才可送到。

（7）与零售商、制造商间联系仅仅是通过订单、送货单，分别由卡车司机A和B完成。

（8）卡车司机A给你带来各零售商的订单，同时你给零售商们发货；卡车司机B给你送货，并接受你的本周订单。

（9）每次发货量不得大于订单量加累计欠货量。

（10）每周结束后，批发商计算本期利润额，游戏结束后，各批发商计算总利润额并将结果上报给培训师。

批发商在此游戏中需填写：批发商情况总表，如表12–7所示；各零售商情况表及你的发货单与你的订货单，如表12–5、表12–6所示。

表12–5 批发商发货单

零售商	
发货时间（第几周）	
发货数量（箱）	

表12-6　批发商订货单

零售商（1、2、3、4）	
订货时间（第几周）	
发货数量（箱）	

表12-7　批发商情况总表

周次	零售商订货总量 A	发货总量（零售商） B	本期总欠货量（零售商） C	本期累计欠货量 D	期初库存量 E	制造商送货量 F	本期欠货量（制造商） G	累计欠货量（制造商） H	期末库存量 I	订货量（制造商） J	本期利润 K
1											
2											
3											
4											
5											
6											
7											
8											
9											
10											
11											
12											
13											
14											
15											
16											
17											
18											
19											
20											
21											
22											
23											
24											
25											

续表

周次	零售商订货总量 A	发货总量（零售商） B	本期总欠货量（零售商） C	本期累计欠货量 D	期初库存量 E	制造商送货量 F	本期欠货量（制造商） G	累计欠货量（制造商） H	期末库存量 I	订货量（制造商） J	本期利润 K
26											
27											
28											
29											
30											

演练成绩：第________组，　批发商________，　总利润额________。

表格说明

1.第t周的总欠货量（零售商）=第t周的零售商订单总量-第t周的本期发货总量：C（t）=A（t）-B（t）

2.第t周的累计欠货量（制造商）=第t-1周的累计欠货量（制造商）+第t周的本期欠货量（制造商）：H（t）=H（t-1）+G（t）

3.第t周的累计欠货量（零售商）=第t-1周的累计欠货量（零售商）+第t周的本期欠货量（零售商）：D（t）=D（t-1）+C（t）

4.第t周的期初库存量=第t-1周的期末库存量：E（t）=I（t-1）

5.第t周的期末库存量=第t周的期初库存量+第t周的制造商送货量-第t周的本期发货总量：I（t）=E（t）+F（t）-B（t）

6.第t周的利润额=第t周送货总量×5-第t周累计欠货量×2-第t周期末库存量×1：K（t）=B（t）×5-D（t）×2-I（t）×1

7.每一周批发商均在周初向零售商发货，周末制造商发来的货物才能到达批发商处，具体信息可参考表12-8。

表12-8　各零售商情况表及你的发货单与你的订货单

周次	零售商A				零售商B				零售商C				零售商D			
	订货量	发货量	欠货量	累计欠货	订货量	发货量	欠货量	累计欠货	订货量	发货量	欠货量	累计欠货	订货量	发货量	欠货量	累计欠货
1																
2																

续表

周次	零售商A				零售商B				零售商C				零售商D			
	订货量	发货量	欠货量	累计欠货	订货量	发货量	欠货量	累计欠货	订货量	发货量	欠货量	累计欠货	订货量	发货量	欠货量	累计欠货
3																
4																
5																
6																
7																
8																
9																
10																
11																
12																
13																
14																
15																
16																
17																
18																
19																
20																
21																
22																
23																
24																
25																
26																
27																
28																
29																
30																

“听与说”游戏

形式：全体参与　　时间：40分钟

道具：无　　场地：室内

目的

培养有效表达的意识和技巧。

程序

背景：

私人飞机坠落在荒岛上，只有6人存活。这时逃生工具只有一个只能容纳一人的橡皮气球吊篮，没有水和食物。

角色：

1.孕妇：怀胎8个月。

2.发明家：正在研究新能源（可再生、无污染）汽车。

3.医学家：多年研究艾滋病的治疗方案，已取得突破性进展。

4.宇航员：即将远征火星，寻找适合人类居住的新星球。

5.生态学家：负责热带雨林抢救工作。

6.流浪汉。

针对由谁乘坐气球先行离岛的问题，各自陈述理由。先复述前一人的理由再申述自己的理由。最后，由大家根据复述别人逃生理由的完整性以及陈述自身理由充分的人，自行决定可先行离岛的人。

总结

1.认真聆听别人的话，记住别人的想法，这样别人才会相信你。由此可见，聆听非常重要。

2.根据学员的表现评价：好的表达与坏的表达。

摇动游戏

形式：全体参与　　时间：25分钟

道具：为所有参与者准备好活力测量表（见附件）、节奏感强的音乐以及播放设备

场地：室内

目的

发挥你的最佳水平；停止拖延；当你精力不济的时候激发你的活力；减少压力；克服焦虑和对失败的担忧；克服厌烦情绪；激励员工发挥他们的最高水平；帮助别人杜绝拖延；激励长期表现欠佳的员工；激励大型组织中的成员；管理你的压力。

程序

1.将活力测量表（表12–9）发给所有参与者，然后让他们在1~10之间为自己的活力打分，最高为10分。

2.播放一些有趣的音乐，让人们原地跑或者原地踏步走（取决于他们能力）3分钟。当他们这样做的时候，鼓励他们互相加油。

3.现在让他们等30秒钟左右时间，让他们重新给自己的活力打分。迅速地计算平均分数，如果你愿意的话，可以将这个结果展示在幻灯片上。平均的活力水平提高了吗？

4.最后，说明在一天的工作中做一些简短锻炼的好处。充满活力的体育锻炼可以提高整体的健康和舒适水平，可以作为激励的动力。

分享

1.充满活力的锻炼对你的活力水平有什么样的影响？

2.在工作时间，你有没有进行充满活力的锻炼？是在工作场所还是在其他地方进行锻炼？进行什么种类的锻炼？锻炼的次数多吗？

3.你应该怎样把充满活力的锻炼融进自己的日常生活之中？如果有更多的时间，可以进行下面列出的一些简短不费力的锻炼项目，这些锻炼可以在办公环境中进行。你也可以增加其他你学得会的锻炼，尤其是员工推荐的锻炼。

锻炼项目有抬膝、散步、原地摇摆身体、弯身跳、呼啦圈、跳舞等日常运动，让你在家里充满活力！

附件

表12–9　活力测量表

小组	全组个人得分	团队得分	平均分
1			
2			
3			
4			
5			

把紧张吹跑

形式：全体参与　　时间：5~10分钟

道具：无　　场地：不限

目的

停止拖延；减小压力；克服焦虑和对失败的担心；帮助别人停止拖延；帮助别人渡过难关；激励长期表现欠佳的员工；管理你的压力。

程序

向参与者解释“清肺呼吸”的基本知识：首先，要尽力吸入一大口空气。其次，屏住这口气，慢慢地从1数到5。最后我们要很慢很慢地把气呼出，直到完全呼尽。这样做可以帮助我们扫除体内的紧张情绪。

培训师示范清肺呼吸，然后让参与者做两三次这样的呼吸。问一下人们对清肺呼吸的感觉如何。大多数人会说他们感觉放松多了。

分享

1.在工作过程中你愿意做清肺呼吸吗？为什么？

2.在什么样的场合下，清肺呼吸对你是有用的？在什么样的场合下，你不愿意进行这样的清肺呼吸？

3.作为压力管理技巧，清肺呼吸的优点与缺点是什么？

沙漠幸存者

形式：先以个人形式，之后再以5人的小组形式完成　　时间：30分钟

道具：沙漠逃生物品清单表　　场地：教室及会议室

目的

通过具体活动来说明，团队的智慧高于个人智慧的平均组合，只要学会运用团队工作方法，可以达到更好的效果。

程序

背景：

7月中旬某天的上午10点，你乘坐的飞机坠落在美国西南部索纳拉大沙漠中。机长和副机长都死了，其他人都活着。机长在飞机坠落前没有告诉任何人飞机所在的位置，只有一些人在出事前向外观看，根据地上的标记，估计偏离航线有105千米。在出事前几分钟，机长曾告诉你：在东北方向距离113千米的煤矿上，有人居住。索纳拉地区是平原，除了一些灌木丛外一无所有。当时气温达45℃，所以地表温度会接近50℃。你穿着单薄的衣服，短袖衬衫、短袜和皮鞋，每个人都带有手帕。你们小组总共有25美元、一盒烟和一支圆珠笔。

任务：

请将下列15件物品根据重要性排列为1~15，以便在飞机着火前尽可能多地取得必需品。你们小组的成员决心待在一起，相信共同努力能使你们成为幸存者。

做法

1.培训师把“沙漠逃生”物品清单表发给每一位学员，如表12–10所示。

2.当大家都完成之后，培训师把全班学员分为5人一组，让他们开始进行讨论，以小组形式把15样物品重新按重要顺序排列，并把答案写在工作表的第二栏，讨论时间为20分钟。

3.当小组完成之后，以培训师现场提供的内容为主，制成表格发给每个小组，小组成员将把专家意见转入第三栏。

4.用第三栏减第一栏，取绝对值得出第四栏，用第三栏减第二栏得出第五栏，把第四栏累加起来得出一个个人得分，第五栏累计起来得出小组得分。

5.培训师把每个小组的分数情况记录在白板上，用于分析。

6.培训师在分析时主要掌握两个关键的地方。

（1）找出团队得分低于平均分的小组进行分析，说明团队工作的效果（1+1>2）。

（2）找出个人得分最接近团队得分的小组及个人，说明该个人的意见对小组的影响力。

①计算个人得分（第4步总和）。

②计算团队得分（第5步总和）。

③统计小组中最低个人得分 。

④计算个人得分低于团队得分的总和。

⑤计算个人得分的平均数。

分享

1.你对团队工作方法是否有更进一步的认识?

2.你的小组是否有出现意见垄断的现象，为什么?

3.你所在的小组是以什么方法达成共识的?

附件

表12–10　物品清单表

物品清单	1 个人顺序	2 小组顺序	3 专家排列	4 个人与专家比较（3–1）	5 小组与专家比较（3–2）
1.手电筒（4节电池）					
2.匕首					
3.坠落区的地图					
4.塑料雨衣（大的）					
5.指南针					
6.救护箱					

续表

物品清单	1 个人顺序	2 小组顺序	3 专家排列	4 个人与专家比较（3–1）	5 小组与专家比较（3–2）
7.0.45口径手枪					
8.降落伞（红色和白色）					
9.装有盐片的瓶子（1000片）					
10.每人一公升水					
11.书《沙漠里能吃的动物》					
12.每人一副太阳镜					
13.烈性伏特加酒2升					
14.每人一件外套					
15.化妆镜					

海滩爱情故事

形式：原则是以个人游戏为主，每组10人，可编成多组

时间：约70分钟（说明约7分钟、分发课题用纸并且记录约15分钟、结果发表约5分钟、各组的研议约20分钟、检讨约10分钟、全体总论约10分钟）

道具：如表12-11、表12-12样式的表格，每组一张；各组发表结果所用的黑板或模造纸；笔记用具

场地：不限

目的

1.为了比较道德价值判断。

2.为了形成团队共通的伦理价值观。

3.为明确包含情绪性价值观。

4.为了解彼此的伦理观和判断基准的差别。

程序

1.讲述故事。

海滩的爱情故事

有5个人共同乘坐渡轮，突然遭遇大风袭击而沉没。所幸5个人都搭上了两艘救生艇。一艘为年轻女性玛丽和水手杰克，以及和蔼老人罗勃共乘；另一艘则为玛丽

未婚夫彼得和其亲友麦克共乘。在狂暴的浪涛中，这两艘救生艇被吹散了。

玛丽的救生艇，漂流到一个小岛上。玛丽祈祷生死未卜的未婚夫彼得能够安然无恙，她不放弃任何线索，想尽办法要找到彼得的影踪，但是毫无所获。

过了两天，暴风雨停了，天气晴朗得可以清晰地遥望对岸。玛丽暗自认为，彼得一定是漂流到对岸的岛屿上去了。玛丽不放弃寻找未婚夫的念头，于是向杰克请求“你可否将此船修理好，载着我去找彼得？”杰克答应修好船，但是条件是玛丽要与他共度春宵。

玛丽听后，甚是困扰，去找老人罗勃商量：“我真的很为难，不知道如何是好，你可否替我想点对策？如何做正确的选择？

老人罗勃没有告诉她如何去做，只是说必须由她自己去做最明智的抉择。

一番纠结后，玛丽终于答应了杰克的要求。

第二天，杰克开着修复好的船，载着玛丽朝彼得滞留的岛屿划去。

靠近那个岛时，发现彼得果然在那里。玛丽狂喜之极，迫不及待地从船上跑下来，急速地投入了彼得的怀抱，被彼得温暖怀抱紧紧拥抱的玛丽，正在为昨夜的事情困扰着，最后，还是决定要对彼得坦诚以告。

彼得听完后，十分愤怒，几乎疯狂地叫道：“我再也不要见到你了！”然后就消失得无影无踪了。玛丽伤心欲绝，泪眼婆娑地奔向沙滩。

见此情景，彼得的亲友麦克，便走向玛丽前面安慰她，并说道：“玛丽，我以前就非常喜欢你，但因为彼得也深爱着你，所以我才不敢向你吐露真情。现在事情已经很明显，你和彼得已经结束了，那我就向你求婚。”

事出突然，玛丽一时不知所措。

2.游戏说明。先让学员将人物排名顺序表看一遍，再依下面的说明做引导。

“现在请各位听一则故事：这个故事发生于某一国家，共有5个人物。先发给各位写这则故事的问题表和课题表。当各位听完叙述后，便将这5个角色做一比较，你觉得谁最具切身关系，谁即是最令人具有好感的，第二具有好感的，就依着顺序选择。反过来，在这5个人中，你最讨厌，或全然没有好感者，也按顺序设定。然后，在理由栏内简单地记录做如此决定的缘由。课题表有个人决定栏，因此请各位将设定的顺序记录下来。这个部分约需15分钟（见表12–11）。

接着，再以组为单位来发表各自决定的记录。各位将小组发表的结果记入课题表栏内各学员部分。由此可以直观地显示出在所有学员中认为谁最受欢迎，谁最令人讨厌。然后，可依据整理的资料（个人决定）为素材，讨论各组有什么结果，再由全体成员进行交谈，获得全部同意为决定顺序。这即是经过所有成员的研讨并展开沟通，而寻求结论的游戏。所以就各组的9轮，所需时间大约预定为20分钟。若有不解的地方，尽管发问。若各位都已明白，那么就可以开始了。

进行游戏的前提是，需对规则有极充分的理解。若一知半解，多半无法达到所期待的目的，而且也会造成学员的困惑。所以，必须对其有彻底的认识。

3.各组讨论。在团队的讨论中最重要的是，不是如何能冷静地表达理由，而是根据各自感情的判断，更贴切地说，是其理由并无好坏之分，而纯粹只是属于自己感情的决断而已。例如，毫无理由可说的不投缘，明知自己理亏，却又无法具体解说的一种现象，如果都能将理由说清楚，彼此也就能了解各自的立场；则讨论的焦点，便是在这些不合理的现象中进行判断和决定。培训师要辅导学员能以冷静的心态加入讨论的行列。

4.回顾各组的交谈，即是强调彼此态度或对事情观点的差异性，在此，便要明确地强调，使其大众化并加以规范。

若遇上有极端想法的人，在不肯退让而形成彼此对立的状况时，须尽力接受对方的意思，而其他成员可将此事态作为回顾，这也是一种小组研究方式。所谓回顾，其目的不只是偏重结果的差异性，而是在各组的交换过程中不断地反省检讨，学员能坦然面对其所能改变的观念或态度，影响别人或受他人影响等等事实，才是很重要的。其实，回顾就是能重新检讨，在相互沟通中寻找出应采取的措施。

总结

基本上，参与者的讨论、感触、过程、回顾都有其学习的价值，故在每人都获得心得的情况下，这个游戏就可宣告结束。但除了对道德的或伦理的判断，这正如游戏所涵盖之二律背反的问题，培训师应配合游戏的意图，发表自己的想法及评价。

下述说明即为一例，请参照。

玛丽和彼得都有其共同点。但他俩的性格并不相同，终致分手，继而成了仇敌。而在感情方面，却有点雷同；玛丽的热情，使她对感情不易产生动摇，其未婚夫可说是不相同的性格，只不过彼得的感情，是以自己的意志、价值观为依据，变成了温情主义者。即两人有近似热情的模式，只限于热情能源和教条主义性质上而已。

至于选老人罗勃的学员可能不在少数。其理由多为不想与别人竞争，而是以尊重对方立场的伦理学家：能体会对方的立场，俨然是位咨询顾问；但却令人只觉得他是息事宁人的那种人。即使他已经积极地帮助别人，其态度却给人消极的、被动的感觉。换言之，即是负面的自我主义者。而彼得也大同小异，他虽非负面的自我中心主义者，但可称之为教条式的自我主义者。因此，罗勃和彼得是两个类似的人。

再者，杰克又如何呢？把他列为第一位的学员就少了许多。有些人将其真诚赤裸的表达，看成是人类极自然的表现行为，而对他产生好感。反之，也有人认为其太原始，而不可了解。这一点方面，杰克和罗勃是一脉相通的：罗勃的不惹是非的行为并不做任何掩饰，而是极自然的对应；因此，他们两人的共同点，就是在于毫不掩饰地作自我表现，故让有些人觉得值得称赞。

那么对麦克又怎么解释呢？他是最后赢得玛丽的行动派和本能者。这点又和杰克有相似之处。不但热情，其锲而不舍的精神，和玛丽有几分相似。

1.请填写下表：

表12-11　人物排名顺序表

个人顺序	登场人物	理由
	杰克（水手）	
	玛丽（年轻女性）	
	罗勃（老人）	
	彼得（未婚夫）	
	麦克（亲友）	

2.请以各组的讨论为顺序。不管用什么形式决定都可以，但请全部学员参加讨论，以其所同意的决定为最终排序。

从这些组合而掌握其共同点，可知这5人各有其优劣，而难以判断。但是，我们日常生活的习惯、道德规范，或生活需求，都是经过一定时间的磨合，而成为一种行动的决断，所以不能一概而论。将这些问题做深入思考，此游戏才更为有效。足以看见，所谓的代沟、男女间的道德观，或对爱情的看法所产生的异议，连同一时代的人的见解都有分歧。寻求这些分歧的原因，才是最具考验的事。

附件

表12-12　各组人物排名顺序表

登场人物	1	2	3	4	5	6	7	8	9	10	组
杰克（水手）											
玛丽（年轻女性）											
罗勃（老人）											
彼得（未婚夫）											
麦克（亲友）											

太空梭游戏

形式：每组5~12名，几组都行，因此，大约可以有50人参加

时间：80分钟（说明约7分钟、个人作业约15分钟、沟通与决定作业约30分钟、结果发表约15分钟、全体检讨约10分钟）

道具：问题用纸每组一张、笔记用具，为向全体发表各组报告用的纸或黑板

场地：能让所有小组亲切进行交谈的场所，可让全体讨论及自由发表意见的场地更佳

目的

1.为促进个人做出有效的意见。

2.为克服团体的意见与个人意见的差异。

3.促进形成接受不同意见的态度。

4.获得团体意见。

程序

我们有时会耿耿于怀为何自己所想的与别人不同，到底其间有何差异呢？不管是对喜欢或厌恶这种极端性之差距的表示，也都能互相肯定。但是，稍微复杂些的观念或价值判断，竟连自己本身都难以确定，当然也就无法得知与他人的差异性了。

这游戏是以一种材料为手段，将各自的价值判断基准明确化，同时参考团队意见为宗旨。可以说是依据价值基准获得明确化后，作为学习的方法有很多。而且，由于与团体有共识，在妥协与不得不变更价值基准的冲击下，以学习参与团队意见为体验。

1.游戏说明：先说明问题。可参考下列的方法（要在问题用纸分发之后再解说）。

“这游戏是将问题用纸上所写的，于10人中选7人为目的的作业。美国太空旅行社计划组织一次非凡的旅行：利用太空梭访问月亮以及许多行星。这个旅游项目曾举办过几次，但这次将是最后一次。共有11人报名，但是这座太空梭只有7个座席。困难便产生了。经过反复劝说后，只有1人肯退出，其余10人态度十分强硬。所有学员都希望能如愿以偿，使我进退两难；这10名成员都希望抓住最后一次机会，非常坚持。现在，就是由你来担当第三者，进行说服，让他们服从你的选择。

问题是希望你们从下列乘客表中选出7名来。而且，也要说出让人心服口服，得以谅解的理由。同时以一人的结论为资料，再由整个组进行决定。

乘客人员名单如下：

（1）交响乐团首席演奏（小提琴手），31岁，男。

（2）基督教牧师，67岁，男。

（3）工程师，23岁，和其妻（这对夫妻要同进退）。

（4）中学老师（专攻天文学），32岁，女。

（5）职业棒球选手（投手），31岁，男。

（6）音乐家（钢琴演奏与作曲），50岁，女。

（7）医师（外科），42岁，男。

（8）设计师（服装设计），35岁，女。

（9）政治家（议员），53岁，男。

最初采取由个人各自判断，选出7人的方式。并将其何以做此选择记录在备注栏上，这部分约为15分钟。然后，设定30分钟时间进行小组商讨，并说明各自结果与理由外，同时导引出一个最终结果，把理由填入表12–13中。

说明完毕，并回答问题，让学员在对游戏规则与目的有充分的了解后，再进行。

表12–13 太空梭问题表

乘 客	选 中	理 由
(1)交响乐团首席演奏（小提琴手），男，31岁		
(2)基督教牧师，男，67岁		
(3)工程师，23岁，和其妻（夫妻同进退）		
(4)中学老师（专攻天文），女，32岁		
(5)棒球选手（投手），男，31岁		
(6)音乐家（钢琴演奏与作曲），女，50岁		
(7)医师（外科），男，42岁		
(8)设计师（服装设计），女，35岁		
(9)政治家（议员），男，53岁		

2.开始。先开始个人作业，并指示这游戏不能与其他人研商，要以个人判断为结论。

3.有关小组之决定。在做个人价值判断时，即已被认同对此课题内容有相当的理解，故才根据其各自的决定为资料，让小组互相研究，整理出小组统一的结论。此时，不管是由多数人或自己一人独立判断，或由少数人决定等方式均可。但需限制在30分钟内，将难以统一的结果，做一具体总结。

至于小组的决定，也是通过小组决定获得彼此同意后，才整理出来的。

总结

1.发表的结果。在发表各组搭乘太空梭7人名单的同时，亦要将理由明确表示。其实，这个游戏并没有正确答案，只是在归纳个别的理由中，以及决定的过程中所产生的影响，而发现所有学员都各有其不同的想法和价值观。因而，在结果发表的理由或过程时，有充分反省的必要，这是身为领导者应注意的事项。

2.探讨的结果。各自最初的结果，即是个人做判断的价值基准，以和小组决定之价值判断做一比较后，可将他们对事情持何看法、想法及价值观等，作为互相研讨的话题；由于进行意见交换，在相互影响中，各人才有学习心得的机会。

此游戏是自己做决定的过程，也能明确各学员在参与过程中的种种表现；通过全过程的回顾，得知个人与整体的关系。也可使用问卷调查方式，也可以获取问卷调查的资料为素材，进而加深彼此的沟通。

3.整理。游戏进入最后环节后，学员需将所获心得或感想做一总结。除了可将体验作为个人的学习目的以外，如能提供体验之资料，也是非常有趣味性的。而且，若将体验予以言语化，使其更为普及，将使整个游戏提升至更富有深刻意义的层面。

下面就列举培训师需做总论的重点：

①在彼此行动时，虽不需借用言语，但要有自己的价值判断的基准，当然，其基准往往因人而异。

②应该尊重彼此的价值判断，肯定对方的立场是非常重要的。

③有关彼此行动的准则，需先表达出来，从而获得认同。能做这种互为交换的说明，对相互连带感有好处。

④以小组决定的作业，可谓是一次新尝试，在此尝试中，可学习到坚持自己的主张时，也能接受他人想法与价值观的态度。

⑤小组作业不应过度主张个性表现，应试着改变自己的意见或态度，互相妥协、认同；拥有这种弹性的态度和协调性，是良好的工作环境不可缺少的条件。

⑥小组决定的方法，应视时间、场所而定。若无唯一绝对的好方法，那就要配合TPO来执行了。

⑦在进行小组讨论时，虽然较为花费时间，但却能促进相互间的了解，也能培养工作气氛，更能提高协调性。

⑧能互为妥协，同时也有主张，并能认同的弹性，是为要完成工作环境或教育训练目的，所应具备的态度；反之，不应过度坚持个人的主张、立场或价值观，而应积极地观察全体情况，从而通过自己合适的角色来表现，也就表示需要整体活动时，寻找出角色表现的重要性。

冬季求生者游戏

形式：人数一组7~10人为宜，最好有3组以上

时间：100分钟（说明约5分钟、个人作业约15分钟、讨论与决定约40分钟、小组发表约10分钟、过程分析约15分钟、全体研讨约10分钟）

道具：准备回答用纸，检讨用纸（每组一张）和发表各组决定的记录用纸（亦可用黑板）

目的

1.学习个人如何帮决断与集团如何做决定。

2.学习遇到突发事件时，领导者应对此事件的态度。

3.学习集团活动做决断所需要具备的情报、资料取舍过程。

4.学习集团针对问题的讨论方法。

程序

当突然遭遇到意外事件时，我们应该采取什么判断、行动呢？如果缺乏冷静的思考，状况判断又不确实，就无从做适当处置了。可是，有时面临紧急事故时，必须由自己做冷静判断，那就得和邻近者切磋商讨，才能决断而有所行动了。

这个游戏是当飞机紧急降落于加拿大和美国边境-40℃的森林地带，需设法脱离困境而获得救援的紧急状况，必须采取什么决定，是为团体游戏解决问题的学习方法。有各种的方法可选，这里只介绍两种方法。

第一种是由小组先讨论，而以一人进行判断的方法，第二种就是所谓的全体一致法，即由小组进行充分讨论后，再作出全员都同意的决定。第一种是即断即决型（即速战速决型），不需要花太多时间，但就决定性质而言，决定内容往往失之毫厘，差之千里。因为作为决断所需之判断资料，全是靠一个人的经验或知识，所以才会产生这样明显的个人差异。至于全体一致的决定，既然是由全体学员都发表自己的意见，其所花费的时间较久，如有出现反对的意见时，时间将会持续更久。但因为是通过彼此交流，使心理上的感觉更为密切，加上被迫在限制时间内所得共识的过程中，努力予以协调。所以全体一致的决定，是集合各对立的见解，而扩增情报量，使问题状况更加明确化。同时，为获得解决方法，所有学员必须努力发挥团队力量，使各组达成一致。

1.游戏说明。

问题用纸分发完后说明："现在就要让各位做一个游戏，考验的是万一在不可预知的状况下遭遇了突发事故时，你将如何处置。第一个问题，即需由你自己取舍抉择。请把发给各位的问题仔细阅读一遍后，把自己的答案写下来。在我解说完后，你们约有15分钟时间作答。而第二个问题，是在第一个问题作答完毕后，再继续进行小组讨论。首先由一个人宣读他的答案，其他人把他的答案记在自己的纸上，以此类推。这样一来，每个人的纸上都有自己的答案以及小组所有成员的答案。"

课题：

你所搭乘的飞机，因天气原因而被迫降落。这里是美国明尼苏达州和加拿大曼尼托巴州交界处的森林中。现在是1月中旬，上午11时35分。只留下小型飞机的残骸，而驾驶员不幸丧生，所幸7名乘客只是受了点轻伤，并无生命危险。

驾驶员根据广播，为避开暴风范围，而改飞安全航线，但还是碰到暴风。其遇难前向乘客报告，他们在小乡镇东北方约10公里处。

降落地点在密林中。根据气象预报，这地方白天气温是-25℃，夜晚则降至-40℃，即使穿着冬衣，也无法御寒，更何况乘客只是穿着单靴及外套而已。

在这危急状况下，应尽力试图脱险，这就是所谓冬季求生。

这就是课题。下列15种物品都有可能会用到。你将为这救援用的15种物品，以其重要程度进行排序，最重要的物品标上1，最不重要的物品标上15，不可出现同顺序的情形。把物品的顺序填入冬季生存物品表（表12–14）中。

表12–14　冬季生存物品表

品名	顺序
A.救急医疗品	
B.棉状金属刷	
C.打火机	
D.手枪一支	
E.报纸（各人资料用）	
F.指南针	
G.滑雪用手杖	
H.水果刀	
I.塑胶质地航空地图	
J.棉绳	
K.大块巧克力（每人一片）	
L.夜间用手电筒	
M.威士忌	
N.换洗用内衣（每人一套）	
O.猪油1瓶	

2.做上述说明后，接受学员提问，然后开始进行游戏。

（1）开始做各自的决定，请于15分钟内，在规定的纸上详细记录下来。若设置观察者，务必于个人已做决定之后（观察者自身亦需进行个人决定），各组需再设定一两个观察者。在这种情形下，绝不能受到各组讨论的影响，只能以冷静客观的态度进行观察。当然，要正确地观察问题，需先准备确认表才行。

（2）各组讨论与决定。如上所述，根据发放的小组统计表开始研讨，并进行表决。有充分的时间（约40分钟）互相讨论，以获得小组之间的协调。领队要尽量营造受小组欢迎的气氛，并且要声明这个课题是对遭遇过山难的专家所作的回答，务必正确解答。

（3）发布结果与宣布答案。将各组的解答，在黑板或海报上做成一览表（见表12–15），可让各组明显地区分其不同观点和看法。这个程序结束后，才宣布正确答案。至于正解和理由有详细说明。

（4）观察者任务。设置观察者任务的理由，是因其对每一种事物，有不同的立场和观点，并在接受情报后，可加深团队的沟通，这对促进团队成员之间的了解与认识有好处。

观察者如能周详地观察讨论过程，对于反省过程的分析，也极为有用。故希望能参照以下几点予以注意。

①仔细分析学员的参与程度，要包括研讨得最积极的人与研讨得最不积极的人。

②要细心地观察，谁对决定最有影响力，而其影响力的关键，是因为理性的分析，还是因为声音大、发言频率高所致。

③观察谁对小组的决定过程表示关心，谁毫不关心，以及学员参与团队活动的态度等。

④观察各组学员到底有何感想。例如，学员与小组其他成员进行讨论时，气氛沉闷，或以第三者的立场对待小组正在进行的游戏。观察者要对发现的缺失及重要的感触，予以说明。

⑤判断在游戏的作业中，谁最具有领导能力，但在应发挥其所长时，却毫无上佳的表现。

⑥学员的有效情报或资料是在什么地方呢？这些决定内容必须从情报分析中获取。

（5）回馈。以观察者的报告为基础，进行团体讨论；由观察者担负领导者的任务，将彼此沟通的体验进行交换。

表12–15　冬季生存者物品选择表

品目	组												正确
	1	2	3	4	5	6	7	8	9	10	11	12	
A.救急医疗品													
B.棉状金属刷													
C.打火机													
D.手枪													
E.报纸（各人资料用）													
F.指南针													
G.滑雪用手杖													
H.水果刀													
I.塑胶质地航空地图													

续表

品目	组												正确
	1	2	3	4	5	6	7	8	9	10	11	12	
J.棉绳													
K.大块巧克力（每人一片）													
L.夜间用手电筒													
M.威士忌													
N.换洗用内衣（每人一套）													
O.猪油													

正解的理由

1.打火机：对防寒有效。引火点燃后，至少可起到御寒作用。至于第二点，则是产生亮光后，让夜晚搜救队容易辨识遇难方位。白天，也可借冒出的烟雾为信号。总而言之，它具有加速辨识幸存者方位的用途。

2.棉状金属刷：可以用作点火的原料。因是棉制，浸湿后仍一点即着，使用方便。

3.换洗用内衣：衣物的用处多，而且方便。不但可保暖、防寒，还易燃，可用来指示位置。

4.大块巧克力：拾木柴取火、保暖、指示等都需要能量，而含有碳水化合物的巧克力，是身体热能的来源。

5.猪油：可作多种用途。猪油罐的罐盖可用来反射阳光；作镜子用，更可将信号传至遥远处；太阳升起时，更能发出比独光亮五万倍的亮光；罐内装些雪块，以火燃烧煮沸后，便成了饮用水。即使是在严寒的冬季，仍有必要补给身体所需水分。猪油本身有着出人意料的用法：若将其涂抹于身体暴露在外的部分，可免冻伤。同理，将油洒在某些物体上，也能方便其燃烧起来；衣物浸些油，可以发出如烛光般的亮光。

6.夜间用手电筒：手电筒可作为信号灯用，夜晚行走时很方便。但是，由于气温太低，电池不宜使用太久。

7.棉绳：非常有用的工具。可用它去捆绑树枝，切小段也可当作油蕊，还可缚裹身体，防冷风灌入。

8.报纸：作为取火原料甚为方便，也可用来防寒。譬如，冷风渗入裤内时，把报纸塞在里面可取暖等等，还有多种功用：例如可于阅读报纸时，降低高昂激烈的情绪；阅读、在其上面写字均可以。再者，如找到空地，可将报纸摊开，引起空中搜救飞机的注意，做指示用。

9.手枪：以枪声作为信号。在集体中发生突发事件时，手枪容易导致危险。一般而言，手枪可用来狩猎。不过，不善于使用手枪的人无法击中猎物；即使有所猎获，在搬运猎物时亦需耗损大量的体力。因此，实际多将手枪用来发出信号，以吸引搜救者的注意。

10.水果刀：虽比较便利，但在严冬时，用处不多，仅仅可用来切绳或将树枝削尖而已。

11.救急医疗品：其中用途最多的是纱布，可将之如保鲜膜般紧紧地束缚着身体保暖，或用为溶化猪油的油蕊。因此，医疗品在这种时候，是派不上用场的。

12.滑雪用手杖：这一项并不十分重要。顶多用于求援时，摇晃旗帜；或于冰上行走时，测其是否有不堪负荷之虑罢了。

13.威士忌：其用途只是浇在燃烧的火焰上，帮助火焰燃烧罢了，但这样是很危险的。若为驱寒而饮酒，也许一时之间能产生暖意，却更容易冻伤，更具危险性。或可用空瓶装上饮用水，但总归用处不大。

14.塑胶质地航空地图：这也是较具危险性的项目。一般人都会主观地认为只要有地图，便可找寻最接近出事地点的乡镇去避难，殊不知山难通常意味着死亡。还是留在原地，向外界求救更为妥当。

15.指南针：遇险者通常以为可依靠指南针行至附近小镇。其实，它和第14项一样，具有丧失生命的危险。若一定要找出用途，那么就仅使用磁石外壳反射太阳光，作为告知外界幸存者所在地的信号而已，功能不多。

针对以上这些物品的用途，将物品的重要程度进行了排序，详情可见表12-16。

表12-16　冬季生存者物品选择正解表

品名	顺序
A.救急医疗品	11
B.棉状金属刷	2
C.打火机	1
D.手枪	9
E.报纸（各人资料用）	8
F.指南针	15
G.滑雪用手杖	12
H.水果刀	10
I.塑胶质地航空地图	14
J.棉绳	7
K.大块巧克力	4

续表

品名	顺序
L.夜间用手电筒	6
M.威士忌	13
N.换洗用内衣	3
O.猪油	5

总结

领队依下列内容叙述即可。

这个游戏和“船长的决断”是同一性质的，都是有关于集体的时间与质量的方面。如图12-3所示，一般认为一个人独立决断费时较久，但是，意见一致的决断的质量很高。也并非断言由各组学员互相讨论而比共同的决断更具效果。

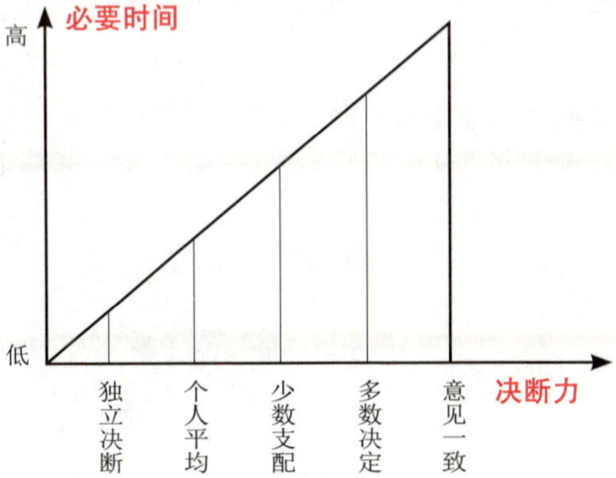

图12-3 决断力与时间图

这里所学习的重点是必须配合场合和场所，并且有时需要靠一个人独自判断和行动，有时则需由民主方式的多数决定才可成立。这个游戏表明，如果决断是在有充分资料和情报下整理出来的，也就无须特别加以决断了；在必要和充分条件满足的情况下，自然就能获得结论了。

因此，若是不能满足其条件时，当然就得由领导者进行决断，或者依照各学员的一致意见；而由学员互相讨论，也未必可得到资料或情报，以符合充分条件。只是通过彼此意见的交换，其信赖关系更为浓厚，能形成信赖关系，才能导引出更具效果的判断。即人际关系的信赖感良好，才能有理想的解决问题之道。

这种现象，在日常生活或工作方面的人际关系，也处处可见。透过彼此信赖，自然能发挥互助合作之精神，便能使不可能成为可能了，也能创造出信任的力量。决断虽然花费时间，却能全力以赴去实行，是为意见一致之特征。

第十三部分

THE THIRTEENTH PART

心理游戏

换 钱

形式：全体参与　　时间：20分钟

道具：无　　场地：室内

目的

这是一个可以迅速提升你对金钱的管理能力的游戏。

程序

1.所有人拿出1~20元间的任意零钱，拿在手上，在接下来的3分钟里（视人数多少，一般50人用这个时间），见人就换（用强劲的背景音乐如《命运》等），在音乐停止时，学员请立即坐下来。

2.培训师提问：请问有多少人赚了？赚了多少？有多少人赔了？赔了多少？

分享

1.请赚得较多的和赔得较多的人上台分享：一开始玩这个游戏的想法是什么？

2.游戏点评。

总结

赚到钱的学员是因为持有什么样的想法；亏损的学员是因为持有什么样的想法。归纳一下：你在潜意识中的一些信念会自动促成你的行为。在这个活动中，一定会有人赚到了钱，而这些人一开始来玩这个游戏就抱有要赚钱的想法的；也一定会有人亏钱，而这些人一开始玩这个游戏就是抱着一种试试看，或者是无所谓的心态来玩的。

注意

第一，要进行提前预热，因为这个活动对你很重要。

第二，规则就是逢人就换。

第三，音乐到位（激昂的音乐）。

红黑游戏

形式：全体参与　　时间：120分钟以上

道具：图表（表13-1）、专业音响和可调灯光　　场地：两个教室

目的

让大家理解双赢思维，拥有双赢的处世方式。

程序

1.所有人分成A组、B组，每组玩游戏是独立的，两组之间不可以有任何形式的沟通。

2.两组各自选出队长。

3.每一组投票，每一回合，一定是红色或黑色。

4.少数服从多数，每人一票，每人需要用一些明显的方法来显示你所要投的票。

5.你们的票数一定要等于这个房间玩这个游戏的人数。

6.当两组都有合法的投票决定，有一个传信人会通知每一组另一组的结果，他的工作只在两个房间穿梭，收集你们所决定的票，你们之间不可以有沟通，但传信人只负责传递结果，你必须得出结果，他才会告诉你对方的投票结果。传信人要诚实、中立，传信人会决定票的有效性。

7.当一张票被确定后，不可以进行改动。

8.不可以私下交谈规则。

9.游戏是有时间限制的（如果你曾经玩过这个游戏，就可以不再玩了）。

10.时间到了，所有6个回合投完，游戏就结束了。

培训师说："游戏的目的是赢，赢的方法就是累积最大的正分。"将这句话重复三遍后，培训师不要再回答任何的问题，A、B两组分开，游戏开始。

附件

表13–1　准备图表

	1	2	3*	4	5	6**
A						
B						

注：

*此回合分数双倍计算

**此回合分数三倍计算

A组	B组
黑+3	黑+3
红+5	黑−5
红−3	红−3
黑−5	红+5

传信人：

5分钟一次，传信人："你们有没有结果，结果是什么（要监督看情况而定是否结束）？对不起，我宣布，你们的结果我不接受，因为不符合游戏规则。"

分享

1.请你静静地反思一下你刚才的行为。

2.红黑游戏不仅仅是一个游戏，它反映了你怎样对待自己的生活。

3.传信人接受了什么票？

4.这个游戏最大的正分是多少？

似曾相识

形式：全体参与	时间：60分钟以上
道具：无	场地：灯光可调、配有专业音响的培训室

目的

1.体会与人相处的感受。

2.懂得珍惜身边的人。

程序

1.所有人围成里外两个圆圈，里圈、外圈的人数相等，面对面站好。你对你面前的这个人，可以有四种态度。

2.请助教示范四种态度：

第一种：你很讨厌面前的这个人，那么你双臂在胸前交叉，头扭到右边；

第二种：你不欣赏面前的这个人，那么你把手放在背后，把头扭到右边；

第三种：你愿意同面前的这个人交往，那么你伸出自己的手，和这个人握手；

第四种：你非常愿意同面前的人敞开心扉，那么请打开你的双臂，拥抱对方。

3.只有当两个人的动作一致时，双方才可以握手，才可以拥抱，否则只能站在原地，不能动。请问，有什么问题吗？

4.助教说："下面听我的口令，现在请你向左迈一步，看着面前这个人的眼睛，他是谁？他是一个什么样的人？他从哪里来，又要到哪里去呢？他像你生活中遇到的哪种人呢？（从亲情、友情等方面来引导。）

现在，请表态……请做动作………请还原………"

分享

自由分享。

人海茫茫练习

形式：全体参与　　时间：90分钟

道具：每人一个眼罩，音乐（《想飞跃》《天亮了》《把心打开》《有多少爱可以重来》）

场地：拥有可调灯光、专业音响，铺着地毯的室内

目的

散发你的热情，珍惜你周围的人，感受人生的挫折和坎坷。

程序

1.下面，请每个人在场内找到一个你认为最亲近或者最喜欢的人，两个人手拉手面对面站好。

2.好！现在请各位闭上眼睛（志愿者拿眼罩蒙上学员的眼睛），当音乐响起的时候，请你们松开对方的手，在场内慢慢地走动起来（音乐：《想飞跃》）。

3.好，停！下面，当音乐响起，大家再次走动起来的时候，你可以伸出一只手去和别人握手，也可以选择不握，就像生活中你可以做出许多的选择一样！（音乐：《想飞跃》）。

4.好，停！下面，当音乐再次响起的时候，大家重新在场内走动起来，请你伸出一只手，去和你遇见的每一个人握手（音乐：《天亮了》）。

5.好，停！下面，当大家再次在场内走动起来的时候，请大家伸出双手，去和你遇见的每一个人热情地握手（音乐：《把心打开》）。

6.好，停！下面，当你再次走动起来的时候，请你赶快去寻找你失散在人群中的那个人（音乐：《有多少爱可以重来》）。

注意

1.游戏过程中，安排人在人群中冲撞或者将很快找到的人分开。

2.整个过程不许说话，找亲近的人的手时不要轻易地让他找到。

留住我的心

形式：全体参与　　时间：30分钟

道具：无　　场地：室内

目的

克服上课及阅读时的不专心。

程序

1.培训师先说明专心这件事对上课及阅读的重要性。

2.练习注意力集中术（即视觉和听觉配合训练）。

（1）首先在空中描绘出一个点，此时让心中唯存有此点，并凝想此点。

（2）慢慢将此点延伸为一条直线，继续凝想此直线，并将凝想的时间拉长。

（3）之后描绘出较复杂的星形或涡形，并凝想该图形一段时间，继续将图形复杂化，并保持凝想，同时拉长凝想的时间。

3.参与成员分享练习的感受，分享之后再练两次或三次。

4.培训师鼓励成员每天做练习，并提醒成员练习时尽量避免受外在声音的干扰。

变化

利用此方式听时钟的滴答声，第一天10次、第二天15次、第三天20次，逐渐增多次数，每次都十分专心地聆听，半个月至一个月后，便可养成专心的习惯。

寻　猎

形式：全体参与，5~7人一组　　时间：30分钟

道具：给每组发一个“寻猎”项目列表（表自由制订，列出设置的物品名称）

场地：室内

目的

1.加深团队成员间的接触。

2.开发团队成员的智慧。

程序

1.将团队成员分组。

2.告知每位参与者将一起去参加一个搜寻活动，获胜的小组将受到奖励。

3.将“寻猎”列表交给各小组，告诉他们将利用他们自己的智慧尽可能多的获得表中所列内容。

4.设置一个时间限制，如1小时。

5.当时间到时，让所有小组都集合，比较哪一个队的得分高。

分享

1.其他小组距离完成有多少差距？

2.你是怎么分析获胜小组获胜的原因的？

3.在你的小组里是否有人表现得比其他人更出色？

4.有人领导你的小组吗？是谁？为什么他能领导？

心灵之旅

形式：全体参与　　时间：1天

道具：根据学员的情况和城市条件设置个性化挑战项目，任务卡装进信封里

场地：不限

目的

表现个人才能和集体智慧。

程序

所有人可以分成若干组，每个组都要在规定的时间内完成一系列特殊的任务。

任务卡是以若干个封闭信封的形式发下来的。一次只能拆开一个信封，完成一个信封内的任务后才可以拆另外一个信封，以此类推，最终达到完成任务的目的。如果随便拆开信封要扣分，回答不出或答错都要扣分。任务是艰巨的，在规定时间仍完不成任务时，就必须给培训师拨打专设的求救电话。

可以设置这样的问题：

第一个信封：深圳一家麦当劳，记录其门牌号，根据门牌号的个位数，可以找到第二个信封。可能第二个任务是要求他们找到一家商场，而此时它正在搞促销活动。记录这一商场的名称，以其名称第二个字的拼音首字母作为线索并拆开第三个信封。第三个任务是要求他们回答3条广告语的赞助商名。

分享

学员有感而发，分享进行游戏时的感受。

抓间谍

形式：全体参与　　时间：30分钟

道具：无　　场地：培训室

目的

考察思维和观察分析能力。

程序

一个团体的成员有时不一定目标一致，也不一定彼此信任或相互影响。这种情况常因大家不能坦诚沟通而变得更为复杂。在这个练习中可能就有这样一个不与大家同心协力的人在你的小组中，我们可以称之为“间谍”。一个小组中可能不只有一个间谍。你的小组的目标是要：

1.求出下面问题的正确答案。

2.找出你的小组中可能存在的任何一个间谍。

如果你被指派为间谍，你的目标是全力阻挠你的小组作出正确的答案，同时不要被组员认出来。任何人怀疑同组中的某个人是间谍时，只需要指控那个人是间谍即可。除了被指控为间谍的人以外，同组的其他人需进行投票表决，如果半数以上的人认为被指控者确实是间谍的话，被指控者就不能继续参与讨论。无论你是不是间谍，都不可以说出来。被表决逐出讨论的人必须留在小组中观察讨论过程。

附件

问　题

有个人到你们店里买了1件65元的衬衣。他给你1张100元的钞票。因为你没有零钱可以找他，你就到隔壁的小吃店去换了9张10元和2张5元的钞票。回到店里，你把钱找给那个客人。后来，小吃店的老板过来告诉你说，你给他的百元钞票是伪钞。你连声道歉，用两张50元换回那张100元伪钞。不包括衬衣的钱，店主损失了多少钱？

公平与不公平

形式：6人表演，全体讨论	时间：30分钟
道具：无	场地：室内

目的

让大家明白公平是一种相对的概念。

程序

通过角色表演的形式来展现，共有6个角色：

小母鸡在谷场上扒着，直到扒出几粒麦子，它叫来邻居，说："假如我们种下这些麦子，我们就有面包吃了。谁来帮我种下它们？"牛说："我不种。"鸭说："我不种。"猪说："我不种。"鹅说："我也不种。"

"那我种吧。"这只小母鸡自己种下了麦子。眼看麦子长成了，小母鸡又问："谁来帮我收麦子？"鸭说："我不收。"猪说："这不是我应该做的事。"牛说："那会有损我的资历。"鹅说："不做虽然饿一点儿，但也不至于饿死。"

"那我自己做。"小母鸡自己动手收麦子。终于到了烤面包的时候，"谁帮我烤面包？"小母鸡问。牛说："那得给我加班工资。"鸭说："那我还能享受最低生活补偿吗？"鹅说："如果让我自己帮忙，那太不公平。"猪说："我太忙，没时间。"

"我仍要做。"小母鸡说。它做好5根面包并拿给它的邻居看，邻居们都要求分享劳动成果，它们说小母鸡之所以种出麦子，是因为在地里找到了种子，这应该归大家所有。再说，土地也是大家的。

但小母鸡说："不，我不能给你们，这是我自己种的。"牛叫道："损公肥私！"鸭说："太抠门了！"鹅说："我要求平等。"猪只管嘀嘀咕咕，其他人忙着上告、要求为此讨个说法。

村长到了，对小母鸡说："你这样做很不公平，你不应太贪婪。"小母鸡说："怎么不公平？这是我劳动所得。"村长说："你必须和邻居分享，这是规定。"

从此以后它们都过着和平的生活，但小母鸡再也不烤面包了。

针对这个故事，你如何看待"公平与不公平"？

分享

1.每个人都有自己的感受，有自己的喜好，这就不能保证一个人在评价某件事时对其他任何人都公平对待。

2.如果有绝对的公平，那就很难解释为什么地球上的土地有贫瘠与肥沃之别。面对生来就不公平的环境来讨要所谓的"公平"本身，就不现实。

3.人们因出身背景不同，生长环境不同，受教育程度不同，对公平的理解会千差万别。公平只是相对的概念。

4.人的10个指头都不一样长，又怎能要求在复杂的社会中，处事待人上做到绝对公平呢？提问：如果你是经理，你的一个下属忿忿不平地说："我跟某人是同时进公司的，学历一样，干一样的工作，为什么他的薪水比我高呢？"作为领导的你该如何回答？参考答案：公平，是相对的公平。薪水的多少要看收入与付出。所以要考察每个人的付出与业绩，再来谈收入，才是公平的。

都是你害的

形式：全体参与，培训师讲述　　时间：20分钟

道具：无　　场地：室内

目的

通过这个活动让大家学习自我承担责任，消除抱怨情绪。

程序

1.培训师发言："你看啊！你把我害成什么样子！要不是前几天你给我出的鬼主意，我今天也不会把自己搞得这么惨。"在这些言语背后真正传达出来的讯息是："这一切都是你害的，如果没有你的馊主意，我就不会变得这么痛苦了，我恨不得马上回到我以前的那个样子。"

看到这种对话，你一定会发现这个"都是你害的"的心理游戏，因为在这段对话中的主角是向别人求助。不同的是，他会欣然接受对方给他的建议，而且回去之后也会照着对方给他的建议去做。但是，当他失败时，就会把所有的过错都推到那

个好心给他建议的人身上。

2.心理分析：

经常这样做的人，他的内心会有巨大的担心和恐惧。因此，他会将所有的过错都推到别人身上，因为只有这样，他可以不必为自己的所作所为负责任。他的感觉是：我是无辜的。

分享

在生活当中，你曾经遇到过这样的事情吗？你扮演过抱怨者这样的角色吗？

挑拨离间

形式：全体参与，培训师讲述　　时间：30分钟

道具：无　　场地：室内

目的

通过这个心理活动，让大家了解一个人搬弄是非是有他自身需要的，这种做法源于小时候接受的教育。

程序

1.案例：

这是一种间接性攻击游戏，例如："小明，我告诉你，刚子经常在你背后说你这个人很不够意思！你看他表面上好像对你不错，但事实上他心里是很讨厌你的。"

其实在我们的人生里，处处都可以看到像这样喜欢挑拨离间的人。他们不断地在背后议论别人的是非，但却不直接表达自己心中对别人的不满，而是隐藏着愤怒、不满，私底下去拉拢他所陈述的人。事实上，在对话里的那个人，他心中真正想要对小明表达的是："小明，其实我一直都很关心你，而我也很想要和你成为更亲近的朋友，但每次我看到你这么信任刚子，我就对你感到很担心。其实真正关心你的人是我而不是刚子。"

此外，还有一种更高明的玩法就是"放狗互斗"。比方说：有一天晚上，你下班回家，看到自己的丈夫坐在客厅里一副很受打击的样子。他对你说："今天我们总经理竟然问也不问，就把我叫到他的办公室里臭骂了一顿，我真是倒霉极了，这几年来，我哪一天不是尽心尽力地在为他做事，而他竟然还这么数落我，我实在做得太不值得了。"你听完了丈夫的抱怨后便告诉他："你何必让自己这么委屈呢？你明天去公司和你们总经理说清楚，要他还你一个公道！"第二天，因为受到你的鼓动，你的丈夫竟真地去跟总经理说理了……结果他下班回家后，比昨天更像一只斗败的公鸡，就在这个时候，你很温柔地把他抱在怀里，在他耳边轻声地说："你看看，在这个世界上还是只有我对你最好……"这个"放狗互斗"挑拨离间的心理

游戏所运用的就是：让他因为你的建议而变得更挫败，然后就在他十分沮丧的时候，你又给他十足的鼓励和安慰。

2.心理分析：

其实，在这个例子中，我们可以清楚地看到一个喜欢挑拨离间的人，他的内心是很渴望与别人建立亲密关系的，很可能在他童年的时候父母就经常鼓励他玩打小报告的游戏，以致在往后的人生里，他就会不断地用这种挑拨离间的方式来建立自己与他人的亲密关系。

父母鼓励打小报告对孩子所带来的伤害和影响很大。为了避免这种伤害的发生，在日常生活中，每当有一些冲突或争执时，要让他们静静坐下来，让他们表达出自己心中真正的想法和感受，家长不要因为孩子来打小报告就介入其中。

分享

1.在生活当中，你发现存在这种现象吗？

2.这种现象的存在对大家有哪些方面的伤害？

3.如果让你教育自己的孩子，你会如何做呢？

让我逮到了

形式：全体参与，培训师讲述　　时间：30分钟

道具：无　　场地：室内

目的

通过这个心理游戏，让大家明白抱怨、不满的积累来自我们生活中的点点滴滴。

程序

培训师讲述：

在生活中，会玩这种心理游戏的人，一般来讲他童年时期的愤怒受到压抑、否定。在他的价值观和内心深处，一直认为愤怒是不好的。因此在成长过程中，会很害怕自己对别人的攻击性、侵略性，以及在日常生活中与他人有冲突。经常玩这种心理游戏的人，通常在童年时期，父母亲之间常有争执和冲突，而这样长期不断的争吵使他十分恐惧、害怕，于是在很小的时候，就决定自己长大时一定不要像父母一样，因为愤怒的情绪对他的生命而言，曾经是一个非常可怕的经验，所以他通常会累积发生多次的事件，一而再、再而三地容忍，当内心积压了许多无法对人表达出来的愤怒或不满的情绪时，到了最后忍无可忍时终于一次爆发出来。

在这个心理游戏中，整个过程就像是在打拳击赛一般，刚开始时，他会运用许多策略和战术，等到确认对方已经被逼到墙角，没有任何地方可逃的时候他才出拳。通常这种心理游戏都玩得比较狠，非得等到对方连还手的机会都没有的时候，

只出一拳就要把对方打倒。就好比某些公司老板经常对他的员工说："你还记得刚进公司时我是怎么对待你的？我是那么信任你，而去年你负责的部门让公司亏损了五六百万元，那个时候我有没有对你怎么样？我还不是依然对你很信任，年底照样给你加薪，结果今年你又出了一大堆纰漏，到最后还不是我帮你收尾，而你现在面对工作竟然还是这副德行，我再也没有办法忍受了。好了，你给我走吧！"

内心的声音

形式：全体参与	时间：20分钟
道具：无	场地：室内

目的

通过这个心理游戏，可以使学员清晰地了解冲突的整个过程和根源。

程序

1.培训师讲述：

这个心理游戏的玩法是不直接表达自己的感觉，而用一些肢体语言或双重讯息向对方传达自己真正想表达的意思。例如有位先生应酬到三更半夜才回来，当他回到家里时，为了怕吵醒太太，便蹑手蹑脚、偷偷摸摸地走进了大门，这时竟然发现太太正坐在沙发上眼露凶光地瞪着他。其实在这个时候，这个心理游戏就已经开始上演了。

后来，这位先生进了房间，看见床上摆了两条棉被，先生因为知道自己晚回家使太太非常不高兴，所以也就默不作声地接受了太太无言的抗议。第二天早上起床时，这位太太还是一如往常地到厨房准备早餐，她端了一盘早餐过来并很用力地放在先生桌前，这时先生仍不敢多说什么。到了第三天、第四天，这对夫妻之间的"冷战"仍继续进行着，直到先生终于受不了太太这般无言的抗议而大声地说："你到底要怎么样嘛！我都已经对你低声下气了，你还不高兴。"这时太太委屈地哭了起来，游戏终于达到目的，非等到两个人开始冲突，这个心理游戏才会结束。

直到最后，这位太太终于可以证明：先生之前对我的温柔体贴都是假的，他不是真的爱我。当然，这个"你不是真的爱我"更深一层的声音是：我是不值得被真心对待的。我真是一个命苦的人，没有人会真心对待我。

2.心理分析：

这些声音都是我们在童年时与父母互动中所存放于内心的感觉，事实上，我们早在童年的时候就已经形成了这样的感觉了。

分享

自由分享。

法　庭

形式：全体参与，培训师讲述　　时间：30分钟

道具：无　　场地：室内

目的

通过这个心理游戏，让大家明白小矛盾被激化的真正原因。

程序

1.培训师讲述：

当冲突或挑战的游戏开始时，有时候会发展成“法庭”的心理游戏。游戏中的主角会试图去找一个类似法官的人来评判，在这个游戏中究竟谁对谁错。当然在这个时候就会有一些自以为很公平、公正的人特别容易上钩。在这个“法庭”的心理游戏中，有时候双方当事人的“辩护律师”会同时出现，而如果再玩得大一点，甚至双方都会有属于自己的“陪审团”！

玩这个心理游戏的最主要目的，在于当事者希望透过权威者或更多人的力量来支持自己的立场，他认为自己本身并不足以表达内心的委屈，所以在他的生命历程中，当他与身边的人发生冲突或争执的时候，总是需要借由更多人的力量来证明自己是对的。这个游戏最主要的目的是要证明：我没有错，一切都是由你造成的。

当然，在生活中做着与这个心理游戏一样事情的人，他的父母或老师在他童年生活发生的许多事件里，一定经常扮演着法官和法庭的角色，很快就会介入孩子与孩子之间或与他人之间的争执，于是他们习惯找寻更强的力量，找权威来证明自己是对的。正因为如此，在开会有人迟到的时候，就会有人挺身而出，表示心中的不满意，但大多数人会说：你迟到了，耽误了“我们”的时间，“我们”很不高兴，企图用团体的压力来抗议。

但是对于发言者来说，你只要用“我”的意见即可，因为这是你的感觉，并不见得代表其他人共同的感觉；其实即使只有你一个人，你也有权表达个人的愤怒。有些人童年时因为自我价值感低落，没办法证明自己是对的，所以习惯找一些权威者来撑腰，长大就常寻求集体的力量表达情绪。

分享

自由分享。

捕熊者

形式：全体参与，培训师讲述　　时间：30分钟

道具：无　　场地：室内

目的

通过这个心理游戏，让大家明白我们一定要真实地面对周围的人。

程序

1.培训师讲述：

在这个“捕熊者”的心理游戏中，熊是一个庞大、具有危险性的动物，所以猎人如果只是用猎枪捕杀，很可能一枪打不死，而熊在受伤以后兽性大发，反而使捕熊者的生命更加危险。因此，捕熊者在要捕熊之前必须设下许多陷阱，猎人会在熊必经的道路上挖一个大洞，在洞里面放个竹架和熊所爱吃的食物，然后再把泥土恢复原状。当熊肚子饿时，一闻到食物的味道，便会马上跑过来，接着便扑通一声掉下去，就在这个时候猎人出现了，他一面听着熊发出哀号、痛苦的声音，一面开枪将落入陷阱中的熊打死，这就是“捕熊者”心理游戏的玩法。

举个例子来说。当你和男朋友在一起的时候，你总是对他表现得温柔体贴，每次约会时你会打扮得漂漂亮亮地出现在他面前，让你的男朋友感觉他只要娶了你，就是全世界最幸福的男人。可是在结婚了以后，你对他说话不再轻声细语，出门时不再打扮得整整齐齐，这时你老公就像捕熊者游戏中那只被捕获的熊一样发出哀号。而事实上，许多在恋爱中的男生也一样，他们往往对自己正在追求的女友表现出随叫随到的“骑士精神”，让对方深深感觉嫁给他一定会幸福、安全。等到女友到手后，有些男生便原形毕露，不再对另一半温柔、体贴。

2.心理分析：

你会发现在我们日常生活里到处都在玩这个“捕熊者”的心理游戏。而通常会玩这个游戏的人，在小的时候父母只允许他表现出好的一面，对于不好的部分都一律否定。当他长大之后，会觉得只要一表现出负面的自己就不会被爱、被喜欢，会很敏感地察觉到别人对他的期待和需求，而不允许自己真实的情绪或情感流露出来。

当然被捕的熊是很可怜的，常会自责自己愚蠢，自怨自艾外加对猎人的愤怒。而这个猎人是很深沉的，对自我的自尊心、自我价值感低落，他不敢直接表达真实的自我。

要终止这个心理游戏根本的方法，就是学会真实。

分享

自由分享。

第十四部分

THE FOURTEENTH PART

户外游戏

空中跨桥

形式：全体参与	时间：根据学员情况而定
道具：无	场地：户外拓展基地

目的

理解不同背景对一件事情的认识大不一样；了解团队成员相互激励的重要性；学会将事物还原及敢想、敢做。

程序

1.让学员在有充分安全的保护措施下，在7米高的高空从一块跳板跨越到另一块跳板上，这两块板的距离是1.2米、1.5米、1.9米不等（因人而异进行调节）。

2.1.2米、1.5米、1.9米，这个距离在地面上跨过是很轻松的，可是放到7米高的高空，情况就不一样了：站在起跳板上，跳板微微晃动，对面只有一块20厘米左右宽度的跳板可以落足，腿就先软了，根本就跳不起来。越犹豫腿越软，心跳越快，越不敢迈出这一步。

仔细想想，在地面上跳和在7米高的高空跳，本质都是一样的，当环境改变了以后，人们就不能把复杂的事还原成最朴素的面貌，其实这些事情大家都做过，而且做得很好，如果换一种表现形式，也许还是可以做好的。有很多事情不要想得太多，尽管动手去做，捅破了那层纸，你会发现事情其实很简单。

注意

一定要在专业的场所进行。

生命之旅

形式：全体参与，2人一组	时间：3个小时
道具：眼罩	场地：户外

目的

增强团队成员的配合能力。

程序

1.首先探好路线，可以是爬山，可以是到陌生的地方去一次。

2.2人一组，一名当“盲人”，用布蒙住眼睛；一名“跛脚者”，为“盲人”指引路。

3.“跛脚者”必须光着脚。

4.2人共同跋涉一段艰难的路，到达规定的终点，游戏结束。

注意

一定要注意安全。

捆绑行动

形式：全体参与	时间：2个小时
道具：绳子或其他可以绑的东西	场地：户外

目的

通过大家共同完成一件任务，体验协作的重要性。

程序

1.分组，不限组数，但每组要2人以上。

2.每一组组员围成一个圆圈，面对对方。主持人帮忙把每个人的手臂与隔壁的人绑在一起。

3.绑好后，现在每一组的组员都是绑在一起的，主持人发布任务，要求每组去完成。

例：吃午餐；包装礼物；完成美术作品；帮每个组员倒水。

找东西

形式：全体参与	时间：1个小时
道具：一组一个袋子	场地：户外

目的

借着找东西培养团队精神。

程序

1.分组，不限组数，但每组最好5人以上。给每组一个袋子。

2.在限定的场所中，寻找26个物品，物品英文名字的首字母不能重复。

定向寻宝

形式：全体分组参与	时间：2个小时
道具：场地的地图	场地：户外

目的

通过团队共同过关，体现团队的整体风貌。

程序

1.在一个指定范围内（如一个营地）设定数个关卡，而参加者则分成若干组，它们首先会得到一个指示，要他们到其中一个关卡去（每组都会有不同的指示）。

2.当他们到达关卡之后，要接受一些考验，例如：一起唱一首歌、回答问题、做俯卧撑、吃东西（如一人吃两根香蕉），等等。

3.当他们通过了考验，这个关卡的负责人便会给他们一个证明，并告诉他们下一个关卡在哪里，以此类推在完成了最后一个关卡的考验之后，学员需要回到总部报到，先到者胜出。

注意

1.这个游戏需要详细的策划和准备，例如要设定每一个组的路线不能重叠，每个关卡的考验也最好不要重复。

2.事前也要先知道场地的资料，并让各主持人和各组都有场地的地图。

3.留意天气，若下雨或天气炎热都很容易令学员怨声载道，甚至出意外。

“铁达尼”号

形式：10~12人一组　　时间：30分钟

道具：砖头24块（每组6块），4把椅子，两条长绳（各2.5米），音乐，播放设备

场地：不限

目的

让学员了解在紧急情况下，如何做计划，如何合理及有效地利用有限的资源。

程序

1.设定“铁达尼”号的场景：

“铁达尼”号即将沉没，船上的乘客（学员），须在音乐结束之前利用仅有的求生工具——6块浮砖，逃到一个小岛上。

2.布置游戏场景：将一条2.5米的长绳在空地上摆成一个岛屿形状，在另一边，摆4个长凳，用另外的绳子作为起点。

3.给学员10分钟时间进行讨论和试验。

4.出发时，每一个人必须从长凳上跨过（就如同从船上的船舷栏杆上跨过），踏上砖头。在逃离

过程中，船员身体的任何部分都不能与“海面”（地面）接触。

5.自离开“铁达尼”号起，在整个逃离过程中，每块砖头都要被踩住，培训师会将没有被踩住的砖头踢掉。

6.全部人到达小岛，并且所有砖头被拿到小岛上之后，游戏才算完成。

分享

1.小组是否确定出领导者？是根据什么确定的？

2.撤离方案的形成是领导者的决定还是小组讨论的结果？

3.你们的方案是否被坚决贯彻到底？中间发生了什么变化？为什么？

4.事后回顾当初的方案，觉得是否可行？有更好的方案吗？为什么当时没有想到或没有提出来？

5.小组是如何分配组员撤离先后次序的？考虑到了什么因素？

螃蟹跑

形式：全体参与，2人一组	时间：15分钟
道具：秒表、游戏圈或足球，数量与组数一致	场地：沙滩

目的

活跃气氛。

程序

1.学员两两一组，背靠背，中间夹一个游泳圈或足球，身体下蹲，扮演螃蟹，横着快速移动。

2.规定一段距离，比如500米。

3.先到终点的组取胜。

过杆跑

形式：20人参与	时间：15分钟
道具：4根木棍，秒表4只	场地：沙滩

程序

1.分4组，每组5个人，每组的队员拿一根木棍。

2.划出起跑线和终点线，在起跑线和终点线方向之间的沙滩上竖立3根木棍。

3.每组队员站成横排，将木棍平放在各队队员的手中（手臂与肩平齐）。

4.每组队员跑“S形”穿过竖着的木棍，到达终点，比哪个组的速度快。

众人划桨开大船

形式：全体参与　　时间：10分钟

道具：无　　场地：有地毯的培训室或者是沙滩上

程序

分成4~5人一组，每组队员坐在地上，小组内后一名队员双手抱住前一名队员的肩部，利用臀部和双脚前进。先到达终点者获胜。

两人救生圈接力

形式：全体参与　　时间：15分钟

道具：救生圈8个　　场地：沙滩

程序

1.将两个救生圈连在一起。

2.将队员分成4个组，每组4人或6人，进行往返接力跑。

3.每组派两名队员，将连在一起的救生圈套在每名队员的腰部，双手抓住，不要让救生圈落地，然后进行接力。

救生圈接力

形式：全体参与　　时间：15分钟

道具：救生圈4个　　场地：沙滩

程序

分成5~8人一组，各组约距1米的距离排成一列纵队，小组第一名队员手拿救生圈。主持人一喊“开始”，从第一名队员开始，将救生圈从头上穿进去，再从脚下拿出来，交给下一位队友做接力赛。如此一个接一个地轮过之后，再从最后一位队友开始，将救生圈从脚部穿过头部之后，交给前面的队友再做接力赛。用时短者获胜。

堆沙包

形式：全体参与　　时间：20分钟

道具：木棍4根　　场地：沙滩

程序

1.分成4~5人一组，各组队员需在指定的时间内完成堆沙包的任务。

2.将木棍竖着插在沙滩上，队员不可以借助其他物体，只能用身体进行堆沙包，沙包要淹没木棍，以沙包顶部到达木棍的高度为评判标准，最高者获胜。

拓展训练

形式：集体参与　　时间：根据具体情况灵活设置

道具：木板、绳网、钢丝、安全带、木桩、红气球、保险索

场地：室外，一般只能在专门的训练场地进行

目的

1.通过精心设计的活动达到“磨炼意志、陶冶情操、完善人格、融入团队”的培训目的。

2.具体而言，拓展训练对团队有如下作用：

（1）全面明确和认同组织目标。

（2）增强组织的凝聚力。

（3）树立相互配合、相互支持的团队精神和整体意识。

（4）改善社交关系，形成积极向上的组织氛围。

（5）促进组织内部的沟通与交流。

（6）发掘员工在工作上的更大潜能。

（7）形成从容有序的团队运作风格。

3.对员工而言，训练改变心智状态，发掘生理与心理潜能，以前不可能的事情今天都将变成可能。

程序

1.空中单杠：

（1）受训者站在大约7米高的空中，脚踩在一块木板前端。

（2）前方一臂以外的空中，悬着一根被风吹得微微晃动的单杠。

（3）要求受训者向前跃出木板，抓住单杠。

（4）思考：下面是“万丈深渊”，前方是“一线生机”，在有退路的情况下，你会选择安全还是冒险？是纵身一跃抓住它，闯过这一关，还是原路退回，无功而返？

2.穿越“死亡电网”：

（1）将受训者任意分成数个小组。

（2）小组成员必须集体穿越一张与地面垂直的“电网”（绳网）。

（3）网上的一个洞就是一条生路。通过时，身体的任何部位，包括衣服，都不许碰到其边缘，碰到即为“触电”。

（4）“幸存”的同志可以继续前进，但每条生路只能使用一次。

（5）思考：前面就是“电网”，大家能过得去吗？怎样才能既节省时间，又减少“牺牲”？

3.走钢丝桥：

（1）宽阔的河上架着一根钢丝，旁边有两根扶手。

（2）受训者必须踩在一根钢丝上，从河的这一头走到另一头。

（3）思考：

①身子随着钢丝摇摇晃晃，脚下河水悠悠，一不小心就会失去重心摔下去，是不是会出一身冷汗？

②越害怕，走得越慢，钢丝绳就抖得越厉害，只要稳住神，朝前看，像平时一样走路，一点都不难。

4.翻越断桥：

（1）以队为单位。

（2）在不借助任何工具的条件下，全队人员在规定时间内一个不能少地翻越一座垂直、光滑，高4.2米的断桥。

5.有轨电车：

（1）在地上平行摆放着两条长长的厚木板，每条木板上间隔一只脚的距离拴一根提绳。

（2）学员两脚分别跨在两条木板上，手上拽起绳子，齐声喊着“左、右”的口令，全队同时提起一侧的木板向前走。

（3）随着训练难度的加大，要求学员不能喊口令，无声向前走，继而要求学员在行进中转向、掉头，整齐有序地前进。

6.爬“天梯”：

（1）由一组间距逐渐加大的横木连成“天梯”。

（2）两人一组，同时向上翻越。

（3）思考：

①每根柱子似乎都高不可攀，抓不住、站不稳、使不上劲。

②任何人只凭借自己的力量，几乎是无法完成的，必须互相协助。

③这是难度及体力消耗都很高的项目之一，可以训练员工在工作中找好搭档，通力合作，高效率地完成工作。

7.拍气球：

（1）5人组成一个小组。

（2）其中一人背上拴着安全带，爬上一根高7米、直径20厘米的木桩顶端。

（3）然后站起来，跃向前方，伸手拍打两三米外的红气球。

（4）地面上另外4个队友负责抓住安全带的另一端，在高空中的队友拍完气球后，把他徐徐降落到地面。

8.巨人梯：

（1）一道长达9米的绳梯，每个用木头做成的阶梯之间均相隔1.5米。

（2）多个成员一起组成团队，每个队员都必须爬到顶端，然后身负由队友控制的保险索跳到地面。

（3）思考：

①1.5米的间隔使得任何一个人都不可能单独翻越。

②第一个爬上去的队员必须充当后来人的垫脚石，而后一个队员则又充当下一个队员的垫脚石，直到团队里的每个成员都成功爬上绳梯为止。

分享

1.在地面上做这些游戏和在高空中做这些游戏，有什么区别和联系吗？

2.怎样才能克服高空恐惧？

注意

1.进行户外拓展训练，一般要由专门的训练机构组织实施，因此，选择一家信誉好、服务到位、设施齐备、安全措施周全的正规机构，是首要大事。

2.尽管有安全保障设施，但并不排除出现意外的可能性，因此，最好事先与训练机构达成协议，为学员购买相应的人身安全保险。

3.参加训练必须有一整套规范的服装和设备，事先一定要配备齐全，并仔细检查核实。

4.如发生意外，学员最关键的是一定要保持镇定，同时马上联系救援人员着手进行救援工作。

运水关卡

形式：全体参与　　时间：15分钟

道具：每组一个水桶，并且画一条起始线　　场地：海边

程序

1.分成4~5人的小组，各组派一位队员担当把关者，把关者离别的组起始线约5米的地方，其他人则在起始线上按组别排成一列纵队。

2.主持人一喊“开始”，各组第一名队员跑到把关者的面前，和把关者猜拳，猜赢即可过关，如果猜输，则继续猜拳，直到赢把关者为止，赢了之后，去海边用双手捧水，由原路返回，返回时不用过关，将水倒入起始线中的水桶。

3.所有队员依次进行。

4.游戏时间5分钟，桶里水最多的组获胜。

柱 子

形式：10~12人一组　　时间：60分钟

道具：3米高的柱子，5个轮胎　　场地：室外

目的

1.促进学员之间的协作和沟通。

2.活跃气氛，提高学习兴趣。

程序

1.将学员分成10~12人一组。

2.向各小组说明任务：将轮胎从柱子上拿走，并以相反的顺序堆放轮胎（可编号以帮助区分）。

3.检查哪一组在限定的时间内，拿走的轮胎最多。

4.为冠军组欢呼。

分享

1.各小组在行动前做了哪些工作？

2.各小组是如何实现协作的？

3.各小组是否很快就消除了身体接触所带来的尴尬？都有什么感受？

总结

1.这项练习要求团队成员能做到合作、交流和解决问题。

2.从3米高的柱子举起轮胎时所进行的身体接触，可为之后的户外拓展破冰，为需要团队成员相互提供身体支持的活动打下基础。

注意

此游戏有一定的危险性，需要教练在一旁检查指导。

平衡箱

形式：8人一组　　时间：20分钟

道具：规格为0.5×0.5米的木箱　　场地：室外

目的

1.提高团队队员间的协作和信任。

2.活跃气氛。

程序

1.在平地上放好几只规格为0.5×0.5米的箱子。

2.将学员分成8人一组。

3.告诉学员活动规则：每一组中的一个队员先站到箱子上，其他队员一个接一个地站到箱子上，所有队员必须站到箱子上，身体的任何部分不得接触地面。

4.最后检查哪一组在箱子上站得最久。站得最久的组就是冠军组。

分享

1.当越来越多的学员站到箱子上时，大家的感觉是什么？

2.在行动前，各小组都做了哪些工作？

3.游戏结束后，队员都有哪些感慨？是不是更加团结友好？

总结

1.平衡箱子要求高水平的身体接触，此接触游戏在室外学习中，是个极好的方法。

2.当更多的人站上箱子时，他们必须坐在别人的肩膀上，紧紧地抱成一团，并保持平衡（此时要小心跌落的危险）。

3.由于身体接触是个相当敏感的问题，这一活动能帮助人们打破尴尬。

荡 杆

形式：5人一组	时间：30~40分钟
道具：荡杆、眼罩	场地：室外

目的

1.提高团队队员间的信任。

2.活跃气氛。

程序

1.固定好荡杆。荡杆是由绳或链吊着的一根杆或粗树枝。

2.将学员分成5人一组。

3.告诉学员活动规则：当荡杆摇摆时，组员用眼罩蒙着眼睛一个接一个地从荡杆上跨过去，身体的任何部位不得碰到荡杆。

4.视碰到荡杆的队员或不敢跨越荡杆的队员为“逃兵”，并让其站在一旁。

5.最后统计“逃兵”的数量，哪一组“逃兵”最多，就要无条件地为获胜的队伍唱一首歌。

分享

1.当你准备跨越时，是否感到恐惧？你的队友在一旁提出了什么意见？

2.你相信队友们的意见吗？

3.你认为队友们的意见和鼓励重要吗？

总结

1.荡杆是一个很好的平衡工具，能训练人们进行高难度的平衡动作。

2.此游戏能提高成员之间的信任。

3.如果将荡杆吊在一个泥塘上，可为活动增添趣味。

绳索课程

形式：全体学员，8人一组比较合适　　时间：30~40分钟

道具：专业的绳索、安全用具等　　场地：户外

目的

1.让学员们体验一下挑战自我获得成功的感受，从而增强自信心。

2.增强团队凝聚力。

程序

1.一个绳子拴在离地面10米高的树上，上面还有另一条用于保持平衡的绳子。

2.每个小组选出一个成员从绳子上面走过，小组其他成员在旁给予帮助和鼓励。

3.小组其他成员依次从绳子上走过。

分享

1.你以前有过类似的经验吗？

2.当你站在绳索上面时，有什么想法？队员们的鼓励是否起了作用？

3.当你做到之后，有什么感受？

总结

1.要未经训练的人走绳子是很困难的，这种困难除了缺乏相应的技巧外，心理上的恐惧更难以克服。

2.队员的鼓励会帮助你克服这种恐惧，并助你完成任务。

3.当你完成这一切后，就能体会到那种成功克服困难后的喜悦。

注意

本活动属于高难度、高危险、专业的户外拓展项目，必须由户外专业教练进行指导，而且需要专业的安全用具来进行保护，培训师不得自己操作。

团队线

形式：全体参与　　时间：40分钟

道具：以人均30厘米×各队实际参与人数（10~14人）为总长度，在地面上用粉笔画出（或用纸胶带贴出、用绳子摆出）一条条直线（每队一条）；每队一位计时员、一只秒表

场地：户外

目的

活跃身心，增进了解，自然引出团队培训的主题。

程序

1.请参与者按照要求站位——每队成员皆并肩而站，双脚均踩在本团队的那条直线上。

2.宣布目的：做一个“团队线”的游戏——每个人将根据培训师给出的要求，改变自己在这条“团队线”上的位置，以排出一个符合这种要求的新队列，通过这个活动来活跃身心，增进了解。

3.宣布规则：

第一，各队以最右边的位置为起点，最左边的位置为终点。

第二，改变（移动）您的位置时，至少有一只脚不能离开这条线——离开了就意味着您不属于这个团队了！全体确认移位成功后，请一起高举双手示意。

第三，一旦开始，禁止发出任何声音。

第四，各队先选出一位发言人，每个阶段比赛结束后汇总大家的意见。

4.进行游戏（各控制在10分钟以内）。可有以下排队标准。

（1）身高线。

请按照各人实际身高由矮到高排队，看哪队排得又快又准确！

培训师引导：

①不能说话，又没有尺子直接衡量，这时候怎么才能排得既准确又更快（效益更高）呢？

②有没有诀窍？这些诀窍是怎么传达给大家的？

③请问大家，身高在我们这个团队中有什么实际意义吗？像这一类的情形还有哪些？

建议身高相同的学员相互握握手，或者拥抱一下。

（2）生日线。

请按照各人出生的年和月再次排队（如果这一点有障碍，可以宣布“假设我们都是同一年出生的，现在请大家按照各人出生时的月和日排队”），由大到小（从公历1月1日到12月31日），看哪队排得又快又准确。

培训师引导：

①本次排队是否比排身高线时，在效益方面有所提高？提高了（或者没有提高）又是为什么？

②同伴们的这些情况您最初了解多少？了解或不了解有什么差别吗？

建议同年同月（或同月同日）出生的学员相互握握手，或者拥抱一下。

（3）工龄线。

请按照各人在本公司的服务时间（只算其年、月），由长到短再次排队，看哪队排得又快又准确。

培训师引导：

①现在效益是否又提高了？从中能获得哪些有益的启示？

②问服务期最短者："当时是什么原因使您选择了本公司？"问服务期最长者："是什么原因留住了您？假如有同样条件或者条件更好一点的其他公司摆在那里，您还会选择本公司吗？您还会继续留下吗？"（及时鼓励做出正面积极的回答。）

请服务年限相同的学员拥抱一下，请资历最老的员工鼓励一下最新加入公司的员工。

分享

1.大家对取得的成绩满意吗？为什么？（希望听到有人质疑：没有参照标准，怎么说满意不满意？）如果你不能衡量，你就不能管理。那么，在我们的组织里，在这一方面有哪些优势或不足？

2.在移动过程中，其实有人很早就发现了提高效益的诀窍，比如培训师举例并表扬某些学员，那么，这些好办法有没有传播开并被大家效仿？这很能启发我们发现组织内部的沟通现状，促使我们去改善组织的内部沟通。

3.白板上的关于我们每个人的这些信息，我们事先都知道吗？知道与否有什么差别吗？当组织的成员开始致力于了解别人在职位、角色和职能背后的真实面貌时，就产生了亲密关系。

技巧

1.在进行游戏过程中的每一个阶段，培训师都可以引导学员进行思考。比如排列身高线的时候，培训师可以引导大家思考怎样才能排得又快又准，而在排工龄线的时候，培训师可以引导大家往企业战略的方向思考，持续发挥企业的团队精神。培训师甚至可以引导得更远一些。比如在游戏过程中，还可以引导学员思考还有没有别的方法来给这个团队排队，以获得关于团队的新信息；或者请学员总结一下，了解这些信息对建设高绩效团队有哪些促进作用，等等。而培训师应及时予以肯定，由此引出本次培训主题。

2.如果参与者来自公司不同部门，其总数在40人以内时，也可以只排成一列进行，地面上的直线这时可改为"n"形，命名为"组织线"。

3.破冰性质的游戏可活跃身心，增进了解。可自然引出本次组织培训的主题。每人的站位和规则中的前三条均不变。相同身高、生日或工龄者之间的握手或拥抱仪式也必须保留。

4.此时只需一位培训师用一只秒表掌控全局，密切观察学员的表现。在核对生日或工龄的排序是否准确时，培训师可将每个人的生日或工龄依照排序书写在白板上。

注意

1.以上每一阶段各队讨论分享结束后，由各队选出一位发言人到大组进行汇报，每人限时1分钟。

2.培训师也可以根据需要只选一种排队方法。

黑夜营救

形式：不限　　　　时间：60~80分钟

道具：手电筒、火把、两根约2米长的竹竿、两条约4米长的绳子、1个对讲机、1个指南针、1张不准确的周围环境地图

场地：户外

目的

1.在真实的场景中感受团队完成任务的水平。

2.检查团队在领导、决策、计划、执行方面的能力。

3.让所有学员活动起来。

程序

1.培训师事先安排一位学员“失踪”，与这位学员一起“失踪”的还有一位助教。助教的作用是为了防止真正的意外和监督整个事件过程。但这一目的，培训师不需要告诉任何人。

2.培训师要求“遇难者”假装不能行走和站立、不知所措、情绪激动，只能描述非常简单的情况，他们的身边有1个手电筒和1个指南针。

3.“失踪者”出事的地点要选在地形相对复杂，不容易被人发现的地方。此活动尽量安排在晚上。

4.一切安排好后，培训师告诉学员：“现在你们中的一位伙伴好像出事了，我找了很久都没找到他。现在你们的任务就是把他找回来，所有的学员都必须参与。你们可以使用这些物品（罗列上述物品）。”

5.你们有50分钟的时间。

6.等学员的营救活动结束后，培训师引导学员进行讨论。

分享

请学员回答下列问题：

1.“在这个活动中，让我高兴的是……”

可能答案：“我能救出伤员”“配合默契”。

2.“让我吃惊的是……”

可能答案：“我们从来没做过这事，但居然能做好。”

3.“我注意到……”

可能答案：“那个地图很重要。”

4.“我们的计划没做好，因为……”

5.哪些因素对营救活动起了帮助作用?

可能答案：“有明确的领导者，有了领导者才会有核心。”

“牺牲精神，有的人去做探索工作。”

“信息收集，对信息的敏感会促使成功（灯光、声响）”。

总结

等学员做完讨论，培训师可以做如下措辞鼓励和澄清某些事情。

1.这个活动很有挑战性，大家完成得很不错，这个活动并不是要大家成为急救专家，而是锻炼大家相互合作和解决问题的能力。

2.我们的地图本身不太准确，主要是为了让大家多沟通。结果证明，即使客观条件不太好，我们还是能够达成目的。

3.我注意到在整个活动中，大家在很多方面都表现得非常优秀：组织、计划、沟通、合作。接下来举几个具体事例。

4.团队中的相互支持是很重要的，因为相互支持使这个新团队在面临新问题时，能够成功完成任务。

跳过“悬崖”

形式：全体学员，12人一组为最佳　　时间：15~20分钟

道具：1条麻绳，2条小白绳，1个水桶　　场地：户外

目的

体会小组成员之间的教导能力、计划能力以及团队合作精神。

程序

将麻绳一端系到树枝或横梁上，另一端垂落到地面，在地面上划2条线，中间部分作为悬崖（2条线的宽度视绳的高度及具体情况确定，可事先进行实验以确认），培训师告诉小组的全体成员，他们要从悬崖一边带上一桶水，借助这条麻绳跳到另外一边。在全过程中，水不能洒出来，同时人不可掉入悬崖。

所有的小组成员都必须从悬崖一边过到另一边，只要有一人失败，整个小组就算失败，必须从头来过。

分享

1.请想一下，这项任务是怎么开始的，谁出的主意，大家为什么采纳他的意见。

可能答案：团队成员觉得主意不错，有合理性，或者出主意的人不但说明了计划的合理性，还提供了证据，给大家希望，鼓励大家尝试，等等。

2.谁来做最艰巨的任务——带水桶，安排在什么时候，为什么安排在这个时候？

可能答案：安排在最开始，因为只有他通过，团队才算通过。

3.怎样使小组中每位组员都学会荡泰山绳的技巧？

可能答案：教导、鼓励、尝试。

4.该游戏中你的感受是什么？

可能答案：团队需要创造力，团队需要好的领导，合作很重要。

飞虎队

形式：8人一组	时间：30~40分钟
道具：专业的绳索、安全用具等	场地：户外

目的

1.让学员们体验一下，自己认为做不到的事情，在团队成员的鼓励下，是能够做到的。

2.增强学员们的自信心和团队凝聚力。

程序

1.由学员扮演飞虎队的队员。现在有一项紧急任务，执行过程中需要飞虎队员从3~4层楼高的墙外纵身跃到地面。

2.所依靠的工具只有专业的绳索和安全用具。

分享

1.当你听说要做这样一个游戏时，第一个念头是什么？

2.当你站在上面时有什么想法？队员们的鼓励是否起作用？

3.当你做到之后，有什么感受？

总结

1.未经训练的人站在高楼上，通过垂降平稳到达地面，会被队员视作一项不可能完成的任务。

2.其他队员的鼓励会帮助你克服这种恐惧，并助你完成任务。

3.当你克服困难做到这一点时，除了获得成就感，你会感到强大的团队凝聚力。

注意

本活动属于高难度、高危险、专业的户外拓展项目，必须由户外专业教练进行指导及带领，而且需要专业的安全用具进行保护。培训师自己不能操作。

第十五部分

THE FIFTEENTH PART

晚会游戏

开火车

形式：集体参与	时间：10分钟
道具：无	场地：晚会

目的

使成员了解到在团队协作中要牢记自己的角色，提高满足团队需求的反应意识。

程序

1.培训师让学员在游戏开始前，每人说一个地方的名称（比如北京、上海、深圳），代表自己。

2.游戏开始。假设你来自北京，而另一个人来自深圳，你就要说："开呀开呀开火车，北京的火车就要开。"大家一起问："往哪儿开？"你说："往深圳开"。那代表深圳的人就要马上接着说："深圳的火车就要开。"然后大家一起问："往哪儿开？"再由这个人选择另外的游戏对象，说："往上海开。"

3.输方与大家分享注意力对团队协作的重要性。

规则

反应时间超过2~3秒，判为输方。

变化

如果参加的人很多，可以把参加的人分成几个小组，每一个小组代表一个地方，这样更加有气氛。此游戏可以作为晚会游戏，因其能活跃晚会的气氛。

合作音乐椅

形式：全体参与	时间：10分钟
道具：16开纸、歌曲《真心英雄》	场地：配有音响、铺有地毯的室内

目的

体验团队协作，为团队挖掘更大的潜力。

程序

1.4队成员分别站在围成一圈的16开纸周围。

2.音乐响起来，成员围着圆圈逆时针走动，并跟着一起唱《真心英雄》这首歌。

3.音乐一停，培训师将随意抽掉一张或更多张纸，学员要尽快站在附近的纸上。

4.每次音乐一停，学员需进行配合，尽量使所有人都站在纸上。

5.音乐再次响起来，学员又继续绕圆圈走动，一首歌曲结束时游戏也结束了。

6.游戏分享：游戏过程中如何才能容纳更多的人？良好的协作将会给团队带来哪些好处？如何才能有良好的团队协作关系？

规则

1.每次音乐停下来，学员必须以最快的速度站在纸上，站好才能放音乐。

2.学员的脚不能超出纸的范围，学员站在纸上时，身体不能与地面接触。

3.最先做完的队为优胜队。

新型时装秀

形式：全体参与　　时间：30分钟

道具：报纸（大量）、剪刀（每队一把）、透明胶（每队一卷）

场地：不限

目的

1.促进成员间的多人合作。

2.感受个人在团队合作中发挥的作用。

程序

1.每组出5人，并进行任务分工。该“时装秀”需要3名设计师、1名模特、1名裁判。

2.“设计师们”在规定的时间内以报纸为原料设计并制作全套的服装。

3.“裁判”对各小组的完成情况做评判。以评分的高低和观众掌声的热烈程度作为决定胜负的因素。

注意

1.时装评判标准：新颖性、观赏性、可行性、搞笑性。

2.裁判必须公平、公正，各裁判打分要被公开。

合力吹气球

形式：全体参与，6人一组　　时间：30分钟

道具：每组各6张签，签上写有：嘴巴、手（2张）、屁股、脚（2张）；气球（每组一个）

场地：不限

程序

1.分组，不限组数，但每组必须要有6人。

2.主持人请每人抽签。

3.首先，抽到“嘴巴”的必须借着抽到“手”的两人帮助来把气球给吹起来（抽到“嘴巴”的人不能用手拿起气球），然后两个抽到“脚”的人抬起抽到“屁股”的人去把气球给坐爆。

猜牙签

形式：5~10人	时间：10分钟
道具：比人数多一根的牙签	场地：不限

程序

1.以7个人为例，请准备8根牙签。首先由一人担任游戏的庄家，庄家随意拿几根牙签放在手上，当然，不可以给其他人看到。

2.庄家让其他的玩家猜一个数字。这个数字是1~8之间任意的一个整数，如果玩家没有猜中，就轮到下一个玩家猜庄家手中的牙签数。如果猜中了，就由猜中的玩家喝酒。如果所有玩家都没有猜中的话，就由庄家喝酒。

3.举个例子，7个人一起玩，假设庄家拿了5根牙签在手中，然后庄家就依次问其他6个玩家，比如，第一个玩家猜有8根，因为没有猜中，所以第一个玩家就不用喝酒。轮到下一个，这个人只能猜剩下的1~8之间的7个数字，分别是：1、2、3、4、5、6、7，假如这个人猜6，没有猜中，就轮到下一位，那么这个人只能猜剩下6个数字了，分别是：1、2、3、4、5、7，如果这个猜中，也就是说5的话，那这个人就该喝酒。如果没有猜中，就轮到下一个人。一直这样循环，直到玩家猜中了为止，如果所有玩家都没有猜中，就由庄家喝酒。

4.由喝酒的人担任下一轮的庄家，这样游戏就一直进行下去了，一直到喝完全部的酒。

气球爆炸

形式：全体参与，每组5~10人	时间：15分钟
道具：气球若干，椅子数把（视竞赛小组数量定）	场地：不限

程序

1.小组其他成员把气球吹大放到椅子上，由坐在椅子上的队友把气球坐爆。

2.几个小组竞赛，坐爆气球数量多的队伍获胜。

英雄救美

形式：全体参与　　时间：20分钟

道具：环形锁、椅子　　场地：不限

程序

每队有5名女队员排成一列，每人间隔约2米，每人前面有2把椅子，用一根环形锁锁住（钥匙要差不多的样子）。然后每队选1名男队员，在他面前有六七把钥匙，他一次只能拿1把钥匙，去打开锁救出女队员，并且必须按前后顺序进行。打不开锁就必须回来换钥匙。看哪队先救出所有人。

七拼八凑

形式：全体参与　　时间：10分钟

道具：托盘、背景音乐、奖品一份（可以是可拆分的精美糖果）　　场地：晚会现场

程序

1.主持人要求大家分组坐好（组内一定要有男有女），将游戏规则告知大家。每组先选出一名接收者，手持托盘站在舞台上，其他小组人员按照主持人的要求提供物品放到托盘中。最先集齐物品的小组获胜。

2.背景音乐起，主持人开始宣读物品，留出一定时间给队员准备，然后慢慢加快速度。所收集的物品需为日常的生活用品，例如：眼镜、手表、皮带、袜子、口红、钱，等等。另外，比较难找的物品要放在最后，如药片、糖果，等等。聪明的主持人还可以临时选择一些东西，比如一根白头发。

椅上功夫

形式：全体参与　　时间：10分钟

道具：椅子　　场地：晚会现场

程序

1.各组互相商量要如何才能站上最多的人。

2.依照号令开始比赛，看哪一张椅子上站的人最多。

3.可以规定一个时限。

拥挤的公交车

形式：全体分组参与　　时间：15分钟

道具：胶带、报纸，用胶带把3张报纸连成圆纸筒　　场地：不限

程序

1.全员分成数组。

2.根据号令，小组成员跑进纸筒内（人数不限）。

3.跑到目标再折回，把纸筒交给下一组。

4.如果纸筒破裂，纸筒内的人要当场用胶带修理好。

5.最快完成的一组获胜。

船东和“青蛙”

形式：全体参与　　时间：15分钟

道具：纸箱、绳子、书夹　　场地：不限

程序

1.全员分成数队，各派两人组成一组。

2.依照号令，一人坐在纸箱里，另一人拿着用书夹固定在纸箱里的绳子（长3米）的一端。

3.拿着绳子的人，要趁着纸箱里的人跳高时往前拉，如此继续前进。

4.绕回目标后，换人进行接力赛。

“盲人”穿拖鞋

形式：全体参与　　时间：10分钟

道具：眼罩、拖鞋　　场地：不限

程序

1.各队轮流派出1人。

2.把拖鞋放在起点前方5步的地方。

3.回到起点蒙眼旋转3次以后出发。

4.能够准确前进5步，第6步穿到拖鞋人数多的一组获胜。

5.游戏进行中，对方可以用错误的指示来扰乱。

掷骰子跳远

形式：全体分组参与　　时间：15分钟

道具：用纸盒做一个标有0、1、2、3、-1、-2六个数字的骰子

场地：不限

程序

1.各队派出一人掷骰子，按照骰子的点数跳远。

2.下一位要以前一位所处的位置为起点。

3.进行到最后一位时，前进（或者后退）的位置最远的一组获胜。

奇怪的墙壁

形式：全体参与　　时间：15分钟

道具：把几张钻有拳头大小的洞的报纸，用胶带贴成一大张，吊挂在房间中央

场地：不限

程序

1.分组。

2.离报纸适当的距离画一条线，各小队站在线上投乒乓球。

3.在限定时间内，把乒乓球投入对方阵地最多的一组获胜。

椅子渡河

形式：全体参与　　时间：30分钟

道具：椅子　　场地：不限

程序

1.全员分成3队。

2.在地板上各画出一条起点和终点线，中间充作河流。

3.各队派出2人以传递椅子的方式前进，到达对岸后放下一位队员。

4.另一位再回到起点，以同样的方式把下一位队员运过去。

5.如果脚着地，全部队员都要重新做起。

6.最快渡河的一队获胜。

有趣的处罚

形式：全体参与　　时间：30分钟

道具：每个游戏不同　　场地：每个游戏不同

程序

掷骰子：

准备一个正方体的盒子，在它的6面写上各种处罚条例，如：高歌一曲、学猴子走路、交换蹲跳、吻主持人、跑，等等。请输的人自己掷骰子，并依"条例"受罚。

我爱你：

面对大树或墙壁，大喊3声："我爱你！"

天旋地转：

输的人就地闭眼睛，向左转3圈，向右转3圈，再睁开眼睛，走回自己的座位。

模仿秀：

输的人模仿一位自己熟悉的明星的歌声或说话方式，也可以模仿动物的动作、声音。

灰头土脸：

准备一盘面粉及乒乓球，让输的人用力将面粉盘上的球吹走。

我是淑女：

赢的人将3~5本书放至输的人的头顶，并请他学模特走台步，转一圈后走回来。如果书掉了，就得重来。

神射手：

在输的人身上挂数个气球，让赢的人离他3米远，用牙签射向气球，至气球全部破掉为止。

哭笑不得：

输的人先大笑5秒之后，再大哭5秒钟，反复2~3次。

以实相告者：

输的人要接受所有人的质问，不可以不回答问题，要以实相告。若大家不满意答案，输的人要重新回答，直到所有人都满意为止。

切面粉

形式：全体参与　　时间：30分钟

道具：干净白面粉1~2两、钢尺1把、画纸1张、糖果10粒　　场地：室内

程序

1.将面粉堆在画纸上，在面粉顶端放一粒糖。

2.将钢尺当成刀，每人轮流在面粉堆上切一刀，将切去的面粉拨在一旁。

3.如此一直切下去，切到糖果跌落下来，最好切的人直接用嘴把糖果吃了。

注意

只能弯身用嘴咬住糖果，不能用手帮助。

吹面粉

形式：全体参与　　时间：30分钟

道具：面粉适量、乒乓球一个、勺子一个　　场地：室内

程序

先找出两个人（可以是之前游戏的输家，告诉他们赢了这个游戏便不用受罚，而且有奖），面对面地站在一张桌子两边。把乒乓球放在勺子上，然后把勺子放在二人中间。要求那两个人蒙着眼吹乒乓球，若能把球吹到对面便为赢家。待他们蒙好眼后，迅速把乒乓球换成面粉。

画面具

形式：全体参与　　时间：30分钟

道具：空白纸面具（其实是一张适当大小的硬纸），粗笔数支，布一条（蒙眼用）

场地：不限

程序

1.分成若干组，每组5人左右（每组人数不宜太多，否则容易令人闷），排成直行。

2.其中一人戴上面具，另一人当描述者。

3.由主持人发出指示，如要他们首先在面具上画出左眼，那么每组的第一个人便要蒙上眼，由描述者指示他们在面具上画出左眼。

4.待大家都完成后，再由主持人发出下一个指示（如画上右眼），依此类推。

5.待一副副面具都画好的时候，哪个面具最漂亮，该组便胜出。

融冰游戏

形式：分组进行，组数不限，每组人数最好6人左右　　时间：30分钟

道具：冰、密实袋、水瓶　　场地：不限

程序

分给每组一个装有相同分量冰的密实袋，要他们在指定时间内用任何方法来融掉所拥有的冰。指定时间过后，将融出来的水倒到水瓶里，融出最多水的那组为胜。

移动式投篮

形式：全体参与，分轮选人　　时间：30分钟

道具：篮筐一个、皮球若干　　场地：不限

程序

1.每轮选5个人进行比赛。

2.由一个人手持篮筐，扮演活动的篮球架。扮演篮球架的人蒙住眼睛，距参赛选手3米。当比赛开始时，扮演篮球架的人手持篮筐可以进行上下左右移动，但每次移动的时候，必须保持3秒钟的时间。

3.参赛选手需要站在起始线上，根据篮筐的运动规律，准确地进行投球，每轮只能投5个球。

4.以进球数多者为胜。

憋气大赛

形式：全体分组参与　　时间：30分钟

道具：塑料透明的脸盆6个，秒表6个　　场地：不限

程序

1.每组选6人进行比赛。

2.看谁能够在装满水的塑料透明脸盆里进行长时间憋气，憋气时间最长者获胜。

说明

游戏简单、容易操作，而且往往能够造成紧张激烈的局面，特别适合晚会。

3人角力

形式：全体参与　　时间：30分钟

道具：红绸布一条（6米）和矿泉水3瓶　　场地：不限

玩法

1.每次3个人参加比赛。

2.3人站在由红绸布组成的一个等边三角形的里面，将红绸布放在腰间。

3.开始后，3人朝相对的方向去取放在自己面前的瓶子，通过角力看谁能够取到。

熊来了

形式：参加者约8~15人，分成若干组　　时间：30分钟

道具：无　　场地：不限

程序

1.各组1号（第一个人）喊："熊来了。"

2.2号（第2个人）问："是吗？"

3.1号再对2号说："熊来了。"此时2号再告诉3号："熊来了。"

4.3号再反问2号："是吗？"而2号也反问1号："是吗？"

5.前者再叫："熊来了。"2、3、4号传下去。

6.如此每个人最初听到"熊来了"时要反问："是吗？"然后再回向前头，第二次听到"熊来了"时才传给别人，而前头的人不断地说："熊来了。"

7.每组最后的人听到第2次的"熊来了"时，全组队员齐声说："不得了了！快逃！"然后全组人一起欢呼，最先欢呼的那一组为赢家。

说明

为了热闹，可反复进行此游戏。

注意

正确了解规则，切实地重复回答。男女各半时可以用"熊来了""我爱你"做口号，更有趣。

搓纸条

形式：个人参与　　时间：30分钟

道具：纸条　　场地：不限

程序

这是一个训练你的手指灵活度的小游戏。

1.准备一个2~3厘米宽，50厘米长的纸条。

2.用你的食指和中指夹住纸条的顶部。

3.你的任务就是利用食指和中指的相互移动使纸条上升，直到食指和中指夹住

纸条的底部。

4.可以进行几个人的比赛，注意不可以用身体其他部分进行辅助，只能用食指和中指。

报纸拔河

形式：2人一组	时间：30分钟
道具：旧报纸	场地：不限

程序

1.在报纸上挖两个人头大小的洞。

2.2人对坐（站着亦可），各自把报纸套在头上进行拔河，不可以用手去拉。

3.报纸破裂离开脖子的一方输。

扮时钟

形式：3人一组	时间：30分钟
道具：无	场地：不限

程序

1.在白板或墙壁上画一个大的时钟模型，将时钟的刻度标识出来。

2.找3个人分别扮演时钟的秒针、分针和时针，手上拿着三种长度不一的棍子或其他道具（代表时钟的指针）在时钟前面站成纵列（注意要背向白板或墙壁，扮演者看不到时钟模型）。

3.主持人任意说出一个时刻，比如“现在是3点45分15秒”，要3个分别扮演的人迅速地将代表指针的道具指向正确的位置，指示错误或指示慢的人受罚。

4.可重复玩多次，亦可由一人同时扮演时钟的分针和时针，训练表演者的判断力和反应能力。

说明

1.该游戏非常适合在晚会上或培训课程的休息时间进行，可以活跃气氛。

2.亦可在“时间管理”课程上玩这个游戏。

猜五官

形式：2人一组	时间：30分钟
道具：无	场地：不限

程序

1.2人面对面。

2.先随机由一人开始，指着自己任意一个五官，问对方："这是哪里？"

3.对方必须在很短的时间内回答提问方的问题，例如如果对方指着自己的鼻子问这是哪里的话，同伴就必须说："这是鼻子。"同时手必须指着自己鼻子以外的任何其他五官。

4.如果过程中有任意一方出错，就要受罚。3个问题之后，双方互换。

循环相克令

形式：2人一组　　时间：30分钟

道具：无　　场地：不限

程序

令词为"猎人、狗熊、枪"，两人同时说令词，在说最后一个字的同时做出一个动作——"猎人"的动作是双手叉腰；"狗熊"的动作是双手搭在胸前；"枪"的动作是双手举起呈手枪状。双方以此动作判定输赢，"猎人"赢"枪"、"枪"赢"狗熊"、"狗熊"赢"猎人"，动作相同则重新开始。

兴奋点：这个游戏的乐趣在于双方的动作大，非常滑稽。

缺点是只能2个人玩。

官兵捉贼

形式：4人一组　　时间：30分钟

道具：分别写着"官、兵、捉、贼"字样的4张小纸　　场地：不限

程序

将4张纸折叠起来，参加游戏的4个人分别抽出一张，抽到"捉"字的人要根据其他3个人的面部表情或其他细节来猜出谁拿的是"贼"字，猜错的要罚，由猜到"官"字的人决定如何惩罚，由抽到"兵"字的人执行。

兴奋点：简单易行，不受时间、地点、场合的限制。

缺点：人数不宜过多。

拍七令

形式：多人一组　　时间：30分钟

道具：无　　场地：不限

玩法

多人参加，从1~99报数，但有人数到含有“7”的数字或“7”的倍数时，不许报数，要拍下一个人的后脑勺，下一个人继续报数。如果报错数或拍错人则罚酒。兴奋点：没有人会不出错，虽然是很简单的算术。

缺点：无。

“盲人”背“跛脚者”

形式：3人一组　　时间：30分钟

道具：布、路障、椅子、气球、鲜花　　场地：不限

目的

沟通配合，活跃气氛。

程序

当场选6名员工，3男3女，男生背女生，男生当“盲人”，用布蒙住眼睛，女生扮“跛脚者”，为“盲人”指引路，二人需绕过路障，到达终点，最早到达者获胜。路障设置可摆放椅子，须绕行；气球，须踩破；鲜花，须拾起并递给女生。

踩气球

形式：10人一组　　场地：不限

目的

活跃气氛，增进协调和协作。

程序

当场选出10名员工，男女各半，一男一女搭配，左右脚捆绑3~4个气球，在活动开始后，互相踩对方的气球。气球不破或破得最少的人为赢家。

踏板运水接力

形式：每队男女各6人，共计12人，分3个小组进行接力，每小组须配置2男2女

时间：20分钟

道具：踏板4副；大塑料桶9个（其中4个空桶放在终点，4个装满水的放在起点，1个装满水的在起点处备用）；小塑料盆16个；中塑料桶1个（加水备用）；秒表1只；鼓1个；锣1面

场地：户外

程序

1.预备：每组第一位队员将一对踏板放在第一小组队员右侧；每组4位协作队员各端水一盆。

2.裁判宣布“开始”，各队第一组队员迅速将双脚分别伸入踏板脚套中，右手端协作队员递过来的水盆，左手搭在前一位队员的左肩（最前面一位队员除外）前行。

3.到达终点，将水盆中的水倒入本队的水桶后，按原方式原路返回。

4.返回起点，队员双脚离开踏板，水盆交与协作队员，由其打水。

5.下一组开始。

6.最后10秒，裁判开始读秒：“十、九、八……一，停！”（鸣锣）

规则

1.比赛时间10分钟，以运送水的多少决出名次。

2.打水可以由协作队员进行，但协作者必须是队员，非队员不能提供任何协助。

3.终点倒水除本人或本小组其他队员外，其他人员不能提供任何协助。

4.倒水时可以双脚离开踏板。

5.在终点掉头时，可以用手协助，但掉头后所站的位置应与掉头前大体相当。

6.2男2女一组，男女队员在踏板上的位置不做限制。

7.若中途倒地，可以重新套上踏板端起水继续前进。

8.某队如果第三组完成后仍有时间，可由12个队员中的任意4位队员（仍需2男2女）继续进行游戏，直至10分钟时间结束，裁判“鸣锣收兵”为止。

偷天陷阱

形式：5~6人　　时间：30分钟

道具：一些红绳，红绳中间穿上纸杯，来当作铃铛；眼罩（数量依参加人数定）；背景音乐

场地：不限

程序

1.请几个助手在舞台上拉着绳子，让参赛者先睁着眼睛练习一下，跟他们说这是一个非常有挑战性的游戏，要考验他们的灵巧度和记忆力。

2.练习几次后，蒙上他们的眼睛，音乐响起，让他们开始行走。这时候高潮是：主持人让所有的助手把绳子拿开，你就会看到很精彩的表演了。旁边的人还可以故意误导一下，说“低头”“抬脚”等等。

编后语

人类的发展与知识传播的速度是成正比的。当一个人的智慧变成了绝大多数人的智慧的时候，整个人类就前进了一大步。能够致力于知识与信息的传播，为社会的进步尽绵薄之力，是一件引以为荣的事情。本系列图书的编写者均为一直奋斗在管理培训领域的工作者，亲身体验也亲眼目睹了培训师群体的成长。几年来，我们总是以收藏家的眼光来发掘和整合一些业界的“珍宝”——对培训师和培训工作有用的资讯、素材和工具。业界许多的朋友对于我们长期积累的这些成果表现出了浓厚的兴趣，甚至于不远万里来求索，并建议付梓出版。

经过多年的努力，我们终于顺利出版了企业管理培训丛书：《培训游戏全书》《培训故事全书》《培训幽默全书》《培训案例全书》《户外拓展训练全书》《杰出员工训练全书》《培训管理全书》《培训师训练全书》《PPT微课制作全书》等九本培训专业工具书。在编写过程当中，我们秉承了一贯的原则，那就是努力使书中的内容做到最新、最全面和最经典。我们希望，书中辑录的每一段文字都能够对读者产生影响，对读者有所启迪。

本书能够顺利出版，要感谢众多有实战经验的培训界朋友和作者对此系列图书的重视和支持。是他们主动给我们提供了有价值的材料，并对我们的编辑工作给予了宝贵意见和指导。

为编写本书，我们翻阅、借鉴了大量图书、资料。由于种种原因以及时效和通讯上的障碍，无法一一与原作者及版权所有者取得联系，在此谨表歉意。为了表示我们对原作者及版权所有人的尊重，相关事宜请通过专设邮箱peixunbook@163.com与我们联系，我们将及时予以回应。

最后，再次向关心和支持本系列图书出版的朋友，表示深深的谢意。

编　者